XIAOZHANG ZHUANYE FAZHAN ZHICHI FUWU
TIXI JIANSHE YANJIU
Yi Nongcun Zhongxiaoxue wei Zhongxin

校长专业发展支持服务体系建设研究

——以农村中小学为中心

于维涛　著

北京师范大学出版集团
BEIJING NORMAL UNIVERSITY PUBLISHING GROUP
北京师范大学出版社

图书在版编目(CIP)数据

校长专业发展支持服务体系建设研究：以农村中小学为中心 / 于维涛著. — 北京：北京师范大学出版社，2018.10

ISBN 978-7-303-22876-8

Ⅰ.①校… Ⅱ.①于… Ⅲ.①农村学校－中小学－校长－学校管理－研究 Ⅳ.①G637.1

中国版本图书馆CIP数据核字(2017)第226640号

营 销 中 心 电 话　0537-4459916　010-58808015
电　　子　　信　　箱　hdfs999@163.com

出版发行：北京师范大学出版社 www.bnup.com
　　　　　北京市海淀区新街口外大街 19 号
　　　　　邮政编码：100875
印　　刷：济南荷森印务有限公司
经　　销：全国新华书店
开　　本：710 mm × 1000 mm　1/16
印　　张：25.75
字　　数：454 千字
版　　次：2018 年 10 月第 1 版
印　　次：2018 年 10 月第 1 次印刷
定　　价：56.00 元

策划编辑：王秀环　　　　责任编辑：韩　妍
美术编辑：王秀环　　　　装帧设计：耿中虎
责任校对：李云虎　　　　责任印制：李　飞

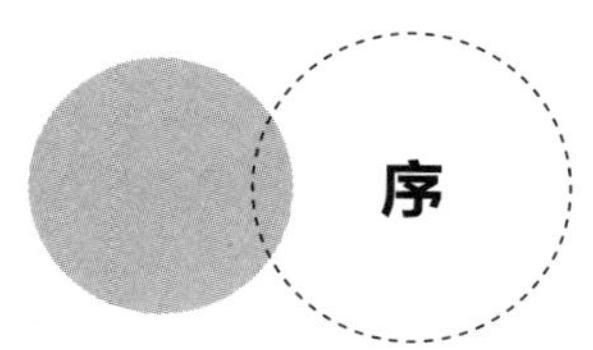

序

“致天下之治者在人才，成天下之才者在教化。”国际21世纪教育委员会原主席雅克·德洛尔曾言：“没有教师的协助及其积极参与，任何改革都不能成功。”放眼世界，中小学教师队伍建设已成为总的价值取向。面向未来，农村教育是我国教育系统中至关重要的一个组成部分，农村教育的发展是解决我国农民、农业、农村问题的根本出路，由于其面临着新的农村政策、环境与体制，支持服务农村中小学校长专业发展也成为人们关注的焦点。2015年《国务院办公厅关于印发乡村教师支持计划（2015—2020年）的通知》，对加强农村中小学校长队伍建设提出了明确要求：“到2020年前，对全体乡村教师校长进行360学时的培训……整合高等学校、县级教师发展中心和中小学校优质资源，建立乡村教师校长专业发展支持服务体系。”《校长专业发展支持服务体系建设研究——以农村中小学为中心》一书既与时代背景有关，也与课题负责人于维涛自身的经历、兴趣、使命和责任不无关系。

该书从系统论的角度出发，在综合研究我国农村中小学校长专业发展支持服务体系建设的现状、问题与方向的基础上，从教育系统外部与内部两个角度，从制度、结构、运行三个维度，从宏观和微观两个层次，对农村中小学校长专业发展支持服务体系建设的理论与实践进行了系统梳理、比较分析和综合研究之后，提出了农村中小学校长专业发展支持服务体系建设的总体要求、结构框架、基本功能和运行机制。本书按照立足国内、借鉴国外、挖掘历史、把握时代、关怀人文的思路，着眼于未来农村中小学校长专业发展支持服务体系建设的大目标，站在国际视野、国家要求、农村实践、校长需求的四维平台上进行论述，视野广阔，见解精辟，结构严谨，操作性、实用性强。值得一提的是本书注重构建中国特色中小学校长专业化理论和实践的学科体系、学术体系、话语体系。

农村中小学校长专业发展支持服务体系建设研究有其自身的内在逻辑，并受外部环境的制约和影响，不仅是农村社会变革的组成部分，也是农村教育改革发展的重要措施。在农村中小学校长专业发展支持服务体系建设的历程中，充满了理论逻辑与实践逻辑的冲突与融合。希望本书再版时在教育理论、思想观点和教育实践上有所突破。

华东师范大学教授、博导

戚业国

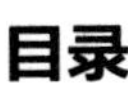

目录

第一章 绪论

第一节　研究意义与相关综述

习近平指出："教育决定着人类的今天，也决定着人类的未来。教育是人类传承文明和知识、培养年青一代的根本途径。对一个国家来说，教育兴则国家兴，教育强则国家强。"[①]《教育——财富蕴藏其中》（*Learning: The Treasure Within*）一书中这样写道："我们无论怎样强调教学质量即教师质量的重要性都不会过分。学生的学习态度以及对自己的想象，在基础教育的早期阶段即基本形成。在此阶段，教师起着决定性的作用。"[②]农村中小学校长是农村教师的重要组成部分，是专业的思想者、引领者、管理者和实践者。当前，农村教育观念相对落后，内容方法比较陈旧，学生适应社会和创新创业能力不强；学校办学活力不足，城乡、区域教育发展不平衡；学生课业负担过重，素质教育推进困难；等等。这些无不与农村中小学校长的专业发展水平息息相关。

｜一｜研究意义

（一）国际层面：应对经济全球化背景下人才竞争的需要

1996年，由雅克·德洛尔担任主席的国际21世纪教育委员会向联合国教科文组织提交了题为《教育——财富蕴藏其中》的报告，这份报告明确提出："基础教育是必不可少的'走向生活的通行证'，它使享受这一教育的人能够选择自己将要从事的职业，参与建设集体的未来和继续学习。如要成功地同两性之间的不平等以及同各国内部和国家之间的不平等现象作斗争，基础教育则是至关重要的。"[③]教育是国家发展的基石，教

---

① 转引自张力：《推动教育事业科学发展的指针》，载《中国教育报》，2013-10-09。

② 联合国教科文组织：《教育——财富蕴藏其中》，139页，北京，教育科学出版社，1996。

③ 联合国教科文组织：《教育——财富蕴藏其中》，109页，北京，教育科学出版社，1996。

师队伍是教育发展的第一资源。当今世界，人才培养与储备日益成为各国在竞争与合作中占据制高点的重要手段。改革开放40年以来，我国政治、经济、科技取得了巨大的进步，综合国力迈上新台阶，经济总量稳居世界第二位，人民群众的文化生活水平得到了巨大改善。但是，我们也要清醒地看到，我国的经济发展方式还没有根本转变，经济增长方式粗放，结构性矛盾突出，人口、资源、环境压力越来越大。事实越来越证明，教育培养的人才缺乏社会担当、创新精神和实践能力，劳动力素质已经成为制约我国国际竞争力的一个重要因素。

材料

海尔集团总裁杨绵绵曾在2012年第十一届全国人民代表大会第五次会议上做《创新人才体系 支撑强国战略（在山东代表团审议〈政府工作报告〉上的讲话）》称："海尔在全球寻找的一流人才，主要是国外的专家、留学海外的和在国外生活多年的中国人，是海外教育体系培养的。"她说："尽管海尔每年招收的成百上千的大学生、研究生都要从基层一线干起，但一年的时间无法改造一个大学生的价值观，他们心中想的是'我能有什么'，而不是'我能贡献什么'。"

社会商品价值的构成经历了三次转变：劳力+资源；劳力+资源+技术；劳力+资源+技术+创新。国家要求转变经济增长方式，提升经济结构运行质量，通过技术创新、发展高新技术产业、扩大经营规模。创新社会生产与消费需要创新的劳动，创新的社会劳动需要创新的人才。李光耀曾说，中国和美国之间的竞争，关键在人才。①2014年1月，中共中央、国务院召开国家科学技术奖励大会，李克强总理指出："创新引领国家和民族发展的未来。必须把提升人力素质放在优先位置，大力培养创新型人才……要把更多资源投到'人'身上而不是'物'上面。"当前，我国现代化建设正处于关键时期，经济发展进入新常态，要保持中高速增长、向中高端水平迈进，必须依靠创新人才支撑。

创新人才的培养离不开教育制度的创新，离不开支持服务建设一支优秀的中小学校长队伍。欧美等发达国家早就认识到并实践了这一发展战略，1986年美国卡内基教育和

---

① 陈希：《深化干部人事制度改革》，载《人民日报》，2013-12-02。

经济论坛工作组发表的《国家为培养21世纪的教师作准备》报告就指出：“美国的成功取决于更高的教育质量……取得成功之关键是建立一支与此相适应的专业队伍，即一支经过良好教育的教师与校长队伍。”[①]1996年在瑞士日内瓦召开的第45届国际教育大会着重关注校长的素质与作用问题。进入21世纪以来，教师发展日趋成为人们关注的焦点和当代教育改革的中心主题之一，诚如联合国教科文组织罗莎·玛利亚·托雷斯所言：“一个国家的教育能取得什么样的成就，主要取决于谁是国家的教师、校长以及他们能够和乐于做什么。”[②]以美国为代表的西方发达国家首先大胆地进行了改革，进一步完善了相关法律制度，将中小学校长的培养、培训发展成为大学教育制度的一个重要组成部分，建立职前培养与职后培训相衔接的一体化的培训体系，且从任职资格政策法律上规定，中小学校长一般应具有硕士以上学位。美国中小学校长联盟2009年发布了评价优秀中小学校长的六条标准，并提供专业发展的支持服务策略：“自我专业发展的期望值；指导和帮助教师解决工作中遇到的困难能力；在学校教学工作中起到积极的领导作用；在学校管理中遵循正确的准则；善于调动行政人员和一线教师的工作积极性；为教师创设团结和谐良性互动的学习氛围。”[③]欧洲发达国家非常重视中小学校长培训，英国实施了庞大的“终身学习”计划，瑞典建立了“回归教育”制度。也就是说，世界各国逐渐认识到国家竞争力的差异可以解释为教育的差异，教育的差异在一定程度上可以解释为中小学校长的素质差异，支持服务中小学校长专业发展的思想浸入国家决策，形成了各界共识。

2010年我国第六次全国人口普查统计显示，居住在城镇的人口为66 557万人，占总人口的49.68%，居住在乡村的人口为67 415万人，占总人口的50.32%。我国农村教育在基础教育构成中占有重要地位，可以说，我国中小学校长队伍的主体是农村中小学校长，占总数的78.30%。现代教育家陶行知先生曾说：“校长是一个学校的灵魂。”[④]人们也常说，“一个好校长就是一所好学校”，反过来说，一所好农村学校必须要有一位

---

① 叶澜，白益民等：《教师角色与教师发展新探》，19页，北京，教育科学出版社，2001。

② 《终身学习的进展、发展趋势和制度建设——上海国际终身学习论坛综述》，载《教育研究》，2010（10）。

③ 周玉龙：《美国中小学校长联盟认定优秀校长的六条标准》，载《北京教育（普教）》，2010（06）。

④ 覃保进：《简谈农村小学校长的管理》，载《中国会议现代教育教学探索学术交流会论文集》，2016。

好农村校长。农村中小学校长是一个学校的核心人物，也是关键人物，更是重要的决策者和方向引领者。农村中小学校长的办学思想、管理理念、办学目标、治校方略等都是农村学校发展的关键所在。可以这样认为，没有农村中小学校长素质的提升，往往就很难有农村教育质量的提升；没有农村中小学校长的主动发展，往往就很难有农村中小学教师、学生的主动发展；没有农村中小学校长的教育创造，往往就很难有农村中小学教师、学生的创新精神；学生没有创新精神的基础，今后往往也很难成为创新型人才。

因此，按照治理体系和能力现代化的要求，建设服务型政府的目标，应把人力、物力、财力等工作着力点更多地放在解决社会矛盾和社会问题的农村教育上，注重向公共服务薄弱的农村地区倾斜，加快实施人才强农战略，确立农村教育人才竞争的比较优势。从经费、制度、体制和机制入手，通过供给侧改革，支持帮助农村中小学校长专业发展，让其成为有较高学术水平并受过较长时期专门训练的职业。

（二）国家层面：贯彻落实国家决策部署的需要

据教育部中小学校长幼儿园园长培训项目管理办公室的资料，截至2015年年底，全国中小学校长共计927 509人，按学校所在地分类，县（区）级学校校长201 135人，乡镇（及）以下学校校长726 374人。办好教育，教师是基础，校长是关键。“一个好老师，可以教出一批好孩子；一个好校长，可以成就一所好学校；一批名校长，可以影响国家和民族的未来。”恰如陶行知曾指出的：“校长是一所学校的灵魂，要想评论一所学校，先要评论她的校长。”①

国家高度重视校长队伍建设，2010年中共中央、国务院颁布的《国家中长期教育改革和发展规划纲要（2010—2020年）》提出：“实施五年一周期的全员培训；完善培训体系；完善培训制度；将培训经费列入政府预算。”2012年国务院印发《关于加强教师队伍建设的意见》强调：“制定幼儿园园长、普通中小学校长、中等职业学校校长专业标准和任职资格标准，提高校长（园长）专业化水平加强……校长培训……落实和扩大学校办学自主权，支持鼓励教师和校长在实践中大胆探索，创新教育思想、教育模式和教育方法，形成教学特色和办学风格，造就一批教育家，倡导教育家办学。”2013年

① 转引自张宏群：《做智慧型校长引领学校特色发展》，载《中国教育学刊》，2012（S2）。

教育部印发《关于进一步加强中小学校长培训工作的意见》从培训发展不平衡，统筹规划不够；培训模式改革步伐不大，培训针对性和实效性不强；培训制度不完善，培训项目招投标等机制尚未建立，培训过程监控不够等方面，明确了校长培训工作的总体要求、主要任务，并从培训内容、培训方式、培训机制、队伍建设、监管评估、经费投入等方面提出了要求。2015年《国务院办公厅关于印发乡村教师支持计划（2015—2020年）的通知》，对加强校长队伍，特别是农村中小学校长队伍建设做出了全面部署，提出了明确要求："到2020年前，对全体乡村教师校长进行360学时的培训……整合高等学校、县级教师发展中心和中小学校优质资源，建立乡村教师校长专业发展支持服务体系。"2018年《中共中央国务院关于全面深化新时代教师队伍建设改革的意见》提出："面向全体中小学校长加大培训力度、提升校长办学治校能力、打造品质学校……支持教师和校长大胆探索，创新教育思想、教育模式、教育方法，形成教学特色和办学风格，营造教育家脱颖而出的制度环境。"在各级党委、政府的高度重视下，农村中小学校长队伍支持服务体系建设得到不断加强，取得了显著成效。队伍结构不断优化，管理制度逐步健全，整体素质和水平显著提高，涌现出一大批素质高、业务精、办学成绩突出、具有广泛社会影响力的优秀农村中小学校长，为教育改革发展提供了坚强有力的人才支持和组织保障。

支持服务体系建设是促进农村中小学校长专业发展的重要载体。近年来，农村、农业、农民、农业现代化以及脱贫致富日益成为中央到地方的工作重心。治贫根本在于治愚，中央工作的重点转向广大农村教师和农村校长，已成为我国新时期教育改革与发展、推进教育均衡发展、维护教育公平的必然选择。因此，落实中央的决策部署，无不与农村中小学校长队伍支持服务体系的建设密切相关。

（三）教育层面：深化基础教育综合改革的需要

经过改革开放40年的不懈努力，我国农村教育发生了翻天覆地的变化，取得了举世瞩目的成就。在充分肯定成就的同时，我们也必须清醒地看到，农村教育发展主要体现在规模普及、外延扩张上，与实现农村教育现代化要求相比还存在明显的短板：农村教育观念相对落后，农村教师授课内容方法比较陈旧，农村学生适应社会和实践能力不强；农村教育的体制机制有待完善，农村中小学校的办学还缺乏活力；农村中小学校布局结构还不尽合理，不同区域，甚至同一区域城乡之间教育发展不平衡；留守儿童缺乏关爱，农村教师的积极性难以调动，素质教育推进困难；等等。这都需要通过综合改革释放强大活力来解决。2010年中共中央、国务院颁布的《国家中长期教育改革和发展规划纲要（2010—2020年）》从指导思想、教育观念、内容结构等方面对新时期教育改革进行了宏观设计。2013年《中共中央关于全面深化改革若干重大问题的决定》以立德树人为根本任务，对深化教育领域综合改革做出安排。国务院《关于统筹推进县域内城乡义务教育一体化改革发展的若干意见》提到的“到2020年城乡二元结构壁垒基本消除，义务教育与城镇化发展基本协调；城乡学校布局更加合理，大班额基本消除，乡村完全小学、初中或九年一贯制学校、寄宿制学校标准化建设取得显著进展”，无一不是农村教育“难啃的硬骨头”，需要破解农村教育发展的深层次难题，突破体制机制障碍。农村中小学校长长期扎根于农村教育教学第一线，是农村教育改革发展的倡导者、组织者和实施者，是广大农村中小学教师的人生引领、精神引领和专业引领者，也是农村学校的一家之长。雅克·德洛尔曾说过：“没有教师的协助及其积极参与，任何改革都不能成功。”[①]因此，没有农村中小学校长参与、带动，农村基础教育改革势必失去方向，有效推进更是无从谈起。但是农村中小学校长的引领带动，是建立在农村中小学校长的素质之上的。很难想象一个没有任何创新意识和专业素养的农村中小学校长，能够站在基础教育改革的前沿，“振臂一呼，天下云集响应，赢粮而景从”指挥广大农村中小学教师跨越坎坷荆棘，涉过险滩暗流，到达改革成功的彼岸。

农村中小学校长的力量从什么地方来？从外部激励与内在动机的激发上来。从当前全国72.6万位农村中小学校长来看，近年来他们的整体素质得到了大幅提高，但是不同地区之间农村中小学校长素质差异很大，就是同一地区的农村中小学校长之间也存在很大差异，表现为部分农村中小学校长创新能力不足，创新意识还不强，难以承担起破旧立新、引领教育改革的重任。这也就是造成各地教育改革推进不平衡，有快有慢、有好有坏的主要原因之一。

建设农村中小学校长专业发展支持服务体系，就是要培养造就一大批能够创新教育实践的农村中小学校长，推动农村教育的改革发展，肩负起农村教育改革发展的责任，

① 联合国教科文组织：《教育——财富蕴藏其中》，15页，北京，教育科学出版社，1996。

凝聚广大农村中小学教师的人心，不为任何风险所惧，不被任何干扰所惑，攻坚克难推进农村教育的改革发展。

（四）家长层面：满足农村家长对优质教育的热切需要

习近平指出：“教育是民族振兴、社会进步的基石，是提高国民素质、促进人的全面发展的根本途径，寄托着亿万家庭对美好生活的期盼。”李克强总理在2015年政府工作报告中指出：“教育是今天的事业、明天的希望……要扩大优质教育的资源。”当前，农村的人民群众的子女接受教育的机会多了。“有学上”的问题基本解决，但“上好学”的问题依然突出。“农村弱”和“城镇挤”现象普遍存在，农村许多家长为了隔断贫穷的代际传递，大部分家长会毫不犹豫地选择优质学校，不惜一切代价让自己的孩子接受优质教育。农村中小学校长所苦恼的“控辍保学”与越演越烈的“择校热”紧密相连。优质农村教育资源供给不足依然是我国农村教育发展面临的基本矛盾，扩大优质农村教育资源，标本兼治，才能破解“控辍保学”的难题。

农村优质教育资源不是靠钱在短时间内堆出来的，而是一个经济投入、机制体制创新与文化传承的漫长积淀过程。因此，进一步解放思想、转变观念，积极鼓励和服务农村中小学校长专业发展，改变“教一个孩子是教，教一群孩子也是教”的粗放式教育观念，适应农村家长对优质教育的追求，满足农村家长高品质、多样化的教育选择，保障广大农村地区的孩子依法享有与城市孩子同等的受教育权利和接受良好教育的机会，是发展成果更多更公平惠及全体人民的集中体现。

（五）校长层面：农村中小学校长实现人生价值的需要

在英、美等发达国家，硕士毕业后再经过专门培训才可以获得校长资格。我国也要求必须持有校长资格证才能有从事校长职业的资格。一方面，针对农村中小学校长身处交通不便、经济不发达的农村中小学校，信息闭塞、资源短缺，校长外出“充电”机会少的现状，另一方面，针对农村中小学校长“要求太多，支持帮助太少”“上升空间狭窄”“职业倦怠”“发展动力不足”“自主学习意识不强”等专业发展不能深入下去的现状，探索对薄弱学校的学习帮扶机制，解决农村中小学校长整体学习机会偏少、管理偏控、情感关注薄弱等问题。以农村中小学校长为重点，通过集中培训、校长工作室、捆绑发展、牵手帮扶、送教下乡以及示范提升等形式，为农村中小学校长提供方便、灵活、自主、个性化的精准培训服务，加快对农村中小学名校长培训的步伐和力度，使一大批优秀农村中小学校长脱颖而出，形成农村中小学校长队伍递进式发展梯队，满足农村中小学校长专业发展的人生价值需要成为重要而又紧迫的任务。

材料

新时代农村校长专业发展标准：进得了课堂，跑得了操场。检查了备课作业食堂，写得了总结文章。开得好会议，访得了家长。劝得了情种，管得住上网。解得了留守儿童忧伤，破得了教师人生迷惘。Hold住多动，控得住轻狂。受得了奇葩，护得住低智商。查得了案件，打得过嚣张。还有一点是，忍得住工资不涨。①

（六）个人层面：自身教育政策研究兴趣的需要

首先，农村中小学校长政策研究的需要。农村中小学校长政策是国家公共政策的重要组成部分，它集中体现了统治阶级和社会主体关于发展教育的意志和行动，起着协调和平衡各种教育关系的作用，并直接影响着宏观教育事业发展的方向、速度和效益。加强农村中小学校长政策研究不仅有利于国家决策的民主化和科学化，还有利于提高公众对教育政策的理解和认同，这是由农村中小学校长的公益性决定的。朱旭东教授认为，“政府必须承担教师教育的职责，在市场经济条件下对教师教育进行宏观调控”②。因此，为了更好地促进农村中小学校长的专业发展，保证农村中小学校长决策的民主化、科学化，确保农村中小学校长政策的正确执行，我们必须加强对农村中小学校长政策的研究。

其次，自身的经历与兴趣的需要。诚如著名的社会学家、人类学家和社会活动家费孝通所言：“研究最好从你身边经历过的熟悉的事情开始。”③那融进你生命中的，才会最有可能被提炼出来，选择“农村中小学校长专业发展支持服务体系建设研究”这个

---

① 根据笔者2015年7月在贵州省黔西南州的访谈内容整理而成。

② 朱旭东：《试论教师教育的公益性——政府在教师教育中的作用》，载《教育理论与实践》，2002（01）。

③ 费孝通：《江村经济：中国农民的生活》，11页，北京，商务印书馆，2005。

课题正是基于这个认识。一是我与农村中小学校长有过共同的经历，对制约农村中小学校长专业发展的因素有着更多的了解，有更多的机会接触农村中小学校长专业发展方面的理论与实践问题，能读懂农村中小学校长的内心世界；二是我的研究方向与所从事的工作实践相结合，与工作经历相结合，有助于论文的针对性、实效性、可操作性以及相容解释性；三是我对自身发展过程的不断反思不仅深化了对本研究的认识，而且为本研究提供了特殊的方法和案例。

综上所述，时代在变化，实践在发展，认识在深化，认真总结我国农村中小学校长支持服务体系建设的实践经验，借鉴发达国家中小学校长专业发展支持服务体系建设的先进做法，探索符合我国实际的农村中小学校长专业发展支持服务体系，既是国际发展趋势、国家意志、农村教育实际、家长期望和农村中小学校长个人价值的诉求，也是政府与社会责任的体现。

｜二｜相关研究文献综述

（一）国外农村中小学校长专业发展支持服务体系建设研究现状的综述

社会的发展和教育的进步迫切需要中小学校长专业发展，中小学校长专业化已成为世界各国共同关注的课题，很多国家在理论研究和实践方面的研究取得了显著的成就。由于政区分类的差别，国外对于农村中小学校长专业发展支持服务体系的研究不多见，但是中小学校长专业发展支持服务体系研究在各国引起了很大的关注，各国在理论研究和实践探索中积累了丰富的经验，并取得了一定的研究成果。对国外的成功经验的分析和借鉴，有助于优化我国农村中小学校长专业发展支持服务体系的建设。

1.关于政策制度的研究

美国《高等教育法》《国家处在危急之中——教育改革势在必行》《国家为培养21世纪的教师作准备》《国家处在危机之中》《不让一个孩子掉队法案》等文献明确规定了加强校长、教师在职进修的重要性，美国还斥巨资资助了各州和地方学区开展各种各样的校长、教师在职培训活动，帮助促进校长、教师的发展。高璐从专业资格、专业标准、专业评价、专业化方式等方面对美国中小学校长专业化政策进行了阐述。[①]曲铁华、王莹莹、于喆提出："美国校长专业发展的研究与实践已经发展到相对成熟的阶段，中小学校长的在职培训通过政府立法的严格规范、专业标准的有效引领、多元机构的竞争运作、大学与学区的通力协作、各级财政的稳定资助，已经建立起一套比较完善的制度，对我国构建中小学校长在职培训制度，提升校长专业发展水平，提供了很好的借鉴。"[②]郭丰认为，美国建立了一套有系统、有组织、有计划地进行校长职前培训、遴选，导入辅导和在职进修，以及对校长的评价及资格证书管理的一系列制度。[③]

詹姆斯·林奇（James Lyuch）《英国的教师教育改革》（*The Reform of Teacher Education in the United Kingdom*）一书阐述了英国的教师教育改革历史，提出设立学术委员会、制定法律等措施支持校长、教师的专业发展。[④]李孔珍提出："英国中小学校长培训已经形成比较成熟的培训管理制度，其基本特征体现在以下三个方面：《国家校长标准》为校长专业发展和行动提供了明确的要求；校长培训的组织管理通过《国家校长专业资格》的认定、培训机构的合理架构、专业学会的学术引领和市场竞争机制的充分运用，以保障培训质量并满足不同需求；校长培训的内容注重培训项目的不同类别和受训校长的实际需求，培训形式关注校长实践能力的培养。"[⑤]加里·F.霍本（Garry F. Hoban）《教育变革中的教师学习》（*Teacher Learning for Education Change*）一书指出，社会的变革、经济、技术的迅速发展、复杂的思维系统促使教育变革，为更好地适应变化，要从政策、环境、领导力、内容、结构、文化等方面支持帮助校长专业发展。

2.关于管理体制机制的研究

从校长任职资格角度论述校长专业发展的研究甚多，成果主要集中在校长任职条件、制度等层面。齐书宇与邢立娜系统研究了美国中小学校长领导标准具体包括六个方面的内容，并对我国提出了"一是要进一步完善我国中小学校长领导标准，二是制定我国中小学校长领导标准的实施细则，三是建立切实可行的政府评估与第三方评估相结合

① 高璐：《美国中小学校长专业化政策研究》，硕士学位论文，福建师范大学，2010。
② 曲铁华，王莹莹，于喆：《美国中小学校长在职培训制度及启示》，载《外国教育研究》，2011（05）。
③ 郭丰：《美国中小学校长资格证书制度的历史演变及现状研究》，硕士学位论文，湖南大学，2012。
④ 赵静，武学超：《英国教师教育政策的演变及评析》，载《教育发展研究》，2006（04）。
⑤ 李孔珍：《英国中小学校长培训的管理制度分析》，载《中国教育学刊》，2009（12）。

的制度”[①]的建议。孔令帅与吕杰昕认为：“美国通过制定校长专业标准、建立校长资格证书制度、完善校长培训机制来帮助和督促中小学校长提高自身的相应素质和能力，其中一些做法值得我国借鉴和参考。”[②]褚宏启、杨海燕提出通过提高校长资格标准提高校长专业发展水平。张东娇、胡松林从英、美校长胜任力模型方面切入，对我国中小学校长管理提出了建议。

3.关于培养模式的研究

目前，直接从培养模式角度论述中小学校长专业发展的研究较多，成果主要集中在中小学校长专业素质的内涵界定方面。陈禹认为，美国通过“不断完善中小学校长培训政策法规，优化培训理念，改进培训模式，有效地促进了中小学校长培训走向专业化”[③]。焦阳认为：“美国中小学校长在职培训机构众多、内容丰富、形式多样、保障体制完善，极大地促进了美国中小学校长专业发展。”[④]陈忱、夏现伟认为：“英国中小学校长资格培训的成功得益于它的培训形式、课程内容、培训体系等方面科学的安排。”[⑤]同时，他们借鉴英国的课程设置经验，提出了我国中小学校长培训课程设置的改进措施与路径。克里斯托弗·戴、褚宏启、杨海燕等学者研究提出了国外对中小学校长专业素质的要求，强调了校长专业发展的三个维度；张晓峰研究了英国《国家校长标准》，并提出了我国校长专业标准建设的建议；刘月乔、任学印认为，美国校长培训注重课程目标和培训的课程内容。以上主要研究成果如下。

（1）美国开展“基于问题”的校长培训模式

美国根据杜威“做中学”的教育思想和建构主义理论实施“基于问题”的校长培训模式。[⑥]高葵芬认为：“美国校长培训体现四个重视：一是重视校长团体在培训中的重

---

① 齐书宇，邢立娜：《美国中小学校长领导标准及其启示》，载《教育探索》，2013（07）。

② 孔令帅，吕杰昕：《美国中小学校长专业发展机制探析》，载《外国中小学教育》，2012（10）。

③ 陈禹：《他山之石可以攻玉——美国中小学校长培训的认知和启示》，载《中小学教师培训》，2012（07）。

④ 焦阳：《美国中小学校长在职培训研究——以加利福尼亚州为例》，硕士学位论文，东北师范大学，2013。

⑤ 陈忱，夏现伟：《中英中小学校长任职资格培训课程设置比较分析与启示》，载《中小学教师培训》，2016（06）。

⑥ 马海永：《美国“基于问题”的校长培训模式探究》，载《当代教育论坛（校长教育研究）》，2008（07）。

要作用，注重培训内容的可操作性，以突出培训的实践性；二是重视培训师资队伍的建设，一般都要求具有教授职称，要有较高学术水平和研究能力；三是重视收集相应的实证调查资料，进行校长培训的实证效果分析，以提高中小学校长培训的实效性；四是重视对培训机构的管理、培训机构的申报程序等，逐步加强了美国校长协会的评估工作。”[①]美国校长培训的课程，分为核心课程和专业课程两大部分：其中核心课程主要包括“教育领导力，政策法律与政治、经济、社会，学校课程与教学，学校管理与评价”[②]；专业课程主要包括“管理常规、岗位职责、人力资源、教学领导”。除此之外，“美国校长培训实现了学区和大学的密切合作，获得了联邦与各州的财政支持，可提供持续性的专业发展支持”[③]。

（2）英国实施国家校长专业培训计划

英国校长培训是20世纪90年代以后才开始的。英国教师培训署制定了“国家校长标准”，并于1997—1998年先后推出了三个互相联系、逐步递进的校长培训计划——“一是国家校长专业资格，二是校长领导与管理计划，三是在职校长领导计划”[④]，并建立了高效能校长特征框架（见表1-1），示范引领校长专业发展。

表1-1　英国高效能校长特征框架[⑤]

个人的价值观和信念	尊重他人；挑战与支持；个人的信仰
创建远景抱负	战略性思考；推动改进
实施计划	分析性思维；首创精神；转化式领导；团队建设；理解他人；潜能开发
建立约定并提供支持	碰撞与影响；使人肩负责任
收集信息和获取理解	社会意识；审视环境

① 高葵芬：《中美两国中小学校长培训的发展趋势》，载《湖北大学成人教育学院学报》，2007（05）。

② Coleman，M.，Low，G.T.，Bush，T.，Chew，O.A.J.，“Re-Thinking Training for Principals: The Role of Mentoring，”The AERA Conference，New York，1996.

③ 许苏：《美国校长培训及其政策分析》，载《全球教育展望》，2009（07）。

④ DfES，*Guidance on The Mandatory Requirement to Hold the National Professional Qualification for Headship*（*NPQH*），England，Crown Press，2004，p.4.

⑤ 冯大鸣：《英国校长培训模式评介》，载《教育科学研究》，2003（10）。

（3）新西兰、中国香港地区开发体现专业性和实践性相结合的培训课程体系

为达到培训目标，新西兰教育部与多个社会组织，精心开发了系统、科学的培训内容，主要是“学校领导力和学生成就的影响因素和原因分析的最佳实践推广”（School Leadership and Student Outcomes：What Works and Why Best Evidence Synthesis Iteration），“兰格蒂勒：毛利人的教育领导”（Tū Rangatira：Māori Medium Educational Leadership）和“新西兰校长领导力”（Kiwi Leadership for Principal）。这三大内容又被细化为培训的五大核心课程，见表1-2。中国香港地区的校长培训课程核心单元内容见表1-3。

表1-2　新西兰校长培训核心课程（core curriculum）[①]

核心课程领域	课程内容
发展自我（developing self）	自我意识和个人有效性——个人的信仰和价值；情感、精神和社会智能——理解自身的优势与不足；个人的目标设置和专业发展计划
领导学习（leading learning）	教和学的本质——成功的课堂学习是怎样的?
领导变革（leading change）	理解学校的多样性；分散领导力；发展学校成为学习型共同体（共享规范和价值，参与反思性对话，集体学习聚焦，综合、分析、翻译、使用和汇报证据，学校整体合作性聚焦）；处理变革反馈；申请个人领导力问询；理解变革进程
给予未来的教学（future focused schooling）	为充满不确定的未来培养学生；基于未来的主体意识，影响学校的因素——持续性，公民意识和全球化未来学校的所有利益相关者
理解校长的角色（understanding the role of the principal）	战略方向和自我评估的主导者；二元文化社会的领导者；校长系统的管理者（财务、认识、资产、法务）；资源管理者；理解新西兰背景（多样性和自我管理）对校长角色的影响；作为董事会成员的校长；理解新西兰文化的背景对校长领导力的影响

① 邓正容：《新西兰中小学校长培训框架与内容》，载《基础教育》，2011（03）。

表1-3 中国香港地区校长培训课程核心单元内容[①]

核心单元	名称	内容
旨在介绍在校本管理架构下，有效地领导和管理学校所需的领导及实务技巧	教与学	校本课程规划，心理学的发展，有效的教学督导，运用信息科技，资料分析及诠释，评估与反馈课堂教学和教师表现、学生学习状况
	人力资源发展	工作表现管理、教职员的培训与发展、学校导师训练、沟通与人际网络
	财政管理	资源管理、财政预算的制定、监控和报告、成本效益、成本效用分析、社区资源运用
	策略性管理	确定和修订学校的抱负、学校与社区的协作、学校变革的管理、质量保证和问责、学校成为不断学习的组织
	学校行政（仅为新任校长设立）	教育署与学校的伙伴关系、教育条例、教育规则、财政管理、教育措施及政策

（4）澳大利亚突出培训的实践性

澳大利亚校长培训的特点："一是开展以提高素质和能力为导向的校长主动提升培训；二是实践体验与选择课程相结合的后备校长培训；三是以务实高效的宏观引导与实践帮助相结合的现场培训，为校长专业提升提供多层次的培训，并建立校长'专业学习'的理念和'自主性学习'的机制，保证了校长培训的针对性和实效性。"[②]实施过程突出三个结合："一是专业性指导与行政性相结合，有效提高了中小学校长的工作质量，促进了校长的专业发展；二是开放性与专业性相结合，为校长培训提供了吸引力和生命力；三是行政权力的'有的放矢'和遴选过程的'公正透明'相结合，为'校长遴选'提供了质量保证。"[③]

4.关于保障机制研究

这集中于三个方面的研究，即从校长的榜样、学校文化、学习共同体三个维度阐述学校在校长专业发展支持体系结构中的地位和作用。许苏认为，"美国校长培训强调提

---

① 阚维：《范式的变革、手段的更新与效能的提高：国际视野下的校长培训工作》，载《基础教育参考》，2007（07）。

② 阚维：《范式的变革、手段的更新与效能的提高：国际视野下的校长培训工作》，载《基础教育参考》，2007（07）。

③ 《澳大利亚中小学校长管理和校长培训考察报告（二）》，载《中小学校长》，2010（03）。

升教学领导力、重视学校实践环节、实现学区与大学的合作以及发挥学区的实践引导作用，并具有较为完善的政策支持保障体系”[①]。美国中小学校长培训政策的制定与培训内容根据新时代的要求和人们的选择变化而变化，这一过程体现了民主性、多样性、互动性、动态性、立体性的特征与规律。美国中小学校长培训注重对校长专业发展、学生学习、学校发展等多方面产生的效果及满意度进行考量。评价体系需要各级政府、地方学区、学校教师和行政管理者，乃至学生家长、社区公众等共同合作与参与。保罗·克拉克（Paul Clarke），菲莉丝·H. 林德斯特伦和玛莎·斯佩克（Phyllis H. Lindstrom & Marsha Speck）等学者对这三个方面都有论述。[②]

澳大利亚中小学校长培训支持服务体系建设体现在以下十个方面：“一是培训工作有法可依；二是培训体系层次分明；三是培训专业标准明确；四是培训师资能力强、水平高；五是激励校长参加的积极性；六是培训机构多元化；七是培训课程灵活实用；八是培训方式独特多样；九是培训考核注重实际；十是培训经费保障有力。”[③]新加坡校长培训项目的主要特色为：“一是强调合作学习；二是共同创造知识；三是重视构建愿景；四是规划未来；五是构建完善的保障机制。”[④]

总之，一些发达国家重视并使中小学校长这个职业成为有较高学术水平并受过较长时期专门训练的职业，支持帮助校长专业发展的体系也较完善。这固然与经济发展有关系，但更离不开认识到位。

（二）国内农村中小学校长专业发展支持服务体系建设研究现状的综述

目前，国内直接研究农村中小学校长专业发展支持服务体系建设的研究还较少，我们主要从以下四个方面对相关研究文献进行回顾和梳理。

1.关于培养模式的研究

目前，不少研究文献从不同角度阐释了农村中小学校长培训与培养模式的现状、问

① 许苏：《美国校长培训及其政策分析》，载《全球教育展望》，2009（07）。

② [美]保罗·克拉克：《学习型学校与学习型系统》，铁俊等译，北京，中国轻工业出版社，2004。

③ 韩伏彬，董建梅：《国外中小学校长培训特点述评》，载《中小学教师培训》，2014（04）。

④ 程宏：《新加坡中小学校长培训的实践及启示》，载《现代教育论丛》，2011（02）。

题与对策，研究成果主要集中在培训规划、内容、方法、科研等方面。李更胜、鲁林岳提出走进教育现场“挂职见习、集中培训、远程研修相结合模式”[①]。陈玉琨教授提出“送培到校与跟进服务相结合培训模式”以及“国内与国外联合培养相结合模式”。[②]何永忠提出“培训、评选、奖励、研训、升位相结合培训模式”[③]。汪文华提出“带课、带研、带学、带资与团队驻校研修相结合培训模式”[④]。代蕊华教授提出“针对教育家型校长的需求，培训在策略选择上要突出个性化、强调反思性、注重经验分享、重视理念提升、坚持实践导向”[⑤]。杨雪梅提出分类归纳到系统构建培训模式。[⑥]此外，刘惠林在分析农村中小学校长专业发展问题的基础上，强调着力规划和设计一套与基础教育改革实际和发展相适应的中小学校长专业发展体系；郭云霞提出建设“农村中小学校长培训课程方案”的构想；袁绍成探讨了农村中小学校长远程培训的四个功能；兰觉明提出要引导校长树立课题研究的意识。

2.关于管理体制的研究

近年来不少研究文献从不同角度阐释了农村中小学校长专业展的资源配置状态，并从专业标准、资格制度、跟进管理等层面进行了综合分析。李同胜从校长专业标准的制定、校长选拔任用制度的改革等方面提出了促进农村中小学校长专业化发展的对策和建议。[⑦]李红、谭丽娟从“实地跟踪指导”[⑧]的方面提出了加强农村中小学校长专业发展的管理策略。褚宏启教授认为，“当前我国普通中小学校长应具备三大核心素养：目标管理素养，要求校长对‘培养什么人’有准确的定位；综合管理素养，要求校长推动学校发展方式的

---

① 李更生，鲁林岳：《走进教育现场：基于教育现象学的校长培训范式的转型》，载《教育研究》，2012（12）。

② 陈玉琨：《中学校长培训的新理念与新策略》，载《人民教育》，2009（20）。

③ 何泳忠：《改革教师培训模式促进教师专业化发展》，载《载教育研究》，2014（01）。

④ 汪文华：《带课、带研、带学、带资，促进“影子教师”培训有效实施——以2010年“国培计划”安徽省置换脱产研修项目为例》，载《中小学教师培训》，2011（03）。

⑤ 代蕊华：《论教育家型校长培训的策略选择》，《教师教育研究》，2009（05）。

⑥ 北京教育学院校长培训学学科组：《校长培训学：结构体系与基础研究》，北京，首都师范大学出版社，2012。

⑦ 李同胜：《关于农村中小学校长专业发展的对策思考》，载《继续教育研究》，2009（08）。

⑧ 李红，谭丽娟：《专家团队“实地跟踪指导”提升农村中小学校长培训的有效性》，载《中小学教师培训》，2010（05）。

整体性变革；现代管理素养，要求校长进行科学管理、民主管理和依法管理”[①]。

3.关于培养体制的研究

相关的研究主要围绕农村中小学校长专业发展管理创新等问题展开。龚玲教授提出，“基于对中小学校长职业定位的专业性、学术性、实践性、发展性的整体要求，把握国家相关的培训政策，明确培训管理者和培训者的目标任务，理解全省中小学校长培训工作的主旨，对建构培训新模式、创设培训新内容、提高培训有效性会起到积极推动作用”[②]。杨锦兴提出了完善“以县为主”的农村义务教育管理体制，落实地方政府的办学责任，建立新型的政校关系等政策方面的内容。[③]

4.关于保障机制的研究

相关研究成果主要集中于校长培训专业化实现的政策支持与选择路径方面。褚宏启教授提出，“中小学校长培训课程应该依据校长的职业角色、工作任务进行设计，增强课程的专业性和实用性”[④]。方中雄、陈丽、汤丰林、吕蕾认为，“中小学校长培训质量评价体系主要包括培训质量评价主体、评价指标、评价效果运用三大方面。在政策比较、现状调研的基础上，提出构建以国家、省市县培训管理部门、校长培训机构、委托培训方、第三方专业评价机构和校长为评价主体的多元开放的评价格局；初步构建了培训质量评价的指标体系，提出培训质量评价结果的运用既要有利于培训机构的改进，又要有利于校长的专业发展”[⑤]。褚宏启、吕蕾、刘景研究了中华人民共和国成立60多年来尤其是近20年以来，中小学校长培训机构和培训制度的发展，认为，“全国四级校长培训网络基本覆盖各个层次的学校校长培训，校长持证上岗制度和轮训制度已经确立。当前，必须使校长培训机构建设重心上移，取消经济薄弱地区县级校长培训机构，加强

---

① 褚宏启：《校长专业标准与校长核心素养》，载《中小学管理》，2015（03）。

② 龚玲：《把握培训政策确定培训目标完善培训内容突出培训重点——对吉林省中小学校长培训工作的思考》，载《吉林省教育学院学报（上旬）》，2012（10）。

③ 杨锦兴：《从教育行政的角度看“以县为主”的农村教育管理体制面临的问题——广西贵港市实施农村义务教育管理新体制的调查》，载《现代教育管理》，2009（01）。

④ 褚宏启：《中小学校长培训课程的改革路径》，载《教师教育研究》，2009（06）。

⑤ 方中雄，陈丽，汤丰林，吕蕾：《中小学校长培训质量评价体系的政策研究》，载《中小学管理》，2011（08）。

校长培训机构自身能力建设，同时适当开放校长培训市场，纳入社会培训机构作为国家校长培训机构的有益补充。目前校长培训制度也需要进一步完善，包括培训机构资格认定制度、培训经费投入制度以及与校长培训制度直接关联的校长评估与晋升制度”①。郑玉莲、陈霜叶认为，我们可以在分析“我国校长培训基本架构与变革趋势的基础上，通过对‘校长培训机构改革’的政策文件进行梳理，提炼分析培训机构改革的策略，剖析其背后对培训质量与培训公平的认识，评估目前的校长培训架构及其改革策略对实现教育均衡发展的影响，为培训机构改革提供新的思考路向”②。此外，向立志提出，政策、资金方面的支持是实现农村中小学校长专业发展的基本建设途径，并提出相应建议；从专业化实现途径上，陶克顺、陆艳清提出，积极搭建各种活动平台拓展农村中小学校长专业化发展空间。汤丰林提出，结构化质量保障体系由质量标准、工作流程、管理制度、操作规范四个部分组成。③

（三）国内外农村中小学校长专业发展支持服务体系建设研究分析

从以上的论述来看，虽然已有不少学者对农村中小学校长专业发展支持服务体系的研究取得了相当丰硕的成果，但农村中小学校长专业发展支持服务体系建设研究目前还没有专门的著作进行系统的阐述，系统性专门的研究成果也不多见。国内的相关研究成果大部分只是针对实践中或现实中存在的某一具体问题进行研究与论述。比如，培训针对性、培训资金保障、课程内容、培训模式、硬件建设问题等。这些研究缺乏对农村的历史传统问题，农村的风俗习惯、文化传统的研究，没有注意到农村中小学校长专业发展的薄弱环节、农村中小学的办学治校环境。也就是说大多数研究成果没有涉及农村中小学校长专业发展支持服务体系建设问题。从以上的论述来看，农村中小学校长专业发展支持服务体系建设研究目前还没有专门的论著对之进行系统的论述，也没有专门的系

① 褚宏启，吕蕾，刘景：《中小学校长培训机构建设与培训制度改革》，载《中国教育学刊》，2009（12）。

② 郑玉莲，陈霜叶：《促进教育均衡发展的校长培训机构改革：现状与政策评估》，载《教育研究与实验》，2014（06）。

③ 北京教育学院校长培训学学科组：《校长培训学：结构体系与基础研究》，北京，首都师范大学出版社，2012。

统性研究成果。国内的相关研究成果还不成体系，没有系统性，只是针对实践中或现实中存在的某一具体问题进行研究与论述，如资金保障问题、课程内容、培训模式、硬件建设问题等，对如何解决农村中小学校长专业发展的问题并没有涉及。

发达国家的相关理论研究虽然比较成熟，实践也比较发达，但与我国的农村教育实际和中小学校长的办学治校环境相差较大，只能是进行部分借鉴。特别是发达国家的标准体系、专业发展委员会、校长专业发展学校值得我们借鉴，但社会制度、政治制度不同，社情民情也不同，我在研究过程中必须充分注意。对西方国家的中小学校长专业发展支持服务体系建设，尤其是关于中小学校长专业发展及其支持服务体系建设的理论，必须与中国的具体实际相结合来研究，并寻求解决中国的中小学校长专业发展支持服务体系建设的问题。

虽然已有不少学者对农村中小学校长专业发展支持服务体系建设的研究取得了相当丰硕的成果，但我们尚在以下几方面存在不足。

一是宏观上，起步晚，研究还很薄弱，缺乏较为系统深入的研究；二是微观上，科学、量化对农村中小学校长专业发展支持服务体系建设的案例研究、实证研究以及量化分析研究范式还很匮乏。

因此，我们想在实践和理论两个层面上解答下列疑问：一是农村中小学校长专业发展支持服务体系与传统的中小学校长专业发展保障模式究竟有何本质区别？其优势究竟在哪里？二是集权、分权国家的中小学校长专业发展支持服务体系是否适合本土的教育实践？三是国内区域探索的农村中小学校长专业发展支持服务体系建设模式其效果如何？反响怎样？四是在传统的教师教育格局已被打破，开放有序的教师教育体系正在积极推进等的背景下，我国多元开放型农村中小学校长培养培训体系该如何构建？基于以上原因，我们主要从“政府、教育部门、学校、大学、社会”等方面探究我国农村中小学校长专业发展支持服务体系服务的问题与策略。力争立体、客观、多角度和多层面地反映支持服务体系的全貌，同时也要注重细节的研究，“既见树又见林”，从而增强研究成果的应用价值。

第二节　研究目标、内容、方法、创新点及难点

｜一｜研究目标

（一）过程目标

总结国际中小学校长专业发展支持服务体系建设的主要经验、把握改革发展的趋势与特征，研究并厘清农村中小学校长专业发展支持服务体系建设的关键理论问题，系统梳理我国近年来各地农村中小学校长专业发展支持服务体系建设的主要经验。

（二）建议目标

调查、概括影响农村中小学校长专业发展的主要现实障碍，初步构建有利于农村中小学校长专业发展的“三位一体”支持服务体系，提出完善农村中小学校长专业发展的若干支持服务路向与制度选择。

｜二｜研究内容

（一）理论基础

以《国家中长期教育改革和发展规划纲要（2010—2020年）》的精神为依据，综合运用教育领导学、教育行政学、教育经济学、人力资源管理、中小学校长专业发展以及成人学习的相关理论，对我国农村中小学校长专业发展支持服务体系的内涵、特征、结构、制度、功能、运行，以及农村中小学校长专业发展的概念、素质特征、身份属性、岗位特点和个性品质、知识结构、能力结构、评价标准等关键问题进行理论研究探索，包括新时期教育改革对校长能力的要求、校长的专业属性等基本理论问题。系统研究支持服务体系的建设目标、途径、方式等，这些基本理论问题是农村中小学校长专业发展支持服务体系建设的基础，为本研究提供理论框架。

（二）比较分析

跟踪近年世界主要国家中小学校长专业发展支持服务体系的变化动态，对世界主要国家中小学校长专业发展的支持服务体系进行系统的分析和研究，总结分权与集权、发

达与发展中国家中小学校长专业发展支持服务体系建设的经验和特点，发现其共同规律与发展趋势，为本研究提供借鉴。

（三）历史规律

从农村校长培养规律和结构、制度、功能、运行等支持服务角度出发，梳理改革开放以来农村中小学校长专业发展支持服务体系的变革及其背景，发现影响农村中小学校长专业发展支持服务体系建设的主要因素。农村中小学校长专业发展支持服务体系建设是有历史延续性的，分析历史发展轨迹尤其是每一阶段发展的改革动因，以及进展、问题和发展趋势，探寻历史规律，为本研究寻找历史依据。

（四）实证研究

以若干个发达与欠发达的东、中、西部省份为抽样框架，基于问卷调查，运用多元统计分析方法，以SPSS 20.0统计软件为工具，从制度、结构、功能、运行四个维度，从历史与现实两个向度的实证角度论证农村中小学校长专业发展支持服务体系的主要构成因素、影响因素以及组织利益主体的特色效用偏好程度。通过实证分析得出：政府、教育部门、学校、大学、社会是影响农村中小学校长专业发展的关键因素。定量分析“五个要素”对于农村中小学校长专业发展的影响，识别当前农村中小学校长专业发展支持服务体系的缺失与存在的主要问题，探讨“五个要素”与农村中小学校长专业发展的互动关系的现实与客观规律，为本研究进行基础分析提供实践依据。

（五）对策研究

通过以上理论、比较、历史、实证等原因分析，在“理论、国际比较、国家实践”的三维平台上，明确农村中小学校长专业发展支持服务体系建设的理念，提出该体系的发展战略与发展目标，研究该体系建设的切实途径和方法，主要是“主导、联动、参与”逻辑下完整的“三位一体”农村中小学校长专业发展支持服务体系建设的若干路径与政策建议，助推农村中小学校长专业发展。

三 研究方法

（一）文献研究

查阅国内外有关本项目的纸质和电子文献资料，对其进行分类分析、梳理；研究梳理国内外关于农村中小学校长专业发展支持服务体系建设的理论研究成果，概括农村中小学校长专业发展支持服务体系建设对教育发展、社会和谐的意义；研究国外中小学校长专业发展支持服务体系建设的进展和我国农村中小学校长专业发展支持服务体系建设的历史与实践探索，从中寻找研究的薄弱点和掌握最新的研究进展，进而提出具有现实操作性的政策建议。

（二）理论分析

理论分析所要解决的问题是“为什么”的问题。农村中小学校长专业发展支持服务体系的内涵、范围、新的发展趋势、服务体系构建的总体要求以及不同主体的功能选择等问题，都属于理论分析的范畴。本研究运用多学科相关理论对农村中小学校长专业发展支持服务体系建设的基本理论问题进行了研究；运用人力资源管理的相关理论研究了农村中小学校长专业发展的相关问题，阐述了农村中小学校长专业发展支持服务体系的制度设计与相关政策的影响因素。

（三）比较研究

既进行国内农村中小学校长专业发展支持服务体系建设的纵向历史比较，对不同时期的状况进行比较，又进行东、中、西部等农村中小学校长专业发展支持服务体系建设状况的横向比较；并对美、英、日发达国家的中小学校长专业发展支持服务体系建设的经验进行了借鉴分析，选择了具有典型意义的分权与集权国家支持帮助中小学校长专业发展支持服务体系建设的历史与先进经验进行研究，对比分析我国的现状，从中发现可资借鉴的经验与规律。

（四）历史研究法

我国的农村中小学校长专业发展支持服务体系建设，在历史上虽然政治、经济、社会、文化条件不同，建设的目的、方法、手段等也各不相同，却取得了重要的进展和成就。可以说，如果没有历史上对农村中小学校长专业发展支持服务体系的重视与建设，就没有农村中小学校长专业发展的现状。因此，过去的农村中小学校长专业发展支持服务体系重建设，特别是跨区域的实践性培训活动的组织开展方面给我们留下了许多值得借鉴的宝贵经验。因此，研究农村历史也可以给我们很多启示，从中寻找出解决当下农村中小学校长专业发展支持服务体系建设中存在的问题，有利于我们在建设中大胆创新，获得新的思路。

（五）调查研究法

选取发达的、欠发达的有代表性的省份，进行广泛的问卷调查；同时，对相关调查对象进行访谈，了解不同类型、不同层次、不同地区农村中小学校长专业发展的状况与困境，深度探讨我国农村中小学校长专业发支持服务体系建设中存在的问题和改进的措施。

（六）案例分析法

理论只有源于实践并服务于实践，才会不断注入新生命力。本研究选取有典型代表意义的区域和个案展开分析，通过详细地比较，以“点”带“面”。本研究主要采用解释性和描述性案例研究，力求做到定量与定性分析相结合，用数字、访谈文字来描述和剖析研究对象，以期达到研究目的。

（七）辩证法

马克思主义的辩证法是科学的世界观和方法论。本研究密切结合中国农村、农村教育以及中小学校长专业发展的实际，我国改革开放以来在不同阶段指导“三农”工作的第18份中央一号文件的工作的重心及其实践成效，在具体实践的研究中抽象出理论知识，探索遵循规律，指导农村中小学校长专业发支持服务体系建设实践。

四 研究的创新点

本研究密切结合农村教育、农村中小学校长专业发展及其支持服务体系建设的实际从政策支持、制度创新、理论指导、基础建设、资金保障、专家队伍、高等院校、培训机构、社会参与、校长培养等方面进行研究与论述，并在以下方面进行了创新。

（一）理论层面

第一，重点突破农村中小学校长专业发展支持服务体系建设的关键理论问题，即相应的理论基础。这方面我们将以《国家中长期教育改革和发展规划纲要（2010—2020年）》为依据，充分运用现代教育理论研究的最新成果，从跨学科角度对相关理论问题做出现时代的研究。

第二，从农村角度研究与论述中小学校长专业发展及其支持服务体系建设的内涵。农村中小学校长具有与城镇不同的特殊传统文化特性和特殊的教育生活、工作习惯、中小学校长专业发展环境等这些在支持服务体系建设中必须时刻考虑的因素。

第三，从时代角度研究与论述脱贫致富攻坚战、新农村建设、特殊的农村财政投入条件等也在深刻地影响着农村中小学校长专业发展及其支持服务体系建设的方向。现有的撒芝麻糊似的财政投入、“短平快”的培训等方面，过于注重物质方面，而农村中小学校长专业发展及其支持服务体系建设的关键是要适应农村的乡土特点，培养更多的适应服务体系的组织管理人才，以及创新机制体制。促进农村中小学校长的专业发展，关键在于提高农村中小学校长的文化素养，提高他们自我服务、自我导向学习的能力。尤其是要注重继承和利用农村丰富的传统文化，建设与乡土气息相一致的农村中小学校长支持服务文化，建设能够使农村中小学校长参与培训活动，热爱农村教育、扎根农村实践、熟悉农村孩子、对农村乡土文化有高度认同性的支持服务体系。

（二）实践层面

重点突破的是实证调研，辨识农村中小学校长专业发展的关键变量。全面调查农村中小学校长专业发展支持服务体系中存在的问题，以及各利益相关方面对待农村中小学校长专业发展的态度与期望，总结各地近年农村中小学校长专业发展支持服务体系建设的成功经验与做法。实践层面主要是对教育部中学校长培训中心、小学校长培训中心和各省中小学校长培训中心的相应培训班次的学员进行问卷调查，并与各地联系进行现场调研，选择一部分利益相关方面进行深层次的访谈研究。

（三）方法层面

发挥多学科综合研究、多单位协同合作的优势，运用政策分析、案例分析、定量研究和数学建模的方法，跨学科、多视角、全方位地构建支持服务农村中小学校长专业发展的模式。

五 | 研究的难点

（一）边界界定难点

“五个支持服务要素”影响农村中小学校长专业发展的边界如何界定，以及它们之间的关联。

（二）定量测量难点

如何利用SPSS 20.0统计分析工具，采用相关分析、方差分析、回归分析等统计分析方法，对“五个支持服务要素”影响农村中小学校长专业发展水平程度进行定量测量。

第三节　研究原则、思路及问题

一｜研究原则

（一）系统观

农村中小学校长专业发展支持服务体系是一个复杂开放的系统，有两个特点：一是其各个要素都有一个共同的信念、目标和行为方式，它们围绕目标相互联系、相互贯通、相互促进、相辅相成，是统一不可分割的整体，不能顾此失彼；二是其开放性和相互的关系使研究任何单一问题都不能与之所处的历史文化、民族信仰、发展阶段等大环境割裂开来，对变革农村中小学校长专业发展支持服务体系中某一方面的分析也无法脱离各个因素之间的相互影响和相互作用。因此，本研究对单一问题或概念的分析只是为了方便论述和突出重点，绝无管中窥豹之意。

（二）权变观

"龙生九子，各不相同。"任何管理没有固定的模式，一切需要因地制宜、因人而异，每一位农村中小学校长都有适合自己生长的土壤，针对不同区域的农村中小学校长要采取不同的支持服务模式。没有放之四海而皆准的农村中小学校长专业发展支持服务体系，也没有所谓的包治百病的灵丹妙药，橘生南国只能为橘，某地域、某群体、某个体成功的经验和做法换到另一个环境下未必行得通。因此，为避免南橘北枳的结果，课题组不建议对成功案例实行简单的"拿来主义"。在案例分析中，课题组已经对一些方法的适用范围进行了一定说明，请审时度势，有所取舍。权变的最终目的就在于提出适宜国情、农情、校情、教情、生情的支持服务体系组织设计和管理行为，以寻求其最大的一致性。不能移花接木，也不能搞拔苗助长，更不能超过我国现阶段的条件。

（三）发展观

一定的政治体制必须适应一定的历史、社会、文化条件，农村中小学校长专业发展支持服务体系在不断发展、变化。农村中小学校长专业发展支持服务体系不会在静态中建设，农村中小学校长专业发展也会与时俱进，支持服务主体也不会停下其从事的教育活动来专门进行建设，农村中小学校长专业发展支持服务体系建设贯穿于工业化、城镇化、信息化、农业现代化发展的过程，贯穿于组织发展变革的始末。因此，本研究将结合组织的发展来分析其农村中小学校长专业发展支持服务体系的架构与主要任务，而不是只讲一时一事的方式方法，只有发展才可以评价支持服务体系建设的得与失，只有发展才能使变革真正触动支持服务主体的中枢神经。

（四）人本观

农村中小学校长专业发展支持服务体系分析的主要对象是组织，更是变革中的人。人是一切社会关系的总和，组织也是由人组成的，眼中有人才有路，没有人的变化，任何事情也不会发生变化。因此，支持服务体系适应农村中小学校长专业发展的要求，将更多地侧重于计划、组织和实施中人的变化，其产生了怎样的行为，对农村中小学校长的专业发展会有什么影响。

二 研究思路

（一）宏观

本研究在宏观层面遵循：宏观—微观、理论—实践、国外—国内、历史—现实的研究思路。

（二）微观

本研究在微观层面一是总结我国农村中小学校长专业发展支持服务体系建设的历史经验，二是分析国际中小学校长支持服务体系建设的特点与趋势，三是研究农村中小学校长专业发展支持服务体系建设的理论基础。以这三个方面的研究为基础，提出我国农村中小学校长专业发展支持服务体系的框架；结合我国农村中小学校长专业发展支持服务体系建设近年取得的成功经验，根据我国农村中小学校长专业发展支持服务体系现状的调查，提出推动我国农村中小学校长专业发展支持服务体系改革与完善的主要措施；结合我国教育发展的现实条件，提出推进我国农村中小学校长专业发展支持服务体系建设的政策建议。（见图1-1）

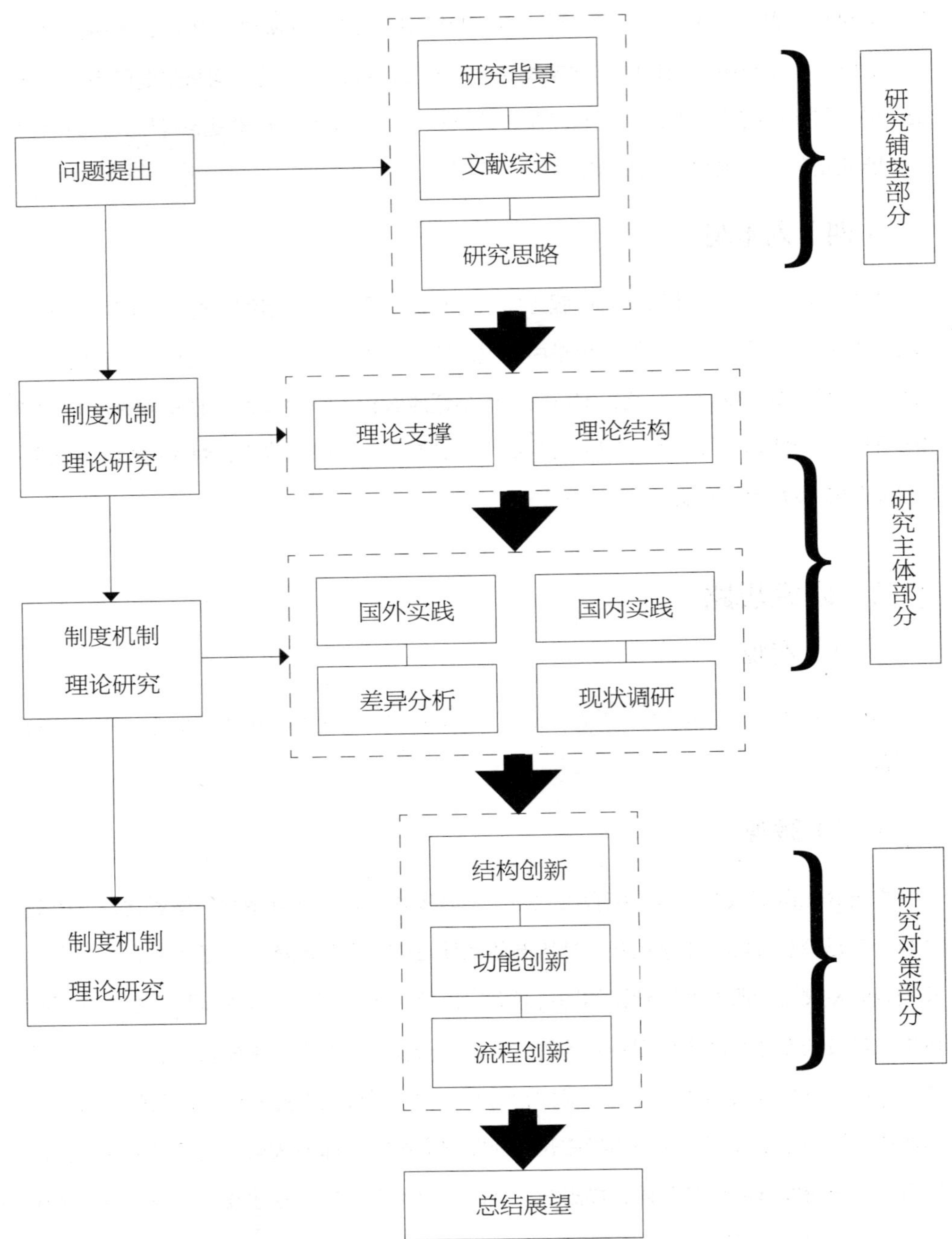

图1-1　农村中小学校长专业发展支持服务体系的研究思路

（三）拟解决的问题

第一，厘清农村中小学校长专业发展支持服务体系及其在国家现代化发展中的地位与作用。

第二，调查并分析我国农村中小学校长专业发展支持服务体系的现状与存在的主要问题。

第三，探讨政府、培训机构、社会三个主体在农村中小学校长专业发展支持服务体系中的地位与作用。

第四，比较分析美、英、日三国的中小学校长专业发展支持服务体系，总结发达国家中小学校长专业发展支持服务体系建设的经验。

第五，构建农村中小学校长专业发展支持服务体系并提出相应的行动建议，为城市中小学校长专业发展支持服务体系建设提供有益的启示与借鉴。

三｜需进一步研究的问题

（一）农村历史文化环境对农村中小学校长专业发展的影响研究

需要继续加强对农村文化环境的研究；加强对农村学生家庭背景的研究；加强农村中小学校长的工作、生活、文化环境，以及农村中小学校长需要什么样的外部支持服务条件和供给的研究。

（二）非政府组织参与农村中小学校长专业发展研究

社会组织在农村中小学校长专业发展支持服务体系建设中的地位与作用，如何充分调动社会组织参与农村中小学校长专业发展支持服务体系建设的积极性，以及如何引导社会组织支持服务农村中小学校长专业发展等，需要进一步的研究。

（三）数据与事实对农村中小学校长专业发展支持体系建设的支撑研究

《庄子·寓言》中说："天有历数，地有人据。"《周易·系辞下》中说："物相杂，故曰文。"《国语·郑语》中说："声一无听，物一无文，味一无果，物一不讲。”这些思想启示我们，知同此，情同理，课题研究的目的也在化民成俗，研究具有教化和教育意义，帮助政策、理论、实践等方面的专家、学者诠释问题。农村中小学校长专业发展支持服务体系是一个系统工程，课题组成员应能够观察入微、细致入心，能够见微知著，能够正确地把握和判断农村校长专业发展的时代特征，然后用抱朴守素的道理和自然天成的手法进行描述。

当然，由于课题组成员水平和能力所限，占有的研究资料不足，特别是对国外发达国家和地区农村中小学校长专业发展支持服务体系的资料收集不足，有待于进一步收集相关资料，挖掘建设实践中存在的实际问题，并结合实践寻求问题的解决方案。我们虽然对农村中小学校长专业发展支持服务体系建设的实际进行了调查研究，但由于各个方面条件的限制对农村中小学校长专业发展支持服务体系现状的实地调查研究还明显不足，这些都直接导致了研究存在很多不足之处，对有些问题的研究与论证还有待进一步完善。比如，对服务体系建设的微观研究与论述不足，宏观研究与微观研究的衔接不够等问题；对如何营造引以为豪并形成专业发展的自觉、自为和自在的支持服务体系的研究也不足。

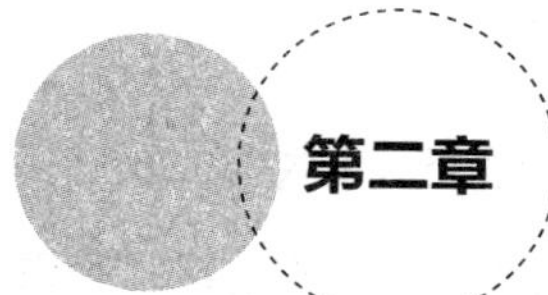

第二章 农村中小学校长专业发展支持服务体系建设的理论基础

美国著名学者肯尼思·F. 沃伦认为：“不管研究何种问题，如果缺少合理的理论框架都是困难的，也是愚蠢的。”[①]农村中小学校长专业发展支持服务体系建设离不开一定的学科基础。对于哪些学科构成了农村中小学校长专业发展支持服务体系，学者们的认识不一。一般来说，将校长专业发展理论、管理学、人力资源、社会学、学习心理学、领导学作为农村中小学校长专业发展支持服务体系建设的理论基础是大家比较公认的。这些基础学科能使我们分析所提出的问题，并较好地提出解决问题的对策，毋庸置疑，理论为我们思考和行动提供了必不可少的指南。本研究按照立足国内、借鉴国外，挖掘历史、把握时代，关怀人文的思路，从校长专业发展理论、社会学、管理学、教育心理学四个方面来简析农村中小学校长专业发展支持服务体系建设的理论基础，着力构建中国特色农村中小学校长专业化理论和实践的学科体系、学术体系、话语体系。

第一节　农村中小学校长专业发展的内涵

现有的关于校长专业发展阶段理论的研究主要分为三类：“职业生命周期取向、专业技能发展取向以及专业技能与专业理解相结合的取向。”[②]由于对中小学校长专业发展阶段的不同认识，各个国家和地区的中小学校长专业发展的划分标准也不尽相同。本章对国内外有关农村中小学校长专业发展阶段的理论文献进行梳理，并尝试结合《义务教育学校校长专业发展标准》对不同的理论做自己的分析阐述。

---

① [美]肯尼思·F. 沃伦:《政治体制中的行政法》，第三版，王从虎等译，北京，中国人民大学出版社，2005。

② 张佳伟：中小学校长专业发展阶段的理论进展与批判性分析——与国际间校长专业发展标准的制定取向相结合，《外国中小学教育》，2015（11）。

｜一｜农村

大百科全书中这样描述："农村，指乡下，不同于城市、城镇而从事农业的农民聚居地。以从事农业生产为主的劳动者聚居的地方。相对于城市的称谓，指农业区，有集镇、村落，以农业产业（自然经济和第一产业）为主，包括各种农场（包括畜牧和水产养殖场）、林场（林业生产区）、园艺和蔬菜生产等。跟人口集中的城镇比较，农村地区人口呈散落居住。"本研究认为，农村是同城市相对应的区域，是以从事农业生产为主的农业人口居住地区，具有特定的自然景观、社会经济条件和文化习俗环境。

｜二｜农村中小学校长

我国县域教育主要是基础教育，义务教育又占基础教育的主体地位，以农村为主是我国县域基础教育普遍存在的现象。因此，本研究的主要范围是县域范围内的中小学校长。

｜三｜农村中小学校长专业发展

（一）专业

专业（profession）或称"专门职业"是职业发展的高级阶段，职业发展到了一定阶段便是专业。某种职业如果要称得上是专业的话，必须是此职业已经达到了专业规定的标准。辛普森认为，专门职业是"通过特殊的教育或训练掌握了业经证实的认识（科学或高深的知识），具有一定的基础理论的特殊技能，从而按照来自非特定的大多数公民自发表达出来的每个委托者的具体要求，从事具体的服务工作，借以为全社会利益效力的职业"[①]。本研究采用辛普森、哥林伍德（Greenwood）、班克斯（Banks）、奥斯汀等学者的观点，把专业的主要特征概括为八大特点："长期的专业训练；完善的知识体系；系统的伦理规范；明确的从业标准；严格的资格限制；具有专业上的自主性；较高

① [日]筑波大学教育学研究会：《现代教育学基础》，43页，钟启泉译，上海，上海教育出版社，1986。

的社会声誉和经济地位；具有发展成熟的专业组织。”[①]

（二）校长专业化

校长专业化则是校长逐渐发展形成专业以后不断自我更新、深化的过程。褚宏启、杨海燕认为，校长专业化具有两层含义：“一是从职业群体的角度看，校长专业化就是指校长职业由准专业阶段向专业阶段不断发展的过程。即在整个职业层面上逐渐达到专业标准的过程。二是从校长个体的角度看，校长专业化也被称作‘校长专业发展’，是指校长的内在专业结构不断更新、演进和丰富的过程。内在专业结构指专业理念、专业知识、专业能力、专业伦理、自我专业发展意识等方面。”[②]培格曼认为，校长专业化是指校长“个人成为管理专业的成员并且在教育教学中具有越来越成熟的作用这样一个转变过程”[③]。褚宏启、杨海燕对校长专业化的界定：“校长专业化就是向下述目标前进的过程：有完备的校长专业教育体系（培训体系）；有完善的知识体系作为校长从业的依据；建立起系统的伦理规范以约束校长的管理行为；有明确的校长从业标准和要求；进入校长行业有严格的资格限制；校长具有专业上的自主性；校长拥有较高的社会声誉和经济地位；已经建立起校长自己的专业组织并且发展成熟。”[④]本研究认为，农村中小学校长专业化需要有以下几个特征：符合农村特征的从业标准与准入制度；适合农村校长专业发展规律的培养与培训体系；健全的管理体制；较高的社会声誉和经济地位。

（三）校长专业发展

王延芳认为，中小学校长专业发展是指：“校长这一职业经过一段时间的发展，逐渐形成专门的知识体系、技能体系和精神体系，成为专门性职业的动态发展过程及结果。”[⑤]甘宜涛认为：“校长专业发展是一个过程。在这个过程中，校长自身逐步得

---

① 褚宏启：《校长专业化的知识基础》，载《教育理论与实践》，2003（23）。

② 褚宏启，杨海燕：《校长专业化及其制度保障》，载《教育理论与实践》，2002（11）。

③ 邓金：《培格曼最新国际教师百科全书》，67页，北京，学苑出版社，1989。

④ 褚宏启，杨海燕：《走向校长专业化》，7页，上海，上海教育出版社，2009。

⑤ 王延芳：《我国中小学校长专业化的现状与发展对策研究》硕士学位论文，山东师范大学，2007。

到发展和完善，其专业知识、专业理论和专业精神皆得到进一步的发展。”①赵同祥提出，中小学校长专业发展是指：“校长个体情感的发展、理念的前沿、视野的拓展、能力的提升、知识的更新的过程。”②

美国的《大学教师发展：增强国力》中对大学教师的发展概念的界定为，“围绕个人发展、专业发展、组织发展和教学发展四个目标，为了满足其职业角色的需求，在认知、态度、技能、修养和行为等方面所发生的积极变化”③。

本研究认为，农村中小学校长专业发展主要指农村中小学校长个人围绕个人发展、学生发展、教师发展、学校发展的目标，在认知、能力、态度、情感以及修养和行为等方面发生积极变化的过程。农村中小学校长专业发展随时间与空间的变化而发展，其发展是非直线、非匀速的变化过程。学习角色适应、人际环境适应和心理调适的程度不同，各自呈现的阶段特点也不同，具有较大的个体差异性。

｜四｜农村中小学校长专业发展阶段

约翰·杜威认为，教育过程有两个方面：“一个是心理学的，一个是社会学的。”④农村中小学校长专业发展也分为职业发展与心理发展两个方面。

（一）农村中小学校长职业发展阶段

职业生涯“指个体在探索动机地推动下，对于自我和职业发展相关的环境进行探索，形成一定技能，获得相应的认知和情感反馈的过程，其最终目的在于自我的发展和整合”⑤，是一个人一生中所有与工作职业相联系的行为与活动，以及相关的态度、价值观、愿望等的连续性经历的过程。农村中小学校长职业生涯理论是以人的生命周期的

---

① 甘宜涛：《鲁南农村中小学校长专业化问题研究—基于一个县的调查》硕士学位论文，黑龙江大学，2015。

② 赵同祥：《中小学校长职级制研究》博士学位论文，东北师范大学，2013。

③ Simpson, R.D., Jackson, W.K., “A Multidimensional Holistic Approach to Faculty Renewal,” in D.W.Wheeler & Associates, *Enhancing Faculty Careers: Strategies for Renewal*, San Francisco, Jossey-Bass, 1990。

④ [美]约翰·杜威：《民主主义与教育》，109页，王承绪译，北京，人民教育出版社，2001。

⑤ 曲可佳，邹泓：《职业生涯探索的结构、方法及影响因素》，载《心理科学进展》，2009（02）。

自然衰老过程为依据划分的，农村中小学校长的专业发展过程实际上是职业生命的自然“老化”过程。农村中小学校长专业发展从萌芽到生长到衰退的长期过程，需要一系列的发展阶段。杨海燕认为：“中小学校长的专业发展是他们职业生涯的重要内容，它包括专业理念、专业伦理、专业知识、专业能力、专业贡献、自我专业发展意识及其他包括专业自主性、专业的社会地位七个相互独立又彼此依存和影响的因素。”⑥

奥普拉特卡对校长的职业生涯进行了详细的分析。在该研究中，校长的职业生涯被划分为四个阶段。德莱弗斯等人提出了较为系统的专业技能发展阶段，他们将专业技能发展阶段分为五个水平。（见表2-1）

表2-1 中小学校长职业与技能发展⑦

类型	阶段	发展倾向
职业生涯取向⑧	入职阶段	对新的学校或者新的角色加以适应
	形成阶段	有控制感、竞争感和自信心来管理学校
	更新阶段	专业成长机会可能降低，遇到了发展的瓶颈
	醒悟阶段	长期担任校长职位之后所出现的发展困顿和停滞
专业技能发展取向⑨	入门阶段	在处理问题时常常要遵循一些清晰明确的规则，往往忽视情境
	初始阶段	在一个问题情境中，不仅仅遵循一些正式的明晰规则，还开始运用与情境相关的规则
	胜任阶段	选择计划、目标和策略来决定何时、如何运用规则以及开展过程
	精熟阶段	处于精熟阶段的专业人员在评估新的情境时可以依靠过往的经验背景
	专家阶段	处于专家阶段的专业人员已经不需要依靠明晰的规则，而是可以非常熟练地知道该如何去做。他们已经融入工作，而非独立于工作之外。需要注意的是，并不是每个实践者都可以达到专家阶段

本研究参照有代表性的林伯曼所提出的教师职业生涯发展理论，根据职业生命的

⑥ 杨海燕：《中小学校长专业发展的影响因素》，载《教育理论与实践》，2003（03）。

⑦ 张佳伟：《中小学校长专业发展阶段的理论进展与批判性分析——与国际间校长专业发展标准的制定取向相结合》，载《外国中小学教育》，2015（11）。

⑧ Oplatka，I.，“The Principal's Career Stage：An Absent Element in Leadership Perspectives，”*International Journal of Leadership in Education*，2004，7（01）.

⑨ Dreyfus，H.L.，Dreyfus，S.E.，*Mind over Machine*：*The Power of Human Intuition and Expertise in the Ear of the Computer*，New York，Free Press，1986.

"老化"过程，将农村中小学校长职业发展的过程分为五个阶段。

第一个阶段为入职期：任职1～3年，这一时期的农村中小学校长一方面因为有了属于自己的事业、教育管理对象，并被同行或组织接受而表现出积极、热情的工作态度；另一方面因为缺乏办学治校经验而对学校发展无所适从，对未来的职业生涯迷茫、缺少信心。

第二个阶段为巩固期：任职4～6年，这一时期的农村中小学校长系统整理了第一阶段所获得的经验与技巧，逐渐适应和掌握了学校常规管理和农村学校办学环境，并初步形成了自己的管理思路、风格，对专业发展有了一定的信心，对所履行的职责有了更深刻的认识。

第三个阶段为成熟期：任职7～10年，这一时期的农村中小学校长在积累了较为丰富的专业经验的基础上，已经能熟练驾驭学校管理与教学，开始思考农村教育的出路、农村教育的特殊价值、农村资源的开发利用、对教师的情感关怀和对留守儿童的关爱等问题，试图对现状有所改变。这种改变可能会有两种方向：一是不断改进使自己更胜任校长职业；二是因为对校长职业的疑虑加重而可能选择交流。

第四个阶段为"高原平台"期：任职10～15年，这一时期的农村中小学校长由于对校长职业越来越驾轻就熟而使得发展的热情不断消退，依靠经历、资历安逸地从事管理、教学工作，开始远离或抵制变革。

第五个阶段为消退期：任职16年以上，这一时期的农村中小学校长因为年龄原因面临着职业生涯的结束，对他们来说，任何改变都不太现实，他们或在从容平静中或在失落中等待离岗。

林伯曼认为："重要之处在于教师不同的生涯阶段有不同的需求。"①参照这一观点，由于农村中小学校长在不同的生涯阶段有不同的需求，农村中小学校长专业发展支持服务体系建设重在量体裁衣。

（二）农村中小学校长心理发展阶段

"从心理化发展过程的观点看来，发展是心理结构改变的结果，人的心理发展过程

---

① [美]杰拉尔德·C.厄本恩，拉里·W.休斯，辛西娅·J.诺里斯：《校长论：有效学校的创新型领导》，第4版，167页，黄崴等译，重庆，重庆大学出版社，2004。

随着人的年龄、认识能力、智力发展的变化与提高而相应发生变化。”[①]因此，农村中小学校长专业发展过程和心理发展水平是密切相关的。借鉴利思伍德的人的心理发展水平，本研究提出农村中小学校心理发展的过程具有四个阶段。

第一个阶段为“盲从”时期：这一时期的农村中小学校长对任何事物的判断均有非黑即白的倾向。表现在专业上为把权威当作行为的最高准则，管理实践上盲从，学习上机械，求异思维能力较弱。

第二个阶段为“规则”时期：这一时期的农村中小学校长特别易于接受他人的安排。表现在专业上为依循传统管理的特征、规则行事，墨守成规、循规蹈矩。无论教师之间有什么差异或有什么特殊情况，都严格按制度、规则办事。

第三个阶段为“良心”时期：这一时期的农村中小学校长已经将规则内化，更多凭良心完成自己的职责。表现在专业上为有较强的自我意识，能够认识到依照具体情况灵活掌握规则的必要性，比较关注农村教育、农村教师和学生的未来，注重沟通，建立良好的人际关系。

第四个阶段为“独立”时期：这一时期的农村中小学校长较有主见，对规则的运用更加灵活、明智。在专业表现上最突出的一点是能够较好地协调农村学校发展、教师发展、学生未来，以及提高学生成绩和建立良好人际关系之间的关系，在学校里既关注干群、师生之间密切合作，又强调有效教学、学生有意义学习。

在这四个阶段中，农村中小学校长经历了从“丧失自我”到“强化自我”的变化过程：“从过分‘迷信’专业权威——忠实地遵守规则——能根据实际情况对规则进行自我协调——形成自己独立的见解与行为方式。”[②]

五 农村中小学校长专业发展支持服务体系

在教育领域，对于农村中小学校长专业发展支持体系的研究为时较短，目前还没有

---

① 胡惠闵：《指向教师专业发展的学校管理改革：上海市打虎山路第一小学个案研究》，博士学位论文，华东师范大学，2003。

② Leithwood，K.A.，“The Principal's in Teacher Developrrrent，” in Michael Fullan & Andy Hargreaves, *Teacher Development and Educational Change*，London & Washington.D.C.，The Falmer Press，1992，pp.86-103.

形成一套完整的理论体系，因此，还没有一个关于“农村中小学校长专业发展支持服务体系”的公认的定义。现行的农村中小学校长专业发展支持服务体系有中国特色，体现了中国国情，但也不同程度地存在“碎片化”“结构松散”“逻辑不严”等问题。

（一）学习支持服务

艾伦·泰勒认为学习支持的定义是：“为作为个体或小组成员的学习者提供学习服务，旨在促进他们进行学习互动，在他们的整个学习过程中给予支持。”[①]在我国，最早关注学习支持服务的专家学者是丁兴富教授。他在专著《远程教育学》中提出：“学习支持服务就是远程教学院校及其代表教师为远程学生提供的以师生或学生之间的人际面授和基于技术媒体的双向通信交流为主的各种信息的、资源的、人员的和设施的支助服务的总和。其目的在于指导、帮助和促进学生的自主学习，提高远程学习的质量和效果。”焦广兰将学习支持服务界定为：“在以学生为中心的现代远程教育中，针对学生学习过程中的各种需求，为有效指导、帮助、促进学生自主学习，由教师、服务资源、通信媒体、学习者诸要素构成，能为学习者提供各种学习支持服务的有机整体。”[②]通过上述综合分析，我们可以看出支持服务是一个系统，它不是人员、技术、资源、环境的简单堆砌，而是以学习者为中心，为了实现学习者更有效的学习这一目标而提供的整体性支持、服务。同时，学习支持服务并没有恰切地体现出信息时代农村中小学校长专业发展支持服务体系的内涵和时代特征。

（二）支持服务体系

在教育领域，它是指满足教育教学、学校管理、后勤保障和学校发展的共同需要，为其共同利益提供保障和服务的系统。这个系统不仅受市场有关规则的制约，而且也受相关的组织与调控形式的约束，它是一个多因素、多层次的人造系统，是由许多相互作用、相互依存的要素组成的有机整体，要使它形成一个合理、有序的结构。

---

① 陈彤：《基于绩效的中小学教师远程培训支持服务体系研究——以“国培计划”江西省农村骨干教师远程培训项目为个案》，硕士学位论文，江西师范大学，2012。

② 焦广兰：《对远程教育学习支持服务系统的研究》，硕士学位论文，山东师范大学，2004。

（三）农村中小学校长专业发展支持服务体系

它是在农村大系统中，以支持帮助校长专业发展、学校发展、教师发展、学校发展为目的，能够对校长专业信念与态度、专业能力与策略、专业知识与视野等的形成与发展起到支持帮助作用的政策、制度、资源、机构以及机制的总和。中央和地方政府及其教育主管部门、高等院校及其培训机构、社会力量等主体共同承担推动农村中小学校长专业发展支持服务的责任。

这三个主要方面是相互联系、相互作用的统一整体，各自的权力与责任分工是建设农村中小学校长专业发展支持服务体系的关键。即谁来支持——中央和地方政府及其教育主管部门、高等院校及其培训机构、社会力量三个主体；如何支持——政策制定、制度创新、组织培养、领导关注、岗位实践、个人努力、环境营造；支持什么——农村中小学校长专业发展及其终身学习。要解决上述问题，统筹推进“三位一体”的农村中小学校长专业发展支持服务体系的建设是关键。（见图2-1）

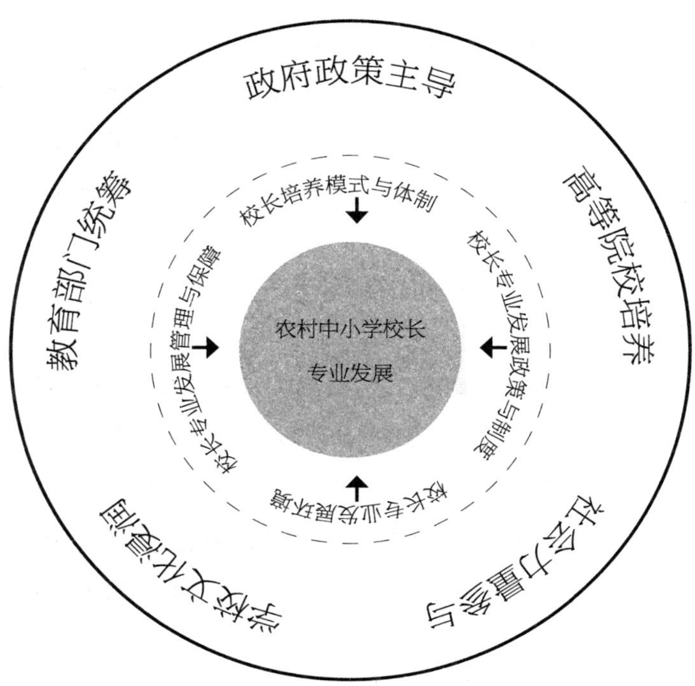

图2-1　农村中小学校长专业发展支持服务体系中的相互关系

六 农村中小学校长专业发展支持服务体系的特点

（一）实践性

农村中小学校长专业发展支持服务体系的实践性根源于教育的实践本性。校长专业发展是精神、智慧、技能与知识发展，“体现于实践中，体现在运用知识、经验、能力、智慧等解决实践问题的本领上”[①]。一是支持服务体系在一定条件下能够对农村中小学校长专业发展起到助推作用；二是农村中小学校长专业发展的进程对支持服务体系建设的反映又是能动的，起作用甚至起更大作用。农村中小学校长专业发展支持服务体系的正确与否也在这种对农村中小学校长专业发展实践的反作用中获得检验。因此，农村中小学校长专业发展支持服务体系的建设是实践性的、应用性的，是关于如何去做的，是要拿来用的哲学。

（二）传承性

中国教育界老前辈吕型伟先生更是深刻地指出：“一定要在传承的基础上谈创新。”[②]农村中小学校长专业发展支持服务体系是一代代教育人在漫长的教育历史发展中所积累和创造的物质财富和精神财富的总和，包括政策、法律、管理、道德等；属于无形的文化范畴，体现的是社会文明、国家民族以及校长队伍建设的历史文化、精神传承、发展要求，展现着一个国家、一个区域、一所学校教育发展的历史轨迹；既是物质文明和政治文明不断进步和发展的历史，同时又是文化丰富、积淀和发展的历史。文化的重要特征之一，就是传承性。

（三）发展性

“水无常势”，“世界上万事万物的存在都是有条件的，是受着周围具体的、历史的条件制约的”。[③]一是农村中小学校长专业发展是发展变化的，是流动的、动态的，有时似奔腾的江河，有时似潺潺小溪，不会永远停留在一个点上不变。绝对固定不变是不存在的。二是农村中小学校长专业发展支持服务体系建设是与特定的人事、财物、时空相联系的情境性活动，人事、财物与时空在支持帮助农村中小学校长专业发展的过程

① 戚万学：《论教师的哲学》，载《教育研究》，2014（12）。

② 吕型伟：《要学点教育史——关于教育创新的一次谈话》，载《教育发展研究》，2003（07）。

③ 眭依凡：《大学校长的教育理念及其与治校的关系》，载《教育研究》，2000（07）。

中又会互相激发，产生各种不可预见的变化，即使是预设方案也要根据情境的变化做出创造性的、即时性的调整和应对。农村中小学校长专业发展支持服务体系的建设也是社会历史条件和发展阶段的产物，随社会的发展变化而发展变化。

（四）人文性

康德认为："教育的目的是使人成为人。"①农村中小学校长专业发展支持服务体系建设的终极价值和目的是发展健康个性，形成健全人格，使农村中小学校长成为有道德的幸福专业人。因此，农村中小学校长专业发展支持服务体系建设的一切价值观与方法论都围绕着人展开，应把智慧和精力集中到"构建平台，提升引领，促进发展"三大功能上来，构建农村中小学校长与专业人士对话、与同行分享经验以及自我反思的平台，做好对农村中小学校长的人生引领、精神引领和专业引领，促进农村中小学校长专业精神、专业技能、专业知识的发展。

（五）协同性

捷克教育家夸美纽斯曾说："学校里面所给的教育应该是周全的。"②农村中小学校长专业发展支持服务体系也应该是周全的。一是农村中小学校长专业发展支持服务体系建设的目标、结构、功能、流程等与区域的政策、历史、传统和文化紧密相关，且随着时间和空间的变化而改变。二是农村中小学校长专业发展支持服务体系建设的各个服务主体相互联系、相互贯通、相互促进、相辅相成，是统一不可分割的整体，不能顾此失彼。农村中小学校长专业发展支持服务体系各个要素之间的普遍联系和相互作用，表明农村中小学校长专业发展支持服务体系的资源和要素有效地汇聚起来，通过突破创新主体间的壁垒，充分释放彼此间"政策、资金、人才、资源、信息、技术、机制"等创新要素而实现深度合作。例如，政府与培训机构、中小学校深度合作形成了培养教师的新模式。协同性是一项复杂的创新组织方式，其关键是形成以政府为主导，培训机构联动、社会组织参与等多元主体协同互动的支持服务平台，通过政策机制、知识更新和技术服务创新主体间的深入合作和资源整合，产生系统叠加的非线性效用协同创新的农村中小学校长专业发展支持服务体系。

---

① [德]康德：《论教育学》，6页，赵鹏、何兆武译，上海，上海人民出版社，2005。

② [捷克]夸美纽斯：《大教学论》，28页，傅任敢译，北京，人民教育出版社，1984。

第二节　农村中小学校长专业发展支持服务体系建设的社会学理论基础

农村中小学校长作为农村社会成员的特殊群体，其工作有其自身的特点，这主要是由农村中小学校长的工作环境、工作性质、工作对象和工作方式的不同决定的。农村中小学校长专业发展支持服务体系建设需要考虑农村中小学校长的工作特点、社会地位与职业声望、职业压力与职业倦怠等因素。

一　农村中小学校长的工作特点

（一）必要劳动时间与剩余劳动时间边界不清

经常听校长们抱怨说："太忙了，一天24小时简直就不够用，也不知道时间都到哪里去了。"[①]在现代社会，农村中小学校长有多少闲暇时间，又如何有效地利用，这是农村中小学校长专业发展的基础性问题。农村中小学校长"作为特殊的社会成员必须履行社会责任——劳动"[②]，农村中小学校长的劳动往往是一个人单独进行，具有个体性。无论是开会、检查、督导、验收，还是部署工作、准备各种名目的材料，大都是个人独立思考完成。每件事情从准备到完成，都需要用大量的时间和精力。

此外，我国农村有6.80%的留守儿童的"健康成长面临学习滞后、心理失衡、行为失范以及安全堪忧等方面的问题"[③]。加之，农村地区中小学实行寄宿制已经是一种普遍现象，寄宿制学校已经逐步成为支撑农村义务教育的主要办学形式。农村中小学校长所从事的劳动还具有强大的体力、精力特点——"两眼一睁，忙到熄灯；两眼一闭，提高警惕；白天当爹，晚上当娘"。农村中小学校长要用自己的知识和人格来教育影响师生，就必须身体力行地投身学校管理的每一个环节，包括留守儿童的校内管理和校外关怀，本人与其他成员的配合衔接。因此，从时间上看，农村中小学校长"8小时以内"

---

① 杨雪梅：《谁"偷走"了校长的时间》，载《中国教育报》，2008-08-26。

② 鲁洁：《教育社会学》，422页，北京，人民教育出版社，2001。

③ 辜胜阻，易善策，李华：《城镇化进程中农村留守儿童问题及对策》，载《教育研究》，2011（09）。

和"8小时以外"界线不明显，必要时间与剩余时间混合交叉在一起。从空间上看，学校、家庭等都可能是农村中小学校长亲力亲为的工作场所，工作和生活融为一体。

（二）教育工作与农业劳动融为一体

由于工作和生活环境的特殊性，农村中小学校长成了典型的体力、脑力劳动交叉劳动者。在改革开放之前的大集体年代，农村中小学校长、教师大都来源于农村当地，他们被称为民办教师或民办代课教师。农忙时，他们与生产队的社员群众一起参加生产劳动。大队给他们补贴一定的工分或低廉的劳动报酬。改革开放以后，包产到户，这些农村中小学校长、教师都分了责任田。他们为了养家糊口，既要教书育人，又要从事耕作。沉重的工作负担与生活负担使许多农村中小学校长、教师未老先衰、积劳成疾。国家在20世纪90年代根据"关、招、转辞、退"对农村中小学校长、教师进行了整顿。1985年在编的民办教师大部分转为教师。1985年招聘的不在编的民办教师被清了出去，而他们大部分是具有一定文化基础和科学文化知识的优秀年轻代课教师。在今天，即使转为公办教师，成为农村中小学校长后，他们也并不能完全脱离农业劳动，因为他们的家属是农村人口，是单职工家庭，在村里留有责任田和自留地，进校为师、出校为农。"在我的学校13位教师中有7位户口没有迁出农村，享受与其他村民一样的待遇。即使是在我面前的学生，也绝大多数来自农村，很多还亲自参加农村劳作。"河南邓州李校长说。同时，农村中小学校长、教师的经济状况窘迫，窘迫到一部分农村中小学校长、教师不得不参加农业劳动以贴补家用。甚至有的农村校长认为，在农村学校工作从来就没有过诗情画意，只有干不完的工作与农活，农村中小学校长的教育工作与农业劳动融为一体。

（三）社会角色与任务角色边界模糊

农村中小学校长是农村社会中的文化阶层角色，无论其在社会中的政治权力、经济收入、社会声望如何，农村中小学校长在农村中的文化角色与话语特征都不会改变。农村中小学校长一方面在农村学生面前是权威，其也必然在学生面前竭力的维护自己的言行，给学生"师道尊严"的表象；另一方面，在农村社会成员面前，是"识字人"，社会一般要求农村中小学校长不仅要是做人的楷模，还要是引领农村社会发展的灯塔。

作为农村学校掌舵人的校长，"为了学校的发展必须扮演两种类型的角色：社会角色与任务角色。其中，社会角色是协调人际关系所扮演的角色，主要是协调、处理农村学校与政府、社会的关系，这一角色要求农村校长树立‘官僚’的形象；任务角色是为了学校这一特殊组织完成其目标而扮演的角色，更多的是以学校的领导者、管理者和教育者出现”①。而在行政化的现实社会中，校长除了与上级政府及教育行政部门打交道以外，还需要同村委会、乡（镇）政府、乡（镇）教育办等基层部门处理好关系。正如波普诺所言“相对于政府是雇员，相对其他教师是同事，相对于学生不仅是传授技能者，还是裁判、知己、提供道德标准者和父母的替代者，还必须是一个能有效交流的人、有知识的人”②。农村中小学校长经常在社会角色与任务角色之间转换。

（四）学习动机与工作动机趋同

农村中小学校长除具备成年人学习的特点外还有以下特殊性。学习动机主要表现在：一是农村中小学校长的学习内容实用化。“培训内容要更结合实际，有可操作性，更接‘地气’，能真正解决问题，对工作有所帮助。”重庆的曾校长告诉笔者。刘燕华副校长也表达了同样的思想：希望“针对农村学校的实际需要，设计培训专题”。二是农村中小学校长的学习时间碎片化。“培训时间不要太长，培训科目不要太多，作业要适量。”陕西的付校长谈道。重庆的吉永生副校长也赞同付校长的观点：“课程要精练，培训时间不宜过长，因为学校管理的事情较多，培训过久会比较劳累，可能会影响第二天的工作。”三是农村中小学校长的学习内容案例化。罗兵校长提出：“面向基层，多举实例，城乡结合，学能所用。”周力副校长也提出同样的要求：希望学习“农村教学日常管理案例、农村学生学习习惯的培养案例、农村教师的敬业精神激励案例。”

农村中小学校长具有一定的社会地位，有固定的职业和收入。其学习动机与工作动机相联系。但由于农村中小学校长是接受一定的社会委托，专门从事培养人的工作的专业人员，因此，其学习又具有自身的动机，一般认为是从“学什么、干什么”向“干什么、学什么”转变，但是其由于学科背景不同、经历不同、发展的阶段不同而会有不同的学习要求，不同农村中小学校长个体对学习的动机表现不同。随着年龄的增长，担心

① 徐吉洪，满建宇：《忙、盲、茫，农村校长向何方？》，载《中国教育报》，2015-04-30。

② [美]戴维·波普诺：《社会学》，第十版，427页，李强等译，北京，中国人民大学出版社，2004。

教学水平落后，在工作中体现不出自身价值的校长人数呈递增趋势，而能参加培训或者到全日制学校学习以获得新技能的校长人数随着年龄增长却递减，这反映了年龄是影响这两种心态的显著变量，但其相关的变动方向恰好相反。同时，还可以看出，年轻的农村中小学校长对学习更加渴望，通过知识来武装自己、适应社会发展的心态更加迫切，虽然他们担忧的程度不如老年农村中小学校长那样强烈。（见表2-2）

表2-2　农村中小学校长学习培养倾向与年龄状况调查表

学习培养倾向＼年龄	20～29岁	30～39岁	40～49岁	50～59岁
处于落后心态	18.00%	36.00%	47.00%	50.00%
希望培训获得新技能	83.00%	74.00%	53.00%	32.00%
希望参加全日制教育	65.00%	54.00%	41.00%	20.00%

｜二｜农村中小学校长的社会地位与职业声望

（一）农村中小学校长的社会地位

不同的职业由于其经济收入、福利待遇、专业发展的水平不同，社会地位会有很大差异。胡森等人提出："教师的社会地位是指教师作为一种职业在整个职业等级中的相应位置。"[①]依次类推，农村中小学校长的社会地位是指校长作为一种职业在整个职业等级中的相应位置。联合国教科文组织认为："教师的社会地位是指社会按照教师任务的重要性和对教师能力的评价而给予的工资、报酬及其他物质条件。"[②]同样，农村中小学校长的社会地位是指社会按照校长任务的重要性和对校长能力的评价而给予的工资、报酬及其他物质条件。

农村中小学校长社会地位的改变取决于社会中其他成员的认可度。福利待遇的高低，常常被人们视为衡量农村中小学校长社会地位高低的重要依据。陕西一位校长告诉笔者："一直坚守在农村教育一线。乡村学校教师课时多，教学任务重，人手不够，我

① [瑞典]T.胡森，[美]T.N.波斯尔斯韦特：《教育大百科全书：教育管理》，59页，高洪源译，重庆，西南师范大学出版社，2006。

② 金忠明：《教师教育的历史、理论与实践》，100页，上海，上海教育出版社，2008。

还要兼课，身体差，每年能否像公务员一样认真查一下身体？不要走过场。”另一位校长谈道：“希望退休前能评上副高级职称。”从当前农村中小学专任教师职称的构成状况来看，“具备高级职称的教师所占比例偏低。调查显示，农村教师具有初级职称的约占2/5，具有中级职称的占1/2，而具有高级职称的教师比例很小”[①]。根据笔者对50位校长的现场调查，农村中小学校长住房内30%的没有厕所，60%的没有洗浴设备。联合国教科文组织认为，“决定性因素是教师地位与物质的改善”[②]。因此，农村中小学校长的经济收入、福利待遇不仅影响现有农村中小学校长的社会地位，还影响他们的工作积极性，以及后备军的培养。吸引有能力的人进入农村中小学担任校长的决定性因素是农村中小学校长社会地位的改善。

在农村中小学流行着这样口头禅：“本领大，毛病少，不是骨干教师，是领导。”这从另一个层面阐释了，农村中小学校长应首先是好教师，然后才能任校长。在调查中我们发现，在我国，从农村中小学新任教师到骨干教师、教研组长、中层副职、中层正职再到副校长，然后提任校长，平均工作年限为23年。现实情况是由于缺编，大部分农村中小学校长不忘初衷，坚持上课。因此，本研究认为，校长也是教师。在我国的传统文化里，教师的社会地位是比较受尊崇的。《礼记·学记》曰：“能为师然后能为长，能为长然后能为君。故师也者，所以学为君也。”《尚书》云：“天降下民，作之君，作之师。”“天地君亲师。”教师的社会地位与天、地、君、亲并列，教育家孔子被人们尊称为“至圣先师”“万世师表”。

《中华人民共和国教师法》第二十五条规定：“教师的平均工资水平应当不低于或者高于国家公务员的平均工资水平，并逐步提高。”国家从法律层面规定了农村中小学校长的地位和待遇，享受国家规定的福利待遇以及寒暑假期的带薪休假。河南省滑县的一位农村小学校长告诉笔者：“我已经工作了21年，现在刚评上小学高级教师，扣掉住房公积金等各项费用工资只有2500元，除年终发的当年的4500元绩效工资外之外，没有一点额外的收入，在农村买房或在家里翻盖房屋我都要借钱。”现实中，我国农村中小学校长的工资、待遇等实际水平没有达到规定的要求，付出与回报之间比例失调，用网

① 肖正德：《农村教师队伍结构的失衡问题与优化策略》，载《课程·教材·教法》，2012（04）。

② 联合国教科文组织：《全球教育发展的历史轨迹国际教育大会60年建议书（1934—1996）》，147页，赵中健译，北京，教育科学出版社，1999。

民的话来形容中小学校长："起得比鸡早，睡得比狗晚，吃得比猪差，干得比驴多，拿得比贫农还少。"诸如此类的歌谣，不胜枚举！这些说法虽然有些偏颇，但也从一个侧面折射出农村中小学校长的地位状况。

（二）农村中小学校长的职业声望

声望是指一个人从别人那里得到的良好评价与社会承认。[①]职业是一个人在社会中的工作角色，不同的职业在同一个社会中有不同的声望，"职业声望的分层理论主要包括了从阶级、结构、功能、需求等角度进行的解释"[②]。社会所评定的农村中小学校长的职业声望带有主观性，但也代表了等级性，它反映了一个社会对农村中小学校长职业评价的高低，进而影响农村中小学校长的价值追求和判断，以及用何种方式看待自己的成长与进步。农村中小学校长职业声望的高低在一定程度上还影响农村中小学校长队伍的流动，如果农村中小学校长的职业声望太低，农村中小学校长这一职业就不能得到社会上优秀人才的青睐。

1.农村中小学校长职业声望的标准

在我国，职业研究的时间较短，近年来才比较热，发展比较快。北京师范大学的学者认为，影响职业声望的评价因素主要有七项：对社会贡献、工资收入、工作环境和条件、社会声望、技术复杂性、劳动方式和强度、福利待遇。（见表2-3）

表2-3　对评价职业标准的评分表[③]

评价标准	平均分	比重
对社会贡献	3.91	1.30/7
工资收入	3.60	1.20/7
工作环境和条件	3.33	1.11/7
社会声望	2.80	0.93/7
技术复杂性	2.69	0.90/7
劳动方式和强度	2.44	0.81/7

---

① [美]戴维·波普诺：《社会学》，第十版，242页，李强等译，北京，中国人民大学出版社，2004。

② 高顺文：《我国职业声望研究二十年述评》，载《华中科技大学学报（社会科学版）》，2005（04）。

③ 宣兆凯，张江，谢文：《职业评价的调查与研究》，载《社会》，1984（04）。

（续表）

评价标准	平均分	比重
福利待遇	2.22	0.74/7
总计	20.99	7/7

2.农村中小学校长职业声望的现状调查

董新良教授根据被调查者对20种职业所排的顺序（见表2-4），按照20级评分办法，排在第一位的职业赋予20分，第二位19分，第三位18分，依次类推，越排在后面的职业所赋分值越小。[①]其对20种职业的集中量数和差异程度进行了分析。从均值来看，科学家、政府官员、法官位列职业声望排序的前三名，中小学校长排在第14位，初中小学教师排在第15位，说明中小学校长、教师职业声望相对较低。同时，在访谈中我们发现，很多人认为农村中小学校长面对农村少年儿童，讲授的是别人创造的基础性知识，教学工作相对容易，较大学教师（第5位）、高中教师（第12位）而言专业要求稍低，职业可替代性较强。

表2-4　20种职业声望排序[②]

职业类型	描述统计量	
	均值	标准差
科学家	17.4234	3.47228
政府官员	15.6583	5.25486
法官	15.0031	3.80659
工程师	14.2812	4.08318
大学教师	14.1596	3.93884
律师	14.0379	3.70916
军人	13.5711	4.43421
医生	14.0379	4.16710
警察	12.6588	4.27925
政府普通公务员	12.5941	4.89597
记者	11.7058	4.21020

① 董新良：《中小学教师职业声望调查研究》，载《教师教育研究》，2011（06）。

② 董新良：《中小学教师职业声望调查研究》，载《教师教育研究》，2011（06）。

（续表）

职业类型	描述统计量	
	均值	标准差
高中教师	11.2742	4.28436
银行职员	10.7618	4.27839
中小学校长	10.4269	4.12945
初中、小学教师	9.3756	4.71382
个体工商业者	8.3734	4.82177
公司职员	8.0419	4.12313
导游	7.6131	4.05958
产业工人	6.3771	4.59639
农民	5.0180	5.12963

三 | 农村中小学校长的职业压力与职业倦怠

（一）压力与倦怠的定义

在当代，学者未能形成一个关于农村中小学校长压力的普遍适应的定义，他们一致认为："压力是当人们发现形势的要求超过了他们本身的承受力时产生的一种综合、多维的反应，这种反应囊括了个人生理系统、认知系统以及行为系统。"[①]和压力一样，对于"倦怠"的定义也一直是研究者所争论的。弗罗伊登贝格尔（Freudenberger）作为第一个描述倦怠现象的学者而闻名于世。对于倦怠，弗罗伊登贝格尔认为是："那些处于帮助别人的行业中的人们，由于工作太久、太多、太紧张而经历的一种疲倦、劳累的状态。"[②]

（二）农村中小学校长职业压力与职业倦怠的现状

1.农村中小学校长职业压力大

农村中小学校长的职业压力作为农村中小学校长专业发展研究与职业研究的核心内

---

① [瑞典]T.胡森，[美]T.N.波斯尔斯韦特：《教育大百科全书：教育管理》，256页，高洪源译，重庆，西南师范大学出版社，2006。

② [瑞典]T.胡森，[美]T.N.波斯尔斯韦特：《教育大百科全书：教育管理》，256页，高洪源译，重庆，西南师范大学出版社，2006。

容之一，日益成为教育学界、心理学界关注的热点。一方面，我们对农村初中和小学校长就一学年的工作进行访谈，并归纳为表2-5。W初中的校长告诉笔者，由于学校建楼，这一年来学校很安静，参观、迎检、活动都很少，这样校长的事务性工作少多了，本县另一所初中参观、迎检等活动统计的数字是一年68次。一般情况下，每年的2月、8月校长都是提前10天左右上班，研究制订学校计划，研究人事分工。每年的3月、9月第一周都是审核计划阶段。每年的6月、12月都是期末各项工作收尾、评价阶段。每月的月末都要进行月工作总结反思。外出学习培训都放在4月、5月、10月、11月，但是如果有工程维修建设的任务，则不能选择外出学习。每天的上班时间为早6：40—7：00，到校后巡视校园，查看各班学生到校自习情况，下班时间为晚5：00—6：00。

表2–5　吉林省永吉县W初中校长2015—2016学年度主要工作一览表

月份	主要工作内容
1月	①教师学期工作考核（持续一周）； ②期末各部门各教师各项工作总结，组织反思活动； ③学期工作总结表彰大会； ④与相关领导、教师沟通“十三五”规划思路（17章导图，准备假期起草规划）
2月	①研究下学期各项工作思路、计划； ②人事调整分工
3月	①审核各项工作计划； ②研究制订工作室计划； ③修改“十三五”规划； ④听课21节； ⑤召开备课组长会议（落实小课题计划）； ⑥参加9次学科集体备课； ⑦国家教育行政学院专家来校交流； ⑧到长春参加德育培训（雷夫专场报告）； ⑨教学楼手续推进； ⑩班子例会每周一次，中层以上领导月例会，年级月例会，全校例会起初、期中、期末三次

（续表）

月份	主要工作内容
4月	①策划建楼搬迁工作，并关注搬迁后各项管理工作的落实； ②参加集体备课2次； ③与李主任研究规划修改2次； ④完成问卷调查及统计工作； ⑤到山东学习5天； ⑥准备并参加干训座谈； ⑦参加并点评主题班会研讨课； ⑧听课12节； ⑨接待抚松县实验中学校长； ⑩做规划解读的幻灯片
5月	①教育局组织外出学习5天； ②教学楼重建图纸会审，开工； ③参加上级会议6天； ④规划修改（第7稿）； ⑤参加校内会议5次（质量分析会、班主任会、科任会等）； ⑥听课15节； ⑦筹备统战部捐赠平板电脑活动仪式； ⑧评教师文笔锤炼； ⑨调研教师备课情况及学生学习状态1次
6月	①完成规划修改（第9稿）； ②规划解读； ③工作室活动（各成员校规划讨论并进行解读）； ④完成规划讨论及意见征集工作； ⑤听课题验收课13节并研讨； ⑥练合唱11次 ⑦继续讨论规划并完成规划修改； ⑧走班听课1天（调研）； ⑨参与课前一歌的验收； ⑩中考前的各项工作安排； ⑪校本教材编写工作安排； ⑫中考带队； ⑬参加教育局及校内两个层面的庆七一活动

（续表）

月份	主要工作内容
7月	①参加教育局组织的校长赴山东潍坊淄博培训8天； ②参加与教师考核相关的工作会议； ③评价教师文笔锤炼； ④看教师工作总结； ⑤参加教师的读书交流活动； ⑥统计教师的读书量； ⑦参加教育局领带干部廉政交涉集体约谈会； ⑧组织中层以上领导学期工作总结会的述职； ⑨召开全体教师期末工作的总结会议
8月	①研究人事分工； ②研究并审议各部门及教师学期计划（持续两周）； ③组织召开参加计划落实会议6次（教工、教学、德育、年级、班主任、备课组长）； ④参加上级会议3次； ⑤检查假期学习笔记； ⑥听常规课15节； ⑦参加集体备课5次； ⑧组织策划主题开学典礼； ⑨迎国家教育均衡发展检查持续一个月； ⑩指导组建学生社团
9月	①迎检筹备、总结反思； ②指导筹划校园科技体育节； ③参加上级会议2次； ④关注月考、计划执行、学科团队课程改革情况； ⑤国庆节安全工作，召开会议一次，安全大排查一次
10月	①参加职称评聘工作会议并制定方案； ②组织职称评聘工作（持续两周）； ③听跟进课及常规课25节； ④参加班主任沙龙并发言； ⑤确认小课题立项教师、班级
11月	①参加学科集体备课3次； ②听跟进课20节并且评课；

（续表）

月份	主要工作内容
	③思考“十三五”规划，召开家长、教师、学生座谈会； ④去工作室成员校调研两天并完成工作室成员校调研报告； ⑤新建教学楼设置规划、费用预算及手续办理； ⑥组织参与期中各部门工作总结； ⑦完成班子述职及学区经验交流的材料把关修改； ⑧去山东潍坊参加主题学习的全国活动3天； ⑨参加教育局学区工作总结会1天； ⑩参与德育古诗词诵读竞赛； ⑪参加班主任沙龙并进行点评
12月	①课题验收、研讨； ②评教师文笔锤炼； ③安排并听专家讲座； ④准备期末各项工作事宜； ⑤参加上级会议5天； ⑥推进建楼手续办理及前期其他事宜准备； ⑦听验收课10节； ⑧参加语文新教材调研课； ⑨督促期末各项验收（非考学科）； ⑩教育局班子考核； ⑪参加教育局党建工作述职并准备材料； ⑫校内安全检查； ⑬组织期末考试

另一方面，我们构建了农村中小学校长职业压力两因素模型，编制了41个项目的初测问卷，随机抽取了参加2015年中国教育干部网络学院远程研修的河北省72位农村中小学校长作为预测样本，进行项目分析和探索性因素分析，另外，随机抽取了536位农村中小学校长作为正式施测样本，用于进行验证性因素分析和信效度分析。（见表2-6）

表2-6　被调查者的基本情况

项目	性别		年龄			任职年限				教学学科		
	男	女	35岁以下	36～50岁	50岁以上	5年以下	6～10年	11～15年	16年以上	文科	理科	音、体、美
数量	289	247	38	430	68	192	149	77	118	241	219	76

（续表）

项目	性别		年龄			任职年限				教学学科		
	男	女	35岁以下	36～50岁	50岁以上	5年以下	6～10年	11～15年	16年以上	文科	理科	音、体、美
百分比	53.90%	46.10%	7.10%	80.20%	12.70%	35.80%	27.80%	14.40%	22.00%	44.96%	40.86%	14.18%

在536位被调查者中，初中校长247人，小学校长145人，幼儿园园长144人，总体上男校长比女校长多7.80%，性别比例比较合理；35岁以下年轻校长仅占7.10%，比重较低；新任校长偏多，队伍有活力。文理科教师成长为校长的机会基本均等。结果显示：76.49％的农村中小学校长认为职业压力很大，另有16.23％的农村中小学校长认为压力太大，这说明农村中小学校长普遍具有职业压力感。（见表2-7）

表2-7　农村中小学校长职业压力水平分布状况

项目	人数	百分比
没有压力	4	0.75%
有点压力	8	1.49%
压力一般	27	5.04%
压力很大	410	76.49%
压力太大	87	16.23%
总计	536	100.00%

2.农村中小学校长有不同程度的职业倦怠

对湖北省X市的108位农村中小学校长进行调查的结果为6人存在严重倦怠表现，24人存在轻度倦怠表现，67人存在一般倦怠表现，只有11人不倦怠。也就是说，有97名农村中小学校长有着不同程度的职业倦怠状况。（见表2-8）

表2-8　农村中小学校长职业倦怠状况

项目	人数	百分比
严重倦怠	6	5.56%
轻度倦怠	24	22.22%
一般倦怠	67	62.03%
不倦怠	11	10.19%
总计	108	100.00%

（三）农村中小学校长职业压力与职业倦怠的表现

第一个阶段：处于这一阶段的农村中小学校长会表现出劳累、莫名其妙地发火，百无聊赖、情绪低落，不愿意到学校上班，有时对家人、领导、学生产生怀疑。

第二个阶段：这一阶段的农村中小学校长感觉远离了领导、同伴、教师、社会的关心，与他人情感开始疏远，不愿见领导、教师，也不愿意见学生，从心理上忽视教师、学生。例如，基本不开会，开会时与教师保持距离。

第三个阶段：这一阶段的农村中小学校长感觉从工作中找不到任何快乐与成就感，认为自己不能对教师、学生产生影响，对学校贡献率太低，社会心理学家称其为“学术上的无助”。一位教师这样描述自己的状态：“13年的副校长、校长生涯让我得了上班恐惧症，只要早上起床后一想到要回到学校，就觉得心里抑郁、堵得慌，心情变得烦躁、易怒，工作、生活没有乐趣。”这位校长自己分析：“主要是工作压力太大，工作时间太长的原因所致。”

教师职业倦怠给农村中小学校长个人与他人、组织发展带来许多负面影响。无论是个人还是组织，受农村中小学校长职业倦怠影响的最终还是教师、学生。

（四）农村中小学校长职业压力与职业倦怠的来源

不同区域、不同学校、不同发展阶段的农村中小学校长职业压力与职业倦怠的来源不同。下面列出一个框架，用来描述压力如何影响农村中小学校长。（见图2-2）

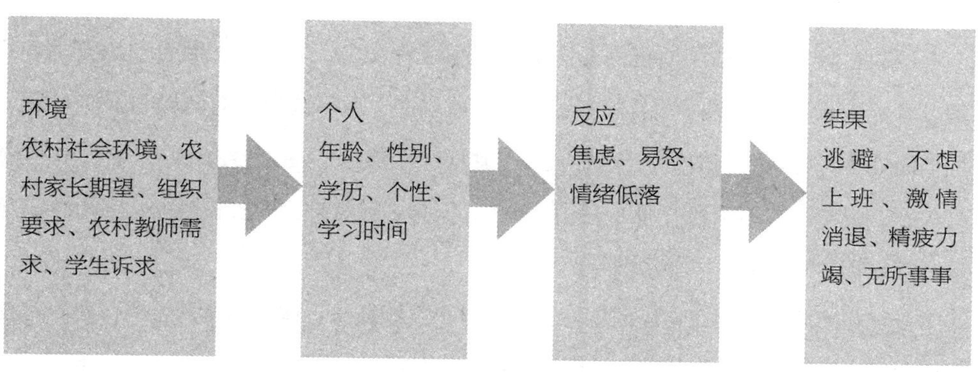

图2-2　农村中小学校长职业压力引发职业倦怠的框架

我们以山东省的415位农村中小学校长为样本，研究考察了农村中小学校长职业压力的来源。结果发现，农村中小学校长职业压力的来源主要分布在以下方面：“老、少、弱、病、流”的教师缺乏工作积极性，安全检查、会议、考试太多以致负担过重、责任太大，领导班子执行力不强，学生能力参差不齐缺乏学习动机，编制与职称等人事制度改革滞后，大班额因材施教，留守儿童教育，家校合育开展，办学经费筹措，个人专业发展等。随着任职年限的增加，农村中小学校长面临的各种压力表现出增加的趋势，1～6年任职段的农村中小学校长压力感最强烈，任职7年之后压力逐渐减弱。农村小学校长感受到的各项压力明显高于农村中学校长。

1～6年任职段的农村中小学校长正处于35～45岁的年龄层，就工作而言，农村中小学校长既是管理骨干又是教育教学骨干，肩负着“挑两个大梁”的重担。特别是农村师资队伍数量不足，工资待遇低，骨干教师缺乏，教育观念滞后，教师在职培训机会少，许多教师随波逐流、不思教学，“老、少、病、弱、流”现象较为严重，加之学生不听话、学习不积极、缺乏学习动力，家长“望子成龙”对学校有着较高的期望值等因素，农村中小学校长的压力越来越大。就专业发展而言，知识更新目不暇接，这对农村中小学校长提出了更大的挑战，迫使农村中小学校长必须努力提高自己各方面的水平。就家庭生活而言，35～40岁年龄段的农村中小学校长，上有老、下有小，家务繁重。就教育对象而言，农村留守儿童较多，父母文化水平不高，关注孩子不够，让孩子缺乏安全感，容易受社会风气的影响，这些无疑消耗了农村中小学校长的精力，加重了农村中小学校长的负担。

任职在3年内的农村初中校长刚刚走上领导工作岗位，本身处于熟悉政策法规、了解办学治校程序、把握办学治校方法的工作适应期，还不成熟。而他们的工作对象又恰恰是处于青春期的初中生，行为和心理的特点不稳定，两者间容易形成一种对立与冲突关系。工作上的不顺利与师生关系的恶化，又会导致农村初中校长情绪低落和低成就感。农村初中校长极有可能出现职业倦怠。

工作与家庭的重负在这一时期的女性农村小学校长身上体现得尤为突出，她们的疲于奔命、穷于应付往往会导致精疲力竭或管理非人性化的行为。由此，我们也不难理解为什么媒体曝光的非人性化事件中的农村小学校长，往往都是平时对工作认真负责的中年女校长。

四 农村中小学校长的社会分层与社会流动

（一）韦伯三位一体分层模式

韦伯创立的三位一体分层模式是我国研究社会分层应用最多的理论——韦伯主张用三重标准来划分社会层次："一是社会标准（名声）；二是经济标准（财富或收入）；三是政治标准（权力）。"[①]韦伯的三个标准简单说来就是"名、利、权"，在韦伯看来，任何社会中这三样东西都是既有价值又稀缺的，因此成了社会分层的标准。

1.农村中小学校长专业发展与社会声望

声望地位是由社会公认的评价方式确定的，社会的评价从肯定到否定构成了高低有序的阶梯，声望地位就指人们在这个阶梯中所处的位置。影响人们声望的因素很多，主要有出身门第（身份）、仪表风度、知识教养、生活方式。

农村中小学校长专业发展对职业社会声望的形成有重要作用，农村中小学校长素质提升后，逐渐专业化、技术化，就会提高校长职业的社会声望，促进农村中小学校长社会地位的提高。事实上，从世界各国的调查看，社会声望是与一个人的受教育程度密切相关的。

2.农村中小学校长专业发展与经济收益

"所谓经济收益是指人力和物力资源所得到的经济收益。"[②]教育经济学分析研究了农村中小学校长专业发展促进收入增长的问题，农村中小学校长专业发展无论是作为一种信号还是作为一种人力资本的积累，都可以促进收入增长，这些都已经为大量的实证研究所证明。例如，对某一个具体的农村中小学校长来说，如果不接受继续教育就会处于不利的竞争地位。农村中小学校长的继续教育还促进了地区与教育职业之间的交换与流动，对于打破地区和职业就业市场的分割，促进全国大市场的形成，缩小地区和职业的差别是十分有益的。

3.农村中小学校长专业发展与权力

权力与农村中小学校长专业发展有着直接的联系，但现代社会中，农村中小学校长

---

① 格伦斯基：《社会分层》，211页，王俊等译，北京，华夏出版社，2006。

② [美]戴维·波普诺：《社会学》，第十版，240页，李强等译，北京，中国人民大学出版社，2004。

合法权力的主要源泉是科层组织，即组织授权，科层制的官僚权力体系建立在能力基础上而不是财产基础上。因而，在现代社会权力的配置中，人的能力、素质以及高等教育文凭就成了一个必须的条件，由此农村中小学校长专业发展与权力分层联系在一起。另外，一个人所接受的教育、培训也是构成非权力性影响力的重要因素，这是“文凭社会向能力社会转轨”时期的显著特征。

（二）农村中小学校长专业发展与社会流动

1.农村中小学校长专业发展与社会流动

农村中小学校长专业发展对校长职业的社会流动有积极促进作用，继续教育、培训、学习进入大众化普及阶段，为更多的农村中小学校长提供了通过自己努力和成就在社会分层中向上流动的机会，从而使自获性条件在社会流动中发挥更大作用。农村中小学校长专业发展为校长在区域、学段甚至教育系统内的职业迁移提供了条件，更多的农村中小学校长有了职业选择的机会和可能，从而大大促进了社会公平分配制度的形成。

2.农村中小学校长专业发展与学生流动

按照功能主义者的观点，农村中小学校长专业发展主要影响农村学生的择校与城镇化进程。把同一知识层次的学生分配在办学治校条件优越的学校，学生会获得丰富的资源，学生将会以更快的速度发展。农村学生的选校择班有着特定的社会意义。从社会功能来看农村中小学校长专业发展影响了学生的流动。

五 农村中小学校长专业发展与社会组织

（一）农村中小学校长与农村中小学校

对于学校而言，教师和学生是基本角色。对于校长而言，学校兼有规范性和利益性。学校组织不能像工厂一样，对于校长的管理与教育教学活动实行计件、量化，也不能像工厂一样用简单的物质手段刺激生产。农村中小学校长工作主要受爱心、良心驱使，同时，学校组织对于农村中小学校长又具有经济利益性，农村中小学校长虽然是专业技术人员，但是劳动依然是获得报酬的手段，是靠劳动所得谋生存的群体。农村中小学校长工作的目的具有多结构、多元化、复杂性等特点。农村中小学校长工作的主要目的理论上是为了学生成长、教师发展，但大多数农村中小学校长仍然把获得劳动报酬、维持家庭生计也视为另外一个重要目的。我们对农村助力工程培训班的49位农村中小学校长进行问卷调查的结果见表2-9。

表2-9　农村中小学校长关注的效益

类别	社会效益	政治效益	经济效益	发展效益	事业价值	其他价值	无价值
百分比	31.90%	37.50%	67.70%	32.80%	43.10%	31.10%	8.20%

从表2-9可以看出，在农村中小学校长关注的效益中，为生存的经济效益占有主导地位，占67.70%。其他价值依次排列为社会效益占31.90%，达到1/3；为个人获得政治效益，特别是晋升渠道占37.50%；满足个人理想、兴趣、爱好的发展效益占32.80%，接近1/3；其他价值占31.10%；事业价值（个人事业的成就）占43.10%；另有8.20%的农村中小学校长认为没有什么价值。调查中超过半数的农村中小学校长提出，如果有其他职业选择他们不再选择当校长，这对政府和社会而言是一个值得注意的信号。

农村中小学校长的劳动是有偿的，农村中小学校长与学校之间存在经济关系，这种经济联系自然是激励农村中小学校长专业发展的手段。作为农村中小学校长为了获得成就感和上级、家长、社会的肯定，谋取更大的经济利益，会竭尽全力为学校发展奉献自己的青春年华和聪明才智。当然，如果为学校做出不可替代的贡献，而没有获得更大的经济利益、社会利益、政治利益，农村中小学校长就会流向政治、经济、社会效益相对较高的地区和学校。

（二）农村中小学校长与专业发展组织

1.农村中小学校长专业发展组织的内涵及其特征

“所谓专业组织就是一定领域内的专业人员，在遵照国家相关法规的前提下，按照自愿、自主、自治的组织原则组建起来的一种表达专业意见、实现专业决策、影响专业发展方向的群体。”[①]由此可见，农村中小学校长专业发展组织是校长群体实现专业自治的专门组织，是一个介于政府与校长之间的缓冲组织，是影响农村中小学校长专业

① 樊香兰，孟旭：《论专业化进程中的教师专业组织——基于文化学的省视》，载《教师教育研究》，2008，（04）。

化进程的一股重要力量。农村中小学校长专业发展组织实质上是政府把校长专业发展活动的主导权部分地让给了专业组织的代理人——教育专家。费奥斯坦、费尔普斯认为校长专业发展组织成员由“具有共同理想或者兴趣相同的人组成”①。农村中小学校长专业发展组织具有以下几个特征：一是等级性。所有农村中小学校长专业发展组织都具有一个等级式链条结构，即“国家级培训机构—省级培训机构—市级培训机构—县级培训机构”和“教育政策专家—理论专家—实践专家”的特殊构造。二是冲突性。实际上，在农村中小学校长专业发展组织中还存在着三个隐形的权力生产中心，即“政策专家中心、理论专家中心与实践专家中心之间的冲突与对立”②。三是开放性。其既立足国内，充分发挥我国资源、制度等优势，又更好地吸收借鉴国际先进教育理念、模式、经验，提升农村中小学校长的地位、影响力；汇聚农村中小学校长培养资源，内部开放共享，校校协同、城乡一体、科教结合、大中小学有机衔接，发挥优质培训机构的带动辐射作用。农村中小学校长专业组织的开放性注重的是解决农村中小学校长培养工作的内外联动问题。

2.农村中小学校长专业发展组织的类型及其作用

农村中小学校长专业发展组织的类型主要包括一般专业组织和专业组织两种类型。一般专业组织，吸纳各个领域的教育者参加，是农村中小学校长和教育管理者共同参与教育领域改革与发展的行政组织，每年举行1～2次年会，如教育学会、校长教育学会、教育管理学会、教育监督学会。专业组织，一般由特定的学科领域和学段的专家组成，目的是把专业人员联合起来，共同解决农村中小学校长专业发展中遇到的实际问题。比如，全国农村中小学校文化研究联合会。农村中小学校长专业发展组织的主要作用是给校长专业发展提供资源支持和帮助，为农村中小学校长专业发展“构建平台，提升引领，促进发展”，出版相关的资料，开展教育研究，关注教育政策，提出支持农村中小学校长专业发展的最佳途径，成立各个学术交流中心，促进合作交流等，是农村中小学校长表达自己诉求获得外界帮助的主要社会组织，是校长自己的心灵“家园”。

---

① [美]费奥斯坦，费尔普斯：《教师新概念：教师教育理论与实践》，228页，王建平等译，北京，中国轻工业出版社，2002。

② 樊香兰，孟旭：《论专业化进程中的教师专业组织——基于文化学的省视》，载《教师教育研究》，2008（04）。

必须明确，农村中小学名校长也好，农村中小学教育家型校长也好，并不是由专业发展组织培养产生的。专业发展组织的培养仅仅是为农村中小学校长的成长打下良好基础，农村中小学名校长的专业发展程度如何，取决于其在农村中小学校实践、科学研究以及各种社会活动中各自的发展状况。中华人民共和国成立初期军队授勋时，江西的兴国县、安徽的金寨县各自涌现出了一百多位将军，虽然他们大多没有受过军事院校教育，但他们在战争中学会了战争，是实践造就了这么多杰出的军事人才。这个案例说明，有了专业发展组织培养的良好基础之后，关键要看实践环节。因此，专业发展组织需要准确定位，把智慧和精力集中到“精神引领、人生引领、专业引领”三大功能上来。

当然，政府要加强选拔农村中小学名校长，尤其要加强对农村中小学名校长人事安排的民主决策方面的监督、监察，努力创造选贤任能、人尽其才、才尽其用的新局面，防止“鲁班砍柴、张飞卖肉”现象的出现，为农村中小学名校长的成长营造良好的社会环境。

第三节　农村中小学校长专业发展支持服务体系建设的管理学理论基础

一门知识体系的确立通常以基本问题的解决为依据，农村中小学校长专业发展管理也不例外。本节从知识体系的视角，以管理学的基本问题为研究对象，通过文献研究、系统分析与综合研究，归纳了农村中小学校长专业发展管理的基本问题系统的范畴、内部各个要素之间的关系，力图为农村中小学校长专业发展支持服务体系建设的研究提供参照。

｜一｜农村中小学校长的继续教育政策

教育政策是实现教育任务、目标的依据，是完成阶段发展目标的策略和手段。以下内容将讨论促进农村中小学校长专业发展的重要途径——教育政策的基本含义与特性，并对农村中小学校长专业发展的基本权利进行探讨。

（一）农村中小学校长继续教育权利的定义及其解读

农村中小学校长的继续教育权利是“法律赋予特定农村中小学校长享有其继续教育的利益的力量”[①]，是农村中小学校长享有的接受继续教育，不断获得充实和发展的基本权利，也是农村中小学校长劳动权的重要权利之一。具体来说，“主要是指农村中小学校长有权参加进修和接受其他多种形式的培训，不断更新、调整知识结构，提高自己的思想品德和业务素质”[②]。

农村中小学校长继续教育权利的提出有其法律、理论和现实等方面的依据。联合国教科文组织提出：“各国政府应有优先考虑并保留信息、教育和交流方面的专家，尤其是教师培训并保留他们参与规划、实施、检测以及评价信息、教育和交流方面的人士。”[③]农村中小学校长继续教育之所以成为一种权利，就在于其有助于增强农村中小

① 黄文浩：《论教师培训权及其保障》，载《温州大学学报（社会科学版）》，2008（02）。

② 吕蕾：《中外中小学校长培训权利政策比较研究》，载《中小学教师培训》，2011（08）。

③ 联合国教科文组织：《教育的使命：面向二十一世纪的教育宣言和行动纲领》，165页，赵中建译，北京，教育科学出版社，1996。

学校长的办学治校能力和职业竞争力，能够为农村中小学校长带来利益，并间接地为受教育者带来利益。

（二）确立农村中小学校长继续教育权利的法律依据

从目前的研究来看，农村中小学校长继续教育权利是一个内涵丰富、涉及范围较广的概念，其含义具有多面性特征，只有从不同视角、不同层面对其加以认识，才能全面、正确地理解其要义。

1.有关中小学校长继续教育权利的国际规定

1966年，联合国教科文组织和国际劳工组织《关于教师地位的建议》提出，“应把教育工作视为专门的职业，这种职业要求教师经过严格的、持续的学习，获得并保持专门的知识和特别的技术”[①]。1989—1992年，经济合作与发展组织相继发表了一系列有关教师及教师专业化改革的研究报告，如《教师培训》《学校质量》《今日之教师》《教师质量》等。1996年，联合国教科文组织召开的第45届国际教育大会提出“继续开展培训校长的活动；继续开展培训教师的活动”。

国外中小学校长资格制度保障了校长职前培训的效能和规范性。参加职前培训首先是中小学校长履职的义务，也是所有有志于从事校长职业的人们的权利。

美国从20世纪初实施校长资格证书制度。美国各州通过教育立法规定中小学校长接受培训是任职资格的必备条件。从履职义务来看，英、美、日等发达国家都以校长资格证书制度予以政策推动和保障。就权利而言，一些国家早在20世纪50年代和60年代就立法对中小学校长资格做出明确规定，各国普遍强调四点：一是有正式的资格，持有资格证书；二是学历要求；三是教龄要求；四是取得校长资格证书。只要是满足前三个条件的人，都可以去学习职前培训课程，申请考试，以获得校长资格证书。

2.我国农村中小学校长继续教育权利的法律、政策规定

确认我国教师继续教育权利的政策与法律依据主要是《中华人民共和国宪法》《中华人民共和国劳动法》《中华人民共和国教育法》《中华人民共和国教师法》《中华人民共和国义务教育法》等法律。关于农村中小学校长继续教育权利的问题，《中华人民

---

① 叶澜，白益民等：《教师角色与教师发展新探》，19页，北京，教育科学出版社，2001。

共和国宪法》规定："中华人民共和国公民有受教育的权利和义务。"

《中华人民共和国劳动法》规定，"用人单位应当建立职业培训制度，按照国家规定提取和使用职业培训经费，根据本单位实际，有计划地对劳动者进行职业培训。"《中华人民共和国教育法》中的相关规定："国家实行教师资格、职务、聘任制度，通过考核、奖励、培养和培训，提高教师素质，加强教师队伍建设。"《中华人民共和国义务教育法》中的相关规定，"县级以上人民政府应当加强教师培养工作，采取措施发展教师教育。县级人民政府教育行政部门应当均衡配置本行政区域内学校师资力量，组织校长、教师的培训和流动，加强对薄弱学校的建设。"《中华人民共和国教师法》中有相关的规定，例如，教师具有从事科学研究、学术交流、参加专业的学术团体、在学术活动中充分发表意见的权利；参加进修或者其他方式培训的权利；各级人民政府教育行政部门、学校主管部门和学校应当制定教师培训规划，对教师进行多种形式的思想政治、业务培训。

我国农村中小学校长参加职前培训的政策依据是《中小学校长培训规定》，要求校长任职和继续任职的条件是接受规定时间的培训，并取得培训合格证书。可见，参加培训是校长履职的必备条件，同时也是农村中小学校长专业成长中享有的权利。农村中小学校长参加培训，获得专业发展的权利已经被农村中小学校长和教育行政部门一致认可。

在我国，农村中小学校长任用制度还不是真正意义上基于竞争上岗的聘任制，遴选制度及农村中小学校长选拔、交流也尚未做到科学化、规范化。农村中小学校长一般实行组织委任制。因此，其享有职前培训权利的范围是有限的。可以参加农村中小学校长培训，预示着其已经或即将走上校长岗位，一般由组织部门、教育行政部门选择决定谁将参加职前培训。虽然《中小学校长培训规定》《义务教育学校校长专业标准》文件规定，要落实校长持证上岗工作制度，实行"先培训、后上岗"制度，但实际工作中大部分农村中小学校长通常是已经被任命为校长、履行职责后再补偿职前培训的学时。

3.农村中小学校长继续教育权利的表现形式

农村中小学校长继续教育权利的具体表现形式是在以农村中小学校长专业发展为基点，将农村中小学校长继续教育政策法律赋予的权利作为衡量农村中小学校长专业发展水平的一项重要指标的语境下展开的理性思索，具体表现如下。

（1）参与权

这是指主体有资格采取行动做某事，也就是说，农村中小学校长可以通过某种行为和方式来满足自身的利益要求。例如，《中华人民共和国教师法》规定："教师享有参加进修或者其他方式培训的权利。"如果有关部门利用各种借口，来阻止农村中小学校长参加进修培训；以任务重、人手紧缺为借口，拒绝农村中小学校长的外出培训要求；或以经费紧张为由，不支持农村中小学校长的培训要求：这就剥夺了农村中小学校长参加进修培训的资格，侵犯了主体的参与权利。

（2）要求权

这是指主体有资格接受某种事物，也就是说，农村中小学校长有要求义务人做出或者不做出某种行为的权利。比如，《中小学校长培训规定》规定："政府部门组织的集中培训，以有关部门负担经费为主。"据此，经组织、教育部门批准参加的培训，学习期间农村中小学校长有权要求有关部门承担培训期间所需费用，并享受国家规定的工资福利待遇。

（3）请求权

这是指农村中小学校长在其权利受到侵害时，有请求国家提供保护的权利。这种权利体现在诉讼关系中是一种法律救济。比如，《中华人民共和国教师法》规定："教师对学校或者其他教育机构侵犯其合法权益的，或者对学校或者其他教育机构作出的处理不服的，可以向教育行政部门提出申诉，教育行政部门应当在接到申诉的三十日内，作出处理。"根据上述法律规定，农村中小学校长如果认为自身的进修培训权利受到侵犯，可以根据相应的法律程序诉请法律救济。

（三）影响农村中小学校长继续教育政策法规制定的因素

影响农村中小学校长继续教育政策法规制定的有内部因素和外部因素。内部因素通常指的是制定继续教育政策法规的机构和人员。外部因素主要是环境、经济、人口等因素。下面我们主要讨论影响农村中小学校长继续教育政策法规制定的外部因素。

1.环境因素

美国公共政策学家安德森（Anderson）说："政策行动的要求产生于政策环境，并从环境传到政治系统。与此同时环境限制和制约着决策者的行动。”[①]政府的每一项决策都要解决一些问题，这些问题是由社会环境所产生的。农村中小学校长继续教育的政策法规也是由环境所产生的，农村中小学校长继续教育的政策法规就是要解决农村中小学校长继续教育领域的问题。事实上，任何农村中小学校长继续教育政策法规的制定者都会考虑所处的时代背景、文化环境、教育传统、社会心理等因素，特别是所处时代大众传媒所反应的广大群众的现实诉求和价值取向。

2.经济因素

有什么样的经济基础就有什么样的上层建筑与之相适应，经济基础的变更，必然引起上层建筑相应的变更。农村中小学校长继续教育的政策法规属于上层建筑的范畴。事实上，在制定农村中小学校长继续教育的政策法规时，我们需要考虑实施的经济条件，就是要充分考虑继续教育政策法规实施的可能性。“道森（Dawson）和鲁宾孙（Robinson）的研究表明，社会经济因素对政策的影响比政治因素更大。”[②]

3.人口因素

农村中小学校长继续教育政策法规的制定要考虑人口、国情因素，我国人口众多，大部分学校分布在广大农村地区，农村中小学校长需求量巨大。我们常说“穷国办大教育”，就是指教育规模大，适龄人口接受教育的人数众多。这样我们不得不把有限的教育资源向适龄儿童普及教育的方向倾斜，事实上只有在教育资源相对过剩的京、沪、苏、浙、粤地区才开始实行小班化。就是在广阔的中西部地区，随着进城务工人员子女的随迁量逐年增加，农村人口出生率持续降低，农村学龄人口不断下降，各地也纷纷对义务教育学校进行了布局调整和撤并，农村中小学校大幅减少，导致部分过剩的农村中小学校长转岗和被送出去培养、培训。人口的波动就会相应的引起农村中小学校长继续教育政策法规的变化。农村中小学校长继续教育的政策法规要考虑民族因素，继续教育的资源应该在不同民族之间平衡，在通常情况下，还要对少数民族地区中小学校长给予政策倾斜，以争取少数民族地区的中小学校长素质的提升。

---

① [美]詹姆斯 · E.安德森：《公共决策》，34页，唐亮译，北京，华夏出版社，1990。

② 马风岐：《教育政治学》，149页，北京，人民教育出版社，2002。

二 农村中小学校长的组织管理

随着管理学科的发展，管理定义也存在着不同的解释。梅奥认为："管理就是做人的工作，它以研究人的心理、生理、社会环境影响为中心，激励职工的行为动机，调动人的积极性。"①皮戈特认为，管理是"这样的一种活动，即它发挥某些职能，以便有效的获取、分配和利用人的努力和物质资源来实现某个目标"②。由此可见，管理是一个十分广泛的概念，有着非常丰富的内涵和外延。简单说来，管理就是了解情况，做出决策。本研究对管理的定义：在组织内，通过对各种资源的计划、组织、领导、控制，以完成某种任务或达到某个目标的一切活动。

（一）基于不同理论流派的农村中小学校长管理理论

1.泰勒的管理理论

20世纪初，泰勒（Taylor）注意把管理人员与工人的角色与职责分离开来，确立上下级关系。③泰勒的管理理论启示我们：一是农村中小学校长的管理方式需要科学；二是农村中小学校长的管理需要进行集体行动协调；三是农村中小学校长的管理需要各个部门、各个环节做到彼此衔接；四是农村中小学校长的管理要追求效益；五是尽最大可能培养农村中小学校长。

2.法约尔管理理论

法国实业家亨利·法约尔（Henri Fayol）认为管理就是计划、组织、调和控制等职能活动，要改变日益复杂的组织运作与技术能力，训练有素的管理者队伍必不可少。法约尔管理理论启示我们：对农村中小学校长的管理需要做好"计划、组织、指挥、协调、控制"五个关键要素的界定。

3.X理论和Y理论

X理论和Y理论是一对基于两种完全相反假设的理论，是由美国心理学家道格拉

---

① [美]哈罗德·孔茨等：《管理学》，49页，黄洁纲等译，上海，上海人民出版社，1990。

② Piggott S., *The Dawn of Civilization*, New York, McGraw-Hill Book Co., 1961.

③ [美]D.赫尔雷格尔等：《组织行为学》，200页，俞文钊、丁彪等译，上海，华东师范大学出版社，1999。

斯·麦格雷戈（Douglas McGregor）1960年提出的。X理论认为，农村中小学校长有消极的工作原动力，Y理论则认为，农村中小学校长有积极的工作原动力。Y理论认为，多数农村中小学校长愿意对工作负责，寻求发挥能力的机会，如果给予适当资源、机会，他们就会喜欢工作、学习，并渴望发挥其才能。X理论和Y理论启示我们：当把农村中小学校长看成天使时，我们就生活在天堂里；当把农村中小学校长看成魔鬼时，我们就生活在地狱里。（见表2-10）

表2-10 X理论和Y理论对比[①]

项目	X理论主要观点	Y理论主要观点
假设	员工本性懒惰，厌恶工作，尽可能逃避；绝大多数员工没有雄心壮志，怕负责任，宁可被领导骂	员工本性不是厌恶工作，如果给予适当机会，他们就会喜欢工作，并渴望发挥其才能
	多数员工必须用强制办法乃至惩罚、威胁，才能使他们为达到组织目标而努力	多数员工愿意对工作负责，寻求发挥能力的机会
	激励只在生理和安全需要层次上起作用	激励在需要的各个层次上都起作用
	绝大多数员工只有极少的创造力	想象力和创造力是人类广泛具有的
应用	企业	学校、医院
管理方式	专断独裁	参与沟通
点评	X理论把人的行为视为机器，需要外力作用才能产生	Y理论把人视为一个有机的系统，其行为不但受外力影响，而且也受内力影响

4.人际关系理论

哈佛大学的心理学教授乔治·埃尔顿·梅奥主持的霍桑试验第一次把管理研究的重点从物的因素上转到人的因素上来。他认为，一个人的思想、情绪和行为，无时无刻不受着周围人的影响。农村中小学校长是社会人。农村中小学校长的思想、情绪和行为，时时刻刻在受着周围人的影响。领导的能力在于提高农村中小学校长的满意度。学校文化中有效沟通是学校管理中的艺术方法，学校管理是讲究艺术的，对农村中小学校长的管理更是如此。管理者更应认识到这一点，那种高谈阔论，教训下属，以自我为中心的

---

① [美]罗伯特·G.欧文斯：《教育组织行为学》，第7版，105页，窦卫霖等译，上海，华东师范大学出版社，2001。

领导方式已不适用了。

此外，“权变理论”[①]的观点让我们理解有效地促进农村中小学校长专业发展的关键措施在于分析特定情况下的关键变量。行政人员的有效行为：提高农村中小学校长专业发展目标达成度；改善农村中小学校长专业发展的工作与学习环境；有效解决农村中小学校长专业发展组织内的各种冲突。

（二）农村中小学校长管理的内容

管理是既是一门科学，又是一门艺术，这一点已得到理论界、实践界的广泛认同。作为一门科学，其自然就要遵循管理科学的基本标准及其一般基本规律。一般来说，对农村中小学校长管理的基本要素包括人、财、物、信息、时间、空间、组织机构、制度等，前六项是管理内容，后两项是管理手段。基本要素中的人既是被管理者，又是掌握管理手段的管理者。人有主观的能动性，是现代化管理中最为重要的变量。（见图2-3）

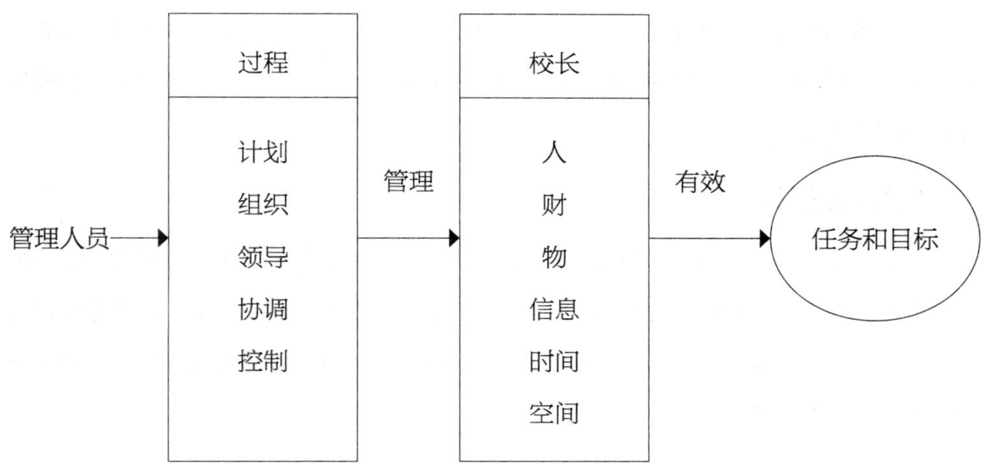

图2-3　针对农村中小学校长的管理模型[②]

① 权变理论（Contingency Theory），又称应变理论、权变管理理论，是20世纪60年代末70年代初在经验主义学派理论基础上进一步发展起来的一种管理理论，“权变”是指“随具体情境而变”或“依具体情况而定”，即在管理实践中要根据组织所处的环境和内部条件的发展变化随机应变。

② 吴志宏、冯大鸣、周嘉方：《新编教育管理学》，8页，上海，华东师范大学出版社，2000。

（三）农村中小学校长的管理原则

1.系统性原则

现代管理理论认为管理是一个开放的系统，不仅包括结构、功能和技术的要素，而且包括心理和社会方面的因素。农村中小学校长选拔、培养、管理、使用等是一个系统整体，彼此既相互联系，又互为条件。一方面，农村中小学校长管理过程中的选拔、培养、管理、使用等要素不是孤立存在的；另一方面，农村中小学校长的行为是已经加工过的，表现出来的是组织、群体、社会行为。因此，对农村中小学校长的管理，需要从不同的角度综合探究农村中小学校长专业发展的规律性，科学地指导农村中小学校长的管理实践活动。

2.人本性原则

这要求人们在管理活动中坚持一切以农村中小学校长为核心，以农村中小学校长的权利为根本，强调农村中小学校长的主观能动性，力求实现农村中小学校长的全面、自由发展。其实质就是充分肯定农村中小学校长在管理活动中的主体地位和作用。同时，我们可以通过激励调动和发挥农村中小学校长的积极性和创造性，引导农村中小学校长去实现预定的目标。

3.激励性原则

农村中小学校长的激励目标需要与农村学校的发展战略紧密联系，让农村中小学校长看到自己的需要与农村学校发展之间的联系，使他们处于一种具有强烈发展动机和责任感的状态，在这种状态下所付出的努力不仅能满足其个人专业发展的需要，同时也能实现农村学校的发展目标。

4.灵活性原则

这主要针对农村中小学校长专业发展计划的制订过程，农村中小学校长专业发展的现状描述、问题分析、目标定位、发展策略、特色创新等环节前后联系、逻辑贯通。计划本身具有适应性，要求农村中小学校长专业发展计划的制订“量力而行，留有余地”。一切以条件为转移，实现动态管理。

（四）农村中小学校长管理结构的类型

近年来，农村中小学校长管理结构的类型已经出现了各种各样的形式，归纳起来可以分为以下几种。

1.直线职能管理结构

它是一种内部一元化领导的组织形式。针对农村中小学校长的纯直线制的组织形式表现为一切均由一个部门和部门“一把手”说了算。这种形式权力集中，责任明确。但其缺乏沟通与横向联系，只适用于任务明确，而又要求领导集中、控制严格的情形。（见图2-4）

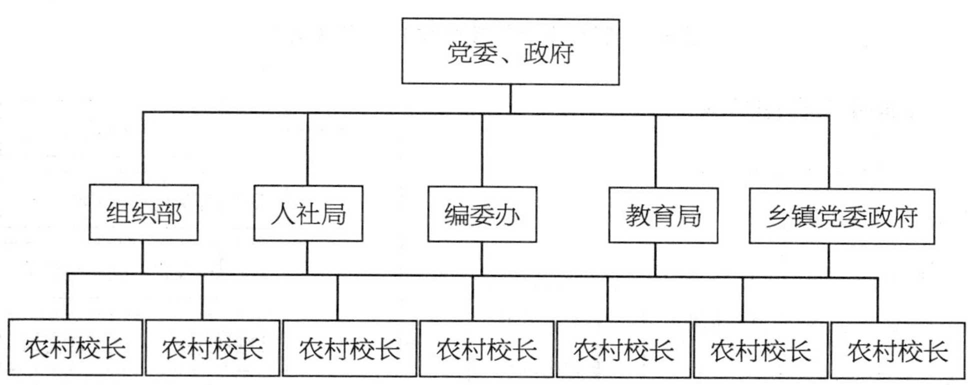

图2-4　农村中小学校长直线职能管理结构

2.功能式管理结构

它是一种内部二元化领导的组织形式，就是对农村中小学校长的管理，按照职能划分为人与事，人由乡镇党委政府负责，事由县级职能部门负责。各作战单位有行动上的独立与自由，这种形式结构扁平、安排合理，缺点是容易造成职能交叉、不容易沟通，控制难度与管理幅度太大，易产生惰性。（见图2-5）

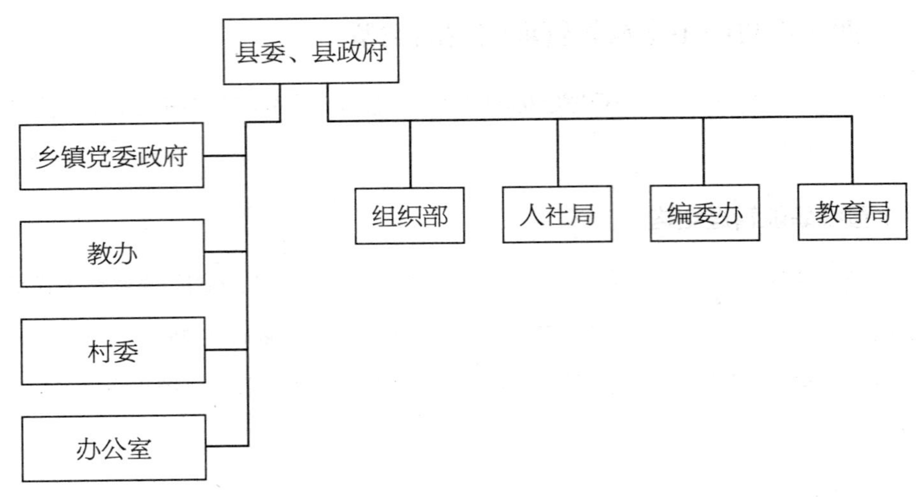

图2-5　农村中小学校长功能式管理结构

3.扁平式管理结构

扁平化组织是指管理层次少而管理幅度大的一种组织结构。针对农村中小学校长的管理信息流动快，上下级关系狭窄，农村中小学校长有较大的自主权。但是管理宽度较大，权力分散，不易实现严格控制。（见图2-6）

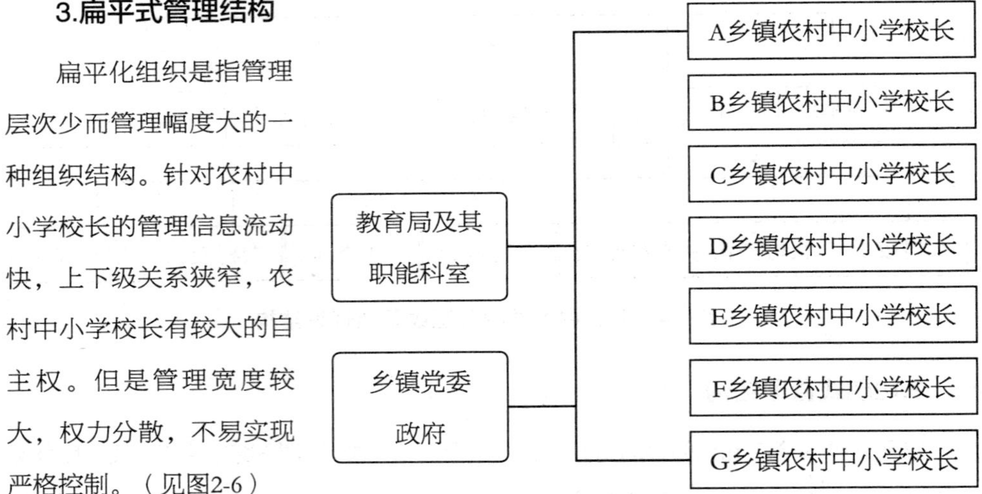

图2-6　农村中小学校长扁平式管理结构

4.分布式管理

它是一种内部集体领导、集体责任的组织形式。这种组织的特点是领导的角色转换为农村中小学校长的帮助者、促进者，与农村中小学校长一起分担组织的使命、权力与责任。领导与农村中小学校长之间便于沟通。缺点是忽视了人的差异性，而容易给组织带来不必要的麻烦。（见图2-7）

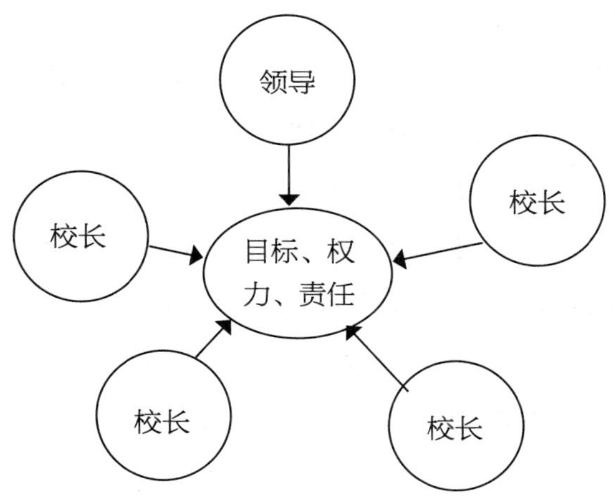

图2-7　农村中小学校长分布式管理结构

三　农村中小学校长人力资源的开发利用

（一）农村中小学校长人力资源的构成

农村中小学校长的学历、年龄、性别等结构是农村中小学校长人力资源的主要构成要素。下面重点分析各个要素在发展中的地位与作用。

1.农村中小学校长的学历结构

学历代表了一个人的学习经历，学历构成指各个学历层次的农村中小学校长在整个校长总数中所占的比例，农村中小学校长的学历结构是衡量中小学校长队伍建设的一个重要指标。根据教育部发布的《全国教师队伍与教师教育基本情况》，从全国情况来看，“截至2016年年底，我国基础教育共有专任教师1 267.3万人，小学、初中、高中专任教师学历合格率分别达到99.88%、99.53%、97.25%。高学历教师比例不断提高，具有大学专科、本科学历的教师成为新增教师主体。专科以上小学教师、本科以上初中教师、研究生学历高中教师分别占48.16%、76.32%、6.36%”。其中，小学教师中研究生2.71万人，占总数的0.48%；初中教师中研究生5.48万人，占总数的1.57%。2016年8月我们对河北省的536位中小学校长（不含幼儿园）的学历结构做了调研，中师及以下学历的占总数的1.94%，大专学历的占总数的33.20%，本科学历的占总数的64.08%，研究生及以上学历的占总数的0.78%；对内蒙古自治区的944位中小学校长（不含幼儿园）的学历结构做了调研，中师及以下学历的占总数的83.61%，大专学历的占总数的13.26%，本科学历的占总数的2.70%，研究生学历的占总数的0.45%。

现实中，第一学历层次的农村中小学校长数量偏低，大部分农村中小学校长是靠后天的自学或函授等补偿教育达到国家标准的，质量难以保证。从当前全国90多万位中小学校长来看，近年来整体素质得到了大幅提高，但是不同地区之间校长素质差异很大。从国际比较的角度来看，日本要求中小学校长必须有大学学历。其小学校长有大学学历的达到84.50%，初中校长达到92.40%。美国一半以上的中小学校长具有硕士学位。

因此，我国农村中小学校长的学历发展还有很大的空间与梯次，特别是第一学历的高层次校长。时任教育部师范司司长的管培俊认为我国农村中小学校长：质量不高，学历水平和实际的教育教学能力严重不适应中小学教育教学的要求。因此，我国农村中小学校长今后的培养、培训的任务依然十分艰巨。

2.农村中小学校长的年龄结构

从全国范围看，农村中小学校长的年龄结构是指农村中小学校长各个年龄段的人数占总数的数量。我国农村中小学校长队伍总体上趋于年轻化。35岁以上的农村中小学校长占到47.00%。45岁以下的农村小学、初中、高中校长分别为：小学占90.00%，初中占86.00%，高中占71.00%。小学的年轻化程度更好一些。

在一个团队里，如果年轻农村中小学校长的比例过高，表明缺乏有经验的校长，培训培养的任务加重；如果年老农村中小学校长的比例过高，则表明缺乏活力。年龄的构成情况不同，农村中小学校长的培养、培训目标不同：年轻的农村中小学校长侧重于理想信念、管理方法与能力的培养培训；中年农村中小学校长侧重于人文科学知识、教育理念、教育技术与能力的培养培训；老年农村中小学校长侧重于总结经验、凝练思想、形成办学特色风格以及教育信息技术的培养培训。

3.农村中小学校长的性别结构

目前，在我国大部分农村中小学男性校长多，特别是在中西部地区，男女平均比例4：1。从山东的情况看：农村中学校长男性比例达到86.30%，农村小学校长男性比例达到73.30%，男性比例明显过高。一方面，农村中小学校长的性别比例合理有利于调动工作积极性，减小心理负担与压力；有利于孩子的人格发育与健康成长。另一方面，如果女校长数量居多，怀孕、产假、家务时间增多，相对会减少外出学习的机会，影响农村中小学校长的专业发展。

4.农村中小学校的生师结构

学生与教师之间的比例，通俗地说就是一位教师平均负担多少名学生。合理的生师比例有利于增进生师友谊，提高教学质量。戴维·波普诺认为："人口的密度可以让人感到拥挤，不舒服。"[①]同样，师生比例过高就会出现大班化，不仅让农村中小学校长感到管理幅度太大，还会增加他们的工作量，导致其减少对学生的关注度，降低教育质量。

据统计，2015年，我国小学生师比为17.05：1，初中生师比为17.41：1，高中生师比为14.01：1（见表2-11），这个比例比前几年有所好转，表明教师资源的配置状况正在改变。如果生师比过高，没有过剩的教师顶课，农村中小学校长就需要上课，完成培养、培训任务困难。因此，应根据不同层次的学校，农村中小学校长不同的工作量，确定合理的生师比。

表2-11　20年中小学生师比年度变化表[②]

学段	小学师生比	初中师生比	高中师生比
1995年	23.30：1	16.70：1	13.00：1
2005年	19.43：1	17.80：1	18.54：1
2015年	17.05：1	17.41：1	14.01：1

从国际比较的角度来看："世界各国生师比为从9：1到72：1。经济合作与发展组织OECD国家，小学生师比与中学生师比亦存在显著差异。在丹麦和匈牙利，小学生师比是11：1，韩国为32：1。在澳大利亚，初中生师比是10：1，墨西哥是35：1。挪威高中生师比是10：1，而墨西哥为27：1。"[③]

① [美]戴维·波普诺：《社会学》，第十版，611页，李强等译，北京，中国人民大学出版社，2004。

② 根据教育部历年《教育事业发展统计公报》等资料计算整理。

③ [美]马里斯·特雷莎·西尼斯卡尔科：《世界教师队伍统计概览》，3页，丰继平、郝丽平译，上海，华东师范大学出版社，2007。

（二）农村中小学校长人力资源开发与利用

1.传统人力开发与农村中小学校长人力资源开发的区别

与传统的人力开发不同，农村中小学校长人力资源开发探讨的是教育中最有价值的资源是如何得到全面发展和充分利用的①，是把农村中小学校长的知识与技能、智慧与方法、创造性与积极性当作一种资源加以发掘、培养、发展和利用的一系列活动，包括以下四个方面的含义：开发的对象是农村中小学校长的专业知识与技能、专业过程与方法、专业的情感态度价值观；农村中小学校长人力资源开发要借助于教育、培养、培训、激励等科学管理手段来进行；农村中小学校长人力资源开发活动是可连续的永恒过程；农村中小学校长人力资源开发是一项复杂的系统工程。（见表2-12）

表2-12　传统人力开发与校长人力资源开发的区别

项目	传统人力开发	农村中小学校长人力资源开发
视角	视校长为消费者、投入负担	视校长为资源、投入主体、资本
活动	重视实用价值	重视价值，培养、培训与开发
内容	事务性、常规性战术性开发	高瞻远瞩的战略性开发
地位	接受命令、执行	民主、参与
模式	事务中心	校长中心
性质	局部、分散	整体、集中

2.农村中小学校长专业发展规划

（1）农村中小学校长专业发展规划的含义

所谓农村中小学校长专业发展规划就是在领导支持、专家引领和同伴的相互作用下，对农村中小学校长的职业发展进行设计、规划、执行、反馈、评估、整改的综合性过程，是实现农村中小学校长成长与发展的重要环节。

（2）农村中小学校长专业发展规划的内容

农村中小学校长专业发展规划以经历为指导，从分析内、外部支持环境入手，制定适合自己的3～5年或更长的发展目标。个体规划也是系统化的学习计划，目标提升个体

---

① [美]杰拉尔德·C.厄本恩，拉里·W.休斯，辛西娅·J.诺里斯：《校长论：有效学校的创新型领导》，第4版，163页，黄崴等译，重庆，重庆大学出版社，2004。

的知识、能力与教学智慧。与强制花费金钱、时间设定的培训不同，农村中小学校长专业发展个体规划给校长、学校与教育行政等部门共同设置合理的目标提供了机会，从而有助于实现农村中小学校所设置的目标。

农村中小学校长专业发展规划的内容一般包括六个方面：①对农村教育独特育人价值的认识；②农村中小学校长自身状况分析；③农村中小学校长专业发展目标定位；④主要措施；⑤自身需求；⑥预期效果。

3.农村中小学校长校本培训

（1）农村中小学校长校本培训的含义

这是指农村中小学校长根据自己的发展战略，以学校为主要培训基地，在对自身的发展现状与发展潜力进行分析的基础上，通过诊断、规划等方式开展的旨在满足自身专业发展需求的培训活动。校本培训的主体是农村中小学校长，它实现了对“以大学或师资培训机构为基地”的传统培训模式的扬弃。

（2）农村中小学校长校本培训的特征

一是针对性。以学校和自身发展为本：校本培训以学校与农村中小学校长的未来发展为基点，结合自身特色，根据学校的办学要求举办以学校与农村中小学校长为本位的培训活动，体现了学校的办学实际与农村中小学校长的认知规律。[①]

二是问题性。问题即为培训主题，从农村中小学校长面对的管理治校问题切入，通过搜集材料、调查研究、分析判断、归纳总结等步骤对问题进行梳理，达到提高提出问题、分析问题、解决问题的能力的目的。

三是自主性。校本培训体现以学校为主。学校依据法律法规以及教育部门关于中小学校长继续教育的规定，结合学校实际情况，自主确定培训的目标、内容、方法、途径。[②]

四是参与性。农村中小学校长是校本培训的主体，“是有自我发展动力的专业人员，他们有能力确定自己的需求，能够通过学校的政策组织、事实最佳的发展项目以满

---

① 黄甫全：《课程与教学论》，356~365页，北京，高等教育出版社，2002。

② 熊焰：《校本培训：教师专业发展》，43页，广州，广东高等教育出版社，2006。

足这种需求”[①]。一切从农村中小学校长已有的知识结构与经验出发，让农村中小学校长参与学习计划的制订并设计他们的学习机会，充分尊重农村中小学校长的个人学习权利有利于形成农村中小学校长学习的主体意识。尊重农村中小学校长的情感和首创精神，让他们相互分享学习与管理经验。

五是灵活性。学校不同，农村中小学校长的兴趣、经验、知识结构、发展阶段也不同，校本培训的内容要与学校的发展相适应。同时，农村中小学校长个体的需要通常和他们的实际教育教学目标直接相联系，区域教育部门应该通过对话倾听农村中小学校长的心声，要尊重农村中小学校长在学习上的差异与发展阶段的差异。根据农村中小学校长的发展阶段与发展要求，将农村中小学校长在办学治校中所遇到的问题，设置为校本培训内容，做到常研常新。[②]（见图2-8）

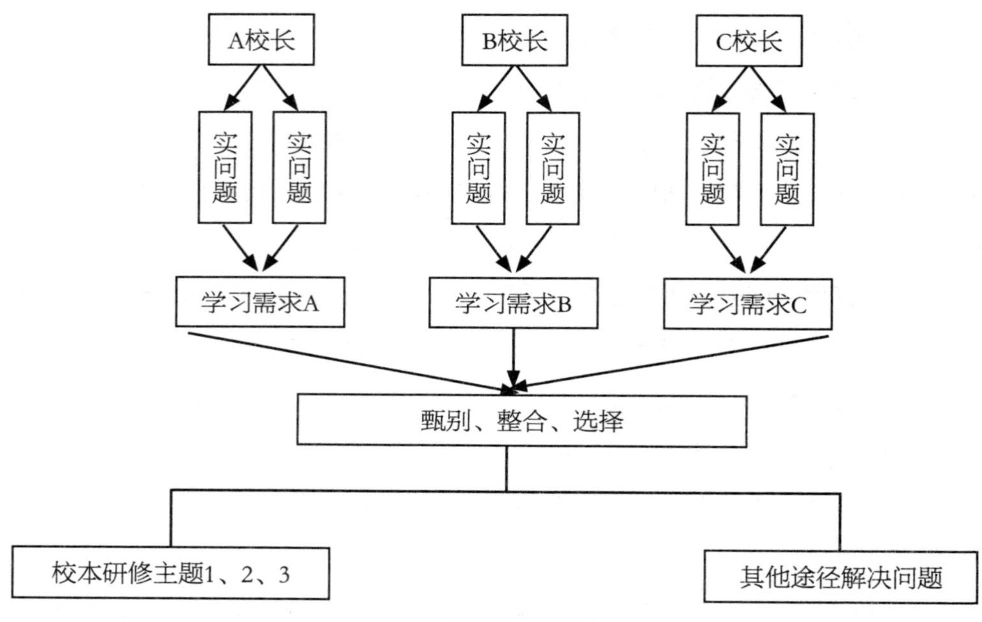

图2-8　农村中小学校长校本研修的活动内容及流程[③]

---

① [美]罗纳德 · W.瑞布：《教育人力资源管理——一种管理的趋向》，第6版，161页，褚宏启等译，重庆，重庆大学出版社，2003。

② 毕田增、赵敬春：《走进校本学习与培训》，33页，北京，开明出版社，2003。

③ 陈大伟：《有效研修》，23页，大连，辽宁大学出版社，2006。

（三）发展性农村中小学校长评价

学者翟天山认为："所谓评价是指概括地估计事物或人的价值与成就，具有评定价值高低的意思。"[④]陈玉琨教授认为："教育评价是对教育活动满足社会个体需要的程度做出判断的活动，是对教育活动（已经取得的）或潜在的（还没有取得，但有可能取得）价值进行判断，以期达到教育价值增值的过程。"[⑤]要促进农村中小学校长专业发展，需要有系统科学的评价方法。现实中，部分各级政府及其教育行政部门把分数作为评价学校和农村中小学校长的唯一标准，让农村中小学校长普遍感觉紧张、焦虑。发展性评价最先在英国实施，后被各国所接受，下面主要讨论农村中小学校长发展性评价。

1.农村中小学校长发展性评价的含义

所谓发展性评价"是对教师工作现实的或潜在的价值做出判断的活动，目的是提高教育教学质量，促进教师发展"[⑥]。同样，农村中小学校长发展性评价是对农村中小学校长工作现实的或潜在的价值做出判断活动，评价种类分为规划性评价、形成性评价、过程性评价、总结性评价等，"是一种以促进农村中小学校长专业发展为目的的评价制度，是一种相对性、形成性评价制度"[⑦]。

2.农村中小学校长发展性评价的方法

（1）自评与群评相结合

在对农村中小学校长个体工作情况进行评价的同时，对以农村中小学校长为核心的领导班子团队及其教师团队进行评价。倡导学生、同事、家长、专家、社会、领导等各方参与评价。

（2）定性与定量相结合

依据评价内容采取定性与定量评价相结合的方式，对农村中小学校长进行科学的评价。

---

④ 翟天山：《教育评价学》，39页，北京，高等教育出版社，2003。

⑤ 陈玉琨：《教育评价学》，7页，北京，人民教育出版社，1999。

⑥ 陈玉琨：《教育评价学》，99页，北京，人民教育出版社，1999。

⑦ 教师教育指导全书课题组：《教师教育指导全书》，299页，北京，人民日报出版社，2004。

（3）过程与结果性相结合

着眼于农村中小学校长学习活动的过程，使用“经验、体验、情境、理解、应用”等术语表述其学习活动的过程。

3.农村中小学校长发展性评价的过程

农村中小学校长专业发展是一个循环的过程，农村中小学校长专业发展通过评估不断整改提高，然后产生新的发展计划。农村中小学校长发展性评价的过程一般包括七个步骤（见图2-9），这七个步骤侧重于农村中小学校长专业发展的最终目的，正如罗纳德·W.瑞布所说：“评价过程与技术有助于专业发展，并促进学区达成其目标。”[①]

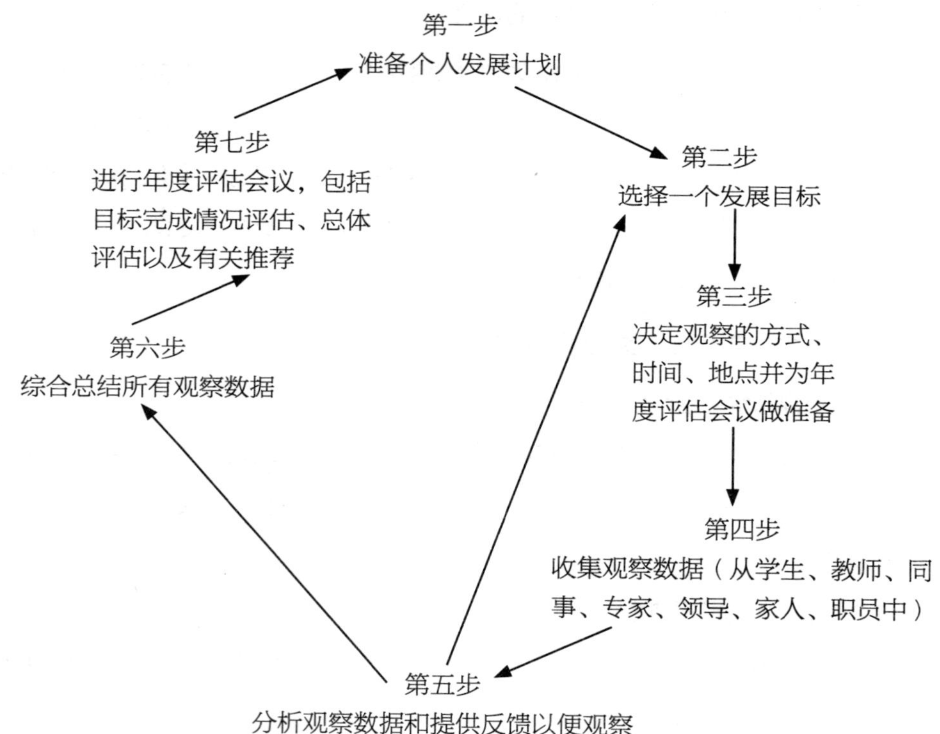

图2-9　农村中小学校长发展性评价的过程[②]

---

① [美]罗纳德·W.瑞布：《教育人力资源管理——一种管理的趋向》，第6版，8页，褚宏启等译，重庆，重庆大学出版社，2003。

② [美]杰拉尔德·C.厄本恩，拉里·W.休斯，辛西娅·J.诺里斯：《校长论：有效学校的创新型领导》，第4版，175页，黄崴等译，重庆，重庆大学出版社，2004。

4.农村中小学校长发展性评价结果的使用

农村中小学校长发展性评价是长期、连续、复杂、系统的工程，目的是促进校长个人的发展，帮助农村中小学校长改变自己，提升素质。评价结果与奖惩制度脱离。

农村中小学校长发展性评价重在帮助农村中小学校长诊断不足之处，并帮助其制定切实可行的个人发展目标，为组织提供帮助支持其发展的信息，改善农村中小学校长的工作与学习状况。农村中小学校长发展性评价的结果报告并不意味着评价的结束，还要进行几次跟踪会谈，讨论下一步的专业发展、培训以及支持计划。

5.农村中小学校长发展性评价中的校长角色

（1）高参与

让农村中小学校长有机会计划和设计农村中小学校长发展性评价的准则。

（2）高标准

教育行政部门对于农村中小学校长发展性评价必须具有高期望值、高标杆设计，提前布置宣传让农村中小学校长知晓，要为努力实现期望进行过程监督。这样，最终结果即使没有达到最高标准，也会超过预期。这也就是“取乎其上，得乎其中；取乎其中，得乎其下；取乎其下，则无所得矣”。

（3）高表扬

在向高标准的农村中小学校长评价目标前进时，对以每一个成功都要进行表扬、强化。

（4）高宣传

对于农村中小学校长取得的进步，应及时有效的组织庆功表彰宣传会议。教育行政部门可以充分利用工作中的每一个策略，引导社会关注农村中小学校长专业发展的业绩与成就。

第四节 农村中小学校长专业发展支持服务体系建设的学习理论基础

爱因斯坦曾说："你能不能观察到眼前的现象取决于你运用什么样的理论，理论决定着你到底能够观察到什么。"[①]农村中小学校长的学习过程，就是农村中小学校长的发展过程。王策三教授认为："学习活动的目的是掌握人类积累的知识经验，并将这些知识经验转化为个人的知识结构。"[②]农村中小学校长专业发展支持服务体系建设的学习理论基础不仅是一个培训理论的问题，更是一个培训实践的问题。

一 农村中小学校长学习需求的差异性

程介明认为："学习是人类认识世界的过程。"[③]虽然农村中小学校长的学习会有一种共同的需求，但是因为一个人的学科背景不同、经历不同、发展的阶段不同而会有不同的学习要求。学习因人而异，"柴也愚，参也鲁，师也辟"。农村中小学校长的学习是对外部世界赋予意义的过程，也是构建农村中小学校长知识体系的过程。不同的经历，农村中小学校长会有不同的学习，即使是同样的经历，不同的农村中小学校长也会有不同的学习。因此，要倡导启发式、探究式、讨论式、参与式、体验式、情境式混合培训方式，帮助农村中小学校长掌握终身学习方法。激发农村中小学校长的好奇心，营造独立思考、自由探索、勇于创新的多样化、个性化的学习文化环境。

二 群体性模仿是农村中小学校长学习的重要起步

"人类的学习，是群体性心理与精神活动模仿。"[④]模仿是农村中小学校长学习的

---

① 周春良：《卓越教师的个性特征与成长机制研究——基于163位特级教师的调查》，博士学位论文，华东师范大学，2014。

② 王策三，裴娣娜，丛立新：《教学认识论（修订本）》，25页，北京，北京师范大学出版社，2002。

③ 程介明，闫温乐：《PISA之后再谈教育改革——香港大学教育学院程介明教授专访》，载《外国中小学教育》，2014（11）。

④ Anita Woolfolk，*Educational Psychology*，Pearson Education Asia LTD And China Light Industry Press，2007。

重要起步，群体性学习是农村中小学校长最有效的方式，是文化的传递，因此，同伴的作用十分重要。采用课堂参与、小组研讨、案例教学、合作学习、模拟教学等方式方法，可以有效地激发农村中小学校长的群体性学习动机。

知识不是简单地从培训者传授给农村中小学校长，而是在农村中小学校长的头脑中主动建构的。维果茨基认为："教育不是在原有的水平上原地踏步，也不是远远高于个体现有的水平，而应稍稍高于原有的水平。"[①]农村中小学校长有两种发展水平：一是现有专业发展水平，二是可能达到的专业发展水平。这两种水平之间的差异，就是农村中小学校长的"最近发展区"。农村中小学校长的学习是在一定的历史、社会文化背景下进行的，社会环境可以为农村中小学校长的学习发展起到重要的支持和促进作用。

| 三 | "用中学"是农村中小学校长有意义的学习方式[②]

知识的构建，在于经历。农村中小学校长有意义的经历，带来农村中小学校长有意义的学习。农村中小学校长的学习是总体性的，是综合性的，学校环境、资源、制度、文化、活动都是学习的要素。科学的调研、分析性的农村中小学校长培训方案，更是提高培训效能的关键。

每个人都只能理解事物的某些方面，要使农村中小学校长看到那些与自己不同的理解，即在多边互动、求同存异过程中共同成长。政策制定者、理论工作者、科研人员、名校长、农村中小学校长共同组成的学习共同体建设尤为重要。

| 四 | 农村中小学校长培训是不断创设情境的过程

每个农村中小学校长都以自己的经验为基础来建构自己新的理解，建立自己的知识结构。因此，"知识不能像搬家一样，从培训者的头脑中搬到学习者头脑中"。农村中小学校长的学习过程并不是简单的"你教，我听，你做，我学"被动地接受过程。农村

---

① 刘金锭：《从维果茨基的"最近发展区"理论到学习者自我超越的实现》，载《学理论》，2010（29）。

② Drago-Severson，E.，*Helping Teachers Learn*：*Principal Leadership for Adult Growth and Development*，Thousand Oaks，CA，Corwin Press，2004。

中小学校长的教育思想、技能和知识是一个动态的生成过程，是在情境中发生的，带有明显的个人和情境特征。因此，农村中小学校长培训须在校长已有的经验、知识基础之上，创设经验、案例情境，并与农村中小学校长过去的经验情境相联系。

五｜农村中小学校长在构建学习型学校过程中的角色

加拿大著名学者迈克·富兰（Michael Fullan）说：“变革是普遍存在的和持续不懈的，它经常出现在我们面前。”①在工业经济时代，传统学校中的“学习”主要是学习者的事情，在知识经济时代，学习型学校中的“学习”不仅是学习者获得一些新的资讯，更是农村中小学校长教育思想、教育内容、教育方法、教育技术、教育评价的改变。正如保罗·克拉克所言，“学习型组织所指的学习不同于我们一般所理解的学习”②，它在内涵、主体、方式和内容上有突破性的发展。对于传统学校与学习型学校的根本性变革，保罗·克拉克进行了如下对比。（见表2-13）

通过对传统学校与学习型学校变化的对比分析，我们发现在构建学习型学校的过程中，农村校长的角色首先是“亲而誉之”、率先垂范，成为一个先学一步的先生；其次，规划学校的学习目标；再次，营造农村学校学习的内外环境；最后，提升个人领导力，分享个人权利与资源，创设农村学校发展的共同愿景。

表2-13　传统学校与学习型学校变化对比③ ④

	传统学校	学习型学校
学习方式	单一：学校为学生提供部分正式的课程，并规定在一定时间内学习这些课程	多元：人们可以在任何时间、任何地点，通过任何途径从广泛的资源中学习，学校只是学习途径之一

① [加拿大]迈克 · 富兰：《变革的力量——透视教育改革》，1页，中央教育科学研究所，加拿大多伦多国际学院译，北京，教育科学出版社，2000。

② [美]保罗 · 克拉克：《学习型学校与学习型系统》，10页，铁俊等译，北京，中国轻工业出版社，2004。

③ Paul Clark，*Learning Schools*，*Learning Systems*，London and New York，Contin-uum，2000.

④ [美]保罗 · 克拉克：《学习型学校与学习型系统》，10页，铁俊等译，北京，中国轻工业出版社，2004。

（续表）

	传统学校	学习型学校
教学方式	个人为中心：农村中小学校长掌控知识，学生必须适应农村中小学校长的教学	学生为中心：农村中小学校长是要满足学生的需要，教会学生学习
学习环境	封闭：学校是学生学习的场所，学生在农村中小学校长的教导下充分开发自己的潜能	开放：学校是一个学习的社区，在这里每个人（学生、农村中小学校长、家长、管理者）既是学习者，又是农村中小学校长，一切依具体情境而定
学习内容	局部强制性：学习的内容按照一定的顺序与逻辑结构编排，每个人学习相近的内容，差异较小	可选择性：根据个人的能力与兴趣选择学习内容，每个人所学内容相差较大
学校功能	单一：学校的功能、作用以及形式与最初形成时相差不大	多样化：学校的功能、作用以及形式发生了重大的变化
学校关系	单边：学校与社区、家长互动较少	多边：学校与社区、家长互动较少，社会各界主动地参与学校的发展
培养目标	工具性：以升学和就业为主要价值取向来衡量学校是否成功	可持续性：以所有学生获得在快速变化的社会与环境中工作与适应的能力是衡量学校是否成功的标志
教育机构	计划：正式的教育机构被保护在市场机制之外	市场：正式的教育机构受市场机制、民主方式的影响

丨六丨农村中小学校长的学习是一项系统工程

诺里斯（Knowles）提出："成年人学习提出了最优化理论。"[①]根据诺里斯的思想，农村中小学校长的学习是一项系统工程：一是需要农村中小学校长参与设计他们的学习；二是农村中小学校长的学习必须建立在其已有的经验、知识基础之上；三是农村中小学校长的学习以问题为中心而不是以内容为中心；四是农村中小学校长的学习需要有一些优秀案例，过去的学习经验能和实验性学习情境相联系；五是农村中小学校长的学习有一定的功利性，需要与个人职称、考核、晋升等利益挂钩。

① [美]杰拉尔德·C.厄本恩，拉里·W.休斯，辛西娅·J.诺里斯：《校长论：有效学校的创新型领导》，第4版，166页，黄崴等译，重庆，重庆大学出版社，2004。

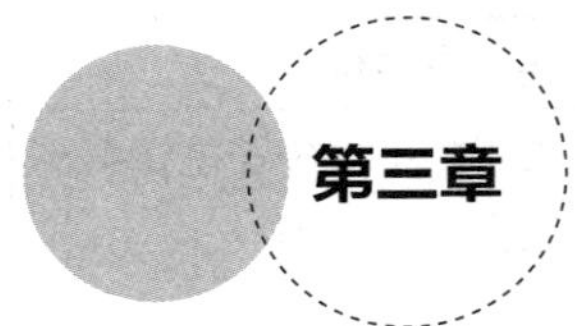

第三章 农村中小学校长专业发展支持服务体系建设的比较研究

著名比较教育家康德尔有言：“外国教育制度的研究，意味着对自己教育思想的一次检讨和挑战，因而也是对本国教育制度的背景和基础的一次比较清楚的分析。”[①]从这一角度出发，美国、英国、日本三个发达国家把帮助、支持、促进中小学校长专业发展放在非常重要的战略地位，创造了很多支持中小学校长专业发展的典型做法与经验。我国农村中小学校长专业发展支持服务体系建设的发展与完善，也需要在国际视野中吸取经验和教训。但由于每一个国家历史文化、发展阶段不同，很难照搬照抄，把别国的经验做法的思想方法融入本国的模式更为重要。本章将对三个发达国家在中小学校长专业发展支持服务体系建设方面的典型做法及其可以借鉴的经验进行论述。

第一节　美国中小学校长专业发展支持服务体系建设

美国的教育制度属于分权制，校长任用属于聘用制，故各州独立建设自己的中小学校长专业发展支持服务体系。在美国，中小学校长专业发展并不是“绝缘体”，这从美国中小学校长专业发展所经历的曲折与取得的成就中不难发现。美国中小学校长能够得到不断培养提升，依托于政府、社会、高等教育机构、学校和社会舆论导向等所提供的帮助支持。

一　中小学校的基本情况

美国国家教育统计中心（National Center for Education Statistics）于2012年5月1日

① 李涛：《试析美国成人教育的分权制管理》，硕士学位论文，四川师范大学，2007。

公布了一份全国公立中小学数量与形态统计报告：2010—2011学年度全美共有98 817所公立中小学校，在这学年度中，有1 929所学校关闭及新设1 665所学校。在总学校数（98 817所）中，88 929所学校是实施一般课程与教学的中小学，2 206所学校是提供特殊教育需求服务的学校，1 485所学校为职业导向学校，6 197所学校为另类教育（alternative education）学校。

依据城乡地区来分，2010—2011学年度超过29 219所学校位于农村地区，22 522所学校位于城市地区，24 476所学校位于郊区，11 856所学校位于城镇地区。依入学比例分析，有34.00%的学生进入近郊区学校就读，占比最多，其次是都会地区，为29.00%，农村地区为25.00%，城镇地区为12.00%。这种分布情形与2009—2010学年度相当。

20世纪90年代以来，美国各州相继实行中小学校长资格制度。但大部分州把具有硕士或硕士以上学位、必备的教育教学经验和参加专业培训视为中小学校长任职资格的基本条件。

2015年，美国的公立学校拥有300万位全职教师，教师的平均年薪是47 602美元，比2014年增长了2.20%。教师工资的增长也没能赶上工人工资的增长速度。2014—2015年，第一年从教的教师一共有227 000位，平均工资为31 753美元。[①]

｜二｜中小学校长专业发展的管理体制

（一）联邦政府中小学校长专业发展的行政管理机构及其责任

美国从建国开始就是典型的地方分权制国家，把教育事业看成地方的公共事业，教育权归地方所有，教育法规、政策、经费、课程、教学方法、教科书等主要由地方决定，“自18世纪末19世纪初国家教育权确立以来，教育管理便一直是在法律的指引、监控下进行的”[②]。美国的中小学校长管理制度也与之相适应，教育管理权主要属于地方，管理中小学校长的权力与责任主要在地方政府。其法律依据是1791年通过的《宪法第十修正案》，该法案规定：“如果宪法既没有授权给联邦也没有禁止各州行使此项权

① 王静、洪明：《美国中小学教师工资的当前状况——美国教师联合会（AFT）2007年教师工资调查报告简介》，载《外国中小学教育》，2007（10）。

② 王柱国：《美国教育管理的法律基础》，载《中国社会科学院研究生院学报》，2004（04）。

力，那么权力将由各州或人民自己保留。”[①]（史称保留条款）这个规定不仅确立了以州为主体的地方分权制，同时也确立了州和联邦之间的关系。

美国建国时联邦政府也没有成立独立的教育行政机构。直到1867年3月2日美国才正式成立联邦教育部，其职权很小，仅限于为地方教育提供服务以及收集全国教育资料，传播教育思想等，成立不到一年，就被降级为教育署。1979年9月，美国国会在通过《教育部组织法》（Department of Education Organization Act）时，特别强调教育部的设立不增加联邦政府对教育的管理权限，“有关教育的权限和任务，继续由州和地方学区所设置的机构承担”[②]。同年10月17日，由卡特总统签署生效，正式成立内阁一级的联邦教育部。新建的教育部比原来的教育署的权力有所增加，负责统一处理联邦教育政策和经费，其宗旨为“通过联邦资助的研究、评价，交流情报，提高教育质量和用途”[③]。新成立的教育部对中小学校长专业发展采取不干涉的政策，主要靠法律和拨款的手段推动在职中小学校长专业发展。

直到1967年，《教育专业发展法》的通过使联邦政府对中小学校长专业发展的干预达到了一定的高度，《教育专业发展法》为中小学校长质量的改善提供了法律依据。社会与教育团体期望《教育专业发展法》恢复联邦政府一项新的使命——支持中小学校长专业发展。《教育专业发展法》实施后，联邦教育部设立教育研究与发展办公室（Office of Educational Research and Improvement）主要职能是：“负责向全国的高等学校、教育研究机构、全国各地的教育研究中心以及教育图书馆系统等提供资助和项目经费，鼓励它们开展教育研究并将所研究的成果提供给教育工作者和教育机构，从而改善学校的教学。”[④]

各州教育委员均设“在职教育科”，各个学区教育委员会又设“教育人员发展科”，在不同层次上负责在职中小学校长、教师专业发展工作。

综上所述，我们对美国的中小学校长行政管理体制不能进行直线式理解，联邦政府

① [美]罗纳德·W.瑞布：《教育人力资源管理——一种管理的趋向》，第6版，2页，褚宏启等译，重庆，重庆大学出版社，2003。

② Campbell etc.，*The Organization and Control of American Schools*，Columbus，Ohio，Charles E.Merrill Publishing Co.，1990，p.49.

③ 谢建罗：《美国中小学教师继续教育制度研究》，硕士学位论文，四川师范大学，2006。

④ 秦炜炜：《大学教学支持服务体系发展研究》，博士学位论文，南京大学，2011。

对中小学校长专业发展没有直接管理权，但对全国的中小学校长专业发展有着影响力。

分权制管理并不代表联邦政府不重视教育。事实上，分权制管理只是让联邦参与成为州和地方教育管理的有效补充，而非替代；让联邦以宏观调控的方式参与教育管理，而非直接管理教育事业。

（二）州政府中小学校长专业发展的行政管理机构及其责任

州教育行政管理处于美国教育行政管理的中枢位置。美国宪法规定，州教育行政与联邦教育行政之间不存在彼此隶属关系。近几年来，虽然联邦政府通过立法和拨款加强了对州教育的影响，但各州依然继续掌握着本州的教育行政管理主权。州教育行政机构由州教育委员会和州教育局组成，前者是决策机构，后者是执行机构。各州对中小学校长专业发展的管理职能主要限于中小学校长资格认定和培养。

美国还建立了各级专门管理机构，规划和领导全国的中小学校长专业发展事业。联邦教育部设立“教育研究与改进司”，州教育委员会均设立“在职教育科”，各个学区教育委员会又设立“教育人员发展科”，在不同层次上负责中小学校长专业发展工作。（见图3-1）

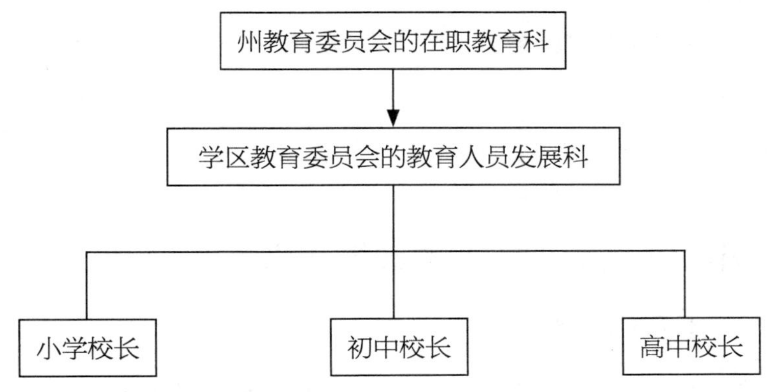

图3-1　美国州政府中小学校长专业发展管理模式[①]

（三）学区中小学校长专业发展的管理机构及其责任

地方中小学校长专业发展的管理是美国教育行政的基层部分，它主要通过划分学区

---

① 卢晓中：《比较教育学》，3页，北京，人民教育出版社，2005。

来实现，学区设置各州不一。学区董事会具体管理学区的教育和中小学校长专业发展，学区董事会成员由地方社区的公民选举产生，他们负责制定领导和管理当地学校以及本学区中小学校长专业发展的政策。

（四）非官方中小学校长专业发展的管理机构及其责任

社会参与管理是美国教育分权制管理中的一大特色，具有联邦、州、地方三级官方教育管理不可替代的作用。非官方组织对中小学校长专业发展的协调管理已经成为政府对中小学校长专业发展和机构自我管理的重要依据和参考。根据非官方组织的性质和它们对中小学校长施加影响的方式，可将其分为教育内部机构和教育外部机构。

教育内部机构包括美国数目众多的各种教育协会、评估机构、专业学会以及中小学校长专业发展委员会。所有的教育协会都构建起“地方—地区—全国”的体系，“以共生的（symbiotic）而非强制的（coercive）方式，通过召开年会、发行专业刊物、搜集和交换专业资料信息、赞助成人教育研究、出版有关专著、培训师资、监督和认可资格规范、争取自己的权益和各界支持、影响有关成人教育的立法等方式，不断地参与到成人教育管理中”[①]。

教育外部机构主要是政治集团或财团（如卡内基基金会、福特基金会和洛克菲勒基金会等）采用资助的方式实现对政府决策和学校发展的影响。其资助范围主要有：课程改革、教育资料、调查报告、政策建议等。通过资助，它们对全国性的教育思潮、方针政策、教育发展方向等产生影响。

三　中小学校长专业发展的政策法律

（一）《毛利法案》

1862年美国联邦政府颁布《毛利法案》，以联邦向各州提供联邦土地的形式资助各州发展农业和工艺教育，法案要求在职中小学校长参加培训和进修学习，这是美国政府首次将中小学校长培养、培训列入法律。

---

① Knowles，M.S.，*The Adult Education Movement in the United States*，Malabar，FL：Krieger，1977，pp.109-210.

（二）《国防教育法》

1958年的《国防教育法》规定1959—1962年每年拨款8.16亿美元用来改进学校的数学、科学教学，提高中小学校长的水平，《国防教育法》长期保证了中小学校长专业发展的经费支持。

（三）《高等教育法》

1965年的《高等教育法》特别规定各个地方要采取措施，加强中小学校长的在职进修。

（四）《教育专业发展法》

1967年的《教育专业发展法》要求各州实施中小学校长上岗许可证，这“为各个领域和各个层次的中小学校长、教师质量的改善提供了法律基础，《教育专业发展法》关注的焦点是专业人员，而不是课程专家……”[①]《教育专业发展法》对中小学校长专业发展起到了很强的推动作用。

（五）《1972年美国教育白皮书》

《1972年美国教育白皮书》规定新任中小学校长可有1/5的时间进修，正式中小学校长、教师可每隔7年轮流脱产进修一次，为中小学校长进修权利的行使提供了法律上的保障。1976年10月，美国总统福特批准了在全国设置中小学教师、校长中心的计划，“这种中心设在学校附近，中心内设有讨论室、研究室、教材组、专业图书馆，在这里学习新教材、新教法，练习应用现代化教学手段，中小学校长、教师在职培养、培训蓬勃发展起来”[②]。

（六）《中小学教育法》与《美国2000战略》

美国1965年颁布的《中小学教育法》和政府发表的《美国2000战略》加进了联邦政府支持和资助中小学校长专业发展改革的内容。《中小学教育法》提出：“向大学和其

---

① W.A.Jekins，*Changing Patterns in Teacher Education*，Chicago，University of Chicago Press，1977，pp.276-277.

② 杨荣昌：《教师继续教育课程体系研究》，博士学位论文，华东师范大学，2006。

他私人的研究机构，在教育研究和培训领域提供资金援助。”[①]《美国2000战略》要求建立州长负责的“学校领导学院”和“教师学院”。前者培训每个州的学校校长和其他领导人，以使他们对学校更负责，把学校办得更好，后者培训五门核心学科的教师，提高教师素质，以使他们及早帮助他们的学生达到新的世界标准，并通过全美成绩测验。总统还要求国会为各州和地区拨款制定教师和校长遴选证书制度，建立这种证书制度，有助于有兴趣做教师和学校领导的人克服这种障碍，顺利进入教师和学校领导行列。此外，联邦政府还将设立优秀教育总统奖金，用以表彰和鼓励在五门核心学科的教学方面做出优异成就的教师，并实行不同的教师薪金制度。克林顿在1997年的国情咨文中，将中小学校长素质提升到事关“美国前途和未来”的高度，将促进中小学校长专业化列为美国十大教育发展目标之一。[②]

（七）《不让一个孩子掉队法案》

布什政府于2002年1月正式签署的《不让一个孩子掉队法案》，是在秉承“兼顾公平与效率”的基本原则下，解决不同儿童学业差距问题的主要政策措施。该法案提出政府培养、培训和招聘中小学教师、校长方案的基本理念是：出色的中小学教师、校长是提高学生成绩的关键，让每一位学校里的中小学教师、校长都是优秀的，并研究制定不同层级政府“高质量教师”的政策职责。该法案要求，教育部应加强中小学教师、校长培训，为此联邦教育部设立中小学教师、校长培训项目，启动大量经费。

（八）《美国复兴与再投资法》和《改革蓝图：中小学教育法再授权》

2009年，金融风暴席卷全球，美国经济受到严重的冲击。2009年11月，奥巴马当选美国第44任总统，面临中青年失业率上升、众多企业濒临倒闭、基础教育质量下滑等棘手的问题，奥巴马开始采取多项变革措施来应对金融危机，其中，基础教育变革被视为振兴美国经济的核心国策之一。奥巴马认为，实现更平等、更公平和更公正社会的关键是打造世界一流教育，每一名美国儿童都应该接受世界一流教育。美国必须改革学校，提高学生成绩，缩小成绩差距，帮助儿童成功……从学生进入学校那一刻起，他们

---

① *U.S.Congress.the Elementary and Secondary Education Act of 1965*，Washington，D.C.: House Report Number HR-2362，1965，p.18.

② 教育部师范教育司：《教师专业化理论与实践（修订版）》，85页，北京，人民教育出版社，2003。

的成功，最重要的因素不是他们的肤色或父母的收入，而是站在他们教室前面的教师的素质。

美国2009年颁布《美国复兴与再投资法》，2010年颁布《改革蓝图：中小学教育法再授权》，并对布什政府2002年颁布的《不让一个孩子掉队法案》进行了修订。主要的改革目标是“提高校长和教师的工作绩效，确保优秀的校长和教师能够分布于每一所学校和每一间教室。主要措施是建立新的教育评估指标体系，一方面能够更加精确地评估学生的学业成绩和发展状况，以此了解学生是否掌握了未来发展所具备的知识与技能；另一方面能够更好地测评州、学区、学校、校长和教师是如何教育学生的，帮助教师改进教学，统计出来的评估数据信息也能供家长和学生清楚地了解学生的水平。为此，各州政府要制定新的校长和教师评估标准，并在此基础之上建立相应的校长和教师评估指标体系。此外，校长和教师的评估标准主要依据学生学业成就的进步幅度、课堂行为表现等指标来确定，进而确保各州之间高效校长、高效教师与高效学生的共同发展”①。

奥巴马认为，要想取得教育改革和创新的成功，关键在于教师；美国青少年素质的高低，以及美国未来的发展状况也取决于教师。主要支持机制是：联邦政府专门设立50亿美元的专项奖励资金和创新基金，吸引优秀人才，将其融入中小学校长、教师队伍，留住现任优秀中小学校长、教师，保证中小学办学质量的稳步提升。奥巴马在2013年度财政预算中继续加大教育投入，尤其是对STEM教育的投入。[注：STEM为科学（Science）、技术（Technology）、工程（Engineering）、数学（Mathematics）英文首字母的缩写。] 他承诺，“为了让学生毕业后能够掌握胜任未来工作所需的知识与技能，在未来的10年内我们要培养10万名科学教师和数学教师”②。以上举措对于吸引优秀人才加入中小学校长、教师队伍，培养能够引领未来社会发展的优秀人才起到了一定的作用。

｜四｜中小学校长的素质要求

1994年美国教育管理政策委员会（NPBEA），在综合各方面研究的基础上，形成了“有效的学校领导的四大领域”“21项知识技能组合领域”作为中小学校长必须具备的专业知识与技能。1994年美国中学校长协会（NASSP）和美国小学校长协会（NAESP）

① 杨志明，孙河川：《奥巴马政府对美国基础教育的改革》，世界教育信息，2015（18）。

② 杨志明，孙河川：《奥巴马政府对美国基础教育的改革》，世界教育信息，2015（18）。

强调培养校长具有适应21世纪领导学校的能力，拟订出中小学校长应该具有的技能，成为全国中小学校长协会评价中心挑选校长的指标。马萨诸塞州教育董事会通过的“有效行政领导”评价，引领校长具备应有的专业水平。（见表3-1）

表3-1　美国中小学校长领导素质一览表[①]

1994年全国教育管理政策委员会	全国中学校长协会	全国小学校长协会	马萨诸塞州教育董事会通过的“有效行政领导”
①功能领域：学校为完成任务所需的组织过程与技能，包括领导、资料收集、问题分析、组织监督、判断、实施、授权。 ②教育方案领域：指整体教育计划的范围与框架，以技术为核心，包括教学、学生指导和发展、课程设计、员工发展、测验与评价、资源分配和管理。 ③人际关系领域：强调学校人际关系的重要性，强调其在满足个人目标与专业目标及完成组织目标之间的重要影响力，包括激励他人、人际感受性、口头交流、书面交流。 ④教育脉络领域：指影响学校运作的各种思潮力量，如伦理、政治、文化、经济等，包括哲学和文化价值观、法律政策和政治运用策略、公共关系、技术、个人发展等21个方面	①建立团队与下放责任。 ②发动和管理变革。 ③为学生设计有效的学习环境。 ④敢于冒险和行动。 ⑤激励学生与教师达到高期望。 ⑥利用技术手段来协助教导学生与管理学校。 ⑦尊重不同文化背景下的学生与教师。 ⑧评估计划并为学生未来的学习承担责任。 ⑨处理危急事件的能力等	①领导行为向度：良好人际关系，鼓励员工提升工作热忱等。 ②沟通技巧向度：有效表达与说服他人。 ③团体历程向度：带动团体动力技能与善用冲突解决问题等。 ④课程向度：领导课程实验与研究、控制管理课程实施流程等。 ⑤教学向度：熟悉教学与学习原理、教材教法与教学评价等。 ⑥绩效向度：对学校发展、学生等设定较高的工作期望等。 ⑦评价向度：利用多元评价进行学校与教学成效的了解等。 ⑧组织向度：应用时间管理及有效策划工作等。 ⑨经费预算向度：了解预算程序、编列及有效应用预算资源等。 ⑩政治向度：了解中央与地方政治环境并结合社区资源等	①有效教学领导：能与同事创造符合学生需求的学习环境。 ②有效组织领导：能创造自我革新且有利学生高度学业表现的组织环境。 ③有效行政管理：依据法律及伦理指导原则，实现教育目的与增进学生学习。 ④促进均等与欣赏多样性：能尽力维护学生的教育机会均等以及多样化的价值观。 ⑤与社区维持有效的关系：与社区产生良好互动，以传达学生的需求。 ⑥专业责任的实施：能表现出专业行为以协助学生满足需求

① 杨启光：《美国中小学校长领导素质的研究分析》，载《无锡教育学院学报》，2005（01）。

张佳伟的研究表明："美国在实践中，完全按照专业技能发展取向制定校长专业发展标准的做法并不多见。在现有文献中只有美国俄亥俄州是按照这个取向制定的。俄亥俄州首先按照专业要素将校长专业标准分为五项，在每项标准之下，又有不同的子标准。同时，按照校长的专业发展程度（划分为胜任、娴熟、优秀三种程度）对校长们在不同标准上的指标进行了说明。"[①]俄亥俄州校长专业标准共有五大项。（见表3-2）

表3-2　俄亥俄州校长专业发展标准举例[②]

<table>
<tr><th rowspan="2">专业标准（举例）</th><th rowspan="2">子标准一</th><th colspan="3">校长专业程度</th></tr>
<tr><th>胜任</th><th>娴熟</th><th>优秀</th></tr>
<tr><td rowspan="4">持续改进：校长帮助学校建立共同愿景和办学目标，并为实现这些目标做出持续的努力</td><td rowspan="4">校长促使在学校中建立以及实现一个学校持续改进的共同愿景</td><td>校长能识别利益相关者，并让利益相关者参与学校共同愿景的形成过程</td><td>校长使用多种方式与他人合作发展和交流共同愿景</td><td rowspan="4">校长设计了一个合作、系统的方式来搜集和分析与实现愿景相关的学校进步的数据</td></tr>
<tr><td>校长将愿景聚焦于所有学生高水平的学习</td><td>校长会监控理念、行为以及实践与学校愿景的一致程度</td></tr>
<tr><td>校长为了共同愿景的达成实施策略</td><td>校长会合作地保持共同愿景一直成为利益相关者关注的重点</td></tr>
<tr><td>校长面对各种困难和障碍仍然能关注这一共同愿景</td><td>校长会基于数据挑战现存的结构，使结构与共同愿景保持一致</td></tr>
</table>

为提高中小学校长的专业水平和领导力，创办于1921年的美国中小学校长联盟（National Association of Elementary School Principals）2009年颁布了优秀校长的六条评价标准："一是优秀校长应为自我专业发展设定较高的期望值。二是优秀校长应指导和帮助本校教师解决工作中遇到的困难。三是优秀校长应在学校的教学工作中起到积极的领导作用。四是优秀校长在学校管理工作中应遵循正确的行为准则。五是优秀校长应善于调动行政人员和一线教师的工作积极性。六是优秀校长要为教师创设团结和谐、良性互

① 张佳伟：《中小学校长专业发展阶段的理论进展与批判性分析——与国际间校长专业发展标准的制定取向相结合》，载《外国中小学教育》，2015（11）。

② 张佳伟：《中小学校长专业发展阶段的理论进展与批判性分析——与国际间校长专业发展标准的制定取向相结合》，载《外国中小学教育》，2015（11）。

动的学习氛围。”[①]其旨在通过提高中小学校长的专业水平和管理能力，示范带动中小学校长的专业发展，从而提高教育质量。制度除了有查补找漏、供给补养的作用外，还具有专业精神引领和推动创新功能。美国的六条优秀校长评价标准为我国发展性、引领性农村中小学校长专业发展制度建设提供了参考。

五 中小学校长任用制度

美国20世纪初开始实施校长资格证书制度，在美国参加职前培训是中小学校长的义务，美国各地教育立法规定中小学校长接受培训是任职资格的必备条件。比如，美国加利福尼亚州立法第44 681条款规定：“提供经费，实施校长培训的三年计划，以改善公立学校的环境，对学校和学生的进步和形成新观念、新思想提供强有力的领导和支持，从而提高学校管理的有效性。”[②]校长任职资格：“一是美国要求校长具备资格，持有校长资格证书，并有一定的教学经历，中学校长一般有5年以上教龄。二是美国特别强调校长的高学历，一般要求小学校长具有学士、硕士学位，中学校长要取得硕士、博士学位。三是美国对校长候选人的行政经历比较看重，有行政经历者，往往会得到优先录用。四是美国法律规定，中小学校长在取得校长资格的基础上，必须修满校长资格培训课程，取得校长资格证书。美国有的州还规定，校长不仅上岗前要接受培训，任职5年后，还要继续参加培训，以掌握新的知识和技术。”[③]

美国一般采用聘任制来任用校长，主要做法是：“一是面向社会招聘校长。二是校管会建立选拔校长的专家小组。三是地方教育委员会派人参与工作。四是选拔小组评审应聘人选。五是校管会根据选拔小组提交的考核材料进行讨论，最后做出决定。”[④]

六 中小学校长培训制度

（一）中小学校长进修、培训的经费成本分担制度

美国的中小学校长培训费用通常由联邦政府、州政府、学区、学校和中小学校长共

① 周玉龙：《美国中小学校长联盟认定优秀校长的六条标准》，载《北京教育（普教）》，2010（06）。

② 吕蕾：《中外中小学校长培训权利政策比较研究》，载《中小学教师培训》，2011（07）。

③ 吕蕾：《中外中小学校长培训权利政策比较研究》，载《中小学教师培训》，2011（07）。

④ 吕蕾：《中外中小学校长培训权利政策比较研究》，载《中小学教师培训》，2011（07）。

同承担，有的地区由学校承担。康州、纽约、费城等有些州规定，在职进修的费用由州政府承担，这些规定，推动了中小学校长在职进修。此外，美国的政府部门和基金会还设有专门的奖励基金，进修者可以申请。

（二）中小学校长进修、培训、待遇捆绑制度

美国的中小学校长工资待遇通常是由校长的学历决定的，学历的授予与所得学分联系，而且很多州为了提高中小学校长的进修质量制定了政策：中小学校长可以通过进修、培训获得专业证书或者获取学分提高工资。现实中，只有保证完成教育研究生课程、取得教育硕士或者博士学位，中小学校长的资格证书才能升级并由此获取更大的工资报酬，这促使美国中小学校长更加愿意参加进修、培训。（见表3-3）

表3-3　美国中小学教师（校长）继续教育与工资类别与等级表（单位：美元）①

级别	第一类：学士学位工资	第二类：学士学位外加15小时的研究生学习工资	第三类：硕士学位外加2年工作经验工资	第四类：硕士学位，外加15小时的研究生学习工资	第五类：博士学位外加3年工作经验工资
1	26 125.00	26 125.00		27 250.00	
2	26 125.00	27 250.0		28 875.00	
3	27 250.00	28 375.00	28 937.50	30 500.00	
4	28 375.00	29 500.00	30 062.50	32 125.00	33 250.00
5	29 500.00	30 625.00	31 187.50	33 750.00	34 875.00
6	30 625.00	31 750.00	32 315.50	35 375.00	36 500.00
7	31 750.00	32 875.00	33 437.50	37 000.00	38 125.00
8	32 875.00	34 000.00	34 562.50	38 625.00	39 750.00
9	34 000.00	36 125.00	35 687.50	40 250.00	41 375.00
10	36 250.00	36 250.00	36 812.50	41 875.00	43 000.00
11		37 357.00	37 937.50	43 500.00	44 625.00
12			39 062.50	45 125.00	46 250.00
13				46 750.00	47 875.00

① [美]罗纳德·W.瑞布：《教育人力资源管理——一种管理的趋向》，第6版，229页，褚宏启等译，重庆，重庆大学出版社，2003。

（续表）

级别	第一类：学士学位工资	第二类：学士学位外加15小时的研究生学习工资	第三类：硕士学位外加2年工作经验工资	第四类：硕士学位，外加15小时的研究生学习工资	第五类：博士学位外加3年工作经验工资
14					50 000.00
15					51 625.00
16					53 250.00
17					54 875.00
18					56 500.00
19					58 125.00
20					59 750.00

此外，一些州和学区在为中小学校长的发展提供途径的同时，对不合格且不参与进修的中小学校长进行惩罚性的工资降级。例如，“在纽约罗切斯特学区，经评估业务不合格的中小学教师、校长必须到‘专业支持计划’项目中去接受‘治疗’，拒绝治疗的教师、校长将受到降工资的处分。因此，大多数中小学教师、校长都自愿参与治疗项目，并在其中提高自己的业务能力，形成一种促进专业发展的文化氛围，增强之间的合作与交流，这为教师、校长的专业发展创造了机会”①。

（三）中小学校长进修、培训的时间支持制度

美国联邦政府没有统一的规章制度规定中小学校长的学习时间，各个州都有一些相关的要求，一般采取以下方式。

第一，美国中小学校长每7年有1个“休假年”（带薪），近年来，美国学校还逐步实行每周有一次或每月有几次提前放学制度，以便中小学校长、教师利用这个时间来从事进修活动。

第二，中小学校长培训日：部分州和学区设立中小学校长培训日，培训日每月一次，但是各州的规定不尽相同，费城的中小学校长周末都到费城学区教育局、宾夕法尼亚大学或其他高等教育机构接受培训。培训日当天，全体学生放假，校长以学区为单位开展管理教学研究和教育理论学习。

① 刘捷：《专业化：挑战21世纪的教师》，176页，北京，教育科学出版社，2002。

第三，修学课程：有些州规定，中小学校长获得资格证书后，应该继续在大学正式注册修习教育课程。例如，佛蒙特州规定，全体中小学教师、校长7年中必须在高等教育机构选修两门课程，由学区代付学费，学校在工作时间和安排上给予照顾。①

第四，攻读教育硕士、博士学位制度：得到学区批准休假的中小学教师、校长（如工作7年后的带薪休假者）可以攻读教育硕士、博士学位，也可以攻读全日制学位研究生。教育硕士学位可攻读5年，教育博士学位可达9年。②

此外，还有以学分累积的进修计划、远距离教育计划，暑期学校、研习班等。

（四）中小学校长培训机构支持制度

美国政府、大学、社会专业组织或基金组织都可以承办中小学校长培训，中小学校长培训机构多元化，政府在培训机构资质标准方面也是开放的、灵活的，只要达到一定的资质标准都可以获得培训的资格。

1.设立专门机构

1991年美国前总统布什签发的《美国2000年：教育战略》中提出："建立州长负责的'学校领导学院'，以培养每个州的中学校长和其他领导人，使他们对学校更负责，把学校办得更好。一些州设立了校长培训的专门机构，即"学校领导者学院"培养校长。这是联邦政府以立法和政策的力量对校长培训机构的设置和管理进行的宏观调控，但在培训机构的运作和管理上，各州都有较大的自主权。除高等学校教育学院外，专业组织和基金组织也是组织中小学校长、教师培训的主要力量和机构。"③

2.制定机构认可标准

全国教师教育认可委员会（NCATE）在2003年公布的《教师教育机构认可标准》《教师教育培训机构、教育教学的管理和资源的评估标准》中，明确规定了被认证的教师教育机构（教育学院、教育系）应完成的任务。（见表3-4）

---

① 王承绪，顾明远：《比较教育学史》，244页，北京，人民教育出版社，1999。

② 陈永明：《国际师范教育改革比较教育》，6～7页，北京，人民教育出版社，1999。

③ 吕蕾：《中外中小学校长培训机构政策比较研究》，载《中小学教师培训》，2011（07）。

表3-4　美国NCATE在2003年公布的《教师教育机构认可标准》[①]

条件编号	条件内容
条件1	保证新教师独立和联合教学具备的必要的教育学方面和专业方面的知识和技能
条件2	保证所有新任学校教育管理人员和教学人员具备为学生学习创造适宜环境的知识和技能
条件3	实行多样化的评估办法，利用跟踪调查，并通过调查结果确定教师候选人员是否符合职业标准，是否具有胜任现有教学的能力
条件4	保证教师具有教授不同社会文化背景学生的能力
条件5	培养教师能够利用教学技术提高学生的学习效果
条件6	鼓励教育者、学习者和家庭之间的共同合作，并不断总结经验，保持持续发展
条件7	把教师的职业准备和专业发展看成一个连续体，教师的培养和提高从职前的培训阶段到接受指导的教学开始阶段，再到持续的职业发展培训阶段是一个连续的、发展的系统

美国的教师教育课程是依据国家层面以及州层面的教师专业标准或专业教学标准，由美国的教师教育机构（Teacher Education Units）自行制定并实施的。下面以资格教育鉴定委员会NCATE对教师教育机构办学的软、硬件条件评估为例进行说明。（见表3-5）

表3-5　NCATE对教师教育机构、教育教学的管理和资源的评估量表[②]

标准项目	不合格	合格	目标（优秀）
领导权威	学院缺乏设计、规划、实施相互关联的课程的能力；没有管理和协调专业计划的能力；不能鼓励大学教师和中小学教师共同参与课程设计、实施和评估；在教育界和大学、学院不能成为领导者	学院有设计规划实施相关课程计划的能力和权威；有管理和协调各专业计划的能力；教师有参与课程的设计、实施和评估的机会；学院有鼓励教师相互合作的机制和条件	在有效协调学院课程计划时，学院起领导作用；大学和中小学教师有机会参与教师教育课程的设计、实施、和评估；在教师培养的相关机构中，该学院被认为是“领头羊”；为其他学院的教师提供专业开发机会

① National Council for Accreditation of Teacher Education，*Professional Standards for the Accreditation of Schools，Colleges，and Departments of Education*，Washington，DC：NCATE，2001，p.3.

② 张华：《教师教育课程标准比较研究》，内部资料，2005-11-22。

（续表）

标准 项目	不合格	合格	目标（优秀）
预算	就本院而言，或者是与其他学院或其他大学的相同学院相比，预算不能满足教师培养和实习所需要的经费	学院能够获得与本校其他学院或其他大学相同学院近似的预算收入；预算能满足教师培养和实习所需要的经费	预算不仅能满足教师教学、研究所需，还能有助于将教师的服务扩大到学院以外；预算能够满足教师及学院相关合作伙伴产出高质量的工作绩效所需要的经费
人事	包括网络指导在内的教学工作量的安排不能保证教师进行有效的教学；教师工作量超过了12学时（本科生）和9学时（研究生）；实习指导教师的实习生数超过了18人；部分时间制教师和助教的工作不能确保课程的连贯和整合；教辅人员配备不足，不能确保教师培养和学院教师的正常工作；缺乏教师个人的专业进修机会和资源	工作量政策，包括教学量等的安排确保教师的有效工作；教师的最高工作量不超过12学时（本科生）和9学时（研究生）；实习指导教师的实习生数不超过18人；为确保课程和各项工作的顺利进行，要集中统筹全日制教师、部分时间制、实习指导教师和研究生助教的工作；学院配有足够数量的教辅人员；教师有足够的时间和资源用于专业开发	工作量安排不仅能确保教师从事教学与科研等方面的工作，还有助于教师参与社区、所在学校、地区，甚至国家层面的专业活动；对教师工作量有明确的政策规定和决策程序；所聘用的部分时间制教师和助教等要目的明确，切合学院的工作需要；实习指导教师应是学院中德高望重的教师；所提供的教师人事支持策略要有助于教师工作效率的提高和学生指导；所提供的教师专业开发有助于教师理论与实践能力的提高
设备	学院在校园、设备和信息技术设备上不能满足培养教师的基本要求	学院要拥有足够面积的校园、设备和信息设备等	学校的校园和合作学校能有效满足教师培养的需求；信息技术设备有助于教师和学生利用信息技术于自己的教与学中
资源	不能合理分配资源；缺乏资源用于绩效鉴定的开发和实施；缺乏充足的信息技术；缺乏必要的图书资源	学院能够合理分配资源于教师培养的各个环节；有充足的资源用于绩效鉴定的开发和实施；有充足的信息技术资源；用于必需的电子图书和非电子图书及相关的课程资源	为实施优秀的教师培养计划具有有效获取资源的能力；拥有充足资源用于绩效鉴定的开发和实施；为教师培养计划及社区服务等提供良好的信息资源；拥有充分的图书资源服务于院内外的教与学活动

3.培训课程突出选择性、实用性

美国由于实行教育分权制，国家层面以及各州对中小学校长培训课程一般不做明确统一要求，各学区开放、自主、选择，不像中国从上到下有着完整的培训体系。

中小学校长培训的课程侧重于校长领导能力，主要有国际视野、理性精神、公平意识、良好心理和创新精神。比如，美国高等学校教育学院校长培训课程有："行政管理学、督学基本原理、学校法律、人事管理、教育中劳资关系、教育变革过程、教育管理研究、组织理论和设计、学习和教学理论、校长学、计划和革新策略、电脑学、学校建筑等。"[①]美国加州大学领导者学院开设的培训课程有："校长如何办好学校、校长自我评估、校长集体的建设、教师与学生的关系、移民学生的教育、组织理论、学校发展的预测、学校组织文化、如何帮助抵触改革的领导者、校长语言技术等。"[②]

2002年美国颁布的《面向管理者的教育技术国家标准》（NETS-A）反映了国家对学校领导者关于信息化领导力的知识、技能和规划的要求。校长信息化领导力培养项目课程设置以NETS-A为蓝本，以保证课程设置中所包含的知识能够满足校长信息化领导力运用的广度和深度。（见表3-6）

表3-6　NETS-A管理者教育技术标准与学校信息化领导力培养项目课程[③]

<table>
<tr><th>2002年《面向管理者的教育技术国家标准》</th><th>2003年校长信息化领导力培养项目</th></tr>
<tr><td>领导力与愿景</td><td rowspan="2">校长领导力与新兴技术</td></tr>
<tr><td>学习与教学</td></tr>
<tr><td>生产力与专业实践</td><td rowspan="3">学习与传播技术</td></tr>
<tr><td>支持、管理和操作</td></tr>
<tr><td>评价与评估</td></tr>
<tr><td>社会、法律和道德问题</td><td>学校信息化领导者的政策与道德问题</td></tr>
</table>

4.培训模式倡导问题中心和案例载体

美国中小学校长的培训模式灵活多样，除集中培训外，参观考察、专题研究、问题

① 权京超：《中美两国中小学校长培训比较研究》，硕士学位论文，河北师范大学，2008。

② 权京超：《中美两国中小学校长培训比较研究》，硕士学位论文，河北师范大学，2008。

③ 王玥，赵慧臣：《美国校长信息化领导力培养项目的发展变革及其启示——以教育信息化领导力前沿研究中心为例》，载《电化教育研究》，2016（06）。

中心的培训日益普遍。但不可否认，美国中小学校长培训模式的主流深受19世纪末20世纪初美国兴起的实用主义教育思潮的影响。其将中小学校长培训的本质概括为“培训即生活、即生长，培训是经验的改组改造”；在目的上，认为是组织的资源、技术、活动保证校长专业发展；在培训关系上，主张以中小学校长为中心。

一是问题为中心模式。其基本思想是要求校长理解并运用有关知识解决实际管理问题。中小学校长具有高度实践性倾向，每天必须始终与纷繁复杂的问题相联系，因此该模式的信条是“问题即学习”。当今信息时代，科学技术日新月异，知识推陈出新的周期不断缩短。校长需在短暂的培训时间内获得工作实践所必需的综合知识以及运用综合知识解决实际问题的能力。中小学校长在培训中的四个参与：①参与培训需求调研、培训方案与教学计划的制订。②运用视觉、听觉、动觉等多种工具参与培训过程，体现中小学校长的学习主体性，培训者巧妙设计的轻松愉快的开放学习情境，使中小学校长围绕问题展开普遍联系，引导中小学校长思考，产生新的问题，寻求新的见解。③参与培训后的评价与反馈。及时传递培训效果，填写课程当天的培训反馈表，记录中小学校长对课程的评价和满意度，并反馈给培训者。④参与培训展示，参加过的中小学校长在培训后做一些分享，巩固所学知识，并将好的学习体会分享给更多的人。

操作流程一般可包括：观察、提出假设、界定问题、搜集数据、通过批判性思维评价前期的假设、形成合适的解决方法、论证解决方法的合理性。

二是案例载体模式。“基本思想是参照医学、建筑等行业的做法，利用案例记录纠正中小学校长实践案例，并应用在培训中。”[①]案例承载着参训中小学校长需要解决的一个或多个疑难问题，以及这些问题的解决策略。培训者要从参训中小学校长提供的现实案例中梳理出核心问题、重难点问题和急需解决的问题，并根据问题遴选加工出有问题、有策略、有启发性和层次性的案例。中小学校长以丰富的叙述形式，向人们展示了一些包含自己、教师和学生的典型行为、思想、感情在内的故事。案例教学可分为两种类型：一是用案例解释概念，引导中小学校长运用案例，经过自主合作探究，思维展示撞击，寻找知识形成的规律，发现基本概念并运用掌握的规律和概念去解决实际问题；二是用概念解释案例，即给出基本概念，启发中小学校长运用基本概念、基本原理、发

① 马海永：《美国“基于问题”的校长培训模式探究》，载《当代教育论坛（校长教育研究）》，2008（07）。

散思维解释案例，以理释例，以理证例，从而获得分析、解决问题的能力。

操作流程一般可包括：征集案例、展开自主学习、合作学习和探究学习，经验分享，问题研讨，实践反思和实践改进等。（见表3-7）

表3-7 案例载体记录表[①]

<table>
<tr><td>案例记录：
事件名称：　　　　　　　　　　发生日期：
引发事件：
问题特性：
行为目标：
可能的原因（学校层面）：
　　　　　（个人层面）：
其他信息：
已制定的解决方案：
方案制定日期：</td></tr>
<tr><td>主要事件：
日期事件：</td></tr>
<tr><td>结果（日期：　　　　　）：
进一步的意见：</td></tr>
</table>

| 七 | 中小学校长专业发展的组织支持

美国国家级中小学校长培训机构有：国际校长中心联合会、美国小学校长协会、美国中学校长协会、美国学校管理联合会、美国教育管理政策委员会等。宾州中小学校长培训机构有：宾州学校行政人员协会、社区学院教育学院、基金资助组织等。

中小学校长专业发展组织虽然建会之初各自的目标并不相同，但有一个共同的政治宗旨，就是提高中小学校长的专业发展能力，谋求中小学校长社会地位的改变。这些组织的诞生为中小学校长及其管理机构之间的协调提供了重要渠道，发挥了巨大的作用。其主要功能表现在："制定职业道德规范，强化专业伦理和服务精神；促进教育的革新和发展，指导学校的改革方案；促进会员的交流合作，为中小学校长提供新知识、

① Joseph Murphy，*Approaches to Administrative Training in Education*，Albany，State University of New York，1987，pp.71-72.

新研究成果的专业咨询，通过出版刊物，开展培训活动，改善教育教学，促进教学改革；代表中小学校长谋求权益，与学校、政府协商教师招聘、晋升资格以及提薪的条件等。”①

现今，美国的中小学校长专业发展组织提供的机会和资源保障的功能正在逐步加大，这也是一种世界性的趋势。诚如联合国教科文组织所呼吁的：“专业组织与教育负责当局之间的对话应得到改进，不应只限于工资和工作条件问题，应将讨论扩展到教师规划和实施改革中应起到中心作用这一问题上来。”②

中小学校长专业发展组织的维权行动正在转向提供中小学校长的成长机制，正如美国李・S. 舒尔曼教授所说：“我们说某人是专业人员，即是说他是某个专业中的一个成员。专业知识由专业人士团体掌握。社团不但比个体掌握了更多的知识，而且负有一定的社会与伦理责任。因此，专业人士在自己特定的范围内工作、生活，又被更广阔的社会圈子所认同……如若没有专业社团组织的存在，个体专业人员就会陷入一种自我的圈子中，只相信他自己的经验具有教育价值。通过创造和培育专业社团，个人的经验才能变成公共经验，人们才能共享专业知识并推动实践发展水平的提高。”③

｜八｜中小学校长评价制度

美国各州（而非联邦政府）的立法机关是管理其下属公立学校的权威机构。他们通过制定一系列法律条文对学校的财政、运作模式，甚至教学内容和方法提出许多规定。州级和地方级的教育机构，包括州学校委员会（State Board of Education）、州教育部（State Department of Education）、学区校委会、学区中心办公室（School District Central Office）等，负责执行这些规定。（见图3-2）

---

① 邵燕：《论美国中小学教师教育资源的整合与分化》，硕士学位论文，四川师范大学，2006。

② 联合国教科文组织：《教育——财富蕴藏其中》，137页，北京，教育科学出版社，1996。

③ 李・S. 舒尔曼，王幼真，刘捷：《理论、实践与教育的专业化》，载《比较教育研究》，1999（03）。

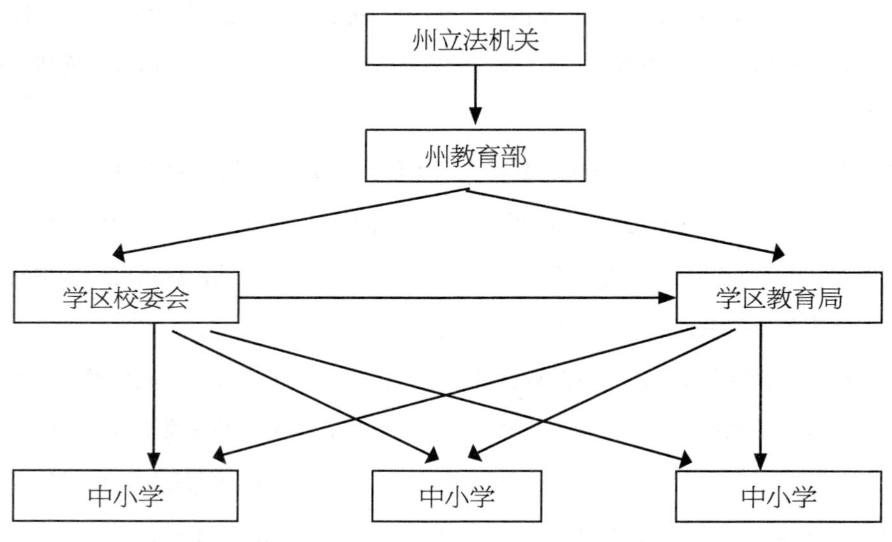

图3-2　中小学校长评价制度的组织结构[①]

（一）评价目的

以评价目的诊断学校发展、学生学业成绩问题，不仅仅关系着校长的升迁、降职、交流或报酬，更重要的是有利于改进中小学校长的领导工作，进而提高学校的教育教学质量。

（二）评价标准

美国各州校委会基本上已经按照本州法律的要求，制定并通过了关于校长评价的纲领性文件（guideline for principal evaluation），充分解释了相关的法律条文，并结合教育领域的专业标准和公众对校长的普遍期望为校长评价工作提供了具体的法律依据。这些纲领性文件一般围绕本州的学习标准、学校考核标准、学生成绩与校园安全、学校人事制度，以及各学校间、各学区间的协调统一等几个方面阐述校长评价的意义、目的、指标体系和实施方案。

其中，校长评价的指标和标准是纲领性文件的重点内容。很多州就此方面提供了非常详尽的说明，为校长评价的内容搭建框架。以康州为例，该州校长评价的纲领性文

① 蔡奇杰：《美国公立中小学校长评价制度的法律保障与效果分析》，载《教育发展研究》，2010（08）。

件是于2000年通过的《关于教师、校长和学区督导绩效标准与评价的实施办法》。该法列出了校长评价的五大指标，即规划与评估能力、教学领导能力、学校安全与组织管理、社交能力及与社区的关系、专业发展能力。每个指标下各有3～5条评价标准，同时附有一系列绩效指标的实例。这些实例进一步解释了该项评价指标的具体含义。按照相关法律，校长评价的实施工作由下属各学区完成。由于缺乏一个共同的模式，各州之间甚至同一州各学区之间都存在较大差异。这里以康乃狄克弗吉尼亚州的费尔法克斯（Fairfax）学区为例，说明学区层面校长评价工作开展的情况。之所以选择费尔法克斯，是因为该学区是全美规模最大、成绩最好的学区之一，其校长评价工作也做得比较突出。（见表3-8）

表3-8　费尔法克斯学区中小学校长评价工作的内容①

考核主体	学区助理指导
考核内容	①规划与评估能力 ②教学领导能力 ③学校安全与组织管理 ④社交能力及与社区的关系 ⑤专业发展能力 可根据某校的具体情况另增加新的指标
评价信息的收集	①每年与校长会谈3次 ②至少去学校进行两次考察 ③当面观察校长的工作 ④校长访谈和教师访谈 ⑤家长和学校员工问卷调查
考核成绩的级别	①超出规定的要求 ②达到要求 ③未达列要求
评价的结果	根据考核成绩，对校长： ①继续任命 ②有条件的继续任命 ③降职 ④不再聘任

① 蔡奇杰:《美国公立中小学校长评价制度的法律保障与效果分析》，载《教育发展研究》，2010（08）。

（三）评价方法

美国中小学校长评价多标准、多维度、多环节，既有传统的、问卷调查法、访谈法、观察法，也有现代信息技术支撑的评价方法。观察了解中小学校长的办学价值观、办学思路、情感态度和应变能力主要采用访谈法。了解学校教职员工对校长领导能力的看法主要采用问卷调查法、访谈法、观察法等。

（四）评价者

美国中小学校长评价者要求具有担任校长的经历，并接受过专门的训练。此外学区负责人（学监）也负责评价校长，主要是对校长遵照执行州及学区课程设置情况进行监督。另外，学生、家长以及教职工也参与中小学校长评价工作。

第二节　英国中小学校长专业发展支持服务体系建设

英国为教师和校长提供培养培训的历史轨迹可以追溯到19世纪，1899年英国中央政府设立了教育署，开始为只受过两年教育的在职教师和校长提供一年的在职培训课程。“1925年以后又出现了在职培训校长的短期课程。”[①]

｜一｜中小学校的基本情况

英国是世界上公认的高质量教育国家。英格兰、威尔士、苏格兰和北爱尔兰均有自己相对独立的教育体系，各自的法律和做法不尽相同。截至2012年，英国有180所高等院校，500多所继续教育学院，2 000多所中学。“英国幼儿园、小学和中学专职教师达到44万人。平均每班20～30名学生。刚参加工作的公务员年薪1.7万英镑，新参加工作的中小学教师年收入1.96万英镑，在伦敦地区工作的教师年薪2.36万英镑，有经验的中小学教师在伦敦可达5.8万英镑。”[②]英国规定中小学教师平均每周工作时间不低于32.5小时，但在英格兰和威尔士两地中小学教师中展开的调查显示，小学教师平均每周在校时间52.2小时，中学教师每周在校时间49.9小时。

｜二｜中小学校长专业发展的管理体制

（一）中小学校长的管理机构

英国中小学校长的组织管理实行中央与地方合作机制。中央教育行政部门为国家教育，直接受教育大臣领导。地方教育行政部门主要为市、郡教育局。中小学校长管理上采取的是中央和地方协调性管理模式，地方教育行政部门在中央政策规定下推进中小学校长专业发展。中央负责制定中小学校长专业发展方面的方针和政策，大学与培训机

---

① Robin Mark，Mireille Pouget & Edward Thomas，*Adult in Higher Education*：*Learing from Experience in the New Europe*，Germany，Die Deutsche Biblionthek，2000，p.397.

② 曾晓东，周惠：《英美中小学教师工资制度地区差异实现机制的比较研究》，载《比较教育研究》，2014（12）。

构、地方教育部门负责组织实施中小学校长继续教育，没有统一的计划。

英国中小学校长、教师培养、培训工作由教师培训署与教育标准办公室两个部门互相配合、共同管理。具体分工是：教师培训署负责认证培训机构的资格，评估中小学校长、教师培训的质量，分配政府资助的资金。教育标准办公室则对培训机构的质量进行检查并评级，教师培训署根据这些等级来给培训机构分配资金。（见图3-3）

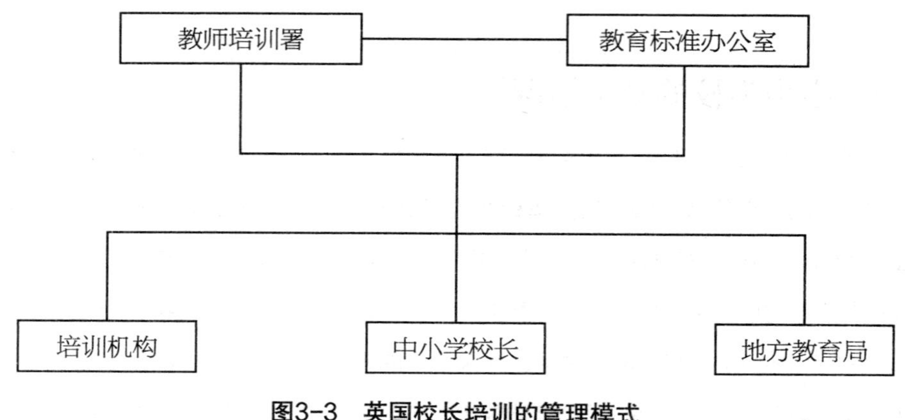

图3-3　英国校长培训的管理模式

从中央到地方，各级中小学校长管理机构都强调专业性，《1994年教育法》明确要求管理机构人员应具有中小学、高校教学或培训经历。

英国中小学校长一般来源于有管理才能的优秀教师。就一般情况来说，中小学校长要有硕士学位，有5年以上的教育教学经验。校长遴选的步骤是："先经过两次教师资格认定，再参加学校和地方当局举办的中小学校长招聘会。"①英国中小学校长任职超过两年就基本没有被解聘的危险了。只要校长想干可以到60岁或65岁再退休。

（二）中小学校长的继续教育管理

《1988年教育改革法》之后，英国政府越来越重视校长的专业化发展，尤其是校长的"专业领导能力"的发展。改善提高校长的领导与管理能力成为政府的主要策略。在这样的政治背景下，英国教师培训署着手成立了以改善提高中小学校长能力的地区性的校长培训发展中心。"1995年根据《1994年教育法》成立的教师培训管理局（TTA），

① 黄宇琛：《英国中小学校长培养制度研究》，硕士学位论文，宁波大学，2012。

取代了原先的教师教育认证委员会（CATE），负责所有中小学校长、教师培训课程的管理和资金分配。”①

2000年成立的教学总理事会（General Teaching Council），根据《1998年教学与高等教育法》第二条第2款规定，其在中小学校长、教师培训方面的主要职能：规划中小学校长、教师的培训。英国教学总理事会是一个学术机构，它是政府和学校、教师之间的桥梁和纽带，人员构成主要是教师、管理者、家长、社会各界人士等，下设若干遍布全英的委员会。

2001年以后，英国政府逐渐意识到了学校领导者的重要性，并为英国学校领导学院提出了“今日的领导者，明日的世界”这样的宗旨，其中最重要的是教育与技术部的校长三项培训计划：国家校长专业培训计划、新任校长入职培训计划、在职校长领导计划。2001年英国教育与技能部斥资2 800万英镑，在英国诺丁大学朱比利校区成立了英国国家学校领导学院（National College for School Leadership，NCSL）的总部，专门负责全国中小学校长培训，被称为是英国中小学校长培训的摇篮。2002年10月24日，时任英国首相的布莱尔为学院剪彩，宣布英国国家学校领导学院正式成立。布莱尔在英国国家学校领导学院开幕式致辞时表示：“领导能力是后天学习的，校长需要通过后天的学习来获得；好的学校需要好的校长，校长的好坏就表现在他的领导能力上。”②国家学校领导学院行政总裁杜茵妮强调学院的主要目标是：第一，通过国家为中小学校长的专业发展与研究提供支持帮助；第二，立足英国面向世界；第三，推动教育创新。

2003年12月，国会把国家校长专业资格（National Professional Qualification for Headship，NPQH）列入英国教育法案。法案规定，2004年4月1日起想要在英格兰申请校长职位必须取得NPQH或者是正在接受NPQH培训。

（三）地方政府中小学校长继续教育的管理

20世纪初80年代末，“地方教育当局通过自己开办的‘中小学校长、教师中心’直接向校长、教师提供在职培训的课程和资金，主导着中小学校长、教师在职培训。但随着国家统一课程的颁布、校本培训的引入，地方教育当局的职能范围一再缩减，以往‘自

① 范冰：《教师在职培训：英国的经验与启发》，载《比较教育研究》，2004（01）。

② 黄珺：《英国中小学校长培训制度研究》，硕士学位论文，四川师范大学，2013。

上而下'给学校制订培训计划的日子一去不复返了。目前，地方教育当局主要负责分配所在地区学校的拨款，向学校提供信息和咨询，组织学校开展一些教育培训项目"。[①]

综上所述，在20世纪80年代以前英国的中小学校长继续教育并没有受到真正的关注。1997年，英国确定了以政府为主导联合各地方实施的组织结构，由中央政府的英国教师培训署配合加强各地的校长培训与发展中心进修校长培训工作。2001年，英国高等教育部长戴维·威利茨（David Willetts）拨款成立了英国国家校长领导学院，专门负责校长培训和中小学校长三大培训计划的推行，将英国校长培训和专业发展推向了新的篇章。由此可见，英国的中小学校长培训管理体制是经过20年不断修正和改进才逐步形成的。

三 中小学校长专业发展的政策法律

终身教育是当代社会进步的产物，但终身教育并非进入21世纪才产生的崭新概念，其思想早已蕴藏在蓬勃发展的教师教育之中。可以说，终身教育与中小学校长专业发展有着天然的联系。"倘若我们没有得益于成人教育，以及更一般地说通过正规教育以外的训练途径所做的贡献……那么，与终身教育有关的思想毫无疑问是不可能产生的，这一点在英国的中小学校长专业发展过程中表现得尤为突出。"[②]英国逐步确立现代意义上的中小学校长、教师专业发展制度，其间有3份里程碑式的报告。

（一）中小学教师专业发展的政策与法律

1.《麦克乃尔报告》

1944年，受教育署委任的麦克乃尔委员会经调查发表了题为《教师和青年工作者》的报告，提出一系列旨在提高教学专业地位的建议。报告呼吁为在职中小学校长、教师提供"充电课程"（refresher courses），并使他们在任教5年后享有一学期带薪培训的机会。当时，政府的主要精力和注意力仍然放在中小学校长、教师的职前培养上，对于如何培训中小学校长、在职教师还没有引起足够的重视。但是，《麦克乃尔报告》导致后来地区培训组织（area training organizations）的建立。地区培训组织的成立打破了大学与

---

① 范冰：《教师在职培训：英国的经验与启发》，载《比较教育研究》，2004（01）。

② [法]保罗·郎格让：《终身教育导论》，23页，滕星等译，北京，华夏出版社，1988。

学院长期培训中小学校长、教师的垄断局面，引进了竞争与活力，为地区培训组织与大学的联系奠定了基础。

2.《罗宾斯报告》

《罗宾斯报告》是对20世纪60～80年代中期英国高等教育发展所做的预测和规划。《罗宾斯报告》试图把教师培训学院完全纳入大学模式，政府虽然没有完全采纳《罗宾斯报告》中的建议，但是同意将培训学院更名为教育学院（Colleges of Education），该报告促成了教师教育的职前培养与职后培训一体化，为大学培训中小学校长、在职教师创造了条件。

3.《詹姆斯报告》

20世纪60年代，保罗·郎格朗提出终身教育理念。1972年2月，英国发表了著名的《詹姆斯报告》，建议重新组织英国的教育体系，以适应人们对教育的终身需要。这份报告堪称一份“教师教育宪章”。詹姆斯·波特提出了三段式的师范教育思想，为教师的在职进修、培训提供了理论依据：第一阶段是个人教育阶段，也是个人通识教育阶段；第二阶段是教育专业阶段，为期两年的专业培训，这是培养作为教师的基本素质方面；第三阶段是在职进修培训阶段，这一阶段是教师参加工作后，根据自身工作需要进修培训，是教师素质提高最切合实际、最重要的阶段，这一部分是整个报告的重点所在。

《詹姆斯报告》首次将教师教育培养连续化、阶段化、终身化，使英国教师教育走向了规范化、科学化、系统化。1972年12月，英联邦政府发表白皮书《教育：扩张的框架》，基本认同了《詹姆斯报告》所定的目标，包括系统地、大规模地扩展在职培训等，除要求进一步发挥原有的高等教育机构在教师进修培训方面的作用外，还主张举办开放大学，教师教育中心负责教师培训进修工作。“1976年工党政府发表《绿皮书》，进一步强调在职教师培训进修的重要性，允许培训进修方式多样化。”[①]《詹姆斯报告》的影响和意义深远。1979年，保守党领袖撒切尔夫人上台之后在教育领域引入了市场机制，“强调中小学应在学校和教师培训机构间的合作关系中起到重要作用，大学本位的教师培训应该充分结合课堂实践”[②]。

---

① 王承绪，顾明远：《比较教育学史》，243页，北京，人民教育出版社，1999。

② 赵静，武学超：《英国教师教育政策的演变及评析》，载《教育发展研究》，2006（04）。

（二）中小学校长专业发展的政策与法律

从普通教师到校长的岗位的变化是一个的专业化、职业化成长过程，这涉及校长的遴选与任职后的继续教育两方面的问题。英国把合格校长的培养作为学校教育改革的首要任务，其中小学校长培训也已经有相当成熟的体制，而且取得了举世公认的成效，成为世界上中小学校长培养制度的典范。

1.国家校长专业资格培训制度

国家校长专业资格培训制度要求中小学校长根据自身能力与经验的不同参与到不同的培训学习方案中，不同的学习方案开始于NPQH不同的阶段。“完整的NPQH包含了三个阶段，分别是入门阶段、发展阶段和最终评估阶段。”[①]中小学校长从不同的阶段进入NPQH的学习，也将接受不同的培训课程，下面是一个NPQH培训活动的一览表。（见表3-9）

表3-9　NPQH培训活动[②]

阶段	培训课程	A线	D线	AD线
入门阶段	四个学习模块	V		
	面对面的培训	V		
	在线学习	V		
	学习反思和回顾	V		
发展阶段	制订学习计划	V	V	V
	四个学习模块	V	V	V
	面对面的培训	V	V	V
	在线学习	V	V	V
	学习反思和回顾	V	V	
	学校改善工作	V	V	
	优秀学校参观	V	V	
	学校现场评估	V	V	
最后阶段	两天的住宿计划	V	V	V
	总结评估	V	V	V
正式完成NPQH的时间		12～18个月	15个月	6个月

① 朱志龙，彭晓霞：《英国国家校长专业培训计划（NPQH）评介》，载《外国教育研究》，2007（07）。

② 洪明：《英国教师教育的变革趋势》，载《比较教育研究》，2003（04）。

NPQH立足于英国国家校长标准，联系实际的学校环境需求，强调校长理论知识与实际经验的结合，运用多种教学方法和评估方式，体现了现在和未来的校长培训的范式。

2.初任校长导入项目（HEADLAMP）培训制度

1995年提出新晋校长领导与管理方案（Headteacher Leadership and Manage Program，HEADLAMP）。该方案围绕校长的各项标准而建立起独具风格的培训方式与内容："①培训前的需求分析；②校长培训的自主性与个性化；③一对一的辅导制度；④灵活的培训内容与轻松的培训环境。"[①]

3.未来校长领导能力项目（LPSH）培训制度

1998年教师培训署推出3年及3年以上的在职校长未来领导能力项目（Leadership Programme for Serving Headteachers，LPSH）应对信息技术的飞速发展和全球化时代的到来和社会对学校教育的期望。即①"360反馈"（360—Degree Feedback）诊断，进行全面认知；②跨行业交流，丰富管理经验与方法；③"转化式领导"概念的提出，更新了教育管理理念。[②]

4.持续化专业发展（Continuing Professional Development，CPD）培训制度

持续化专业发展是通过一系列方式、思路、方法的结合管理个人的学习和发展，其目的在于使个人的学习和发展与其职业需求相符。"个人通过完成持续化专业发展而保持并更新专业知识和技能，以确保在快速变化的经济环境中胜任不同的挑战。持续化专业发展没有一个固定的程序，而是取决于个人发展的需要，是一个设定发展目标、规划发展路径继而实现目标的过程。英国政府建立了一系列的标准与计划来规范校长专业，使校长专业具有科学、客观与统一的培训标准。英国教育与科学部（DES）于2002年对校长的发展目标进行了设定：①在关键时刻为教师专业设定明确的发展期望；②能够有效地指导教师的专业发展以及培训，设立合理的目标促进教师效能的提高；③确保学生学业成就以及教育质量的提高；④为教师的知识和技能提供专业的准则；⑤为学校工作

① 曹梦：《英国教师培训政策的变革历程及对我国的启示》，载《当代继续教育》，2014（02）。

② 黄宇琛：《英国中小学校长培养制度研究》，硕士学位论文，宁波大学，2011。

者提供高质量、相关性高的培训，以此来最大限度推进学校效能的提高。”[①]

5.《追求卓越学校》教育白皮书

“1997年，布莱尔政府颁布了《追求卓越学校》（*Excellence in School*）的教育白皮书，表达了工党对教育领域改革的主要思想，注重全体学校及学生水平的提高。”[②]白皮书提出了5年之内教育发展的计划，主要涵盖了七个方面：“新的展望（a new approach）；好的开始（a sound beginning）；标准和绩效（standard and accountability）；学校教育的现代化（modernizing the comprehensive principle）；教学：高地位和高标准（teaching：high status，high standard）；协助学生提升学习成就（helping pupils to achieve）；新的伙伴关系（a new partnership）。”[③]

白皮书将改进薄弱学校、提高教育标准、引入社会力量、加强校长培训列为新晋校长和现任校长在职培训的主要内容。

6.颁布《国家校长标准》

1998年，英国政府颁发了《国家校长标准》（*National Standards for Head Teachers*），把核心目标、主要效果、专业认识、技能特长、校长职务作为校长应该具备的能力标准进行描述。2004年，英国教育与技能部（DFES）对1998年颁布的国家校长标准进行了修订，强调了信息技术与学校之间的交流，并把校长职务分为六个更为全面的关键领域：“规划未来；领导学与教；发展自我和与他人一起工作；对组织的管理；明确责任；加强与社区的联系。”[④]（见表3-10）

---

① 黄宇琛：《英国中小学校长培养制度研究》，硕士学位论文，宁波大学，2011。

② 李敏谊，张晨晖：《从布莱尔到布朗——英格兰幼儿教育和保育政策的发展历程与新进展》，载《外国教育研究》，2010（09）。

③ 黄珺：《英国中小学校长培训制度研究》，硕士学位论文，四川师范大学，2013。

④ 涂元玲：《英国〈国家校长标准〉：背景、内容与特征》，载《比较教育研究》，2011（05）。

表3-10　美国、英国、新西兰、中国中小学校长专业标准对照表[①]

国家 国别 标准	美国	英国	新西兰	中国
背景	1983年《国家处在危机中：教育改革势在必行》掀起基础教育改革的浪潮，伴随着对教师和学生提出的高标准、高质量要求，学校领导者的素质受到关注	历史上英国的中小学校长被认为是拥有至高权力的学校“独裁者”，第二次世界大战后，平等、民主社会的理念深入人心，以儿童为中心的教育观念被接受，教育改革兴起	1997年以来，所有的学校都实行了绩效考核制度。为树立一个较高的目标和期望，促进绩效考评和激励，1998年修订后的《中小学校长专业标准暂行条例》出台	教师要专业化，校长更应该如此。在世界各国促进校长专业化发展的诸多实践中，制定校长专业标准是其中的重要一环。《国家中长期教育改革和发展规划纲要（2010—2020年）》提出，促进校长专业化，倡导教育家办学
提出者	在一些全国性专业协会的倡议下，由24个州教育机构人事部门的11个专业组织代表提供	由政府发起，与教育界专业人士广泛沟通后公布	由新西兰教育部提出	由教育部教师工作司提出
研究过程	历时两年。最早提倡始于1994年8月，1995年3月到1996年3月一年中6次集中性专题探讨	1986年以后真正发起，1994—2004年政府专门讨论了中小学校长专业发展与“国家校长标准”	教育部制定暂行条例，召集学校校长与董事会交换意见；也听取了许多专业组织和相关教育行政机构的意见	2008年，课题研究阶段；2012年2月，政策文本起草阶段；2012年7月，广泛征求意见阶段

① 李江桦，刘振疆：《美国、英国、新西兰三国校长专业标准比较及其启示》，载《外国教育研究》，2007（12）。

（续表）

国别 标准 \ 国家	美国	英国	新西兰	中国
标准的主要内容	①创建学习愿景； ②领导教学； ③学校组织管理； ④学校公共关系； ⑤校长个体行为典范； ⑥校长与社会互动； ⑦促使学生成功	①规划未来； ②领导学与教； ③发展自我和与他人一起工作； ④对组织的管理； ⑤明确责任； ⑥加强与社区的联系①	①专业领导； ②学校战略管理； ③人力资源管理； ④学校公共关系管理； ⑤学校财务管理； ⑥其他工作要求	①规划学校发展； ②营造育人文化； ③领导课程教学； ④引领教师成长； ⑤优化内部管理； ⑥调适外部环境
所设指标	知识43项，态度43项，绩效96项，共182项分指标	知识49项，态度和能力52项，行动48项，共149项分指标	没有设置分指标；六项标准内容下列举工作表现共22项	由五个基本理念、六项专业职责和四个方面实施建议等三部分内容组成。其中，校长的六项专业职责细化为60条专业要求
结果的运用	被广泛接受，并推向了30多个州用于改进学校领导者的培训项目、评价等	用于招聘校长并用于制定绩效管理流程；用于评估校长绩效；用于指导和管理校长专业教育行为	专业标准直接并入所有校长的职责履行协议当中，作为校长绩效考核的部分评价标准，薪水依据	将校长专业标准作为义务教育学校校长队伍建设和校长管理的重要依据；将校长专业标准作为学校校长培养培训的主要依据；将校长专业标准作为自身专业发展的基本准则
标准的理念分析	面向每一名学生，并保证每名学生的成功；突出强调校长教学领导者的角色；强调校长与社区之间的互动	重点强调校长领导教学的核心目标	明确规定专业标准的引入就是为了提高教学质量和学校领导质量，提高学生成绩	以德为先；育人为本；引领发展；能力为重；终身学习

① 美国、英国、新西兰三国参考资料源自涂元玲：《英国〈国家校长标准〉：背景、内容与特征》，载《比较教育研究》，2011（05）。

国家校长专业资格审定制度和《国家校长标准》的颁布，为地方新晋校长领导与管理和在职校长领导力提升提供了基本的发展规则。比如，英国怀特岛郡于2006年3月颁布的《持续专业发展框架》是按照校长的职业年资制定的。（见表3-11）

表3-11　英国怀特岛郡《持续专业发展框架》中有关校长的内容[①]

分层、分岗、分类	由学校提供的持续专业发展机会	由教育局提供的持续专业发展机会	其他持续专业发展机会
新任校长的标准	①与同侪，如学校其他管理者以及学校董事会主席等人，通过会议来交流日常的学校管理运作知识； ②通过参观其他学校来观摩和讨论好的办学经验； ③校长顾问； ④校长群体； ⑤与董事会协作	①培训和发展计划； ②教育局对新任校长的指导； ③校长研讨会； ④指导校长会议； ⑤参与相关校长群体的讨论	①参加NCSL的校长指导计划； ②NCSL专为新任校长制订的指导计划； ③申请教师国际专业发展项目（TIPD）； ④进入英国教育管理者商业企业中心（HTI）学习
有经验校长的标准	①校长群体； ②领导变革； ③发展学校的学习共同体； ④与董事会协作	①培训和发展计划； ②参加校长研讨会； ③加入教育局的各种指导组，如政府支持服务组织、战略组织等； ④作为新任校长的顾问/教练； ⑤咨询领导； ⑥加入教育局培训计划	①申请教师国际专业发展项目； ②参与一系列NCSL举办的项目； ③进入英国教育管理者商业企业中心学习

7.制定高效能校长特征框架体系

英国制定的高效能校长特征框架体系，主要包含：个人的价值观和信念；创建愿景抱负；实施计划；建立约定并提供支持。（见表3-12）

① 张佳伟：《中小学校长专业发展阶段的理论进展与批判性分析——与国际间校长专业发展标准的制定取向相结合》，载《外国中小学教育》，2015（11）。

表3-12　英国高效能校长特征框架体系[①]

个人的价值观和信念	尊重他人
	挑战与支持
	个人的信仰
创建愿景抱负	战略性思考 推动改进
实施计划	分析性思维
	首创精神
	转化式领导
	团队建设
	理解他人
	潜能开发
建立约定并提供支持	碰撞与影响

四｜中小学校长专业发展的制度支持

（一）中小学校长培训的经费支持

1.培训资金

英国教育科学部确定了以中小学教师、校长为对象的重点领域，并对这些领域给予70%的经费投入，对由地方确定而经教育科学部认可的重点领域则给予50%的经费投入。“目前，英国中小学教师、校长在职培训的资金渠道有两个，一是标准基金，二是在职培训基金。标准基金通常针对中、短期课程，直接从联邦政府教育部拨款到地方教育部门，然后分配到学校，与我国的经常性培训经费相似。”[②]在职培训基金则针对长期在职培训课程。它以硕、博学位课程为对象，类似于学历培养资金。“2001—2004年度‘证书培训基金’总数约为1 600万英镑。教师培训管理局经过审核并综合考虑地区平

① 冯大鸣，托姆林森：《21世纪对校长的新要求——与英国利兹都市大学托姆林森教授的对话》，载《教学与管理》，2001（19）。

② 赵中建：《教师管理制度比较研究》。内部资料。

衡以后，将与其认可的培训机构签订为期三年的合同。”①

2.专项培训资金

“教育部为鼓励中小学教师、校长研究，设立了‘最佳实践研究奖金’。允许任何校长、教师以个人或合作组的名义申请奖金，并推选出一名研究辅导员以指导监督中小学教师、校长完成整个研究计划。研究期限一般不超过一年，要求与课堂实践紧密联系。”② 2003—2004学年，“政府发放1 000份奖金，经教育部专家组（由来自教育各界的代表组成）审核后，每个申请成功者平均可获得2 000～2 500英镑的研究经费。”③英国制订的“最佳实践研究奖励金”计划，主要用于对课堂研究进行奖励。“为提高优秀中小学教师、校长的地位，英国1998年9月宣布设立‘国家教学奖’（National Awards for Teaching），对在提高教育质量方面贡献杰出的中小学教师、教师予以奖励。”④此外，还有名目繁多的“专业奖金计划”“早期专业化发展”“教育行动区域”“在职训练课程奖励”“增加教学助理人员计划”。

3.校本培训经费

英国是校本培训的摇篮，英国把校本培训列为一项教育基本国策。校本培训被认为是重建学校的一个重要组成部分。“校本培训作为在职培训的重要方式之一，其经费主要来自政府的拨款。”⑤

（二）中小学校长培训的时间保障

1972年英国联邦政府发布白皮书《教育：扩张的框架》规定教师、校长每工作7年至少有3个月带薪培训进修的假期。

1976年英国工党政府发布《绿皮书》，进一步强调在职教师、校长培训进修的重要性，并把教师、校长每工作7年带薪培训进修3个月延长至一年，新教师至少用1/5的时间进修，允许培训进修方式多样化。

---

① 赵静，武学超：《英国教师教育政策的演变及评析》，载《教育发展研究》，2006（04）。

② 范冰：《教师在职培训：英国的经验与启发》，载《比较教育研究》，2004（01）。

③ 范冰：《教师在职培训：英国的经验与启发》，载《比较教育研究》，2004（01）。

④ 洪明：《英国教师教育的变革趋势》，载《比较教育研究》，2003（04）。

⑤ 冯增俊：《当代国际教育发展》，23页，上海，华东师范大学出版社，2002。

地方教育当局是提供教师、校长培训的最大行政机构，主要是举办短期课程，期限时常为半天或一天，很少长于一周。

1987年，英国制定了《教师工资待遇法》，规定在一年中固定5天为中小学教师、校长专业发展日，必须履行5天的专业发展日计划，政府以立法的形式强制规定了培训方面的义务。这5天都为正常工作日，大多安排在周一至周五，每年的这5天学生放假回家，中小学校教师、校长必须定期聚在一起参加培训，培训形式多样，地点通常在本校。

（三）中小学校长培训的课程支持

英国向中小学教师、校长提供的进修课程有5种："①供学历不合格中小学教师、校长进修补习用的补习课程；②供已有了3～5年教龄的合格中小学教师、校长研习的高级研修文凭课程；③供师范院校毕业的中小学教师、校长进修的教育学士学位课程；④供中小学教师、校长攻读的教育硕士学位课程；⑤供各类中小学教师、校长研究解决教育教学实际问题的短期课程。"[①]

（四）中小学校长培训的激励机制支持

英国普遍重视把建立激励机制，为中小学教师、校长培训提供机会和条件当作政府应尽的义务，保证了接收培训成为中小学教师、校长应有的权利。"没有进修，就没有升薪"可以说是当今英国中小学的现实情况。"经过进修，提高工作能力的教师可以交涉增加工资。"[②]

五 中小学校长培训的机构支持

（一）中小学校长培训机构的类型

英国中小学校长培训机构主要包括教育研究所（institute of education）、师范学院、大学、多元技能学院（polytechnics）、其他高等教育机构。它们为中小学教师、校长提供了丰富多样的课程，从长期的到短期的，从全日制的到半日制的，从面授的到远程的

---

① 杨荣昌：《教师继续教育课程体系研究》，博士学位论文，华东师范大学，2006。

② 教师教育指导全书课题组：《教师教育指导全书》，178页，北京，人民日报出版社，2004。

一应俱全。但随着中小学办学自主权的扩大，仅靠大学和其他高教机构进行的进修学习显然不是唯一的选择，越来越多的大学和高等教育机构走出象牙塔，亲临中小学教学第一线开展培训，实现了大学与中小学教育的交叉、渗透和融合。

地区的大学及师范学院也提供各种培训。这两个机构亦提供为期一年的培训课程。教育科学部也透过皇家督学，筹划提供高素质的短期课程，通常为期一周，利用假期实施。

地方教育行政部门亦聘请专家人员，提供短期课程和设施，以经费支援专业中心和师范学院，并补助中小学教师、校长参加进修课程所需的费用。地方教育当局乃是提供在职训练的最大行政机构，主要是举办短期课程，期限时常为半天或一天，很少长于一周。“据英国全国教育研究基金会（The National Foundation for Educational Research）调查统计，约有500个以上不同机构（内含162个地方教育当局）提供中小学教师、校长在职训练课程。其中中小学教师、校长中心已有数百所之多，由各地方教育当局设立和维持，办理各项在职进修活动。”①这些主要教育和训练机构的经费，由公共财政资助办理。

此外，校长委员会、工会等相关组织机构也是中小学校长在职培训的重要提供者。

（二）中小学校长培训机构的认可标准

英国以明确的任务规范教师教育机构的职能；以通过认定和提升培训机构信誉确保教师教育的质量；以注重能力本位的标准提高教师教育的效果。“英国校长培训工作由教育培训署负责全国的宏观管理，负责对培训工作做出评语，再确定哪些机构和个人具有校长培训资格。国家校长培训学院是英国全国性国家培训基地，为使校长在当地得到更规范的专业发展提供方便，改变全国只有一所国家级培训中心的局面。2003年，国家培训基地设立九个分支机构，如东方校长培训中心、伦敦校长培训中心、东北校长培训中心、西北校长培训中心、东南校长培训中心、西南校长培训中心等。从而形成了独特的培训网络，为全英国的校长专业发展和研究提供各种机会和场所。”②

① 范冰：《教师在职培训：英国的经验与启发》，载《比较教育研究》，2004（01）。

② 姚静：《国外中小学校长培训管理机构的发展趋势研究——以美、德、英三国为例》，载《天津师范大学学报（基础教育版）》，2014（02）。

| 六 | 发展性评价引领

（一）英国发展性评价制度的脉络

对中小学教师、校长的评价在英国一直有两种观点：一是中小学教师、校长评价是对中小学教师、校长教育教学业绩的判断，视评价为中小学教师、校长奖惩的手段；二是中小学教师、校长评价应该是支持性的，它应该以中小学教师、校长的发展为目标。后一种观点被大多数人所接受。1985年，皇家督学团发表了《学校质量：评价与评估》的报告，一改过去的论调，明确提出中小学教师、校长评价与奖惩分离。报告指出：评价是长期、连续、复杂、系统的工程，目的是促进中小学教师、校长个人的发展，帮助中小学教师、校长改变自己，提升素质。20世纪80年代，英国教育部门开始推行"发展性评价"制度，即一种以促进中小学教师、校长发展为目的的评价制度，是一种相对性、形成性评价制度。

（二）英国发展性教师评价制度的原则[①]

第一，与奖惩制度脱离原则。不与晋升、解聘等奖励、惩罚挂钩，立足中小学教师、校长的未来发展，以提高中小学教师、校长的知识与技能，促进学校、学生发展为目的。

第二，全员评价与全面评价原则。面向包括领导在内的全体中小学教师、校长，对中小学教师、校长的素质及其行为进行全面评价。

第三，全员参与、共同进步原则。重视校长与教师、教师与教师、教师与家长、教师与学生的关系，鼓励他们积极参与评价，共同发展。

第四，保密性原则。为保护被评者和参评者，评价的有关材料视为秘密。

第五，民主化原则。对评价目标、标准、方法、程序、要求等公开征求意见。

第六，定性与定量评价相结合原则。

第七，单项与综合评价相结合原则。单项指对中小学教师、校长某一方面或某一时段的工作的评价，综合指用动态的、发展的对中小学教师、校长工作的各个方面进行长期的、系统的、循环的评价。

第八，信息反馈原则。一是反馈中小学教师、校长是否需要进修，应该给中小学教

① 教师教育指导全书课题组：《教师教育指导全书》，300页，北京，人民日报出版社，2004。

师、校长提供哪些帮助；二是向中小学教师、校长提供有关自我表现的信息，改善工作。

第九，导向性原则。在确定评价目标、标准、方法、程序、撰写评价结论等环节方面，不仅要符合中小学教师、校长的特点，而且要考虑中小学教师、校长未来的需要。

第十，科学性原则。用现代理论做指导，坚持实事求是态度，采用科学方法，评出信度、效度。

（三）发展性评价过程

1.评价准备

这主要是收集被评价的中小学教师、校长的材料，确定时间。考虑到时间、经济成本，大多数中小学教师、校长评价两年进行一次。

2.评价实施

从评价会谈开始，检查中小学教师、校长已经完成的工作以及上次评价应整改的方面，讨论中小学教师、校长应该接受的帮助与支持。

3.评价结果处理

完成评价报告并不意味着评价的结束，还要跟踪进行几次会谈，讨论下一步的专业发展、培训以及支持计划。

七 督导支持

督导制度在现代教育制度中有重要地位，英国是世界上最早建立教育督导制度的国家之一。目前，英国已成为目前世界上教育督导制度比较完善的国家，对发展起到了重要的保障作用。

《1988年教育改革法》中规定，督学的主要职能是视察地方教育行政当局主管的学校，包括私立学校。督学职务非常重要，由女王亲自任命。

英格兰和威尔士共有500多名皇家督学，负责组织对2.4万所全部或主要是国家资助的学校进行独立的常规性督导，对学校和教师提出的关于课程和教学方法等方面的改进意见给予指导和帮助，以提高教育教学水平和质量标准，此外，还检查地方教育局、高校中的职前中小学教师、校长培训课程及质量。

第三节　日本中小学校长专业发展支持服务体系建设

日本素有尊师重教的传统，儒家文化深深影响了日本人的思维和行为方式。战后的日本经济一度处于瘫痪状态，教育情况也极为混乱，在美国扶植下，日本通过迅速普及义务教育，提高国民素质，培养了大批具有初等文化的产业劳动者，使其短短半个世纪便发展成资本主义强国，为世界各国提供了宝贵的经验。近代义务教育的快速普及与发展，为其实现成功“追赶”奠定了坚实的基础。日本的中小学教育无论是质量还是数量都是世界一流的。其主要原因是“日本培养了一支合格的、有献身精神的、受人尊重的、待遇优惠的职业师资队伍”[①]。研究近代日本中小学校长专业发展支持服务体系的历程以及经验教训，具有重要的历史价值和现实意义。

一　中小学校的基本情况

日本教育主要划分以下三个阶段：小学校（6年教育，6～12岁学生入读）；中学校（3年教育，12～15岁学生入读）；高等学校（3年教育，16～18岁学生入读）。日本的第一级至第九级的教育是义务教育。每学年由4月1日开始，次年3月31日结束。根据法律规定，每个学年最少有210天为上课日，但是大多数公立学校会拨出大约30天，作为学校节日、运动会和非学术上的仪式。扣除这些活动和星期六半天上课的天数后，上课教学的时间每年约有195天。

截至2003年，日本有各类中小学校（含幼儿园）55 826所，其中幼儿园14 893所，小学24 945所，初中10 780所，高中5 208所。共有中小学（含幼儿园）教师106.38万人，大多数的日本中小学教师都在公立学校工作，而幼儿园教师大部分在私立学校工作，小学、幼儿园教师中女性占多数，而初中、高中的教师女性比例在减少。“幼儿园女教师所占比例93.90%，小学女教师所占比例61.20%，初中女教师所占比例39.20%，高中女教师所占比例23.20%。”[②]2001年日本小学、初中、高中教师（校长）具有大学学历的所

① 陈永明：《国际师范教育改革比较研究》，233页，北京，人民教育出版社，1999。

② 周南照，赵丽，任友群：《教师教育改革与教师专业发展：国际视野与本土实践》，134页，上海，华东师范大学出版社，2007。

占比例分别为84.50%、92.40%、97.90%。（表3-13）

表3-13　2001年日本中小学教师（校长）学历水平一览表[①]

教育水平	小学	初中	高中
大学	84.50%	92.40%	97.90%
专科	15.20%	7.40%	1.50%
高中等	0.40%	0.20%	0.60%

｜二｜中小学校长专业发展的管理体制

（一）中小学校长的组织管理机构

日本的教育行政第二次世界大战之前是高度集权，第二次世界大战后受美国的影响改为分权制，随着政治、经济、社会的变化，1956年颁布了《地方教育行政与组织运行法》确立了中央与地方的领导被领导地位。[②]20世纪80年代以来，日本重新强调地方办学的自主性、灵活性，从而逐步形成了与英国相似的中央和地方协调性的行政管理模式。在中小学校长专业发展管理方面，日本与教育行政体制相适应，采取中央和地方相结合的行政管理模式。地方教育行政部门在中央政策规定下推进中小学校长继续教育，最主要的特点就是从文部省一直到学校，形成了一个责任明确、层层下放的实施体系。（见图3-4）

文部省负责制定中小学校长专业发展方面的方针和政策，大学、中小学校长培训机构以及都道、府、县教育委员会负责实施。这种模式的特点既有计划性又有灵活性。日本政府的行政指导和调控力度是很强的，中小学校长继续教育也不例外。自上而下从文部省—都道府县（包括政令指定市）—市町村有一个完整的组织体系，实施主体以政府为主。[③]

---

① 周南照，赵丽，任友群：《教师教育改革与教师专业发展：国际视野与本土实践》，126页，上海，华东师范大学出版社，2007。

② Paul Morris John Williamson，*Teacher Education in The Asia-Pacific Region*，England，Routledge，2000，p.109.

③ 彭新实：《日本的教师培训和教师定期流动》，载《外国教育研究》，2000（05）。

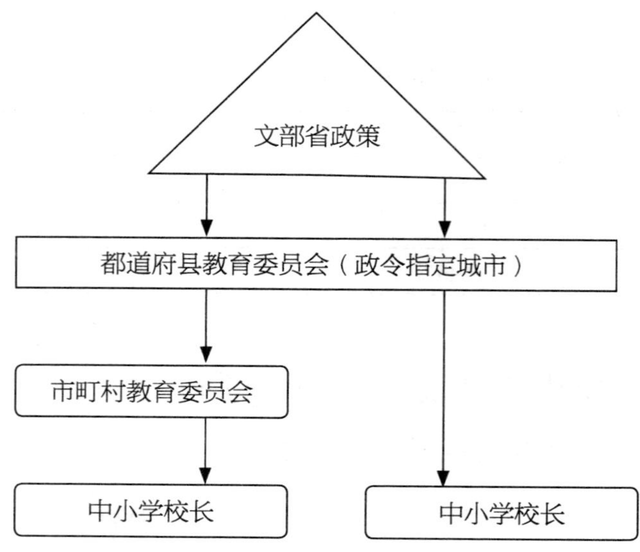

图3-4　日本中小学校长专业发展的组织管理机构①

（二）中小学校长的选拔与管理②

日本的《学校教育法施行规则》第8条就中小学校长任职资格进行了如下规定：校长的资格为持有《教育职员许可证》规定的专修证书或一类证书，并曾任5年以上下列职务之一。

①《学校教育法》第1条规定的学校校长职务。

②《学校教育法》第1条规定的学校的教授、副教授、教师、教谕、助教谕、养护教谕、养护助教谕等职务。

③《学校教育法》第1条规定的学校的事务职员职务。

④根据《学校教育法》第94条规定的被废止的旧制学校的校长职务。

⑤相当于上款所列学校的教员与事务职员职务。

⑥在为侨居国外的日侨子女设立的在外教育机构（经文部大臣认可的具有中小学课程程度的学校）中，担任相当于第1～3款所列的职务。

⑦除前款规定的职务外，在国外学校担任相当于第1～3款所列的职务。

① 任学印：《教师入职教育理论与实践比较研究》，博士学位论文，东北师范大学，2004。

② 李春生：《日本中小学校长的选拔培养制度》，载《世界教育信息》，2001（10）。

⑧除以上各款外，在国家或地方公共团体中担任教育事务或教育的国家公务员或地方公务员的职务。

⑨在外国政府和公共机构担当相当于前款所列的职务。

另外，按照日本的《地方公务员法》和《教育公务员特例法》等法律的有关规定，公立学校的教职员属于地方公务员，因此对于公立中小学校长的管理，其权限属于地方政府。日本的《关于地方教育行政组织及其运营的法律》第34条还规定，属于教育委员会主管的学校，其校长经教育委员会的教育长推荐，由教育委员会任命。在日本，无论是国家公务员，还是地方公务员，均实行定期轮岗制度。因此，公立中小学的新任校长，一般3年左右就要轮岗到另外一所学校任校长，其工作岗位的调配也是由地方教育委员会负责。

（三）中小学校长的管理权限及其待遇

1.中小学校长的管理权限

日本的《学校教育法》第28条规定“校长掌管校务，监督所属职员”。“《教育基本法》《地方自治法》《关于地方教育行政组织及其运营的法律》《地方公务员法》等法律规定，公立学校的设置与废止、教学内容和处置、教科书的选用、教职员的人事管理、组织编制、预决算等管理决策权限由地方政府（教育委员会）负责。因此，日本公立中小学校长的管理权限，是受教育委员会委托的，在第一线上传下达和监督执行。比如，学校发生突发事件时，校长要及时向教育委员会报告，并根据教育委员会的指示予以处理。校长要根据教育委员会制定的评定标准，年终对本校教职员进行评定，并将结果报告教育委员会备案。教育委员会依据校长的评定结果对每一个教职员做出最终评定，并作为教职员晋升的基础数据。学科主任、学年主任中层管理职务的任免也由教育委员会负责，但是校长具有推荐权。迄今，部分地方教委也逐渐将公立学校的学科主任、学年主任等非正式中层管理职务的任命权下放给学校。”[①]

2.中小学校长的工资待遇

根据日本的《教育公务员特例法》，中小学校长、教师、专职教育研究人员等“通

① 李春生：《日本中小学校长的选拔培养制度》，载《世界教育信息》，2001（10）。

过教育为全体国民服务的教职员工”为日本的“教育公务员”。为了保证中小学校长、教师质量，使中小学校长、教师职业成为令人羡慕的职业，《国家义务指出法》规定“从事义务教育的教职工的工资要比一般公务员高25%”[①]，日本公立中小学校长、教师的工资一半由中央政府承担，一半由地方政府承担。这样做的目的：①确保每一所学校都有足够的师资；②平衡地区间教师工资水平和教师配置；③促进教育机会均等。[②]

在文部科学省管辖的正规学校中，义务教育教师的工资处于偏低水平，“从2010年各级学校教师的平均基本工资看，幼儿园教师为22.18万日元，小学教师为34.99万日元，初中教师为35.52万元，高中教师为37.28万日元，高等专门学校教师为42.32万日元，短期大学为40.20万日元，大学教师为45.89万日元”。[③]教师队伍中处于偏低水平的工资与普通公务员和其他职业相比却处于偏高水平。

三 中小学校长专业发展的政策法规

（一）《教育基本法》

1947年日本颁布了《教育基本法》，开始间接提出了构建学习化社会的主张，该法规定：“一切机会，一切场合，都为了实现教育目的。”[④]

（二）《公共教育服务人员特别规章法》

1949年日本颁布了《公共教育服务人员特别规章法》，开篇指出：“公立学校的教师是通过教育活动为整个国家服务的，因此他们的责任和义务也与其他公共服务人员不同。”其中第十九条规定：“①教育公务员为尽其职责，必须不断地研究和进修；教育公务员任命者，必须提供有关教育公务员的进修所需的设施，制定奖励进修的办法以及有关的进修计划并负责实施。”第二十条规定：“①必须向教育公务员提供进修的

---

① Paul Morris John Williamson，*Teacher Education in The Asia-Pacific Region*，England，Routledge，2000，p.109.

② 周南照、赵丽、任友群：《教师教育改革与教师专业发展：国际视野与本土实践》，136页，上海，华东师范大学出版社，2007。

③ 高益民：《从工资制度看日本的教师优遇政策》，载《比较教育研究》，2012（08）。

④ 瞿葆奎：《日本教育改革》，7页，北京，人民教育出版社，1991。

机会；②以不妨碍教学为限，在经所属领导人同意后，教师可以脱产进修；③根据有任命者的规定，教育公务员可以在岗位上进行长期进修。”[①]1988年该法又增加了附则，对部分条款进行了必要的调整和补充并有了新的规定，该法又分别于1954年、1986年、1988年、1989年、1991年增加了附则，以适应新的发展。

（三）《关于地方教育行政组织及营运的法律》

1956年，日本颁布的《关于地方教育行政组织及营运的法律》规定：“县一级教育主管部门负责中小学校长的培训，可以由下级（市町村）教育委员会来实施；市町村教育委员会对县（都道府）组织的中小学校长培训，必须予以支持和配合；在新中小学校长初任培训期间，市町村教委可以请求县（都道府）教委派遣兼职教师来临时顶替空缺等。”[②]

20世纪80年代初，日本“科技立国”战略开始形成，为适应这一战略调整，1981年日本中央审议会提出《关于终身教育咨询报告》，认为“终身教育思想由联合国教科文组织提出后，已形成巨大的国际思潮，今后，我们应改变传统偏重学术学历教育不良倾向，广泛立足于终身教育思想，向学习化社会努力。希望从事公共性较强的专门职业，适应对其专业性要求，不断开发、提高自身素质能力”[③]。为此，从1985年6月至1987年8月，“临时教育审议会”先后发表了4次咨询报告，对中小学校长继续教育改革提出了一系列建议。

（四）建立多样化的在职进修体系

1996年，中央教育审议会向文部大臣提出的第一次咨询报告中强调：“有必要建立多样化的在职进修体系。”报告指出：“在中小学校长培养、任用、在职进修的各个阶段更加有效地提高中小学校长的素质与能力，还必须依靠加强与培养师资的大学及地方教育委员会的密切合作。”[④]“毋庸置疑，中小学校长在推进国际理解教育上发挥的作用是十分重要的，因此在培养教师的过程中应该注意与国际理解相关课程的设置和充实。在高度信息化的社会，无论什么阶段，什么课程，教师通过某种方式应用电脑组织

① 杨荣昌：《教师继续教育课程体系研究》，博士学位论文，华东师范大学，2006。

② 彭新实：《日本的教师培训和教师定期流动》，载《外国教育研究》，2000（05）。

③ 瞿葆奎：《日本教育改革》，327～345页，北京，人民教育出版社，1991。

④ 杨荣昌：《教师继续教育课程体系研究》，博士学位论文，华东师范大学，2006。

教学的必要性越来越大。”[①]

（五）《教育振兴基本计划》

2008年，日本颁布了《教育振兴基本计划》。提出今后10年日本教育的远景目标，强调“教育立国”，并提出了今后5年促进教育改革发展的重大战略和政策举措。“在《教育振兴基本计划》中，日本政府提出要改变日本公共教育费支出占GDP比例在经济合作与发展组织成员国中（平均5%）偏低的状况，增加教育经费投入，探索对幼儿教育实行免费制度，加大中小学（幼儿园）校长、教师培养力度。”[②]

丨四丨中小学校长专业发展的制度支持

（一）中小学校长培训的经费支持

1.国家的校长研修事业

这主要包括“教职员等中央研修讲座”“校长都道府县研修会”“教员海外派遣事业”等。“教职员等中央研修讲座”是自1960年开始实施的，从1970年开始采用长期住宿的研修形态，此后又于1974年使用国立教育会馆筑波分馆进行研修。讲座面向国立、公立中小学校长、副校长和骨干教师，分成校长、副校长等管理职员研修讲座和骨干教师研修讲座两类课程进行。

2.地方校长研修事业

作为由都道府县教委承办并实施的校长研修事业，主要有“新任校长研修会”和“经验校长研修会”两种形式。“新任校长研修会”以新任校长为对象，赋予其管理学校、经营学校的知识技能培训。“经验校长研修会”对任职超过3年的中小学校长开展培训，赋予其管理学校、经营学校的最新知识、技能。“新任校长研修会”和“经验校长研修会”由承办的都道府县支付研修所需的经费。

---

① 杨荣昌：《教师继续教育课程体系研究》，博士学位论文，华东师范大学，2006。

② 教育部教育发展研究中心专题组：《近年来世界各国教育政策的趋势及特点》，载《教育研究》，2011（01）。

3.优秀中小学校长、教师研修政策

优秀中小学校长、教师“进修期间工资照付，同时还可以领取研究进修旅行费，结业后，依据结业证明，还可以晋升一级工资。”[①]

（二）中小学校长培训的时间保障

1986年公布的《审议经过概要之三》明确要求：“①国立公立中小学和特殊教育学校的新任中小学校长、教师，应有1年左右的研究进修时间；②对新教师，校方应派选有指导能力的教师（包括退休教师）对其进行为期1年的指导；③新任教师的试用期从6个月延长为1年，试用期与进修期一致；④私立学校新任教师参照公立学校办法执行。”[②]

1988年的《公共教育服务人员特别规定》中规定，所有国立和私立中小学校长、教师，盲聋哑人学校及其他残疾人学校的新任中小学校长、教师必须接受一年的统一培训。“新任教师在为期一年的进修之中，一面在校内接受每年60天以指导教师为主的进修，一面到校外大学或高等教育机构、研究中心等机构参加每年30天的进修活动。”[③]

日本“优秀中小学校长、教师研修假”政策规定，“选派那些有5年以上连续教龄的中小学校长、教师，到高校本科、进修班、研究生院和大学所属研究所进修，时间从3个月、半年到一年不等。”[④]其他中小学校长、教师一般每年可以到大学和都道府县教育中心参加1～12个月的中期进修，也可以到大学或高等教育机构进行1～12个月的长期进修。

此外，2002年日本修订了地方教育管理法，减轻了中小学校长、教师的负担，使中小学校长、教师有足够的时间学习，日本的中小学校长、教师在校时间相对减少。

（三）明确中小学校长的必备素质

在日本，中小学校长既是学校的管理者，同时又是学校的经营者。日本要求中小学校长必须具备以下八个方面的素质：①要有研究精神；②要有领导能力；③要有使命

---

① 时伟：《专业化视野下教师继续教育的理论与实践》，博士学位论文，华东师范大学，2003。

② 梁忠义等：《教师教育》，257页，吉林，吉林教育出版社，1998。

③ Paul Morris John Williamson，*Teacher Education in The Asia-Pacific Region*，England，Routledge，2000，p.115.

④ 时伟：《专业化视野下教师继续教育的理论与实践》，博士学位论文，华东师范大学，2003。

感；④对学生有深厚的爱；⑤要有广阔的视野；⑥身体健康，性格开朗；⑦谦虚、诚实，努力；⑧要善于培养优秀接班人。日本对中小学校长素质能力要求的几个具体方面见表3-14。

表3-14　日本对中小学校长素质能力要求的几个具体方面①

素质能力	具体内容
计划能力	学校教育的计划者，校长必须制订出实施学校经营和学校教育的全部计划，因此，校长应具备的一种重要工作能力，就是计划能力
组织能力	学校是教育的有组织的集体，使全体成为一个教育的集体，是校长的重要职责，校长必须明确学校成员的任务与分工，并建立起全校人员间的工作关系和活动体制，因此，校长还必须具有组织能力
应善于处理各种事务	学校存在大量的事务工作，高效率地处理这些校务，对于学校经营和学校教育来说关系极大，因此，校长必须具有出色的处理事务的能力
必须善于统帅教职员工	对教职员工的工作进行指导和监督，并统帅所有教职员工，使之分工协作，所以，校长必须具有统帅所属教职员工的能力
应是教师的教师	校长不仅是教师的生活指导者，同时又是教师教学工作的指导者；校长不仅是教师的监督者，而且必须是他们的教师
应有调整学校与社会关系的能力	现代社会飞速发展，知识更新日益频繁，因此，校长必须随时调整教育目标、教育内容等以适应社会需求，校长如不具备这种能力的话，就有可能使学校落后于社会的发展，导致学而无用

（四）有组织的培训

日本的中小学校长进修除了由都道府县负责的有组织、有计划的大学内进修，企业进修以及外出进修外，中小学校长的校内进修也表现了合作的制度化特征。“对新任中小学校长而言，主要熟悉学校内的全部管理业务，如制订课程计划、学生情况指导、教材研究、教学管理、实际技能指导以及解答各种疑难。”②

① 胡锷：《日本对中小学校长素质的要求》，载《山西教育（综合版）》，2007（03）。

② Paul Morris John Williamson，*Teacher Education in The Asia-Pacific Region*，England，Routledge，2000，pp.126-127.

（五）民间团体组织的校长研修

日本的民间团体“全国小学校长联合会”“全日本初中校长会”和“全国高中校长协会”等全国性组织以及都道府县、市町村的校长会等地方组织，每年都举办全国性的或地方性的各种研究会、研讨会，就共同关心的问题，进行讨论，发表论文，具有重要的研修功能。这种由民间团体实施的研修，在日本现行的中小学校长研修（制度）中占有很大的比重。[①]

五 中小学校长继续教育体系

（一）中小学校长继续教育体系[②]

①文部省——国立教育研究所、国立大学。20世纪70年代以后，日本为了加强中小学校长继续教育以及提高中小学校长的学位层次，先后建立了兵库、上越和鸣门教育大学，专门接收中小学校长进行教育类硕士研究生课程学习，以取得硕士学位。

②都道府县（包括政令指定市）——教育中心、教育事务所等机构。短期培训中小学校长的主要机构，其教学、实验、研究、生活、娱乐等设施均比较完备，对中小学校长培训起了相当大的作用。

③市町村——教育中心（类似我国市、县教育部门的教育研究室）。各市町村教育中心对中小学校长的培训，特别是市町村所设立的小学和初中校长的培训发挥了相当大的作用。

④教育团体——如“教员组合”“教师协会”等,每年都组织大量的不同学科的课程、教材教法等方面的讲习会、研究会等。

（二）中小学校长培训形式

日本的中小学校长培训很好地体现了分层次和多样化：“①按任教的年限分类：有新任中小学校长的培训、任教5年或10年及20年的中小学校长的培训。此类培训为硬性规定，也称行政命令培训。②按职务及资历分类：有骨干教师培训、校长、副校长、教

① 饶从满，徐庚：《日本中小学校长研修概观》，载《现代中小学教育》，1993（04）。

② 于维涛：《县域教师发展支持体系建设研究》，博士学位论文，华东师范大学，2009。

务主任培训等。③按培训组织层次分类：有中央培训（文部省）、地方培训（都道府县）、市町村培训等。④按培训内容分类：有在各级教育中心进行的新教育内容、教材教法及学生指导等方面的培训；有各都道府县派遣中小学校长到企业、农村的社会体验培训；有在大学进修基本课程的培训和获取高一级学位的培训等。⑤按培训的具体形态分类：有校内培训、校外培训、个人自我进修提高和国外培训等。”①

六 中小学校长继续教育的机构

文部省1977年分别对不同水平和职务的中小学校长、教师加强培训，并从1978年以来建立了包括上越教育学、兵库教育大学和鸣门教育大学在内的，以中小学校长和在职教师进修为主要目的数量众多的新型教育大学。（见表3-15）

表3-15　日本已通过认证的教师教育机构数量②

教师教育机构	小学（所）	初中（所）	高中（所）
1970年	111	735	545
1980年	151	756	628
1990年	199	945	688
2000年	205	969	842

日本提供中小学校长、教师继续教育课程的机构大致可分为五大类：“大学及师范教育、专门的研修机构、专业团体、广播电视及函授教育机构、在职学校。”③

---

① 顾泠沅等：《上海市“十一五”教师队伍建设规划纲要编制小组的前期研究成果》，上海，上海市高素质专业化发展研讨会，2007。

② Y. Sakurada：《二战后教师教育鉴定和获得教师证书的数量》，载《日本教育研究年鉴》，2002，48（01）。

③ 杨荣昌：《教师继续教育课程体系研究》，博士学位论文，华东师范大学，2006。

第四节 美、英、日三国中小学校长专业发展支持体系的比较分析

美、英、日三国中小学校长专业发展支持服务体系的制度、结构、运行既有共性也有不同，三国的历史、传统、文化不同，国情不同，造就了三国不同的中小学校长专业发展支持服务体系建设，下面就从结构、制度、运行三个纬度对三国的中小学校长发展支持机制进行比较分析。

一 中小学校长专业发展管理结构的比较分析

美国的中小学校长管理制度是典型的地方分权制，各个州处于中小学校长管理的中枢位置，英国实行中央与地方合作机制，日本是中央和地方相结合的行政管理模式。三国普遍重视中小学校长专业发展管理工作，中小学校长专业发展得到社会的广泛尊重和普遍认同，在日本中小学校长地位较高，是国家公务员。

从中小学校长专业发展管理的实践来看，中央集权型与分权型管理体制各有优缺点。集权管理便于统筹规划、统一标准、上下贯通，缺点是基层容易产生依赖思想，失去多样性。分权管理有利于调动和发挥低层工作的积极性、主动性和创造性，但是积极性的释放终归有其上限。因此，分权管理一定要注意实施控制上的简单化。当前，我国农村中小学校长专业发展的问题虽然与很多因素有关，但是重要的因素与我国教育管理的中央集权管理和分权管理的制度体制融合有关，所以借鉴美、英等地方分权的经验与教训，有利于解决我国农村中小学校长专业发展方面存在的各种问题。

二 中小学校长专业发展政策制度的比较分析

（一）工资与福利待遇

三国普遍认识到，工资待遇在中小学校长专业发展中具有重要的杠杆作用。从20世纪80年代开始，这些国家纷纷采取一定措施改善中小学校长的工资及福利待遇。美国很多州修改了中小学校长、教师最低工资的规定。比如，20世纪90年代威斯康星州规定把起点工资提高到2万美元，佛罗里达州把最低工资提高到2.2万美元。目前，在英国伦

敦，有经验的中小学校长、教师的工资达5.8万英镑。在日本工作30年的中小学校长、教师一般月薪是45万日元左右，除工资以外还有年中津贴、年末津贴等。

工资与福利待遇，这也是我国农村中小学校长抱怨最多的问题。学习借鉴美国的最低工资制度，特别是日本的国家公务员制度，是稳定我国农村中小学校长队伍，激发他们积极性的一大举措。

（二）中小学校长专业发展的政策制度

发达国家中小学校长在职培训的重要特征之一在于法制化与制度化，三国把中小学校长培训上升为国家意志，用法律的形式固定下来。

第一，立法充足，执法严格。美国地方法律就中小学校长培训的主体、权利和义务、学习性质与类型、课程结构与选择、教学设施与条件、投入与回报等方面做出了法律上的规定，并以国家的意志力强制性实行。英国加强了中小学校长继续教育与培训的法制监督工作，形成了继续教育与培训的法制监督管理系统。日本对于中小学校长进修投入、权利保护等重大问题有着完整的法律体系。

第二，健全教师教育机构的认证制度。1987年以来，美国教师教育鉴定委员会分别对从事教师教育的机构提出了基本要求。

第三，建立健全校长资格制度。三国普遍注意中小学校长资格证书的审核制度，并顺应形势发展需要及时调整中小学校长资格标准。

第四，美国制定了国家优秀中小学校长专业发展标准。这种制度使得中小学校长素质能力全国标准化，既能评价中小学校长的素质能力，又有利于提高中小学校长的素质能力及其地位，改善工资待遇。

第五，英国建立健全了督导制度，保障中小学校长发展。

法律具有强制性、规范性、确定性、公开性的特点，通过立法的形式保障中小学校长专业发展既是三国经验对我们的启示，也是我国农村中小学校长专业发展现实的迫切需求。因此，我国应首先借鉴三国经验，根据形势需要，修改《中小学校长培养培训管理办法》，就我国中小学校长培训的主体、权利和义务等方面做出规定；其次，加强中小学校长继续教育的执法力度；再次，及时调整校长资格标准，完善资格的学历和认证标准，加强资格证书的管理和实施；最后，借鉴英国加强中小学校长继续教育的督导工作，形成我国特色的农村中小学校长继续教育的督导管理系统。

（三）中小学校长培训的资金与时间

三国都积极创造有利于中小学校长培训的环境和条件。美、英、日三国财政性教育经费支出占国民生产总值的比例一直都是排名世界前列，而且培训经费来源多渠道。美国虽然长期面临着巨大的福利保障赤字与财源危机的压力，但其《不让一个孩子掉队法案》专有一编（第二编）对“高质量教师的培养、培训与聘用”[①]进行了详细的法律规定，为学前及中小学校长、教师的培养、培训和聘任提供充裕的资金。

改善制约中小学校长的工学矛盾：适当减少工作量；适当减少班级规模，减轻中小学校长、教师的劳动强度；此外，提供专门时间钻研管理、教学方法，比如，美国一学年中给中小学校长提供不少于两周的时间用于学习研究。

由此可以看出，各国的做法主要是针对中小学校长发展所面临的现实需要和问题进行的，目的性和针对性较强，重点突出，而不是“眉毛胡子一把抓”，一方面就当前亟待解决的经费问题通过立法拨款给予有力支持，另一方面对制约中小学校长的学习时间方面着力改进。这种做法既有的放矢、重点突出，使有限的资金发挥其最大效用，也从另外一个方面反映了三国在中小学校长发展中现实主义的价值取向。

｜三｜中小学校长专业发展支持服务体系运行情况的比较分析

（一）中小学校长专业发展的规划与决策

日本、美国的行政当局建立了独立的规划机构，强化政府在中小学校长专业发展规划与决策方面的工作。美国的州和国家两级负责全面规划与决策的组织。“为了消除日益扩大的权力，日本采取了一定程度的分权措施，将中小学校长专业发展规划与决策的部分权力移交地方，中央与地方相互渗透、衔接和补充，以赢得地方的支持。”[②]

---

① 刘小蕊，庞丽娟，沙莉：《美国联邦学前教育投入的特点及其对我国的启示》，载《学前教育研究》，2007（03）。

② 赵同祥：《中小学校长职级制研究》，博士学位论文，东北师范大学，2013。

我国农村中小学校长专业发展规划与决策工作高度中央集权，借鉴美国地方分权的经验与教训，有利于因地制宜、有针对性地开展培养、培训、管理工作。

（二）中小学校长培训机构与课程

三国的培训机构开放、多元：美国中小学校长培训的机构具有多样性、多层次性，综合性大学及教育学院、教师中心、暑假学校、校长专业团体、大学附设的函授教育机构、教师专业发展学校共同参与中小学校长培训；英国的大学和其他高等教育机构长期在中小学校长培训中占有重要地位；日本有大学及师范教育机关、专门的研修机构、校长专业团体、广播电视及函授教育机构、在职学校等机构。

三国中小学校长培训的课程体系是非常系统、完整和丰富的，不管是课程的种类、课时比例与学分比例、模式还是水平等级。例如，英国提供的进修课程有5种之多。培训的内容丰富，组织形式多样。美国有问题与技能培训、教育技术的培训、合作沟通培训、导师带徒等。培训形式有互动式教学、小型团体活动和传统的演讲方式、情境与案例教学等。

（三）中小学校长专业发展组织

第一，三国中小学校长专业组织积极为中小学校长发展提供资源支持帮助，为中小学校长发展搭建平台。美国的中小学校长发展组织分为国家、州、地方三级，美国的全国性教育组织主要有美国全国教育协会、美国教师联合会，英国的全国校长委员会每年都会有一整套专业发展计划。各国的中小学校长专业发展组织提供发展的机会和资源保障的功能正在逐步加大，这也是一种世界性的趋势。

第二，重视中小学校长专业发展理论研究模式。在美国，专业发展已成为国家级重点课题，一些州和特区建立了必修模式（导师制、硕士学位、个人专业发展计划等）或者把专业发展和中小学校长管理评估联系起来，但理论和实践还存在一定的差距。

（四）现代教育技术的行动计划

美国总统克林顿在1996年就提出了“教育技术行动”，该行动纲领指出：“到2000年全美中小学电脑都将连上信息高速公路，让每个教师、孩子都能受到21世纪现代技术教育。运用教育技术不仅是美国中小学教学思想的革命，而且是美国中小学校长管理手段与教学方法的一次革新。”[1]

（五）多元化的中小学校长评价

美、英等国倡导中小学校长评价的多元化，教师、学生、家长、评价机构在评价过程中结成一种“交互主体”的关系，其核心是通过促进中小学校长发展，确保所有学生都获得学业进步。

英国的“发展性评价”是一种以促进中小学校长、教师发展为目的的评价制度，评价结果与奖惩制度脱离，最大限度地满足中小学校长、教师自我尊重和自我发展的需要，从社会、心理方面来鼓励中小学校长的工作热情和积极性。

（六）区分性督导

由于中小学校长专业发展水平和需求参差不齐，针对不同中小学校长的实际需求和情况，美国实施的区分性督导体系，将中小学校长专业发展目标与学校目标相联系、相一致。

---

① 黄晓平，吴杰，张世永：《网络教育管理系统架构设计》，载《计算机工程与应用》，2003（12）。

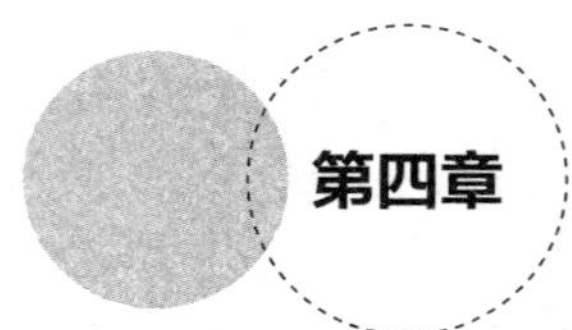

第四章 农村中小学校长专业发展支持服务体系建设的实践探索

正如政策学家哈罗德·拉斯韦尔（Harold Lasswell）所言："公共政策是一种含有目标、价值与策略的大型计划。"[①]教育政策的价值取向是教育政策的核心要素，它决定了农村中小学校长专业发展资源配置的路径。中华人民共和国成立后，各个时期的农村中小学校长专业发展支持服务体系建设的过程中，有成功的经验，也有经验教训，对它们进行总结能够为当前国家在农村中小学校长专业发展支持服务体系建设中提供一定借鉴。

第一节 农村中小学校长专业发展支持服务体系建设的国家实践

30年来，我国农村中小学校长专业发展支持服务体系建设取得了长足发展，"按照乡村教师、校长实际需要改进培训方式，增强培训的针对性和实效性"[②]成为我国教育事业中规模较大、进度较快、充满活力的部分。本节以政策为载体，以农村中小学校长专业发展与支持服务体系的关系为线索，回顾和梳理了农村中小学校长专业发展支持服务体系建设的国家实践。希冀引起学界与政策制定者的关注，裨益本研究纵深发展。

一 农村中小学校长专业发展的组织结构

（一）农村中小学校长专业发展的管理机构

我国中央教育行政部门专门负责农村中小学校长专业发展的统一规划、管理，全面

① 王富军：《农村公共文化服务体系建设研究》，博士学位论文，福建师范大学，2012。

② 丁小浩，鲍劲翔：《安徽省教师培训体制与经费保障情况研究》，载《教育发展研究》，2006（08）。

制订全国性农村中小学校长专业发展计划并推动实施。（见图4-1）

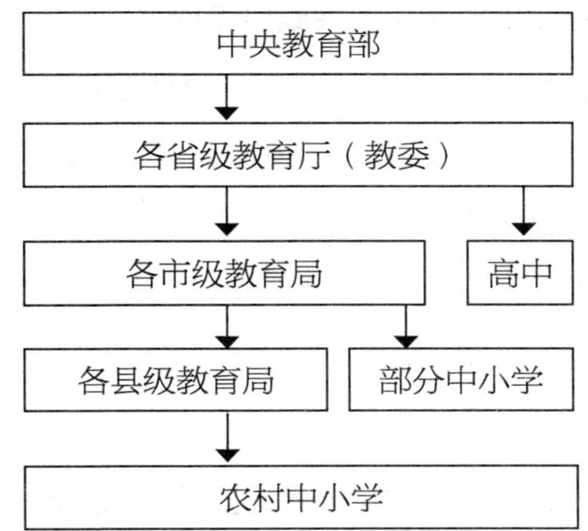

图4-1　我国农村中小学校长专业发展的管理机构

（二）地方农村中小学校长专业发展的管理机构

2000年机构改革前，各省、市、县教育行政部门没有设立专门的师范处、师资处负责农村中小学校长专业发展工作。目前，全国省、市、自治区级教育行政部门有一半以上设置了教师管理与继续教育的专门机构，负责农村中小学校长的选拔、培养、管理、使用等专业发展工作。全国大部分的县（市、区）成立了中小学教师队伍建设领导小组或中小学教师继续教育领导小组，负责农村中小学校长的继续教育管理，并对业务工作进行日常指导、服务。

省级教育行政部门及其培训机构主要负责高中校长及省级骨干农村中小学校长的培养工作。市级教育行政部门及其培训机构主要负责初中校长及市级骨干农村中小学校长的培养工作。县级教育行政部门及其培训机构主要负责小学校长及县级骨干农村中小学校长的培养工作。

｜二｜农村中小学校长管理制度

农村中小学校长专业发展支持服务体系的建设是在国家层次的基本政策指导之下开展的。农村中小学校长管理制度是支持服务体系建设的重要组成部分，呈现出阶段性的发展特征。

（一）农村中小学校长管理体制

1.1952—1958年中小学校长由人民政府管理

1952年3月，经政务院批准，教育部颁布《中学暂行规程（草案）》和《小学暂行规程（草案）》，其中规定："校长和副校长由省、市人民政府任命（省辖市和县设立的中学校长由市、县人民政府提请省人民政府任命）。各级人民政府业务部门内所设立的中学的校长由主管业务部门任命，并报同级人民政府教育部门备案。中小学校长、副校长、教导主任、副教导主任均应兼课，在校务繁重的学校，得报经省、市文教厅、局核准，酌量减免之。"

2.1959—1963年农村中小学校长由人民委员会和人民公社管理

1959年国务院明确指出，公办的全日制小学由公社直接管理，民办的小学由大队直接管理，之后不论公还是办民办全由地方管理。

3.1963—1966年农村中小学校长由当地党委和主管的教育行政部门管理

1963年3月，中央转发了教育部《全日制中学暂行工作条例（草案）》和《全日制小学暂行工作条例（草案）》其中规定："校长是学校行政负责人，在当地党委和主管的教育行政部门领导下，负责领导全校的工作，团结全体教职工完成教学计划。"

4.1978—1985年农村中小学校长恢复由人民政府管理

1978年，教育部重新颁发了《全日制小学暂行工作条例（试行草案）》《全日制中学暂行工作条例（试行草案）》，确定了农村中小学校长由人民政府管理，并明晰了中小学的基本学制和课程设置。

5.1985—2001年农村中小学校长由地方负责、分级管理

为了适应财政包干的新体制，1985年5月《中共中央关于教育体制改革的决定》中明确提出："基础教育管理权属于地方。除大政方针和宏观规划由中央决定外，具体政策、制度、计划的制定和实施，以及对学校的领导、管理和检查，责任和权力都交给地方。省、市（地）、县、乡分级管理的职责如何划分，由省、自治区、直辖市决定。实施'地方负责、分级管理'的基础教育管理体制。"在具体的实施过程中，分级办学、分级管理形成了县、乡、村三级办学，县、乡两级管理的模式。中小学校长选拔任命形

成了县、乡两级管理体制。

1992年中央组织部、国家教委印发《关于加强全国中小学校长队伍建设的意见（试行）》提出中小学校长："由教育行政部门和组织人事部门，根据校长任职条件，结合当地实际情况，经一定的民主程序，提出任免对象；由教育行政部门和组织人事部门进行考察，在广泛听取群众意见的基础上，提出任免意见；按当地规定的中小学校长任免权限审批。"其还从任免、培训、考核、奖惩、待遇和领导六个方面全方位地对中小学校长队伍建设提出了要求。（见表4-1）

表4-1 《关于加强全国中小学校长队伍建设的意见（试行）》中的主要举措

框架	主要举措
任免	①任免步骤：由教育行政部门和组织人事部门，根据校长任职条件，结合当地实际情况，经一定的民主程序，提出任免对象；由教育行政部门和组织人事部门进行考察，在广泛听取群众意见的基础上，提出任免意见；按当地规定的中小学校长任免权限审批。 ②中小学校长一般不实行任期制。 ③校长一般应从后备干部中提拔任用
培训	①每五年轮训一次，形成校长培训制度。 ②新任命的校长，应取得岗位培训合格证书，持证上岗。 ③加强中小学校长后备干部的培训。 ④开展培训要与对校长的任用、考核、奖惩紧密结合。 ⑤培训期间，其职务、工资和有关福利待遇不变。 ⑥加强中小学校长培训基地的建设
考核	①按照干部德才兼备的原则，考核校长的德、能、勤、绩。 ②凡能胜任学校领导工作，并不断做出成绩的，均可连续担任校长职务。 ③凡不能胜任和不宜担任校长职务的，应及时予以调整
奖惩	①做出显著成绩的校长，各地要采取多种形式予以表彰、奖励。 ②有突出贡献、享有较高声誉的校长，国家教委授予"全国优秀校长"的称号，并颁发奖章、证书。 ③广泛宣传优秀校长的先进事迹和办学经验
待遇	①中小学校长在搞好学校管理工作的同时，一般应兼任一定的教学工作，并参加教师相应专业技术职务的评聘。 ②逐步实行校长职务津贴制度。 ③中小学校长在阅读文件、参加会议等方面，应享受相应的待遇

（续表）

框架	主要举措
领导	①明确负责校长队伍建设的管理机构，以指导和协调各有关方面的工作。 ②定期分析校长队伍的素质状况，制定校长队伍建设规划及具体落实措施。 ③把是否重视校长队伍建设工作以及取得的实际成效，列为督导、评估当地教育工作的成绩，考核主管部门领导工作政绩的重要内容。 ④积极探索优秀校长的成长规律，不断改进对校长的选拔、任免、培训、考核、奖惩等各项工作

1994年7月中共中央、国务院关于《中国教育改革和发展纲要》的实施意见要求："县级政府在组织义务教育的实施方面负有主要责任，包括统筹管理教育经费，调配和管理中小学校长、教师，指导中小学教育教学工作等。"

1999年6月中共中央、国务院《关于深化教育改革，全面推进素质教育的决定》要求："继续完善基础教育主要由地方负责、分级管理的体制。根据各地实际，加大县级人民政府对教育经费、教师管理和校长任免等方面的统筹权。"其明确提出："试行校长职级制，逐步完善校长选拔和任用制度，鼓励优秀校长到薄弱学校任职。"中小学校长的选拔任命在部分地区逐步上收到县级统筹。

6.2002—2009年农村中小学校长由县级人民政府管理

2001年5月《国务院关于基础教育改革和发展的决定》指出："实行在国务院领导下，由地方政府负责、分级管理、以县为主的体制……县级人民政府对本地农村义务教育负有主要责任，要抓好中小学的规划、布局调整、建设和管理，统一发放教职工工资，负责中小学校长、教师的管理，指导学校教育教学工作……推行中小学校长聘任制，明确校长的任职资格，逐步建立校长公开招聘、竞争上岗的机制。实行校长任期制，可以连聘连任，积极推行校长职级制。"2002年4月，国务院办公厅下发《关于完善农村义务教育管理体制的通知》明确："县级人民政府负责农村中小学校长、教职工的管理"，农村义务教育实行"在国务院领导下，由地方政府负责、分级管理、以县为主"的体制。县级人民政府对农村义务教育负有主要责任，省、市、乡等地方各级人民政府承担相应责任，中央政府给予必要的支持。2004年2月国务院批转教育部《2003—2007年教育振兴行动计划的通知》提出：进一步落实"在国务院领导下，由地方政府负责、分级管理、以县为主"的农村义务教育管理体制。县级政府要切实担负起对本地教育发展规划、经费安排使用、教师和校长人事等方面进行统筹管理的责任……在普通中小学和中等职业技术学校，全面推行校长聘任制和校长负责制，建立公开选拔、竞争上岗、择优聘任的校长选拔任用机制，健全校长考核、培训、激励、监督、流动等相关制度。农村中小学校长由县级人民政府管理。（见表4-2）

表4-2　我国中小学校长选任机制的发展历程

年代文号	选任形式	选任期限	选任部门
1978—2001年《全日制小学暂行工作条例（试行草案）》《全日制中学暂行工作条例（草案）》	以委任制为主	不实行任期制	县、乡分级管理
2001—2004年《国务院关于基础教育改革和发展的决定》	聘任制、委任制、选任制相结合	实行任期制，可连聘连任，积极推行校长职级制	县级管理
2004年《2003—2007年教育振兴行动计划》	建立公开选拔、竞争上岗、择优聘任的校长选拔任用机制	部分地区实行任期制	县级管理
2010年《国家中长期教育改革和发展规划纲要（2010—2020年）》	推行职级制	实行任期制交流制	县级管理

7.2010年至今农村中小学校长由教育主管部门管理

2010年发布的《国家中长期教育改革和发展规划纲要（2010—2020年）》明确提出：“推进政校分开、管办分离……实行县（区）域内教师、校长交流制度……完善普通中小学和中等职业学校校长负责制。完善校长任职条件和任用办法……制定校长任职资格标准，促进校长专业化，提高校长管理水平。推行校长职级制。”

为贯彻《国家中长期教育改革和发展规划纲要（2010—2020年）》，进一步深化教育领域综合体制改革，国务院办公厅于2011年1月印发了《关于开展国家教育体制改革试点的通知》要求：“探索中小学校长职级制，深化中小学教师职称制度改革。”2012年国务院《关于加强教师队伍建设的意见》提出：“制定普通中小学、中等职业学校校长负责制实施细则，探索校长职级制。建立县（区）域内义务教育学校教师校长轮岗交流机制，促进教师资源合理配置。”这些文件清楚详细地列出了一批改革目标明确、政策措施具体的教育改革项目，其中明确提出要在基础教育领域“探索中小学校长职级制”。深化全国“县管校聘”人事制度改革，取消中小学校长行政级别，工资按职级发。由党委组织部门和政府人事部门考察管理备案，由县级人民政府行文公布的中小学校长职务交由教育主管部门，进一步完善激励导向专业发展机制。

但是职级制的推行并不顺利，赞成的校长认为：“取消行政级别后，可让政府和学校之间保持距离，增强了学校的办学自主权，尊重了学校的教学核心地位。”

忧虑的校长认为：“农村中小学校长是一个股级干部，虽然我自己并不在乎这个官帽，但如果没有了股级级别，去某些乡镇直属部门和县直部门办事时，很可能比以前困难。”

在发达国家，一所知名中小学校长的社会地位比当地行政主管不知高多少倍，而在我国“官本位”的历史文化和社会风气还存在于社会的每一个角落。况且，农村中小学校长的社会地位本来就不高，在行政级别社会，如果把他的政治地位取消，经济地位、文化地位也得不到相应补偿，这很可能意味着农村中小学校长的社会地位与农村教育地位的整体下降。所以，农村中小学校长实行职级制，取消行政级别的改革，不仅仅只是教育系统的事情，也是社会工程。

（二）农村中小学校长职责演变

一定的职责，反映了个体具体的社会的存在形式。从本质上说，农村中小学校长职责是对社会关系的反映，而社会关系又必然受政治、经济、社会关系等制约，因此，农村中小学校长职责的产生与演变是一定社会文化历史积淀的结果。约翰·S. 布鲁贝克曾言：“在20世纪，大学确立它的地位的主要途径有两种，即存在着两种高等教育哲学。一种是以认识论为基础，另一种则是以政治论为基础。”中华人民共和国成立后农村中小学校长职责变革的历程，也是以业务论和政治论为基础的，在不同的历史时期，赋予了农村中小学校长不同的职责。由于农村中小学校长属于中小学校长的一个组成部分，下面阐述的中小学校长的职责包含农村中小学校长的职责。

1.1952—1957年负责领导全校工作

1949—1952年，“大中小学实行校务委员会制度，由进步的教职员代表组成。这种集体领导体制，当时起到了维护学校秩序，发扬民主，对学校进行初步改革的作用，但容易产生极端民主和工作无人负责的现象”。[①]1952年3月，经政务院批准，教育部颁布了《中学暂行规程（草案）》和《小学暂行规程（草案）》其中规定：“中小学采取校长责任制，设校长一人，负责领导全校工作，必要时得设副校长，协助校长处理日常校务。”

1955年《关于学校教育工作座谈会的报告》在给各地党委的指示中要求：“要保证做好学校工作，首先必须建立起那里的强有力的党的领导……在党委书记或党委常委委员的分工上应有人专管学校教育工作，积极建立和健全党委管理学校教育的工作机构，以加强党委对学校教育工作的领导和监督……下决心调配一批强的干部到高等、中等学校担任校（院）长、党委书记等领导职务，并经常注意加强对他们的教育和帮助。”

从以上材料中，我们可以看出中小学校长的职责：一是中小学校长负责领导全校工作；二是中小学校长应兼课；三是中小学校长职务由政府任免；四是在中小学校建立党组织，实行学校行政和学校党务双轨制。目的是“健全人事制度，做好师生员工的政治审查工作；使学校教育工作在政治上、组织上、思想上得到应有的改进，以保证教学质量的提高”。张洪华认为：“这种体制契合当时学校运行规律的某些要求，对改变学校工作无人具体负主要责任的现状，发挥了积极作用。”[②]从政治领导到业务领导到人事任免，责任指向校长，从而促使校长钻研业务，保证了教育质量的稳步提高。但是，这种缺乏监督和制度约束的领导体制，容易片面夸大个人作用、滋长官僚主义和个人独断专行的领导作风，又为党支部领导下的校长负责制埋下了伏笔。

2.1958—1961年配合书记领导全校工作

1958年中共中央、国务院颁布《关于教育工作的指示》指出：“一长制容易脱离党委领导，所以是不妥。”“一切教育行政机关和一切学校，应该受党委的领导；党委应该注意在学校师生中发展党和青年团的组织。中央人民政府各部门所属的学校，在政治上应该受当地党委的领导……一切中等学校和初等学校，也应该放在党委的领导之下。为了加强党在教育事业中的领导，各级党委输送一批干部到教育机关和学校中去。”中小学校长的职责主要是领导学校业务工作。《关于教育工作的指示》对当时实行的校长

① 程宏：《中小学党组织书记专业化发展研究——基于上海市J区中小学书记专业化发展的调查》，硕士学位论文，华东师范大学，2012。

② 张洪华：《建国后中小学领导体制演变的特点及趋势》，载《教学与管理》，2010（19）。

责任制予以否定，在管理体制中，强调党的“一元化”领导，以书记负责制代替校长负责制，党组织包揽行政领导工作，并宣传“外行领导内行是普遍的规律”。

从以上材料可以看出，中小学校长的职责主要是配合书记领导全校工作，按照“党领导一切”的指示，书记成为学校事实上的“一把手”，既领导党务，又领导教学、行政工作。这种以党代政、党政不分、外行领导内行的体制限制了校长作用的发挥。

3.1962—1965年负责领导全校工作

20世纪60年代初，党中央系统总结中华人民共和国成立以来的教育经验教训，1963年3月，颁布了《全日制中学暂行工作条例（草案）》，《全日制小学暂行工作条例（草案）》，对教学工作、思想品德教育、生产劳动、生活保健、教师、行政工作、党的工作和其他组织工作等中小学的领导体制进行了新的调整。其中规定：“校长是学校行政负责人，在当地党委和主管的教育行政部门领导下，负责领导全校的工作，团结全体教职工完成教学计划。”校长的主要职责是：“贯彻执行党中央和国务院的教育方针，执行教育行政部门的指示；领导教学工作和进行思想政治教育工作；领导和组织师生参加生产劳动；关心教师、学生、职工的生活，注意保护他们的健康；管理学校的人事工作；管理学校的校舍、设备和经费。”其要求全日制中小学建立校长领导下的校务会议。教育行政部门的指示，学校的工作计划、工作总结和其他重大问题，都应该提到校务会议上讨论。

从以上材料可以看出，中小学校长的职责主要是在上级教育行政部门的指示下负责领导全校的工作，是学校的行政负责人，学校党组织对学校行政工作负有保证和监督的责任。上述两个条例比较适合当时的情况，既加强了学校行政管理，又明确了党组织对学校行政工作负有保证和监督的责任，整顿了教学秩序，教育质量又开始回升。

4.1966—1976年职责被边缘化

1966年我国的教育事业陷入低谷。“文化大革命”期间中小学校内部原有的领导体制被打乱，学校领导权力随着政治运动的需要而变化，1967年全国各级政权，从省一级到工厂、学校的政权机构全部改名为革命委员会。

从以上材料可以看出，“文化大革命”期间，中小学校长职责边缘化，校长的职位不复存在，由“革委会主任”统管学校的一切工作，这种管理体制使得学校党、政机构和学校管理走向混乱。

5.1978—1985年是党支部决策的执行者

1978年中国共产党第十一届中央委员会第三次全体会议和全国教育工作会议之后，1978年9月，教育部重新颁发了《全日制中学暂行工作条例（试行草案）》和《全日制小学暂行工作条例（试行草案）》，明文规定："全日制中小学实行党支部领导下的校长分工负责制。学校的一切重大问题必须经过党支部讨论决定……党支部统一领导学校各方面的工作。"党支部领导下的校长分工负责制代替了革命委员会领导制。其中还提道："学校党支部要善于贯彻执行集体领导与分工负责相结合的原则，充分发挥行政领导干部的作用，不要包办代替。"事实上，各地仍然出现了权与责不对等的状况，书记、校长的领导关系很难处理，不合作、不协调的不占少数。

从以上材料可以看出，这一时期中小学校长的职责是党支部决策的执行者，在这种领导体制下，书记成了学校一切工作的领导者和决策者，而校长退居为书记决策的"执行者"。这一体制对于克服当时的混乱局面，使教育工作走向正轨是有益的。但是，随着形势的发展，这种体制越来越暴露出职能交叉、权责分离的弊端，影响了学校管理水平、办学效益和教育质量的提高，引发了广泛的争议。

6.1985年至今是全面负责行政工作

在批判"党支部领导下的校长分工负责制"造成了"党政不分，以党代政"种种弊端的基础上，1985年5月颁布的《中共中央关于教育体制改革的决定》明确指出："学校逐步实行校长负责制"，"校长全面负责行政工作，党组织发挥政治核心作用，教职工代表大会参加学校民主管理、民主监督"。1995年，《中华人民共和国教育法》第一次在法律条文（第30条第2款）中明确规定："学校的教学及其他行政管理，由校长负责。"随后校长负责制成为我国中小学普遍实行的领导体制。这一改革意味着校长既是学校的行政领导又是业务领导，党组织发挥政治核心与保证监督作用。

从中小学校长职责的演变过程可以看出，伴随着教育领导体制的变革，中小学校长的职责一直在先后领导全校工作、配合书记领导全校工作、领导全校的工作、边缘化、执行者、全面负责行政工作等职责中转换，分析整理历次岗位职责变革的过程与特点，对于理顺农村中小学校的内外部关系，推动农村中小学校长专业发展支持服务体系的建设具有重要意义。

（三）实施中小学校长任职资格制度

在现行的政策文件中，对校长任职的资格和条件规定得比较详细的是国家教育委员会1991年发布的《全国中小学校长任职条件和岗位要求（试行）》，其规定："乡（镇）完全小学以上的小学校长应有不低于中师毕业的文化程度，初级中学校长应有不低于大专毕业的文化程度，完全中学、高级中学校长应有不低于大学本科毕业的文化程度；中小学校长应分别具有中学一级、小学高级以上的教师职务；都应有从事相当年限教育教学工作的经历；都应接受岗位培训，并获得'岗位培训合格证书'。"2003年，国家人事部、教育部又发布了《关于深化中小学人事制度改革的实施意见》，规定中小学校长应该具备的基本条件："思想政治素质和品德良好；热爱教育事业，具有改革创新精神；具有职责所需要的专业知识和较强的组织能力；遵纪守法，廉洁自律；具有团队协作精神，作风民主。"中小学校长任职的资格是："具有教师资格；具有中级（含）以上教师职务任职经历；一般应从事教育教学工作5年以上；身心健康。"此外，国家教委1997年颁发的《实行全国中小学校长持证上岗制度的规定》以及教育部1999年颁发的《中小学校长培训规定》都提出中小学校长任职的一个条件是获得岗位培训合格证书，明确规定了校长持证上岗制度。2006年修订的《中华人民共和国义务教育法》，将中小学校长的任职资格上升到法律范畴。2010年，《国家中长期教育改革和发展规划纲要（2010—2020年）》再次要求"制定校长任职资格标准，促进校长专业化，提高校长管理水平"。一系列政策文件的出台使校长任职资格制度呼之欲出。2017年，中共中央中组部、教育部《关于印发小学校领导人员管理暂行办法的通知》，明确了中小学校长应当具备的任职条件和资格。主要包括：思想政治素质、岗位职责、教育教学管理和组织协调能力、事业心和责任感及品行修养五个方面。

（四）印发《义务教育学校校长专业标准》

《国家中长期教育改革和发展规划纲要（2010—2020年）》提出："促进校长专业化，提高校长管理水平。"《国务院关于加强教师队伍建设的意见》提出："制定幼儿园园长、普通中小学校长、中等职业学校校长专业标准，提高校长（园长）专业化水平。”2013年2月教育部印发《义务教育学校校长专业标准》，由办学理念、专业要求、实施意见三部分内容构成。（见表4-3）

表4-3 《义务教育学校校长专业标准》的主要内容

<table>
<tr><th>框架</th><th colspan="2">主要内容</th></tr>
<tr><td>背景</td><td colspan="2">①世界各国在促进校长专业化发展的诸多实践中，制订校长专业标准是其中的重要一环；
②贯彻落实《国务院关于加强教师队伍建设的意见》，建立健全教师队伍建设标准体系</td></tr>
<tr><td>理念</td><td colspan="2">①以德为先；②育人为本；③引领发展；④能力为重；⑤终身学习</td></tr>
<tr><td rowspan="3">职责</td><td>①规划学校发展；②营造育人文化</td><td>价值领导</td></tr>
<tr><td>③领导课程教学；④引领教师成长</td><td>教学领导</td></tr>
<tr><td>⑤优化内部管理；⑥调适外部环境</td><td>行政领导</td></tr>
<tr><td>实施</td><td colspan="2">①各级教育行政部门要将校长专业标准作为义务教育学校校长队伍建设和校长管理的重要依据；
②各级义务教育学校校长培养培训的机构要将校长专业标准作为义务教育学校校长培养培训的主要依据；
③义务教育学校校长要将校长专业标准作为自身专业发展的基本准则</td></tr>
</table>

（五）颁布《义务教育学校管理标准》

按照《国家中长期教育改革和发展规划纲要（2010—2020年）》提出的“建立现代学校制度加强学校管理”的要求，教育部2017年印发《义务教育学校管理标准》，由基本理念、基本内容和实施要求三部分组成，确定了中小学学校管理的操作策略和检验标准。（见表4-4）

表4-4 《义务教育学校管理标准》的主要内容

框架	主要内容
背景	①贯彻《国家中长期教育改革和发展规划纲要（2010—2020年）》提出的“完善中小学学校管理制度”任务； ②规范办学行为、解决突出问题； ③保障学校管理行为的“基本底线”； ④实现从“政府管学校”向”政府办学校”的转变、促进学校治理体系与治理能力现代化

（续表）

框架	主要内容
理念	①育人为本，全面发展；②促进公平，提高质量；③和谐美丽，充满活力；④依法办学，科学治理
内容	①保障学生平等权益；②促进学生全面发展；③引领教师专业进步； ④提升教育教学水平；⑤营造和谐美丽环境；⑥建设现代学校制度
实施	①注意因地制宜，分类指导，分步实施，逐步完善； ②将管理标准作为义务教育学校工作的重要依据； ③按照管理标准修订完善义务教育学校督导评估指标体系和标准； ④将管理标准作为学校治理的基本依据

三｜农村中小学校长继续教育政策制度

（一）农村中小学校长继续教育的发展历程

1.第一个阶段，拨乱反正后的中央集权阶段（1977—1985年）

1982年，《关于加强普通教育行政干部培训工作的意见》提出在全国范围内建立中小学校长定期轮流离职学习的制度，奠定了我国农村中小学校长培训制度化的基础。师资培训工作以教材教法“过关”为目标。

2.第二个阶段，扩大地方管理自主权阶段（1985—1993年）

1985年5月中共中央《关于教育体制改革的决定》明确规定：“必须对现有的教师进行认真的培训和考核，把发展师范教育和培训在职教师作为发展教育事业的战略措施。要大力提倡和鼓励教师密切结合教学进行自学和互教；要为在职教师举办函授和广播电视讲座；要切实办好教师进修院校，并且利用现有设施，分期分批轮训教师。”

一方面，中央扩大了地方在中小学校长继续教育方面的自主权限；另一方面，中小学校长是教师队伍的重要组成部分，为大规模培训中小学校长、教师拉开了序幕。之后，中央及国务院有关部委相继出台了一系列完善校长培训工作的政策文件。比如，1989年，《关于加强中小学校长培训工作的意见》对中小学校长培训工作的目标、内容与方式以及培训工作的保障措施都进行了系统规定。再如，1990年的《全国中小学校长岗位培训课程教学大纲（试行）》、1992年的《关于加强全国中小学校长队伍建设的意见（试行）》。学历达标工作以“学历补偿”为重点。

3.第三个阶段，统一领导、分级管理、分级负责阶段（1993—2001年）

为贯彻《中国教育改革和发展纲要》，1995年国家教委印发《关于“九五”期间全国中小学校长培训指导意见》等要求：“进一步加强师资培养培训工作……逐步建立以政府办学为主体、社会各界共同办学的体制。”对校长培训制度进行了补充规定。特别是1999年教育部发布的《中小学校长培训规定》，从培训的内容与形式、组织和管理、培训责任等方面对我国中小学校长任职资格培训进行了全面规定。培养、培训工作以学历培训和非学历培训交织进行且重点逐渐后移。

4.第四个阶段，政府主导、社会参与、分级管理阶段（2001年至今）

进入21世纪以来，关于校长培训的新的政策规定进一步跟进，如2001年教育部党组发布的《全国教育干部培训“十五”规划》、2002年教育部下发的《关于进一步加强和改进中小学校长培训工作的意见》、2007年的《全国教育系统干部培训“十一五”规划》、2013年中共教育部党组《关于印发〈全国教育系统干部培训规划（2013—2017年）〉的通知》。2012年教育部、中央编办、国家发展改革委、财政部、人力资源社会保障部联合颁布的《关于大力推进农村义务教育教师队伍建设的意见》，要求各地要建立县（区）域内教师校长轮岗交流机制，建立县（区）域内城镇中小学教师到乡村学校任教服务制度，引导、鼓励优秀教师到乡村薄弱学校或教学点工作。城镇中小学教师在评聘高级职务（职称）时，要有一年以上在农村学校或薄弱学校任教的经历。支持退休的特级教师、高级教师到乡村学校支教讲学。推进校长职级制改革试点，探索实行校长任期制和定期交流制。支持农村名师名校长的专业发展，造就一批乡村教育家。

2013年《教育部关于进一步加强中小学校长培训工作的意见》不断丰富和完善了现阶段我国中小学校长的培训制度，明确提出：“重点加强农村地区、集中连片特殊困难地区、民族地区校长培训，加大薄弱学校校长培训力度……教育部组织实施卓越校长领航工程、农村校长助力工程和培训者能力提升工程，继续实施相关合作项目。以提高全体教师的整体素质为根本目的的跨世纪教师素质提供工程工作。”

（二）有关农村中小学校长培训的政策法规和管理制度

“政策本质上是政府所选择做或者不做的事，是政府带有目的性与指向性的干预行为。”[①]有关农村中小学校长培训的政策法规和管理制度是影响农村中小学校长专业发展的重要因素之一。中华人民共和国成立以来，特别是改革开放40多年来，我国中小学校长培训制度获得了长足发展与进步，“国家、省、市、县四级校长培训网络基本覆盖各个层次的学校校长培训，校长持证上岗制度和轮训制度已经确立，这为我国校长队伍建设做出了重要贡献”[②]。深入研究中国特色中小学校长培训制度的价值，对推进国家治理体系和治理能力现代化具有重要的理论意义和现实意义。通过对有关中小学校长培训的政策法规和管理制度的梳理与分析，我们可以更清晰地了解国家对有关中小学校长培训的政策法规和管理制度的要求及其未来走向。因此，本研究通过整理中国1953—2016年颁布的有关中小学校长培训的政策法规和管理制度（见表4-5），围绕培训的定位、校长资格、培训责任、制度建设等方面，描述并分析有关农村中小学校长培训的政策法规和管理制度的延续与变革，以期对中小学校长培训的本质规律进行再认识，深入反思国家在中小学校长培训中的角色，为社会转型期农村中小学校长培训政策的制定提供参考。

表4-5　中国有关中小学校长继续教育制度的政策描述

文献	主要内容
③1953年7月《关于1953年中等学校及小学教师在职业余学习的几件事项的通知》	①中学教师进修主要通过进修学院，小学教师主要通过教师业余进修学校、函授学校等进行； ②中学教师应规定一定年限，按照一定的教学计划，有系统地正规地进行，小学教师则学习初师主要课程，分科结业
③1954年9月《关于改进中学教师进修学院工作的几点意见的通知》	中学教师进修学院的修业年限为3年，教学计划以师专的为参照，结合中学教师进修学院的特点，按照科目精简与时间集中的原则来研究制定

① 梁亦华：《文本背后的价值取向—香港校长专业发展的延续与变革（1982—2013）》，载《清华大学教育研究》，2014（02）。

② 褚宏启，吕蕾，刘景：《中小学校长培训机构建设与培训制度改革》，载《中国教育学刊》，2009（12）。

（续表）

文献	主要内容
③1955年的7月《关于加强小学在职教师业余文化补习的指示》	①进一步将所有已达初师毕业水平不及师范学校毕业水平的小学教师，逐步提高到相当于师范学校毕业的程度； ②小学教师业余进修学校和函授师范学校均有初级部和高级部之分； ③未参加正规形式进修的小学教师，鼓励其组成业余文化自学小组，利用业余时间集体自学
1955年11月7日《关于加强中等学校在职教师业余进修的指示》	①对教师进修学院和高师函授教育的设立、培养目标、修业年限、教学计划、教学形式、招生及毕业等进行了全面的规定； ②对于未能参加系统学习的教师，则鼓励他们成立进修小组，教育行政部门主要负领导之责
1958年《关于教育工作的指示》	①对教师进修学院和高师函授教育的设立、培养目标、修业年限、教学计划、教学形式、招生及毕业等进行了全面的规定； ②对于未能参加系统学习的教师，则鼓励他们成立进修小组，教育行政部门主要负领导之责
③1963年3月《全日制小学暂行工作条例（草案）》和《全日制中学暂行工作条例（草案）》	党、政府和学校都必须按照党的知识分子政策，在政治上关心他们的进步，在业务上积极创造条件，有计划地帮助他们在职进修或脱产进修，增强教学能力
③1978年《全日制小学暂行工作条例（试行草案）》和《全日制中学暂行工作条例（试行草案）》	①教育行政部门和学校要采取切实有效的措施，大力培训师资，提高师资队伍的质量； ②教师的文化业务进修，应该根据不同的对象，具体安排； ③通过进修达到中师或高师毕业程度的教师，经考试合格，发给证书，承认其学历，在使用上同等对待
①1983年5月《关于加强和改革农村学校教育若干问题的通知》	①为农村各类学校培训师资； ②财政部要拨出一笔专款，为少数民族和边境地区建设一两所师资培训中心
③1989年《关于加强全国中小学校长培训工作的意见》	①逐步建立起比较完善的中小学校长培训制度； ②用3～5年时间将全国中小学校长再轮训一遍； ③中小学校长培训工作的重点是岗位职务培训； ④加强对老、少、边、穷地区中小学校长的培训工作； ⑤利用卫星电视教育手段，开设中小学教育管理的有关课程； ⑥确定一名负责同志及有关机构分管中小学校长培训工作； ⑦制定切合当地实际的省、地、县三级培训规划及具体措施； ⑧中小学校长培训工作及校长素质提高情况，应列为考核、评估各级教育行政部门领导水平、工作实绩的基本内容之一；

（续表）

文献	主要内容
	⑨师范院校、教育学院、教师进修学校和其他培训机构，除了培训中小学师资外，也要培训中小学校长及基础教育管理干部； ⑩中央教育行政学院及教育部所属各教育管理干部培训基地，也要参与中小学校长培训工作，并积极地起指导作用； ⑪编写好适用的培训教材，制订和颁布中小学校长岗位职务培训指导性教学计划供各地参考； ⑫加强干训师资队伍建设； ⑬培训与干部考核、任用相结合
③1990年《关于开展中小学校长岗位培训的若干意见》	①中小学校长的岗位培训是取得任职资格的定向培训； ②组织力量，编写中小学校长岗位培训的教学大纲及教材；同时制作配套的教学录音、录像带，供各地使用； ③依靠现有各级教育（教育行政）学院、教师进修院校及有关高等学校的力量培训中小学校长； ④中小学校长岗位培训的成绩列入本人档案，是任用、考核校长的依据之一
③1991年《全国中小学校长任职条件和岗位要求（试行）》	①颁布校长任职的基本条件：小学校长不低于中师文化程度，初级中学校长不低于大专文化程度，完全中学、高级中学校长不低于大学本科文化程度；中小学校长应分别具有中学一级、小学高级以上的教师职务；应有从事相当年限教育教学工作的经历；应接受岗位培训，并获得“岗位培训合格证书”； ②明确校长的五大主要职责； ③提出校长政治素养、岗位知识、岗位能力的相关要求
②1992年中央组织部、国家教委印发《关于加强全国中小学校长队伍建设的意见（试行）》的通知	①形成校长培训制度、每五年对全体中小学校长进行一遍岗位培训； ②新任命的校长应取得岗位培训合格证书，持证上岗； ③加强中小学校长培训基地的建设； ④努力进行教育教学改革，改进教学方法，提高师资水平，不断提高培训质量
①1994年国务院关于《中国教育改革和发展纲要》的实施意见	①要有计划地对中小学的校长、教师进行培训； ②制定中小学校长岗位规范，实施“百万校长培训计划”，争取1997年左右在全国实行中小学校长持证上岗制度
③国家教委1995年12月27日印发《国家教育委员会关于“九五”期间全国中小学校长培训指导意见》的通知	①理论联系实际、学用一致、按需施教、注重实效； ②中小学校长培训的主要层次可包括：岗位培训、提高培训、高级研修； ③要坚持实行中小学校长持证上岗制度； ④中小学校长培训教材逐步实行多样化

（续表）

文献	主要内容
②1998年教育部面向21世纪教育振兴行动计划	①3年内，以不同方式对现有中小学校长和专任教师进行全员培训和继续教育； ②巩固和完善中小学校长岗位培训和持证上岗制度； ③加强中小学教师继续教育的教材建设； ④接受计算机基础知识培训； ⑤2010年前后，具备条件的地区力争使小学和初中专任教师的学历分别提升到专科和本科层次，经济发达地区高中专任教师和校长中获硕士学位者应达到一定比例； ⑥要加强和改革师范教育，提高师资的培养质量
①1999年06月13日中共中央国务院《关于深化教育改革，全面推进素质教育的决定》	要继续巩固和完善中小学校长岗位培训和持证上岗制度，试行校长职级制，逐步完善校长选拔和任用制度，鼓励优秀校长到薄弱学校任职
③1999年12月30日教育部颁布《中小学校长培训规定》（教育部令第8号）	①培训内容视不同对象的实际需求有所侧重； ②中小学校长培训主要包括：任职资格培训、在职校长提高培训、骨干校长高级研修； ③中小学校长培训实施学时制； ④厘清国家、省和各级教育行政部门在校长培训宏观管理、制订规划、配套政策、培训实施、检查和评估工作中的地位作用； ⑤明晰普通师范院校、教师进修院校、有条件的综合大学承担中小学校长培训任务。 ⑥建设专职教师队伍； ⑦加强对中小学校长培训证书的管理； ⑧中小学校长培训经费以政府财政拨款为主，中小学校长培训期间享受国家规定的工资福利待遇； ⑨把中小学校长参加培训的情况纳入教育督导的重要内容。对培训工作成绩突出的单位和个人，予以表彰和奖励； ⑩各级人民政府教育行政部门和学校要保障中小学校长接受培训的权利
③2001年中共教育部党组关于印发《全国教育干部培训“十五”规划》的通知	①制定并精心组织实施本地区中小学校长和中等职业学校校长培训规划； ②校长培训的主要目标是提高校长全面贯彻教育方针，全面实施素质教育的能力和水平； ③对新任校长或拟任校长要进行任职资格培训，做到持证上岗。对取得“校长任职资格培训合格证书”的校长必须安排参加国家规定学时的提高培训；

（续表）

文献	主要内容
	④在全员培训的基础上，要采取得力措施，加强对骨干校长的培训； ⑤教育部中学校长培训中心和教育部小学校长培训中心主要分别承担中、小学校长高级研修培训任务； ⑥中央广播电视大学要利用卫星电视教育频道、VBI数据广播和计算机网络等现代教育技术，为中小学校长培训提供学习支持服务
③2006年1月教育部印发《全国教育系统干部培训“十一五”规划》的通知	①围绕实施素质教育这一中心任务注重面向基层、面向农村、面向薄弱学校； ②认真开展任职资格培训、提高培训、专题培训和高级研修，分类别进行中小学校长的全员培训； ③严格执行《中小学校长培训规定》，新任中小学校长应做到持证上岗，在任中小学校长5年内累计脱产培训时间不得少于240学时； ④把农村中小学校长培训摆在重要位置，开展农村地区、边远贫困地区和少数民族地区的专题培训； ⑤依托教育部中学校长培训中心、小学校长培训中心每年组织1200人左右的国家级培训； ⑥举办实施素质教育高级研究班等班次，培养一批引领中小学校改革发展的专家型校长； ⑦各省（区、市）要结合本地实际，实施本辖区骨干校长研修计划，落实全员培训任务； ⑧鼓励有条件的地区选拔优秀中小学骨干校长攻读相关学科硕士与博士学位
①2010年07月中共中央国务院《国家中长期教育改革和发展规划纲要（2010—2020年）》	①完善培养培训体系； ②做好培养培训规划； ③完善教师培训制度； ④组织校长研修培训； ⑤开展大中小学校长和骨干教师海外研修培训
③2010年《关于教育系统深入开展大规模培训干部工作的实施意见》	①认真开展以任职资格培训、提高培训、高级研修和专题培训为主要形式的全员培训； ②要将农村校长培训摆在突出位置，加强民族地区校长培训，重视城市薄弱学校校长培训； ③新任中小学校长应做到持证上岗，任职资格培训时间累计不少于300学时； ④在任中小学校长5年内累计参加脱产培训时间不得少于240学时；

（续表）

文献	主要内容
	⑤实施“中西部农村中小学校长素质提升计划”，依托国家级和省级培训机构，用5年时间将中西部农村（包括县镇）中小学校长全部轮训一遍； ⑥实施“中青年骨干校长培养计划”，连续5年每年重点遴选1000名有较大发展潜力的中青年骨干校长，开展更加有针对性的提高培训； ⑦在全国遴选一批具有较高办学水平和办学特色的中小学校，作为全国中小学校长培训实践基地； ⑧组织开展中小学校长专业发展基本标准研究； ⑨规范培训管理，推进制度创新，建立健全干部培训机构的质量评估与资质准入制度，引入竞争择优机制，通过公开投标等方式，委托具有合格资质和相应力量的机构承担国家级培训项目
①2012年《国务院关于加强教师队伍建设的意见》	加强校长培训实施中小学名师名校长培养工程。制定幼儿园园长、普通中小学校长、中等职业学校校长专业标准和任职资格标准，提高校长（园长）专业化水平
②2012年《教育部中央编办国家发展改革委财政部人力资源社会保障部关于大力推进农村义务教育教师队伍建设的意见》	支持农村名师名校长专业发展，造就一批乡村教育家
②2012年《教育部国家发展改革委财政部关于深化教师教育改革的意见》	各地要推进县级教师培训机构与教研、科研、电教等部门的整合与联合，规范建设县（区）域教师发展平台，统筹县域内教师全员培训工作。支持实施幼儿园和中小学教师国家级培训计划、职业院校教师素质提高计划和中小学（中等职业学校）名师名校长培养工程
③2013年中共教育部党组关于印发《全国教育系统干部培训（2013—2017年）》的通知	①完善体系。分类分层开展任职资格培训、提高培训、骨干校长高级研修、专题培训和全员培训。 ②持证上岗。确保达到国家规定的新任校长、园长任职资格培训和在任校长、园长培训基本学时要求。 ③分级负责。统筹省、地、县分级开展中小学校长和幼儿园园长任职资格培训、提高培训和高级研修，切实加强指导、检查和评估工作。 ④高端引领。教育部组织实施中小学校长和幼儿园园长国家级培训计划。加大对优秀中小学校长及幼儿园园长培训的力度

（续表）

文献	主要内容
③2013年教育部印发《关于进一步加强中小学校长培训工作的见》	①谋全局，有计划地面向全体中小学校长开展任职资格培训、提高培训、高级研修和专题培训。 ②补短板，重点加强农村地区、集中连片特殊困难地区、民族地区的校长培训，加大薄弱学校校长的培训力度，重视普惠性民办幼儿园园长的培训。 ③促高端，组织实施中小学名校长和幼儿园名园长培养计划，为优秀校长、园长的成长发展创造条件。 ④提高培训针对性。全面推行需求调研，精选培训内容，改进培训方式，利用现代化信息手段，满足不同层次、类别、岗位校长的专业发展需求。 ⑤完善培训制度。实行5年一周期不少于360学时的在任校长全员培训制度；建立培训学分管理制度，推动校长非学历培训与学历教育课程衔接、学分互认。把完成培训学分（学时）和培训考核情况作为校长考核、任用、晋级的必备条件和重要依据。 ⑥建立质量保障体系。抓标准、抓评估、抓督导
①2015年国务院办公厅关于印发《乡村教师支持计划（2015—2020年）的通知》	①保证培训时间。明确提出到2020年前，对全体乡村教师、校长进行360学时的培训，解决乡村教师总体培训偏少的问题。 ②优化培训内容。除了日常教育教学业务能力的培训外，特别注重加强师德和信息技术应用能力的培训。 ③改进培训方式。按照乡村教师的实际需求，采取顶岗置换、网络研修、送教下乡、专家指导、校本研修等多种形式，增强培训的针对性和实效性。 ④调整"国培"方向。从2015年起，"中小学教师国家级培训计划"重点聚焦乡村，集中支持中西部乡村教师、校长培训
①2018年中共中央国务院《关于全面深化新时代教师队伍建设改革的意见》	①面向全体中小学校长，加大培训力度，提升校长办学治校能力，打造高品质学校。 ②实施校长国培计划，重点开展乡村中小学骨干校长培训和名校长研修。 ③支持教师和校长大胆探索，创新教育思想、教育模式、教育方法，形成教学特色和办学风格，营造教育家脱颖而出的制度环境

注："文献"一列中，①是国家宏观性的教育政策文件；②是教育部及其他部门颁发的指导中小学校长中长期培训实施的文件；③是教育部颁布的有关中小学校长短期培训实施的文件。

由上述文件可以看出，我国已经初步制定了有关农村中小学校长继续教育的系统的政策规章与继续教育制度，表现出七个特点。

第一，在中央统一领导下建立了系统的政策规章与培训制度。中央三次教育工作会议文件以及《中华人民共和国教育法》《中华人民共和国教师法》《中华人民共和国义务教育法》和《中小学校长培训规定》等政策法规文件的颁布，对农村中小学校长继续教育工作的定位、目标、课程、模式、领导、运行、保障等做出了较为详细的规定。

第二，逐步厘清了国家、省、市、县各级教育行政部门在农村中小学校长培训宏观管理、制定规划、配套政策、培训实施、检查和评估工作中的地位作用。

第三，德国的学者休伯通过对15个国家校长培训的培训时间、培训对象进行比较研究得出结论："校长培训分为储备式培养、入职培训和在职培训三种类型。"[①]中国自"八五"期间就要求新任农村中小学校长应做到持证上岗，分级负责开展分层、分岗、分类的任职资格培训、提高培训、专题培训和高级研修，大力开展农村中小学校长的全员培训。

第四，重点加强了农村地区、集中连片特殊困难地区、民族地区的校长培训，加大农村薄弱学校校长的培训力度。

第五，明晰了普通师范院校、教师进修院校、有条件的综合大学承担农村中小学校长培训的任务。

第六，建立了以政府投入为主，多渠道筹措中小学校长继续教育经费制度。《中小学校长培训规定》规定中小学校长培训经费以政府财政拨款为主，中小学校长培训期间享受国家规定的工资福利待遇。2007年11月财政部、教育部《关于调整完善农村义务教育经费保障机制改革有关政策的通知》，明确规定义务教育公用经费的5%以上用于教师继续教育。

第七，完善了农村中小学校长继续教育专业发展的人事激励机制。多个文件都强调要将农村中小学校长的培训与考核、任用紧密地结合起来，国家在政策上努力将校长培训与校长的任用挂钩，从而确立了校长培训的强制性和有效性。在具体的实施过程中，则通过"任命—培训—上岗"的方式来建立校长培训与农村中小学校长任用的联系。农村中小学校长培训与晋升、职称评聘等人事激励政策紧密相连。

---

① 卢乃桂，陈霜叶，郑玉莲：《中国校长培训政策的延续与变革（1989—2009）》，载《清华大学教育研究》，2010（05）。

（三）农村中小学校长培训的课程设置

农村中小学校长培训主要包括任职资格培训、在职校长提高培训和骨干校长高级研修三个不同层次的培训，“在‘八五’‘九五’期间，校长培训多以‘意识形态’主导的通识性培训为主”[①]，如1989年《国家教委关于加强全国中小学校长培训工作的意见》中提出校长培训的内容为“政治理论、党和国家的教育方针、政策、法规，及教育基本理论、学校管理知识与方法”。这种通识培训的内容随着科技发展与和校长工作的复杂性而增加，1999年《中小学校长培训规定》中就增加了“现代教育技术、现代科技和人文社会科学”等内容。“十五”期间农村中小学校长采用“宽基础+活模块”和“统一性+灵活性”的课程设置模式，形成基本课程、选修课程、综合实践课程相结合的课程结构。主要内容有：教育法律法规、廉政建设规定、学校基本管理、未成年人思想道德、基础教育课程改革、信息技术应用等内容。“十一五”期间，校长培训的内容根据教育改革与发展的时代要求，以素质教育的实施为主线，内容涉及学校发展中的具体管理问题，强调专题培训，“以‘意识形态’主导的通识性培训逐步向以‘素质教育实施’为主导的专题培训转变”[②]。“十二五”期间，校长培训的内容继续紧密围绕实施素质教育的中心任务开展素质教育专题，用各类业务知识和科学文化知识培训农村中小学校长，着力提高农村中小学校长履行岗位责任的本领。“十三五”期间，校长培训的内容以提高实施素质教育的能力为核心，围绕校长在规划学校发展、营造育人文化、领导课程教学、引领教师成长、优化内部管理和调适外部环境等方面的专业素质要求，丰富优化培训内容，着力提高农村中小学校长的治校能力、实施素质教育能力和引领学校可持续发展能力。

农村中小学校长继续教育课程实行的是需求导向，既随农村中小学校长需求而调整，也随国家政策变化而改变。这反映了政策制定者越来越意识到校长培训的内容不仅应该与时代紧密相连，还应该与实践中面临的问题紧密结合，通过细分的专题来满足不同层次、不同地区农村中小学校长的专业发展需求。（见表4-6）

---

① 卢乃桂，陈霜叶，郑玉莲：《中国校长培训政策的延续与变革（1989—2009）》，载《清华大学教育研究》，2010（05）。

② 卢乃桂，陈霜叶，郑玉莲：《中国校长培训政策的延续与变革（1989—2009）》，载《清华大学教育研究》，2010（05）。

表4-6　中国有关中小学校长培训课程设置的政策描述

文献依据	主要内容
1989年国家教委印发《关于加强全国中小学校长培训工作的意见》	①政治理论；②党和国家的教育方针；③政策法规；④教育基本理论；⑤学校管理知识与方法等内容
1990年国家教委印发《关于开展中小学校长岗位培训的若干意见》	①基本理论100学时；②教育政策和法规60学时；③学校管理100学时
1995年国家教委印发《关于九五期间全国中小学校长培训指导意见》	①教育思想专题；②教育法制专题；③学校管理研修专题；④中小学教育科研专题；⑤中小学教育评估；⑥学校管理心理；⑦比较中小学教育；⑧现代教育技术；⑨国情与教育专题；⑩教育管理实践
1999年教育部印发《中小学校长培训规定》	①政治理论；②思想品德修养；③教育政策法规；④现代教育理论和实践；⑤学校管理理论和实践；⑥现代教育技术；⑦现代科技和人文社会科学知识
2001年教育部印发《全国中小学校长提高培训指导性教学计划》	采用“宽基础+活模块”和“统一性+灵活性”的课程设置模式，形成基本课程、选修课程、综合实践课程相结合的课程结构。主要内容：①教育法律法规；②廉政建设规定；③学校基本管理；④加强改进未成年人思想道德；⑤基础教育课程改革；⑥评价与考试制度改革；⑦和谐校园建设；⑧学校安全与卫生管理；⑨学校经费管理与使用；⑩中小学人事制度改革；⑪信息技术应用
2006年教育部印发《全国教育系统干部培训“十一五”规划》	①教育法律法规；②廉政建设规定；③学校基本管理；④加强和改进未成年人思想道德建设；⑤基础教育课程改革；⑥评价与考试制度改革；⑦和谐校园建设；⑧学校安全与卫生管理；⑨学校经费管理与使用；⑩中小学人事制度改革；⑪信息技术应用等为重点内容
2008年教育部印发《2008—2012年全国中小学校长培训指导性教学计划》	①素质教育专题；②学校教育法制；③教育改革与发展；④学校发展与学校管理（原理与技能）；⑤加强和改进未成年人思想道德建设；⑥学生发展与学生管理；⑦教师发展与教师管理；⑧课程改革与教学管理；⑨学校安全管理；⑩学校财务与后勤管理；⑪学校人事制度改革；⑫学习型组织建设与校本研究；⑬现代教育技术专题；⑭综合管理实践
2013年教育部印发《关于进一步加强中小学校长培训工作的意见》	①规划学校发展；②营造育人文化；③领导课程教学；④引领教师成长；⑤优化内部管理；⑥调适外部环境；⑦职业道德教育

（四）农村中小学校长培训的模式与实践

1.农村中小学校长培训模式的政策描述

“不同的教学方法将产生不同的知识”[①]，现实中不同经历的农村中小学校长会有不同的学习方式，就是相同经历的农村中小学校长也会有不同的学习方式。泰勒根据学员参与实践的程度，将教育领导培养项目所采用的教学法分为最低程度的参与、边缘性参与和全面参与三类。[②]借助泰勒的分类方式，结合中国中小学校长培训政策中有关教学方法的规定，可以预见政府所倡导的培训方法及其发展趋势。

2001年2月22日，教育部颁发了《全国教育干部培训“十五”规划》，提出“逐步建立干部任职资格培训制度和在职定期进修制度”。2002年2月1日，教育部办公厅发布了《关于进一步加强和改进中小学校长培训工作的意见》，该意见把校长队伍专业化提上了日程，骨干校长培训也称为“专家型”校长培训、“优秀”校长培训或“研修培训”，这是我国中小学校长培训的一个重要模式。2007年3月2日，教育部发布了《全国教育系统干部培训“十一五”规划》，提出如何提高培训质量、如何创新培训模式、如何拓展培训类型是至关重要的问题。该规划在坚持全员培训的基础上，突出重点培训、分类培训。（见表4-7）

表4-7　中国有关中小学校长培训模式的政策描述

文献依据	主要内容
1989年国家教委颁布《关于加强全国中小学校长培训工作的意见》	①主要靠业余、自学方式完成； ②采取办学单位“送教上门”、设班主任、就近组成学习小组的方式； ③边实践，边完善
1995年国家教育委员会《关于“九五”期间全国中小学校长培训指导意见》	①从全脱产或在职自学为主； ②适当组织短期集中面授辅导、集体研讨等灵活多样的方式

① 卢乃桂、陈霜叶、郑玉莲：《中国校长培训政策的延续与变革（1989—2009）》，载《清华大学教育研究》，2010（05）。

② Young M.D.，Crow，G.M.，Murphy，J.&Ogawa，R.T.，Handbook of Research on the Education of School Leaders[C]，New York，Routledge，2009，pp.319-369.

（续表）

文献依据	主要内容
2001年中共教育部党组关于印发《全国教育干部培训“十五”规划》	①采取灵活多样的方式，分类分层施训； ②要适应信息化的趋势，不断更新培训观念，变革培训方式
2001年《全国中小学校长任职资格培训指导性教学计划》和《全国中小学校长提高培训指导性教学计划的通知》	①任职资格：采取全脱产方式培训，也可视本地实际情况，采用分散自学、短期集中面授、累计学时或学分的方式； ②提高培训：采取灵活多样的方式进行。在一个培训周期内，可分年度、分阶段、分专题施教，累计学时。有条件的地区，可采用学分制
2006年《全国教育系统干部培训“十一五”规划》	①不断完善多样化、弹性化、个性化的培训模式； ②积极探索“训研统筹”“训练一体”“训用结合”的途径； ③综合运用讲座式、参与式、案例式、模拟式、体验式等教学方法； ④引导、鼓励受训者积极参与社会调查、实践锻炼和教育研究
《2008—2012年全国中小学校长培训指导性教学计划》	①综合运用理论讲授、自学读书、研讨交流、案例分析、考察调研、论文撰写等多种方式； ②组织学员开展专题研究活动，撰写学校管理案例、专题论文或研究报告等； ③形成个人研究和集体研究成果
中共教育部党组《关于教育系统深入开展大规模培训干部工作的实施意见》	①积极引入互动式、案例式、研究式、体验式、模拟式等多种培训方法； ②提倡学习培训与工作研究结合； ③每期培训班应形成专题调研报告或其他工作研究成果
2013年中共教育部党组关于印发《全国教育系统干部培训规划（2013—2017年）》	①推广专题研讨、短期培训、小班教学； ②倡导挂职培训、分段培训、定制培训、影子培训等； ③推动跨地区跨部门跨学校合作培训； ④加大案例教学比重； ⑤综合运用讲授式、研究式、案例式、模拟式、体验式等方法开展培训； ⑥积极探索干部网络调训和网络选学新模式

（续表）

文献依据	主要内容
2013年教育部《关于进一步加强中小学校长培训工作的意见》	①采取专家讲授、案例教学、学校诊断、同伴互助、影子培训、行动研究等多种方式，强化学员互动参与，增强培训吸引力、感染力和实效性； ②探索建设校长网络研修社区，积极开展区域内、区域间校长网上协同研修，推动校际、城乡间校长网上结对帮扶，形成校长学习发展共同体，实现校长培训常态化； ③鼓励各地设立优秀校长网上工作室，发挥辐射带动作用

2.农村中小学校长国家级培训项目的实践探索

1981年2月，华东师范大学和上海市高等教育局联合举办高校干部研讨班。1986年6月，国家教委人事司下达了《关于加强教育管理干部培训工作的通知》，建立了国家教委在各大区的教育管理干部培训中心，并确定了全方位，多层次的办学模式。

1989年12月19日，国家教委颁布了《关于加强中小学校长培训工作的意见》，启动了全国100万校长的规范化、制度化培训。在这一背景下，教育部中学校长培训中心于1989年10月27日成立。2000年，依托北京师范大学雄厚的学科和师资力量，教育部小学校长培训中心成立。自此中国开始实施国家级农村中小学校长培训项目，通过实施国家级培训项目，培训了一批农村“种子”校长，而且在开发优质培训资源，创新校长培训模式和方法，推动全国大规模农村中小学校长培训的开展，引导和鼓励地方完善农村中小学校长培训体系方面发挥了“示范引领、雪中送炭和促进改革”的作用。

“十二五”期间，国家农村中小学校长规划的重点项目主要包括：①农村义务教育经费保障机制改革校长培训；②农村中小学现代远程教育工程校长培训；③中国移动西部地区农村中小学校长培训；④中国—联合国儿基会校长培训与爱生学校管理等项目；⑤寄宿制学校校长培训。“十三五”期间，国家加大了农村中小学校长培训规划重点项目的推进力度，把农村中小学校长培训与精准扶贫紧密联系起来。（见表4-8）

表4-8　“十三五”期间国家农村中小学校长培训的重点规划项目

名称	目标任务	培训模式
乡村校园长培训项目	对乡村中小学校长和幼儿园园长进行为期15天左右的专项培训，全面提升校园长的专业能力	采取集中培训、脱产研修、“送教上门”、对口支援和远程培训等多种模式开展培训，力求做到集中培训和远程培训相结合，短期集中培训与中长期培训相结合，院校集中研修与中小学教育教学实践相结合
农村校长助力工程	每年组织2 000位农村义务教育学校校长参加国家级培训，提高农村学校校长解决办学重点难点问题的能力，为各地培养一批实施素质教育的带头人	采取“集中培训+返岗实践”培训方式。集中培训阶段共25天，包括专题讲座、案例教学、影子培训等环节。返岗实践阶段共50天，农村学校校长在培训专家的指导下，制定学校中长期发展规划，实施学校改进行动计划，提高管理水平
中国移动中小学校长培训项目	2016年培训中西部乡村校长11 000人，帮助参训学员学习优秀学校的办学经验，进一步提高校长办学治校的能力	影子培训：采用集中面授、影子培训等形式，开展为期12天的实践性培训。网络研修：以50人为单位组成网络研修班并进入“种子校长工作坊”学习。送教下乡：以项目县为单元采用集中面授、跟进指导、现场诊断等形式，帮助学员进一步提高解决问题的能力
中国电信中小学校长信息技术应用能力提升项目	2014—2015年，对全国10.1万位中小学校长进行信息技术应用能力的提升培训，提高中小学校长的信息化领导力	利用校长网络研修工作坊，建立信息化领导力提升共同体，通过专家引领、“种子”校长指导以及校长自主选学、线下观摩交流等多种形式，帮助校长提升信息化领导管理能力
特殊教育学校校长能力提升工程	面向全国特殊教育学校的校长开展培训，通过培训，进一步提升特殊教育学校校长的专业水平	将集中培训和网络研修、理论学习和校本研修、课堂讲授和岗位实践有机结合
卓越校长领航工程	面向全国中小学校长开展高端培训，主要包括中小学骨干校长高级研修班、高级研究班、名校长领航班	按照“整体规划、个性指导、训用结合、连续培养、协同创新”的思路，为参训校长建立集中培养基地、配备理论和实践双导师、搭建思想和实践示范推广平台，通过基地引领研修、导师个性化指导、参训校长示范提升等方式，对参训校长进行有针对性的培养

（续表）

名称	目标任务	培训模式
培训者专业能力提升工程	面向从事中小学校长培训工作的专职培训机构、高等学校、中小学等单位管理者开展培训	通过培训，进一步提高培训者的专业素质，培养一批具有现代培训理念、较强培训能力的高素质专业化培训者

（五）农村中小学校长培训机构建设

1.国家级农村中小学校长培训机构的建设历程

中华人民共和国成立后，教育管理人员的培训就受到了政府的重视。1955年，由教育部提议并经中央政府批准，我国最高层次的教育管理人员的培训基地“教育行政学院”在北京创办。由于历史的原因，中国的“教育行政学院”在20世纪60年代初期被停办。1980年，经国务院批准，原“教育行政学院”复办，并被定名为“中央教育行政学院”。1991年，“中央教育行政学院”改名为“国家高级教育行政学院”。2002年10月18日，经中央机构编制委员会批准改为“国家教育行政学院”。

1989年10月27日，依托华东师范大学的优质资源，教育部中学校长培训中心成立。2000年，依托北京师范大学雄厚的学科和师资力量，教育部小学校长培训中心成立。两个中心秉承“创新培训机制模式、引领校长专业发展、推动学校内涵发展、促进学生全面发展”的宗旨，出色地完成了所承担的各项培训任务，培养造就了一大批优秀校长和实施素质教育的带头人。

2011年6月，经教育部批准，教育部幼儿园园长培训中心在东北师范大学建立。该中心以“尊重的教育”为理念，以“服务于园长的专业成长、服务于幼教改革发展”为指导思想，以“面向幼儿教育、研究幼儿教育、服务幼儿教育”为办学特色，以“一流的质量、一流的管理、一流的服务”为工作精神，致力于将中心办成国内一流、国际知名的幼儿园园长国家级培训中心，成为国家级学前教育干部培训基地。

2013年，《全国教育系统干部培训规划（2013—2017年）》中提出：“重点建设国家教育行政学院、教育部中学校长培训中心、教育部小学校长培训中心和教育部幼儿园园长培训中心等国家级培训机构，加大对全国干部教育培训高校基地和六大区干训中心的支持力度。”

至此，涵盖不同学段的、不同类型的、国家级农村中小学校长、培训机构建立起来。

2.四级农村中小学校长培训机构的功能定位

20世纪80年代末以来，国家、省、市和县四级农村中小学校长培训机构主要承担了四轮我国中小学校长全员培训，实现了我国农村中小学校长培训在数量上的提升。在培训实践中，国家教育行政学院、教育部中学校长培训中心负责教育行政干部和高校干部的培训；各省、市、区教育学院的主要任务是培训普通高中、完全高中的校长和省、市、县教育行政干部；各地、市、州教育学院的主要任务是培训初中校长和市、县教育行政干部；各县、市、区教师进修学校负责培训小学校长和县级教育行政干部，此外各级机构还承担着省、地区教师培训的任务。各级培训机构虽不存在行政管理隶属关系，但事实上存在业务指导和联系，各级培训机构承担着相对应的培训任务，基本实现了分层、分岗、分类培训。“另外还有全国教育干部培训专家委员会、专业研究会，在协调全国的培训力量方面也发挥了很大作用。所以说，我们的校长培训体系是世界上独一无二的，是强有力的，具有很大的优势。”①

20世纪90年代末，国家、省、市和县四级农村中小学校长培训体系受到冲击，高校扩招合并政策和师范教育由三级师范向二级师范的过渡，对我国农村中小学校长培训机构产生了结构性的变革，部分地（市、州）教育学院升格、合并或转制，以培养农村小学校长为主，县级教师进修学校或转制成中小学校、职业学校，或被整合进高等教育体系，农村中小学校长继续教育被削弱、边缘化的形势严峻，农村中小学校长继续教育资源分散流失。2001年2月22日，《全国教育干部培训“十五”规划》提出，“要对干部培训基地实行资格认定制度，采取优胜劣汰机制，建立开放高效的干部培训系统，提高培训质量和办学效益”，“要充分发挥现有干部培训基地的作用，提倡联合办学”，第一次将“资格认定”制度化、培训系统“开放”化作为我国校长培训政策的建设目标。

2010年，国家、省、市和县四级农村中小学校长培训机构恢复缓慢，开放、灵活、多元的培训机构已见雏形。《国家中长期教育改革和发展规划纲要（2010—2020年）》

---

① 本刊编辑部：《校长专业化与校长培训——陈玉琨教授访谈实录》，载《教育发展研究》，2005（17）。

提出："完善培养培训体系，构建以师范院校为主体、综合大学参与、开放灵活的教师教育体系。"2011年，教育部印发《关于大力加强中小学教师培训工作的意见》提出："积极推进区县级教师培训机构改革建设，促进县级教师进修学校与相关机构的整合和联合，加强县级教师培训机构基础能力建设，促进资源整合，形成上联高校、下联中小学的区域性教师学习与资源中心，在集中培训、远程培训和校本研修的组织协调、服务支持等方面发挥重要作用。"2012年，《关于深化教师教育改革的意见》提出："建立以师范院校为主体、教师培训机构为支撑、现代远程教育为支持、立足校本的教师培训体系。各地要推进县级教师培训机构与教研、科研、电教等部门的整合与联合，规范建设县（区）域教师发展平台，统筹县域内教师全员培训工作。"2013年，《全国教育系统干部培训规划（2013—2017年）》中提出："各地要依托具有优质培训资源的高校建立基地，面向教育系统干部开展培训。"教师进修学校、基地学校、师范院校、社会教育培训机构等各级各类培训机构正逐步形成承担不同层级的农村中小学校长培训任务的格局。

3.农村中小学校长培训机构的建设标准

作为农村中小学校长培训的主要组织者和承担者的县级教师培训机构，其建设与改革的成功，不仅仅关系着农村中小学校长继续教育的质量，还关系着农村中小学教师队伍专业化的水平。"建设教师培训机构国家标准，建立教师培训机构资质认证制度，既是促进在职教师专业成长的重要举措，也是教师培训机构建设和教师教育国家标准完善的现实需要。"[①]基于以上认识，教育部于2002年印发《关于进一步加强县级教师培训机构建设的指导意见》，文件对县级教师培训机构的性质和主要任务进行了深刻的阐述，对县级教师培训机构建设的基本原则和要求、领导和管理也进行了明确的规定。2011年，教育部办公厅印发《关于开展示范性县级教师培训机构评估认定工作的通知》，通知要求各地按照《示范性县级教师培训机构评估标准》先由省级教育行政部门研究制定具体评估办法、组织实施省级评估，再申报，由教育部组织有关专家对申报机构进行抽查复审后，正式予以认定。《示范性县级教师培训机构评估标准》共分五项一

---

① 李中亮：《教师培训机构国家标准建设研究》，载《中国教育学刊》，2014（06）。

级指标：“组织领导、基础设施、教师队伍、专业效能和特色影响。”[①]（见表4-9）前四项一级指标分为11项二级指标。在五项一级指标中，“教师队伍”“专业效能”“组织领导”的分值分别占总数的22.00%、33.00%和16.00%，观测点数也分别占25.00%、31.67%和16.67%。教师队伍、机构满足需要程度和政府责任是评估的重点。教师队伍要求：专任教师数不低于本地区中小学专任教师总数的5.00‰；学科配备齐全；具有研究生学历和硕士、博士学位者达到15.00%，并逐年提高；兼职教师与专任教师的比例不低于1.5∶1。专业效能要求：通过“发展规划”引导队伍发展；完善教师培训质量评估机制和体系；参训率达98.00%以上，合格率达95.00%以上，满意度在80.00%以上；强化专题研究；做好参谋和助手。组织领导要求：做到认识到位、政策到位、管理到位的“三个到位”。硬指标是落实培训机构“基本实现与教研、科研、电教等相关机构的职能和资源的有效整合”。《示范性县级教师培训机构评估标准》对农村中小学校长培训机构的管理和发展指出了方向，有利于建立培训机构的资质评估与准入制度，有利于引导各地研究制定培训质量评估、培训机构资质准入等办法，建立、完善教育系统干部培训质量跟踪、监督制度，努力提高培训质量与效益，不断规范培训秩序。

表4-9　《示范性县级教师培训机构评估标准》的主要内容

<table>
<tr><th>一级指标</th><th>分值</th><th>二级指标</th><th>分值</th><th colspan="2">观测点数</th></tr>
<tr><td rowspan="4">组织领导</td><td rowspan="4">16</td><td>组织保障</td><td>4</td><td>2</td><td rowspan="4">10</td></tr>
<tr><td>机构管理</td><td>5</td><td>2</td></tr>
<tr><td>领导班子</td><td>4</td><td>4</td></tr>
<tr><td>经费保障</td><td>3</td><td>2</td></tr>
<tr><td rowspan="2">基础设施</td><td rowspan="2">17</td><td>校舍条件</td><td>7</td><td>4</td><td rowspan="2">12</td></tr>
<tr><td>培训条件</td><td>10</td><td>8</td></tr>
<tr><td rowspan="3">教师队伍</td><td rowspan="3">22</td><td>专任教师</td><td>10</td><td>7</td><td rowspan="3">15</td></tr>
<tr><td>兼职教师</td><td>4</td><td>4</td></tr>
<tr><td>能力建设</td><td>8</td><td>4</td></tr>
</table>

① 汪文华：《带课、带研、带学、带资，促进“影子教师”培训有效实施——以2010年“国培计划”安徽省置换脱产研修项目为例》，载《中小学教师培训》，2011（03）。

（续表）

<table>
<tr><th>一级指标</th><th>分值</th><th>二级指标</th><th>分值</th><th colspan="2">观测点数</th></tr>
<tr><td rowspan="2">专业效能</td><td rowspan="2">33</td><td>培训管理</td><td>10</td><td>7</td><td rowspan="2">19</td></tr>
<tr><td>功能发挥</td><td>23</td><td>12</td></tr>
<tr><td rowspan="2">特色影响</td><td rowspan="2">12</td><td>服务对象评价
同行评价
社会评价</td><td>6</td><td colspan="2">3</td></tr>
<tr><td>特色创新</td><td>6</td><td colspan="2">1</td></tr>
<tr><td>合计</td><td>100</td><td></td><td>100</td><td colspan="2">60</td></tr>
</table>

我们“从教育干部培训机构评估的价值出发，提出评估需要从机构的规划发展、管理情况、内外资源、办学水平等方面考虑。以CIPP模式对评估内容的分类来归类教育干部培训机构的评估准则之后，最终确定了四大类评估准则：目标决策、办学条件、办学过程、办学效果，并附上加分项目。”[①]问题是中国是发展中国家，不同区域的历史文化不同、发展阶段不同、农村中小学校长的需求不同。各类培训机构受当地政治、经济、社会、教育发展水平，校长专业发展诉求，地理环境等因素的制约，培训机构的硬件、软件参差不齐，差别很大。因此，农村中小学校长培训机构的建设应体现东、中、西部的区域差异，围绕基本要求设计基本指标，并根据经济水平、培训机构的实际发展状况、校长专业发展阶段的特点，设计灵活动态的发展性评价标准。恰如李中亮的研究结论：“不仅各级教师培训机构应有不同的指标及标准，即便是同一级教师培训机构、不同类型的教师培训机构，也应该在设有一般性教师培训机构标准的基础上增加一些特殊的教师培训机构标准。”[②]我国农村中小学校长培训机构建设的思路：原则上，要处理好共性与个性、自评与他评、静态与动态等几对关系。内容上，建设包含合格标准、优秀标准在内的系列标准。方法上，重点借鉴国外教育培训机构标准建设的成功经验，包括标准制定、发布和实施在内的系列活动，需要分阶段、分步骤推进。[③]

---

① 王徐波：《我国教育干部培训机构评估研究》，硕士学位论文，华东师范大学，2008。

② 李中亮：《教师培训机构国家标准建设研究》，载《中国教育学刊》，2014（06）。

③ 胡东成，彭瑞霞：《我国教育培训机构标准建设的研究》，载《继续教育》，2011（07）。

（六）农村中小学校长继续教育的质量保障

农村中小学校长继续教育的督导评估是保障农村中小学校长专业发展质量的一种手段，在构建教育质量保障体系的过程中具有重要作用。1994年，《全国中小学校长岗位培训评估工作指导意见》提出：评估目的为："检查地方教育行政部门和承担中小学校长培训任务的院校，贯彻落实国家关于中小学校长队伍建设和培训的方针、政策，开展中小学校长培训工作的情况和成效。"评估对象为教育行政部门和办学单位，评估的主要内容：教育行政部门为组织领导、培训规划、培训措施和政策、培训的规章制度四个方面；办学单位为教学工作、教师队伍和培训成效。评估程序是自评、上级检查验收、国家分片区抽查。结果使用上为对中小学校长培训的先进单位和个人应给予必要的表彰和奖励。2013年，国家教育行政学院（教育部—中国移动中小学校长影子培训项目办）印发"教育部—中国移动中小学校长影子培训"质量管理标准，设计了A、B、C三级质量管理标准指标体系，其中A级质量管理标准为领导管理、条件保障、组织实施、培训成效、特色创新五项。

"中小学校长培训评估是促进中小学校长培训专业化发展的重要手段，同时，也是中小学校长培训工作的必要组成部分。"[①]我国农村中小学校长评估的思路：理念上，解决"为什么评""评什么""怎样评""评后怎样"的四个前后衔接的问题。方法上，结合区域培训的特点，重点借鉴国外培训机构标准建设的成功经验，包括标准制定、发布和实施在内的系列活动，需要分阶段、分步骤推进。[②]结果使用上，充分发挥评估的诊断、调控、激励功能，全面促进农村中小学校长培训的专业化发展；探索建立自我评估、院校评估、专业认证、国际评估、教学基本状态数据常态监测"五位一体"的具有中国特色的农村中小学校长培训质量评价体系。

---

① 肖北方：《关于中小学校长培训评估专业化发展的系统探析——近20年中小学校长培训评估研究文献综述》，载《北京教育学院学报》，2011（05）。

② 胡东成，彭瑞霞：《我国教育培训机构标准建设的研究》，载《继续教育》，2011（07）。

第二节　农村中小学校长专业发展支持服务体系建设的地方实践

一　农村中小学校长专业发展支持服务体系建设的省级实践

2002年，国务院办公厅印发《关于完善农村义务教育管理体制的通知》提出：“省级人民政府负责统筹制定本省、自治区、直辖市农村义务教育发展规划；根据国家中小学教职工编制标准，制定具体实施办法；逐县核实财力水平，统筹安排财力；加强对下级政府教育工作的督导检查，组织开展督导评估工作。”因此，本研究在梳理山东、河南、新疆、广西、吉林等人民政府办公室教育厅职能转变和机构改革“三定”工作实施意见的基础上，分析认为省级教育行政部门对农村中小学校长专业发展的定位和职能是：一是统筹指导省域农村中小学校长建设和管理工作；二是拟订省域农村中小学校长专业发展规划并组织实施，指导农村中小学校长继续教育改革工作；三是负责并组织实施省级农村中小学校长培训计划，指导全省农村中小学校长培训基地的建设与管理工作；四是负责农村中小学校长资格证书制度的实施工作和培训机构的评估及资质认证工作；五是负责农村中小学名校长评选、管理工作；六是指导全省农村中小学校长师德建设和录用、聘用、考核、奖惩、交流、工资待遇等工作。

案例

政策先导：凸显农村中小学校长基础性、长期性和战略性地位[①]

（一）基本情况

甘肃省有义务教育学校10 517所，其中农村学校8544所，占81.24%。全省义务教育阶段学校专任教师225 491人，其中，乡镇及以下专任教师18.7万人。小学教师学历合格率为99.77%，初中教师学历合格率为99.22%。

（二）主要措施

①职称。加大对乡村中小学和幼儿园教师的倾斜支持力度，保证指标分配

① 根据《甘肃省人民政府办公厅关于印发甘肃省〈乡村教师支持计划（2015—2020年）〉实施办法的通知》整理。

乡村教师所占比例不低于人数比例。将分设的中学和小学教师职称（职务）系列统一为初、中、高级。乡村教师在评定职称（职务）时，达到初级、中级职称（职务）晋升年限的，经师德考核和课堂教学能力测试合格后可直接认定相应职称（职务）。在晋升高级职称（职务）时，不作外语成绩（外语教师除外）。

②补助。乡村教师待遇总体上高于县城教师。全省乡村教师在享受甘肃省乡镇机关事业单位工作人员乡镇工作补贴200～600元基础上，对58个集中连片特困地区和17个插花型贫困县乡村中小学和幼儿园教师，按每月不低于300元标准发放生活补助，并对获得荣誉的教师适当提高标准。

③体检。各市州及县市区政府要监督用好医疗保险基金，每年组织乡村教师进行1次体检，对于条件艰苦的偏远乡村中小学和幼儿园，要组织专家下乡巡诊。在现行制度框架内，做好乡村教师重大疾病救助工作，建立绿色通道，特事特办。

④生活。乡村教师夫妻双方均在同一县域内工作的，在自愿的情况下，由县市区负责选调一方到离家就近学校工作。

⑤健康。每个乡建1所乡村教师活动中心，设立教师心理健康教育室，为教师身心健康提供服务。

⑥信息化。所有乡村学校实现“校校通、班班通、人人通”全覆盖，并为乡村教师提供必要的信息化设备。

⑦食堂。按照“节约、安全、卫生、实用”的原则，通过维修改造或新建扩建，为每所乡村学校修建一所食堂，并配备餐桌椅等相应设施设备。

⑧问责。省教育厅要会同省直有关部门对乡村教师编制的核定及待遇落实、经费保障、职称评定、队伍建设等情况定期进行专项督查，确保各项政策措施切实落到实处。对工作不力、政策落实不到位的，要依纪依规严肃问责。

案例评析

教育政策价值分析是教育政策分析的核心领域和方法。刘复兴教授认为：“任何一项教育政策都是一种教育领域的政治措施，任何政治措施本身都代表或蕴含着政府对于教育事务和教育问题的一种价值选择——做什么或不做什么、鼓励什么或禁止什么的一种价值选择。”[①]教育政策应达到“显性价值和隐性价值，应然价值和实然价值，间接价值和直接价值三者的统一”[②]。本研究从教育政策的价值性、合法性、有效性三个价值向度分析《甘肃省乡村教师支持计划（2015—2020年）实施办法》。

第一，价值性。西部地区、农村地区的教育短板在于乡村中小学校长、教师专业素质亟待提升。《甘肃省乡村教师支持计划（2015—2020年）实施办法》对于稳定乡村中小学校长、教师队伍，吸引优秀人才到乡村学校任教，带动和促进中小学校长、教师队伍整体水平的提高具有十分重要的意义。

第二，合法性。教育政策的功能在于社会范围内进行教育利益的再分配。《甘肃省乡村教师支持计划（2015—2020年）实施办法》正当地或合法地表达了乡村中小学校长、教师队伍的需要和利益。补助、健康、生活、发展等切身利益具有正当性、合法性。

第三，有效性。乡村中小学校长、教师队伍专业发展是一个系统工程，需要打出“组合拳”，解好选用、培养、管理、使用的“综合题”。甘肃省的做法一是实行一把手负责制，各部门细化分工，落实路线图、时间表和责任人；二是强化经费保障力度；三是评估问责，每年进行专项督导，依纪依规严肃问责。

《甘肃省乡村教师支持计划（2015—2020年）实施办法》出实招、办实事、求实效。

案例

规划引领：指明农村中小学校长培训方向[③]

（一）困难挑战

培训保障能力与培训要求还有差距；培训力度有待进一步提高，亟须扩大培训覆盖面；培训方式有待进一步改进；培训内容有待进一步提升针对性；培训条件有待进一步优化；考核评价流于形式；持续有效的培训支持体系有

① 刘复兴：《教育政策价值分析的三维模式》，载《教育研究》，2002（04）。

② 孙绵涛，邓纯考：《错位与复归—当代中国教育政策价值分析》，载《教育理论与实践》，2002（10）。

③ 根据湖南省教育厅《湖南省中小学校长“十二五”培训情况及“十三五”工作规划》整理。

待建设。

（二）工作思路

“十三五”期间，我省中小学校长培训工作思路朝着瞄准一流、高端引领、突出重点、创新机制的目标，通过高水平的培训，切实坚定中小学校长的理想信念，提高思想觉悟和道德水平，提升现代学校治理能力、课程领导与改革能力、学校文化建设能力和教师专业发展引领能力，开创中小学校长培训新局面。

（三）工作重点

①聚焦乡村中小学校长，利用国培、省培对全省乡村中小学校长开展全员培训，5年周期内让每位乡村中小学校长享受不少于100学时的高端培训，全面提升乡村中小学校长的师德水平和学校管理能力，促进乡村教育均衡发展。

②培育名优骨干，继续实施中小学幼儿园骨干教师、名师名校长“十百千万”培养工程，重点培养一批热爱乡村教育、扎根乡村、师德高尚、教育教学影响力强的“种子”教师和中小学校长。5年周期内培养1～2名在全国有较大影响力，10名左右在全省较有影响力，50名左右在市州内较有影响力，120名左右在县域内较有影响力的名校长，形成具有较高水平的中小学骨干校长队伍，探索和引领全省基础教育课程改革、信息技术与教育教学推进素质教育和教育现代化。

③建设150个“卓越校（园）长工作室”（其中高中15个、初中35个、小学50个、幼儿园50个）。工作室由一位卓越校（园）长担任主持人，工作周期3年，通过师徒结对、影子跟班、网络协同研修、送教下乡等多种形式，在湖南省教育教学改革和教师培训工作中发挥重大作用。

④加强市（州），县（市、区）干训培训机构建设工作。近几年，由于高校合并、教师进修学校职能削弱等原因，湖南省市、县干训培训机构受到了很大冲击，有很多县（市、区）由于培训机构撤销或培训职能削弱，已经有几年没有举办校长培训班了，严重制约了湖南省干训工作的培训力度。要积极利用湖南省加强市、县教师培训机构建设的契机，督促各级政府加强对干训机构的建设。

（四）工作措施

①加强领导。理顺培训管理体制，完善领导机制。通过“国培”改革，实施项目县建设项目，推动各级教育行政部门进一步理顺培训管理体制，由教师工作部门牵头，计划财建、基础教育、民办教育等相关部门协同工作机制。

②拓宽中小学校长培训的内容和范围，加强针对性、提高实效性。紧密围绕教育行政部门的中心工作和当前中小学存在的热点和难点问题，不断拓宽培训内容和范围，充分发挥和利用各种优质培训资源，尊重差异、体现多样，根据贴近基层的要求，贴近基层实际、贴近基层教育工作者的思想实际，科学设置培训课程体系。

③创新培训模式，注重载体的新颖性和有效性。校长培训的模式和手段应当紧随信息时代的发展步伐，采用高效便捷、生动形象、内容鲜活的教育载体。

④更新理念，提升中小学校长培训内容的丰富性和深刻性。要把校长培训与提高工作效率、提升实践能力、充实理论知识、培养兴趣爱好等内容密切结合在一起，拓展培训内容深度和广度，进一步加强思想道德教育、文化知识教育和健康心态教育。

⑤强化项目指导、监督与评价。依托湖南省教师发展中心、湖南省干训中心和湖南省幼教师资培训中心，根据“国培计划”改革要求，系统制定相关标准并组织评估考核，对全省中小学校长培训项目进行协调管理。建立专家全程指导机制，推进信息化管理，实现精细化管理。进一步加强湖南省中小学校长专家库建设、培训课程资源库建设和网络研修平台建设。

⑥建立完善省、市、县、校（园）四级项目管理体系。建立完善省、市、县、校（园）四级项目管理体系，省级统筹，市县教育局督促，培训机构实施，学校（园）落实，分工合作，协同提高培训质量。

⑦加强过程监管。将送培对象遴选、培训方案和培训实施、培训关键环节等纳入监管范围，并将监管评估覆盖到每个培训机构、每个项目市县、每个培训班级、每个研修社区、每个工作坊、每个研修片区和每个项目校（园）。

⑧改进绩效评估，适时引入第三方评价机构。建立培训条件评估、培训过

程评估和培训结果评估相结合的培训效果评估体系。采用培训机构自评、专家评估、省国培办评估、学员测评等多种形式，提高绩效评估的科学性。在条件成熟的情况下，引入第三方评价机构，进一步确保培训质量信息的全面性、客观性和准确性。

案例评析

《礼记·中庸》："凡事预则立，不预则废。"规划作为一种促进组织变革的有效策略，在英国、丹麦、澳大利亚、美国等国已经普遍采用。"经济合作与发展组织教育规划的主要方法是一定框架下的大规模制度扫描和坚实信息基础上的大规模比较；参与式教育规划通过改善教育规划的政治程序和参与人，进而提高教育规划的适用性；基于新公共行政主义理论下的教育战略规划主要包括重新定义外部环境的变化、通过战略规划或情景规划确定发展方向、重构对规划的管理支持体系三个部分。"①本研究认为，湖南省农村中小学校长培训规划具有：综合诊断、确定方向、创造体验、管理匹配、时空设计五大关键方法。

第一，综合诊断。湖南省采用"中西医结合"方法综合分析了"十二五"期间中小学校长培训面临的七个问题与挑战、原因和需求，全面而具体地了解了中小学校长培训的发展现状和需要优先解决的问题。

第二，确定方向。湖南省因地制宜地明确了今后5年中小学校长培训的发展方向和目标，确立了聚焦乡村中小学校长，利用国培、省培对全省乡村中小学校长开展全员培训工作的重点。

第三，创造体验。湖南省上下互动共同参与探索中小学校长培训的规律，一方面积极争取外部支持，另一方面挖潜内部资源，寻找"优质"中小学校长培训的主要策略。

第四，管理匹配。湖南省强化了项目指导、监督与评价，建立和完善了省、市、县、校（园）四级项目管理体系，省级统筹，市县教育局督促，培训机构实施，学校（园）落实，分工合作，协同提高培训质量。

第五，时空设计。中小学校长培训具有很强的时空特点，湖南省中小学校长培训规

---

① 曾晓东：《20世纪90年代以来世界教育规划理论和实践的进展》，载《辽宁教育研究》，2007（10）。

划的关键就是要把时间和空间利用好。不同学段、不同区域、不同发展阶段校长的培训模式设计不同。

中小学校长培训规划具有跨学科的特点，涉及规划学、管理学、教育学、经济学、文化学、生态学等多门学科。湖南省中小学校长培训规划既要有硬的内核，又要有软的外延。

案例

标准规范：农村中小学校长培训目标达成的准绳[①]

表4-10 辽宁省中小学校长任职资格培训课程设置标准

课程	学时	教学目的和要求	主要内容
邓小平理论与科学发展观	10	从总体上领会邓小平理论的基本观点和基本精神，系统钻研和理解邓小平教育理论；学习和掌握科学发展观的精神实质，并贯彻落实于教育管理实践中	邓小平教育理论；当代中国政治经济发展与教育；科学发展观的基本要求、精神实质和深刻内涵
现代教育理论与实践	50	掌握现代教育基本理论，理解并自觉实施素质教育，提高实施素质教育的能力和水平；掌握现代课程理论，了解我国课程改革相关问题；了解并掌握心理学的相关知识	素质教育理论与实践；现代德育基本理论；现代课程论和教学论；基础课程改革理论；教育心理学；中外教育简史
教育法制基础	30	了解教育法制的基本理论知识，熟悉我国现行教育基本法规，树立依法治校的意识，提高依法治校能力	教育法制基础知识；国家现行教育法规；地方现行教育法规和规章；教育法律纠纷典型案例分析
学校管理理论与实践	50	掌握现代管理基本理论知识和学校管理的基础知识、基本技能，熟悉学校管理基本规律，了解先进的学校管理经验，提高科学管理学校的水平	学校管理理论与实践；学校管理心理学；学校领导素质与艺术专题；学校管理案例分析
中小学教育科研	20	增强科研意识，掌握学校教育科研的基本知识和方法，结合学校工作实际组织教育科研，提高科研能力和学校科研管理水平	中小学教育科研基础知识；中小学教育科研主要方法；中小学教育科研组织管理

① 根据《辽宁省“十二五”中小学校长任职资格培训指导性教学计划》整理。

（续表）

课程	学时	教学目的和要求	主要内容
现代教育技术基础	20	了解现代教育技术及在学校的应用，初步掌握计算机基本知识及操作	现代教育技术基础知识；计算机操作与应用
选修课程	60	开阔视野，提高素养	当代人文与社会科学；自然科学与现代科技概论；校长如何听评课；中国传统文化与教育；教育公文写作；当代国内外中小学教育概况
综合实践课程	60	提高校长运用理论分析和解决学校管理实际问题的能力	在当地有关学校进行实地考察；到发达地区进行教育考察、挂职锻炼；研讨交流，分析案例
总计	300		

表4-11　辽宁省中小学校长提高培训专题课程设置标准

模块	课程内容	学时
必修专题（140）	①学校的课程领导与有效教学	20
	②学校质量的监控与评估	20
	③校长办学理念的价值取向研究	15
	④特色学校创建的理论与实践	20
	⑤校长管理技能与领导力的提升	20
	⑥校长依法治校之行动研究	15
	⑦远程专题培训	30
选修专题（任选）（60）	⑧现代学校管理制度研究	20
	⑨校长自我学习与成长	10
	⑩学校管理的智慧与艺术	20
	⑪实施校本教研的策略研究	20
	⑫学校管理案例分析	20
	⑬校园安全长效机制的建立与完善	10
	⑭农村义务教育均衡化发展策略	10
	⑮校长与教师的心理调适	15
	⑯学校德育实效性研究	15

（续表）

模块	课程内容	学时
	⑰对教师教学实践的指导	15
	⑱综合管理实践（教育考察）等	40
	⑲基础教育与现代学校制度	20
	⑳学校内涵发展与校长领导力	20
	㉑如何管理学校的教育科研工作	20
	㉒公共危机的沟通艺术	20
	㉓国内外教育改革与发展情况	20
	㉔远程专题培训（选修）	20
综合管理实践（40）	教育考察、挂职锻炼等	

案例评析

课程是为实现培养目标而选择的教育内容及其进程的总和。“课程标准是由国家的公认机构制定并由国家标准权威管理部门批准或核定的文件，是课程开发建设、课程实施、课程评价与管理的准绳。”[①]中国农村中小学校长培训的课程主要有三种类型：基于农村中小学校长经验的课程、基于教科书的课程和基于培训课程标准的课程。

第一，辽宁省站在国际视野、国家要求、辽宁实际的三维平台制定了《辽宁省中小学校长任职资格培训课程设置标准》（见表4-10）、《辽宁省中小学校长提高培训专题课程设置标准》（见表4-11）。课程目标聚焦当代社会发展形势和国内外教育改革与发展动态，要求了解教育科学新知识和现代管理科学知识，掌握现代学校管理理论和方法；遵循成人学习规律，注重从农村中小学校长专业属性、干部属性、社会属性三个方面综合提升校长素质。

第二，辽宁省从基于校长自身经验或教材的课程走向基于课程标准的课程。辽宁省由权威机构制定并由省教育行政部门批准或核定《辽宁省中小学校长任职资格培训课程设置标准》《辽宁省中小学校长提高培训专题课程设置标准》，是省、地（市、州）和县（市、区）中小学校长培训课程开发、实施、评价与管理的准绳。它规定了整个课程运作活动与过程的规则，供管理机构和培训机构遵守与反复使用，以确保培训活动的最佳效果和秩序。

① 何玉海，王传金：《论课程标准及其体系建设》，载《教育研究》，2015（12）。

第三，课程标准源于培训目标、培训设计先于评估设计。《辽宁省中小学校长任职资格培训课程设置标准》《辽宁省中小学校长提高培训专题课程设置标准》指向农村中小学校长学习结果的质量，以及如何设计基于培训目标、课程标准、培训活动、培训评价“四位一体”的教学，希望培训者能够“像专家一样”整体地思考目标、标准、教学与评价的前后逻辑的一致性问题。

案例

名校长辐射带动：共享智慧共赢发展[①]

（一）规划联动

各级教育行政部门要启动本地名师、名校长建设工程，建立省、市、县（市、区）名师、名校长建设联动工程，将各级名师、名校长和特级教师统一纳入全省名师、名校长队伍管理。各级名师、名校长要按照教育行政部门的管理要求，完成相应的专业研修任务，发挥好传帮带作用。同时，各级教育行政部门要提供相应的待遇和条件，加强名师、名校长队伍建设。

（二）群组协同

名师、名校长工作室是由名师、名校长负责，由若干同学科教师或同类学校校长组成的合作学习、协同研究的教师、校长互助群组。名师、名校长负责工作室群组教师、校长和群组活动的组织指导。群组成员由名师、名校长所在市、县教育局遴选确定（农村中小学校长、教师要占一定比例），并征求名师、名校长本人的意见。

（三）搭建平台

2009年年底，山东省省教育厅在教师教育网开通齐鲁名师、名校长工作室平台。全省名师、名校长分齐鲁名师名校长（建设工程人选）、特级教师、市县名师名校长三批完成各级名师、名校长工作室群组建设。各市、县（市、区）教育行政部门要根据省教育厅的统一安排，及时组织上报各批次名师、名校长工作室及群组人选。

① 根据山东省教育厅《关于加强名师名校长工作室建设的指导意见》整理。

（四）活动载体

名校长（建设工程人选）制订年度活动计划，参照名师工作室群组活动模式，利用名校长工作室开展学校管理案例研讨、课题研究、在线研讨和经验交流，提高名校长工作室及名校长工作室群组参与学校的管理水平。

（五）组织分工

全省名师、名校长工作室建设在省教育厅统一领导下，由师范教育处组织实施。各市、县教育行政部门要在省教育厅指导下做好各级名师、名校长工作室群组的建设和管理工作。省中小学师资培训中心具体承担名师、名校长工作室建设的管理和协调工作。通过自组织方式，加强日常沟通和活动协同，发挥名师、名校长多群组组合效应，形成全省名师、名校大联盟。各级教研部门要加强对名师、名校长工作室群组的专业研修活动指导，使名师、名校长各项专业研修活动得到有效引领，扩大资源共享，实现深度跟进和充分互动交流，推进网络教研常态化。各级教育行政部门、中小学校要将名师、名校长工作室研修活动纳入中小学教师、校长继续教育学分管理。

案例评析

第一，研究“名校长”成长规律。“名校长”成长是循序渐进、逐步成长的，具有有一定的规律性。山东省通过网络平台和经验研究和案例研究的方式，研究“名校长”成长的过程和规律，引领全省“名校长”建设工程和中小学校长专业发展。

第二，建构“名校长”成长平台。“名校长”成长需要有适合的平台。“网络工作室”群组活动模式就是利用名校长工作室开展学校管理案例研讨、课题研究、在线研讨和经验交流，提高名校长工作室及其群组的学校管理水平等。

第三，开展“名校长”教育思想研究。帮助“名校长”提炼教育思想，总结教育经验，探索教育办学模式，研讨管理方法，形成办学特色与风格。

第四，引导机制。通过“名校长工作室”的带动效应，引领农村中小学校长队伍的办学思想由“育分”向“育人”转变，知识能力由“单一型”向“综合型”转变，管理方法由“经验型”向“科学型”转变。

第五，帮助机制。对有发展潜力的农村校长委以重任，提出学习、反思任务，定期上传成果。同时，大力开展小组协作活动、课题研究以及评教评学活动，帮助他们提升学校创新能力，致力打造品牌。

第六，评价机制。省教育厅组成专家小组定期对“名师工作室”的工作进行考核。

名校长工作室要想“名副其实”，展现其旺盛的生命力，一是必须在活动上有所突破，即活动要有明确的目标、具体的内容和创新的形式；二是必须形成“名校长带头、网络支持、多方联动、全员参与”的系统格局；三是名校长工作室要淡化“行政色彩”，彰显“草根本色”，所开展的活动必须体现“集体意愿”。

案例

基地搭台：农村中小学校长专业发展平台①

（一）建设背景

山东省在三级培训体系向二级培训体系（地市级培训资源）流失严重，师范院校主要精力放在向多科性与综合化等方面发展，高校培训的基本职能被弱化，“原有的县级教师进修学校、教师教育中心、电化场馆等县级教师教育机构转制、转型、转卖现象严重，广大农村中小学校长、教师失去了专业发展的平台依托和精神家园”②的大背景下。2011年4月，山东省全面启动了教师教育基地建设工程，省财政每年资助2 200万元，计划用5年时间，采取地方政府、高校与中小学校合作共建的方式，分批建设19个省级教师教育基地；整合县域内的教师教育资源，建设100个县级教师教育基地。

（二）主要任务

调整教师教育布局结构，整合优化教师教育资源，建立以现有师范院校为主体，其他高等学校共同参与、开放灵活的教师教育体系。

第一，完成三级师范向二级师范的过渡。通过合并、升格等方式，整合优化22所中等师范的教育资源，完成三级师范向二级师范的过渡。

第二，颁布山东省教师教育基地建设的省级基地评估标准。优化师范院校和

---

① 根据3个文本资料整理：《山东省人民政府共建教师教育综合改革试验区协议》《创建政府、高校、中小学校合作培养教师新模式山东省教育厅关于印发山东省教师教育基地建设省级基地评估标准（试行）》《山东省教师教育基地建设县级基地评估标准（试行）的通知》。

② 李中国：《政府、高校、中小学校合作培养教师的新模式探索》，载《临沂大学学报》，2015（02）。

承担教师教育任务的综合院校的教师教育资源。在师范院校或综合院校内建立20个左右山东省教师教育机构——教师教育学院（或教育学院、教师培训学院）。

第三，整合县级教师教育资源，推进县级教研、科研、电教、师训、干训机构的合并重组。建立100个左右县级教师教育中心，成为具有教师培训、教学研究、教育技术服务和现代远程教育服务等“小实体，多功能，大服务”的上挂高等院校、下联中小学校的区域性教师学习和资源中心。

表4-12　山东省教师教育基地建设县级基地评估标准（试行）

一级 指标	二级 指标	主要 观测点
A1组织领导（10分）	B1政策保障（3分）	C1领导重视（1分） C2政策措施（2分）
	B2管理体制（4分）	C3行政管理（1分） C4业务管理（3分）
	B3领导班子（3分）	C5基本素质（1分） C6成员结构（1分） C7业务能力（1分）
A2功能定位（8分）	B4资源整合（4分）	C8机构整合（3分） C9工作机制（1分）
	B5职责定位（4分）	C10功能任务（4分）
A3基础设施（18分）	B6基地条件（3分）	C11基地建设（1分） C12占地建筑（2分）
	B7专业教室（5分）	C13种类数量（3分） C14功能状况（2分）
	B8资源建设（3分）	C15报刊、图书、音像资料（1分） C16资源更新（1分） C17使用效率（1分）
	B9网络基础建设（2分） B10信息化设施与管理（5分）	C18计算机网络建设（2分） C19信息化建设（5分）
A4队伍建设（20分）	B11人员构成（2分）	C20结构比例（2分）
	B12能力建设（8分）	C21策划设计（2分） C22组织管理（2分） C23研究指导（2分） C24评估服务（2分）

（续表）

一级指标	二级指标	主要观测点
	B13专任教师（6分）	C25结构比例（1分） C26教师管理（2分） C27能力水平（1分） C28学历状况（1分） C29职称比例（1分）
	B14兼职教师（4分）	C30比例结构（2分） C31工作内容（1分） C32目标绩效（1分）
A5经费保障（8分）	B15办学经费（3分） B16培训经费（3分） B17经费管理（2分）	C33办学经费（2分） C34人员经费（1分） C35财政拨款（3分） C36经费管理（2分）
A6规划管理（8分）	B18制度建设（1分）	C37目标责任（0.5分） C38规章制度（0.5分）
	B19师资管理（1分）	C39目标规划（0.5分） C40管理机制（0.5分）
	B20培训规划（2分）	C41科学性（1分） C42操作性（1分）
	B21质量检测（2分）	C43检查制度（1.5分） C44评估制度（0.5分）
	B22信息管理（2分）	C45信息化（1.5分） C46规范化（0.5分）
A7功能发挥（20分）	B23培训管理（7分）	C47全员培训（1分）
		C48新教师培训（0.5分）
		C49骨干教师培训（0.5分）
		C50专项培训（1分）
		C51教育技术培训（0.5分）
		C52学历提升培训（0.5分）
		C53新课程培训（1分）
		C54其他培训（0.5分）
		C55干部培训（1.5分）

（续表）

一级指标	二级指标	主要观测点
	B24教育科研（5分）	C56课题研究（3分）
		C57研究成果（2分）
	B25业务指导（5分）	C58校本研修（2分）
		C59教学指导（3分）
	B26政策咨询（2分）	C60决策服务（1.5分） C61专业咨询（0.5分）
	B27社会服务（1分）	C62社会服务（1分）
A8工作特色（4分）	B28特色创新（3分）	C63特色创新（3分）
	B29表彰奖励（1分）	C64表彰奖励（1分）
A9社会影响（4分）	B30业内评价（3分）	C65工作效果（2分） C66反馈意见（1分）
	B31社会评价（1分）	C67反馈意见（1分）

案例评析

县级教师教育基地是实施农村中小学校长培训最基本的依托和物质保障。新时期，农村中小学校长培训和专业发展等方面的服务与支撑作用日益突出。县级教师教育基地建设需要以现代教育理念为指导，适应我国教育教学改革的需要，根据中小学校长、教师的培养目标，从社会的边缘走向社会的中心，加强与地方政府的联系。创造条件与政府合作，共建校内外教育基地，是加快建设高水平县级教师教育基地的发展之路。

山东省针对当前农村中小学校长、教师培养体系消解、资源流失、供需失衡严重、职前职后一体化难以落实等诸多问题，整合优化区域教师教育资源，重建农村中小学校长、教师培养体系，建立供需对接机制，重构县级教师教育培训机构标准，建立课程体系，创新教学方式及建立教师教育者“临床”实践、工作常态化机制等，取得了明显效果，为深化农村中小学校长、教师培养培训体制机制改革提供了借鉴。

第一，行政主导。山东省级教育主管部门设专门机构，协调、督促市地、区县编制、人力资源与社会保障和教育行政部门与高等院校、县级进修学校对接，共同参与，负责解决农村中小学校长、教师培养的数量、类别、层次与实际需求之间的失衡问题。

第二，专家支持。抽调山东师范大学、曲阜师范大学、聊城大学、鲁东大学等教师教育方面的专家组成专家团队，对农村中小学校长、教师的培养过程进行调研、指导、评估和反馈，确保培养质量。

第三，强化实践环节。推行齐鲁名校长、名师培养工程（乡村中小学校长和教师占总数的20%）。通过设置“提升专业素养、强化实践教学环节、培养卓越管理和教育教学能力”为特色的课程体系，提升农村中小学校长、教师的整体素养。

| 二 | 农村中小学校长专业发展支持服务体系的地市级实践

2002年国务院办公厅印发了《关于完善农村义务教育管理体制的通知》，各省、市、区随后转发或下发了相关实施意见，本研究在梳理江苏省、湖北省、吉林省、陕西省、内蒙古自治区等地、市、州人民政府办公厅对教育行政部门的“三定”方案后，分析认为，地（市、州）级教育行政部门在农村中小学校长专业发展的定位和职能是：一是负责制定本地区农村中小学校长专业发展规划，组织协调农村中小学校长工作；二是根据国家中小学教职工编制标准和省人民政府的实施办法，审核上报本地区各县农村中小学校领导班子的职数配置；三是检查督促各县按时足额发放农村中小学校长的工资；四是加强对县级人民政府农村中小学校长工作的督导检查。

案例

制度创新：促进农村中小学校长管理深度变革①

（一）实施背景

潍坊市自2004年9月在全市中小学校（含中等职业学校，下同）推行校长职级制度以来，广大中小学校长的专业化水平显著提高，对加强学校管理，全面提高教育质量，深入实施素质教育发挥了重要作用。2010年10月，国务院办公厅印发了《关于开展国家教育体制改革试点的通知》，确定潍坊市为全国“探索中小学校长职级制，深化中小学教师职称制度改革”试点市。

① 根据《中共潍坊市委办公室潍坊市人民政府办公室关于转发市委组织部等四部门〈关于深化和完善中小学校长职级制改革的实施意见〉的通知》整理。

（二）主要措施

表4-13　潍坊市探索中小学校长职级制的主要措施

项目	内容
完善校长选聘制度	①实行校长任职资格制度。市、县级教育行政部门分类负责。 ②完善校长遴选机制。中小学校长的选拔、聘任、管理由专家组成的校长选聘委员会的评委负责，教育、纪检、组织等部门全程监督。 ③实行校长试用期制度
完善校长职级管理制度	④合理确定校长职级序列。校长职级分为特级校长（占总人数的2%），高级校长（一、二、三档），中级校长（一、二、三档），初级校长（一、二档）。 ⑤完善校长职级评审制度。 ⑥完善校长绩效工资制度。初级校长的绩效工资标准（二档、一档）分别按校长本人应发工资总额的25%、30%确定；中级校长的绩效工资标准（三档、二档、一档）分别按校长本人应发工资总额的30%、35%、40%确定；高级校长的绩效工资标准（三档、二档、一档）分别按校长本人应发工资总额的40%、45%、50%确定；特级校长的绩效工资标准按校长本人应发工资总额的80%确定。校长绩效工资的70%按月发放，其余30%根据绩效考核结果发放
完善校长任期交流制度	⑦实行校长聘期制。 ⑧完善校长交流机制。交流到农村学校或薄弱学校的校长，其职级在本等级内可晋升一档，或参照较大规模学校的制度落实绩效工资。年龄在45周岁以下的校长，评定高级及以上校长职级，应有在农村或薄弱学校任职、任教的经历。 ⑨适当延长优秀校长的任职年龄
完善校长考核评价制度	⑩建立完善的校长业绩评价制度； ⑪建立社会参与的校长办学满意度评价制度； ⑫实行评级晋档制度； ⑬完善校长培训机制； ⑭充分发挥特级校长的引领作用
建立校长与教育行政部门干部的任职交流制度	⑮建立校长到教育行政部门任职制度。 ⑯提高教育行政部门干部队伍专业化水平。县级教育行政部门主要负责人一般为师范类院校（专业）毕业或具有从事教育工作的经历；具有一定的学术研究水平。教育行政部门领导班子成员中，有教育工作经历的人员一般不少于2/3，原则上要有担任过校长职务的人员

案例评析

教育发展的新常态是改革，是通过创新驱动的改革。改革是动力之源。不改革，教育事业就会没有出路、停滞不前，甚至出现倒退。“我国传统的事业单位普遍存在政事不分、统得过死、人浮于事、效率低下等问题……人事制度改革已处于制度创新整体进程相对滞后的境地。”[①]习近平总书记强调：“改革开放永无止境，只有进行时没有完成时。”潍坊市在总结2004年9月推行校长职级制度以来的经验时认为，相应的体制机制创新是深化和完善中小学校长职级制的关键和难点。

第一，“三创”意在激发中小学校长的专业发展动力。一是创新观念。“知之愈明，则行之愈笃。”教育差距表面上看是发展水平的差距，实质上是思想观念和改革开放水平的差距。“致天下之治者在人才”，潍坊市在思想上把中小学校长专业化摆在教育事业优先发展的战略地位，把人才作为支撑教育事业发展的第一资源。二是创新机制。《关于深化和完善中小学校长职级制改革的实施意见》注重抓宏观、抓战略、抓前瞻、抓基础、抓环境、抓监督，促进中小学校长从政策管理向创新服务转变。注重内在动机激发与外在激励相结合的制度选择，从选聘、职级、任期、管理、交流五个方面保障中小学校长既有畅通的补充管道，同时又有继续学习的上升通道。三是创新模式。“专业人”做“专业事”，以专业化专家团队选聘专业化校长；以县、市、区教育局专业化带动中小学校长专业化。明晰县级教育行政部门主要负责人应具有从事教育工作的经历；具有一定的学术研究水平。

第二，“三重”意在方法上加以引领。一是重统筹协调。实现中小学校长职级制改革和潍坊市“国家教育体制改革综合试点区”的同步推进。二是重宏观教育事业发展和中小学校长个人发展的内在统一，完善校长培训机制。三是重改革的制度供给和社会环境协调一致，促进中小学校长人事制度改革与社会环境协同和双向互动，形成改革合力，营造协调一致的良好改革环境。

第三，“三想”意在实践上加以落实。一是要想“细事”。《关于深化和完善中小学校长职级制改革的实施意见》从小处入手，对中小学校长关注工资、晋升等人生细节以及某种教育行为、某项教育计划进行认真的思考与分析，努力体现出管理—管心—关心的现代教育理念。二是要想“特色”。《关于深化和完善中小学校长职级制改革的实施意见》敢于打破陈规，敢于否定貌似“合理”的传统做法，先破后立，不断进行创新

① 管培俊：《关于新时期高校人事制度改革的思考》，载《教育研究》，2014（12）。

探索。比如，教育行政部门领导班子成员中，有教育工作经历的人员一般不少于2/3，原则上要有担任过校长职务的人员。把人事制度改革与潍坊市的历史文化发展阶段用朴素同时也是独一无二的语言表达出来。三是要想“实招”。紧紧围绕推进深化和完善中小学校长职级制改革这一中心任务，敢于“啃”体制机制这些“硬骨头”。

案例

“标准细化+”：农村中小学校运行管理规范①

（一）指导思想

以教育发展为导向，教好每一名学生，发展好每一位教师，办好每一所学校，彰显区域教育特色；以教育公平为重点，切实保障每一名学生平等的受教育权利；以安全和谐为基石，为师生创造安定有序、和谐融洽、充满活力的工作、学习和生活环境；以依法治教为突破，着力建设依法办学、自主管理、民主监督、社会参与的现代学校制度。

（二）实施目的

以全国《义务教育学校管理标准（试行）》实验区建设为契机，立足泰州市情，结合泰州教育现代化创建、泰州教育转型升级“163”行动计划和《泰州中长期教育改革发展规划纲要》的贯彻实施，全面加强义务教育学校规范化、法治化、现代化建设，为管理标准的修订完善提供实验依据，为管理标准在全国的全面实施特别是长三角等发达地区的实施提供先行先试经验。

（三）总体思路

全面部署，示范先行；分类指导，项目推进；专家引领，科研支撑；系统谋划，融合发展；以评促建，考核激励。

（四）主要内容

详见泰州市《义务教育学校管理标准（试行）》评估细则。

（五）实施保障

实行政府主导；强化宣传培训；建立工作班子；落实专项经费；序时进度。

---

① 根据《泰州市教育局关于印发泰州市〈义务教育学校管理标准（试行）〉实验区工作方案的通知》整理。

案例评析

标准是教育活动的技术支撑，是教育治理体系和治理能力现代化的重要组成部分。泰州市立足泰州市情、教情、学情，以全国《义务教育学校管理标准（试行）》实验区建设为契机，因地制宜细化义务教育学校建设标准和评价标准，努力使泰州市成为全省乃至全国改革创新的先导区、科学治理的示范区、素质教育的样板区。

第一，评什么比怎么评重要。“评什么”是指《义务教育学校管理标准（试行）》评估细则的内容，“怎么评”是指评估方法。泰州市《义务教育学校管理标准（试行）》评估细则的六项一级指标：“平等对待每位学生、促进学生全面发展、引领教师专业发展、提升教育教学质量、营造和谐安全环境、建设现代学校制度”与国家颁布的《义务教育学校管理标准（试行）》相匹配，将评估要点共分A、B、C三个层次，评估采取问卷、调查、查阅资料、现场考察、随堂听课、现场抽检、个别访谈、查阅网络等方式。

第二，主动参与国家标准化工作。谋划和参与国家标准化政策和规则的实施、修正，充分发挥评估细则对泰州市教育改革与发展的引领作用，提升泰州市对国家标准化活动的贡献度和影响力。

第三，定程序。广泛听取各方意见，提高《义务教育学校管理标准（试行）》评估细则工作的公开性和透明度，保证标准技术指标的科学性和公正性。

第四，标准实施的监督和评估制度。泰州市教育行政主管部门会同行业主管部门组织开展《义务教育学校管理标准（试行）》评估细则实施的情况监督检查工作，开展标准实施效果的评价工作，完善标准实施的信息反馈渠道，强化对反馈信息的分类处理。

案例

联合培养：政府、大学联合培养中小学教师、校长模式探索①

日照市为加强干部、教师队伍建设，提高广大干部、教师的学历层次和文化素质，更好地适应教育改革和发展的需要，按照教育部“教师教育要逐渐由老三级向新三级或两级过渡”的精神要求，与曲阜师范大学协商联合开展了教

① 根据日照市教育局《关于组织中小学教师、校长参加曲阜师范大学在职攻读2009年教育硕士专业学位研究生的通知》整理。

师在职攻读教育硕士专业学位工作。

（一）招生专业

教育管理、学科教学（思政）、学科教学（语文）、学科教学（数学）、学科教学（物理）、学科教学（化学）、学科教学（生物）、学科教学（地理）、学科教学（英语）、学科教学（音乐）、学科教学（体育）、学科教学（历史）、学科教学（美术）、现代教育技术及心理健康教育。

（二）报名条件

1.热爱本职工作，思想政治素质好，业务能力强，在职普通中学、小学、幼儿园和其他中等学校专任教师或学校管理干部，教育行政部门工作人员。

2.2006年7月31日前国民教育序列大学本科或本科以上毕业并取得学历证书（一般应有学位证书）。

（三）培养方式

采用分阶段集中授课与个人自学相结合的培养形式，学习全部安排在寒暑假或节假日。实行学分制，学习年限一般为3～4年。学员在规定时间内修满学分，达到教育硕士培养方案的要求并通过论文答辩者，授予由国务院学位办颁发的教育硕士专业学位。以前曾进修过曲阜师范大学同专业研究生课程的考生，在参加申请（攻读）曲阜师范大学同专业硕士学位的课程学习时，如教育硕士培养方案规定为学位课的，可以免修，但必须重新参加考试，考试时间和方式由曲阜师范大学具体安排。非学位课程考试成绩不予以认可。

（四）报名方法

对考生的报名资格审查工作由市教育局和曲阜师范大学联合在复试阶段进行，报名前不再进行资格审查工作。

报名共分两个阶段，由各区县、各学校自行组织。第一阶段为网上报名阶段，时间为2009年7月1日至13日。符合报考条件的考生请在规定时间内自行通过互联网登录山东省学位委员会办公室指定网站http：//zyxw.ujn.edu.cn，按照要求填写、提交报名信息。

第二阶段为现场采集图像阶段，时间为2009年7月14日。考生届时须持身份证在市教育局办理交费和图像采集等报名手续。

（五）入学考试

入学考试为全国统一联考，考试科目为英语、教育学、心理学、专业课和政治理论五门，其中英语、教育学、心理学为联考科目，全国统一命题、评卷，专业课和政治理论由曲阜师范大学命题、评卷，专业课考试与全国联考科目同时进行，政治理论课考试安排在复试中进行。入学联考时间为2009年10月31日、11月1日，考试地点见准考证。

（六）学习费用

根据国家有关规定，在职攻读教育硕士专业学位的学员学习费用总共为14 000元（不包括住宿费等）。按市财政局（日财行〔2006〕14号）文件规定：市直学校参加学习人员的费用采用学校、个人共同承担的方式解决，双方各负担1/2。学员集中授课和论文答辩期间的住宿费，寒、暑假和参加论文答辩的往返路费由个人承担。书籍资料和生活费个人自理。各区、县可根据实际情况参照此办法执行。

（七）有关要求

1.教育硕士专业学位是具有特定教育职业背景的专业性学位，主要培养基础教育教学和管理工作需要的高层次专门人才。各区县教育局，市直各学校要高度重视此项工作，把它作为加强干部和教师队伍建设，培养教学和管理骨干的主要形式之一，切实做好组织和推荐工作，鼓励支持干部教师攻读教育硕士学位，进一步提高全市中小学教师和管理干部的文化素质。40岁以下中小学教师，45岁以下教育干部原则上都要积极报考。中小学教师、校长参加国民教育系列提高学历（学位）教育，在读期间学业成绩合格，本学年继续教育记72学分。

2.复习教材：《在职攻读教育硕士专业学位全国统一（联合）考试大纲及指南》（教育学、心理学）（全国教育硕士专业学位教育指导委员会组织编写，北京师范大学出版社）；学科教学（英语）专业方向使用《在职攻读教育硕士专业学位全国统一（联合）考试大纲（英语二）》（全国教育硕士专业学位教育指导委员会组织编写，北京师范大学出版社出版）。购买联考科目教材者以区、县为单位（市直学校以学校为单位）汇总报市教育局师范科，曲阜师范大学将为报考学员提供免费考前辅导，具体事宜另行通知。

案例评析

教育历史证明，完善培养培训体系关系到基础教育的质量。1996年4月，国务院学位委员会第十四次会议审议通过了《关于设置和试办教育硕士专业学位的报告》，报告指出："教育硕士专业学位是具有特定教育职业背景的专业性学位，主要培养面向基础教育教学和管理工作需要的高层次人才。"发达国家，中小学教师、校长的培养早就提升为研究生层面。美国的哥伦比亚大学20世纪30年代就开始招收教育专业硕士研究生进行培养。之后，芝加哥大学、哈佛大学等大学也相继提升了师资层次。英国在20世纪70年代教育硕士培养就已经达到了5 000人规模。日本也是20世纪80年代开始了教育硕士培养。

第一，山东省日照市属于沿海经济欠发达市，为了提升在职农村中小学教师、校长的专业性程度，因地制宜，教育局与曲阜师范大学联合开展教育硕士专业学位培养工作，为区域高层次农村中小学教师、校长培养开辟了新路径。

第二，立足区域教师教育经费短缺的实际，根据国家有关规定，在职攻读教育硕士专业学位的农村中小学教师、校长学习费用采用学校、个人共同承担的方式解决，双方各负担1/2。

第三，将中小学教师、校长学位学习与继续教育学分挂钩，提高广大农村中小学教师、校长的学习动机。

第四，教育硕士专业对提高农村中小学教师、校长的专业性和文化地位具有重要作用。

参加学习的五莲县洪凝镇初中校长周扬胜告诉笔者："参加教育硕士专业学位学习开阔了教育视野，学到了坚实的教育基础理论和系统的专业知识，以及教育管理的理论及方法，对自己在工作岗位上分析和解决教育管理中的问题大有裨益。"

三 农村中小学校长专业发展支持服务体系的县级实践

案例

优先战略：整体推进农村中小学校长专业发展[①]

表4-14　盐池县促进农村中小学校长专业发展的概况

项目	内容
基本情况	地处陕、甘、宁、内蒙古四省（区）交界地带，现盐池县总人口17.1万人，其中农业人口13.5万人，以回族为主的少数民族4 000余人。地广人稀。下辖4个镇、4个乡。2014年，完成地区生产总值56.35亿元，增长11.1%；县级公共财政预算收入8.5亿元
指导思想	以全面提高教育教学质量为核心，以促进学校内涵发展为主线，以提高中小学校长和教师队伍的整体素质为目的，以理顺管理体制为重点，以深化制度改革为动力，建设与全县经济社会发展相适应的高素质校长和教师队伍
主要目标	进一步深化教育人事制度改革，健全完善中小学校长和教师队伍管理制度，力争用5年左右时间，建设一支政治素质好、业务能力强、管理水平高的中小学校长队伍，推动全县教育事业跨越式发展
工作原则	坚持依法治教的原则；坚持满足需求与提高效益相结合的原则；坚持教师资源配置均衡性原则；坚持开放、流动、竞争、有序的原则；坚持以人为本的原则
工作措施	①中小学校长任职条件和资格；②改革完善校长管理和选用制度；③建立校长后备干部队伍培养制度；④实行校长任期制和任期目标责任制；⑤进一步完善校长负责制；⑥实行校长轮岗交流制度；⑦健全校长培训制度；⑧完善校长考核机制；⑨加强校长监督；⑩健全校长奖惩机制；⑪加强学校党建工作
保障措施	①加强组织领导；②强化责任主体；③落实保障机制；④加强督促检查

案例评析

农村中小学校长专业发展是一个综合工程，牵涉到组织、编制、人事、财政等有关部门。

第一，跨越两大障碍。盐池县在推进农村中小学校长专业发展过程中跨越了两大障碍：一是思想观念，二是部门利益。

---

① 根据盐池县教体局《中共盐池县委、人民政府关于进一步加强中小学校长和教师队伍建设的意见》整理。

第二，借力国家、省政策法规。管理之道在于借力。盐池县教育局借贯彻落实《国家中长期教育改革和发展规划纲要（2010—2020年）》和自治区党委、人民政府《关于进一步加强中小学校长和教师队伍建设的意见》精神之机，给党委、政府当好参谋、助手，力陈建设一支高素质的中小学（含幼儿园）校（园）长和教师队伍，全面提高教育教学质量，推动全县教育事业持续、健康、快速、和谐发展。

第三，管理内容前后贯通。《关于进一步加强中小学校长和教师队伍建设的意见》从指导思想、主要目标、工作原则、工作措施等方面一环扣一环，一脉相承，逻辑贯通。任职资格、管理选用、后备干部、任期目标、校长负责制、轮岗交流、培训制度、考核机制、校长监督、奖惩机制以及党建11项工作措施掷地有声。

案例

梯级发展：遵循农村中小学校长生命周期理论①

临朐地处鲁中，在潍坊市的西南部，辖13个镇（街、园、区），350个中心村（居），人口89万人。临朐风光秀美，文化底蕴深厚，素有“书画之乡”“小戏之乡”“观赏石之乡”的美誉，有位居全国五镇之首的沂山“5A”级风景区、山旺国家地质公园、老龙湾、石门坊等30余处景区、景点，有大汶口、龙山、齐长城等210余处古文化遗迹；走出过管宁、张平、马愉、冯惟敏等文化大家，是“全国社会文化先进县”“全国文化模范县”“中国最佳生态旅游县”“国家级生态示范区”，浓厚的文化氛围为临朐县艺术教育的发展奠定了坚实基础。

临朐县现有中小学127处，农村学校77所，全县在校学生89 361人，其中普通中学36 373人，中等职业教育学校7 091人，小学45 897人，在职教师7 736人，是一个典型的山区教育大县，教育质量一直位于潍坊市前列。在2012年教育部对潍坊市进行义务教育学业质量和绿色指标的测试中，该县学业质量和绿色指标测试成绩列全市首位，2009年以来，共有57名学生被清华、北大录取，先后争创为“全国群众体育先进单位”“全国义务教育发展基本均衡县”“全国农村艺术教育实验县”。

---

① 根据临朐县教育局《关于建立中小学校长专业素质梯级发展体系的意见》整理。

前些年，临朐县中小学校长队伍的整体状况一度令人担忧：大部分校长思想保守、满足现状、不思进取，多年未走出临朐，思想境界不高、工作标准不高、创新意识不强。校长队伍的现状已严重制约了临朐教育的发展，成为当时横亘在临朐教育面前刻不容缓、亟待解决的问题。因此，打造一支理念新、业务精、能力强、素质高的校长队伍成了推动临朐教育发展的关键之关键。基于上述问题与认识，临朐县狠抓校长队伍建设，遵循农村中小学校长的生命周期，着眼新课程理念的更新、课程领导能力的提升，创新建立了中小学校长梯级发展体系，引导中小学校长打破长期形成的条条框框，打破根深蒂固的传统思维方式，争做“有理论、有思想、有方法、有坚持”的智慧型、实干型校长，“不把校长当官做，当作事业去追求”，已成为近几年临朐校长队伍的崭新气象。

（一）中小学校长梯级发展体系建设意见的内容

1.指导思想

该县的中小学校长梯级发展体系遵循校长专业发展规律，以加强师德建设为基础，以服务校长、教师专业成长为核心，以校长专业素质梯级发展为抓手，切实发挥骨干校长、教师的示范带头作用，形成校长专业成长的良好发展环境，真正调动校长工作的积极性、主动性和创造性，促进城乡资源均衡配置，推动城乡教育协同发展，努力促进教育公平，办好人民满意的教育。

2.目标任务

该县在全县逐级分别建立县、镇、学校三级中小学校长专业素质梯级发展体系，引导和激励各层级中小学校长树立终身学习、不懈追求、勇于进取的职业意识，营造自我激励、同伴互助、名校长引领的工作环境，找到自己的专业发展方向，做到“人人有目标，个个有追求”，形成良好的梯级发展态势。

3.责任分工

该县县级中小学校长素质梯级发展体系由县教育局负责建立，包括管理新秀、骨干校长、名校长、特级校长四个梯级，各乡镇、学校依此分别建立与自身发展需求相适应的中小学校长专业素质梯级发展体系。

（二）实施办法

1.上下联动，逐级建立

教育局负责县级管理新秀、骨干校长、名校长、特级校长的名额数量及评选标准、职责任务、遴选办法、考核办法的确定和制定，并组织实施。乡镇、学校负责本区域、本单位中小学校长专业素质梯级发展体系各梯级教师的遴选认定，并择优向县级推荐。

2.统筹兼顾，均衡发展

各级中小学校长专业素质梯级发展体系建设既要兼顾学段、学科，又要兼顾城县城、乡村、公办民办性质、优质学校薄弱学校比例，要优先遴选农村学校校长，适当倾斜中青年校长，形成合理分布，实现逐级提升的良性循环。

3.协同培养，综合提升

要立足学校实际，积极创设和优化校长专业成长环境，充分发挥校内名优校长的示范和辐射作用，务实开展校本研修、教研科研等活动，打造中小学校长专业发展的主阵地，加速中小学校长专业成长。要用好用活“国培”“省培”优质培训资源，并通过挂职锻炼、顶岗培训、集中研讨等多种形式，开展内容丰富的县级、乡级学校培训项目，为中小学校长的专业发展提供多维平台和空间。教研、电教、教师进修学校等部门要切实发挥自身优势，创新培养机制，积极参与各层级的梯级中小学校长培养。

4.明确职责，强化管理

县、乡、校各层级梯级发展体系中的中小学校长要通过读书立说、观评课、撰写教学反思、培训学习、网络研修、参加教科研活动等形式，不断提高自身专业素养；要通过“同题同析、同题异析、异题同析、异题异析”等方式开展名校长工作室和学习共同体活动。教育部门建立梯级校长任期制，制定本层级梯级校长队伍考核办法，年度考核和届满考核相结合，不断提高主动发展的内驱力。

5.资金支持，重点打造

县教育局设立中小学校长专业素质梯级发展体系建设专项资金，从教师专项培训经费中列支。资金主要用于建立县级中小学校长专业素质梯级发展体系、名校长和特级校长工作室建设以及高级研修及顶岗学习、挂职锻炼、著书立说等。

6.政策倾斜，营造环境

县教育行政部门及各乡镇、学校要对本级发展体系中的中小学校长在科研立项、进修提高、学术交流等方面实行倾斜政策，给予优先考虑，并对其中特别优秀者给予重点支持。对符合条件的，在职称评聘、评先树优中，按照层级发展需求予以优先、重点推荐或确定，努力创设有利于广大教师实现突破自我和创新发展的氛围和环境。

（三）保障措施

其包括加强组织领导，明确职责任务，落实经费保障，加强基地建设，强化督导考核等各个方面。基于上述办法，临朐县狠抓全县中小学校长梯级发展体系建设，在中小学校长培训方面做了大量卓有成效的工作。

1.以校长真实需求为导向，科学规划培训项目

凡事预则立，不预则废。校长培训，随意性不能太强，必须要有一个切实可行的规划。而掌握校长真实需求，则是设置培训项目的前提，也是激发校长参训热情的动力源泉。为此，临朐县以校长的真实需求为导向，建立了“自下而上”的培训项目规划机制。

一是建立培训需求调查机制，通过会议调研、网上调研、问卷调研等形式，广泛征求中小学校长对培训工作的意见和建议，把握校长的真实需求；二是对征集到的校长培训需求进行提取、汇总分析；三是县教育局根据全局教育工作重点，研究确定培训项目；四是对确定的培训项目，由职能科室制定项目实施策略，包括确定培训对象、培训课程、承办机构，等等；五是组织实施。

按照这个办法，2009年以来，该县先后制定并组织实施了《2009—2012年中小学校长专业成长计划》《2013—2015年中小学校长素质提升计划》，均取得了显著成效，得到了广大校长的赞同和认可。

2.以混合模式为基础，构建层级化多元化培训体系

校长培训模式众多，有远程培训、集中培训、跟岗学习、参访交流、挂职锻炼、读书活动等，这些培训模式各有千秋，各有利弊。任何一种培训模式，都不可能同时满足不同阶段、不同层次的校长需求。为此，临朐县在对全员校

长、管理新秀、骨干校长、名校长、特级校长等进行分层培训时，均采取多种培训模式相混合的办法，增强培训的吸引力、感染力和实效性，逐步形成了培训项目层级化多元化的培训体系。

（1）抓全员，筑塔基

一是扎实开展远程网络培训，该县从2011年开始与国家教育行政学院合作，成立了国家教育行政学院临朐中小学校长培训中心，连续6年对全县中小学教育干部进行全员远程培训。二是办好“临朐教育讲堂”。在利用远程培训模式对中小学校长进行全员培训的同时，临朐县还充分尊重校长的需求差异，创办了“临朐教育讲堂”，定期邀请不同教育专家、针对不同主题“登台开课”，全县中小学校长根据自身需求实际，“选课走班”，自愿参加。由于每期“临朐教育讲堂”的主题都经过反复斟酌，授课专家也是精挑细选的，所以校长们参加学习的热情普遍很高。而且，由于每期“临朐教育大讲堂”都是校长们完全自愿选择参加的，因此，培训效果也得到了最大限度的保证。自2010年以来，魏书生、王敏勤、潘克明、李天鹰、徐建平、张景浩、李振村、杨玉东、李甲奎、毕诗文、赵桂霞等国内知名专家先后走上了“临朐教育讲堂”的讲台。三是实施“临朐校长读书计划”。定期举办读书交流、读书征文、读书讲座、读书会、年度校长读书人物评选等活动，交流和展示读书成果，促进中小学校长整体素质的提升。

（2）抓骨干，壮塔身

骨干校长是校长队伍的塔身，是校长队伍的中坚力量，起着骨干带头和示范辐射作用。在骨干校长培训方面，我们主要采取了委托培训、参访交流、挂职锻炼三项措施。2011年以来，临朐县先后委托华东师范大学、北京师范大学、国家教育行政学院、21世纪教育研究院举办骨干校长培训班，并年年选派骨干校长到名校进行挂职锻炼。

（3）抓名优，亮塔尖

名校长是校长队伍体系中的塔尖，是办学的典范，对一个地区具有无可争辩的影响力和示范价值。为此，临朐县扎实组织开展了名校长培养工程。一是开展了“十佳校长”评选。通过办学业绩考核、述职、办学满意度测评、社会认可度评价四个环节评选出“临朐县十佳校长”，目前已评选三届。二是实施名校长海外研修计划。从骨干校长中选派特别优秀的10位校长到全球课程改革方面具有领军地位的美国、德国、新加坡、澳大利亚等地进行境外教育实践考察，使校长们了解了国外教育体制的基本情况，引发了其对中外教育现状的深刻思考，进一步开阔了他们的教育视野，促使其加速成长。

3.以监管评估督导为保障，全面提高培训质量

质量是培训工作的生命线。强化监管评估，是保证校长培训质量的关键环节。众所周知，远程网络培训和集中面授式培训都存在不同的短板。

远程网络培训最大的短板在于对学员的学习过程不能进行有效监控，容易造成学员突击时间观看视频课程、找人替学课程、电脑空放视频课程、同一账号登录多台电脑同时空放视频课程等不良现象。而集中培训由于多是一人讲、众人听，容易出现学员迟到、溜号、玩手机、打瞌睡等现象；有的学员“身在曹营心在汉”，对讲课内容不闻不问；有的培训时热血澎湃，培训后依旧我行我素；等等。针对这些问题，临朐县分别采取了不同措施。

（1）“一选一测一讲”，弥补远程培训短板

一选，即精选学习课程。俗话说，兴趣是最好的教师。每次远程培训之前，我们都对必修课程进行精挑细选、反复斟酌。最终确定的必修课程要么与全县年度重点工作项目密不可分，要么是最新的教育政策、教育动态及事关学校发展的案例、经验或做法，能够为他们答疑解惑，帮助他们推进工作，最大限度地激发他们学习的兴趣，增强他们学习的主动性。比如，2014年该县中小学校长远程培训就从规划学校发展、营造育人文化、领导课程教学、引领教师成长、调试外部环境等模块精选了30学时的必修课程。

柳山镇柳山初中原校长张国昌在参加远程培训时，发现所学课程资源中有很多是符合校情的典型案例，就用自己的账号组织学校的相关管理人员共同观看学习，有效促进了学校问题的解决。

一测，即严格效果检测。每次远程培训结束后，临朐县都会组织对参训校长的学习效果进行严格的书面测试，试题从国家教育行政学院提供的当年度必修课程题库中随机组合形成，以选择、论述、案例分析题为主，不考死记硬背

的题目，监考人员由县教育局领导班子成员和中层以上干部担任，学员答卷由外地专业机构进行评判，成绩由高到低按照15%、40%、40%、5%的比例划为优秀、良好、合格、不合格四个档次，测试成绩作为校长职级评定和考核的依据之一，不合格的，当年度评优选先一票否决。这样一来，有效解决了学与不学一个样的问题。

一讲，即认真举办校长论坛。为检验校长的学习效果和运用所学知识解决实际问题的能力，临朐县每年还举办一次校长论坛。论坛由参训校长根据远程培训所学的内容，选取一个侧面、一个角度结合本单位实际工作进行阐述，要求脱稿演讲，并结合PPT演示，做到理论与本校实际和生动案例相结合，评委现场点评打分。论坛的举办，进一步巩固了学习效果。

（2）“一评一管一驱动”，弥补集中培训短板

一评，即扎实开展质量评估。每个培训项目都组织学员通过填写评价表的方式进行匿名评价，并积极利用专家评估、网络匿名评估和第三方评估等方式，监测培训质量，作为培训项目承办、经费拨付的重要依据，以此来调动培训组织方的质量意识。一管，即强化学风管理。培训质量的高低，与培训纪律密切相关。为此，临朐县专门印发了《中小学校长培训学员量化考核管理办法》，对每一期培训班的参训校长均进行百分制考核。培训结束后及时组织结业考试，进一步规范了学员的学习行为。一驱动，即实行任务驱动。一个区域的校长队伍中，有很大一部分缺乏主动发展意识。对这部分校长，促其成长的最好办法就是实行任务驱动。培训过程中，临朐县有意识增加培训环节，拉长培训链条，实行“五个一”任务驱动法，加大对校长培训的过程评价和绩效评估。即每天撰写一篇学习心得或反思；人人参与每天用PPT格式编辑出版一期培训简报；回单位后举办一场二次培训报告会；对学员的学习效果进行无准备环节现场答辩；撰写一篇学习报告。通过这种形式，有效保证了培训效益的最大化。

（3）“督导+经费”，形成保障合力

将校长参加培训学习情况纳入对其个人的业绩考核，作为评定其校长职级和提拔使用的重要依据。把校长培训情况纳入对乡镇、学校的综合督导评估，并赋予一定分值。前者是对校长个人的要求，后者是对单位的要求，便于形成

单位和个人参训的动力，把培训学习真正当作义务来完成。在此基础上，临朐县教育局每年筹措经费100多万元，专项用于对有培训需求、有发展潜力和培养价值校长的培养培训，那些不思进取、没有发展前途的校长，不仅没有培训机会，还会被淘汰。这样就使培训真正成了福利，成了一种待遇。

通过持续不间断的打造和培养，临朐县一批有理想、有追求、有建树、有个性的名校长脱颖而出。1位校长被评为第三届全国教育改革创新优秀校长，2位校长入选齐鲁名校长培养工程人选，1位校长获山东省年度教育创新型校长评选提名奖，3位校长被评为潍坊名校长。

临朐县海尔希望小学位于临朐县最南端的山区，曾经是该县最落后的山区农村小学。为改变这一现状，临朐县加大了对该校校长韩相福的培养培训力度，先后派他参加了教育部第48期全国小学校长高级研修班、第12期全国教育改革动态研修班等高端培训，让他能直面全国先进教育理念，开阔了视野，提高了水平。随后，他以课程智慧引领学校变革，学校走上了发展的快车道，被教育部评为全国学校艺术教育先进单位，全国综合实践活动课程开发与实施先进学校，山东省校长教师实践培训基地。近3年来，来自全国各地的26 000多人次到该校参观学习。韩相福也被评为全国优秀教师、第三届全国教育改革创新优秀校长，多次参加国务院、教育部、国家教育咨询委员会、社科院、中组部的素质教育调研会议，多次受邀站上了全省、全国乃至国际研讨会的发言席。

临朐县九山镇宋王庄小学也是一所距离县城超过50km的偏远山区的薄弱学校，通过不断地培养培训，校长王磊也迅速成长起头。在他的带领下，学校于2012年9月被国务院授予全国“两基”工作先进单位；在他的培养下，该校教师宋作爱被评为山东省人民教师，得到了山东省委书记的亲切接见。

临朐县辛寨初中校长白世强以“诚朴”教育理念，推进特色德育建设，创办出了一所适合学生发展的名校。2013年3月12日，国务院研究室科教文卫司巡视员侯万军到该校调研，对该校的家委会建设工作给予了高度评价。该校家委会建设工作先后被中央电视台、《人民教育》《中国德育》等多家媒体相继报道。

……这样的校长还有许多。用心办好每一所学校已经成为临朐县每一位校长的美好愿景和不懈追求。

案例评析

李敏认为，我国中小学校长的专业化培训长期存在“低能效”问题，表现为：“相关学科和专业建设较为薄弱，培训方案设计、课程设置与培训方式选择忽视不同校长发展阶段的不同需求，缺少针对校长职业理想与职业道德教育，增强校长教书育人、管理育人的责任感和使命感的培训内容，校长培训专职师资队伍整体素质不高，校长专业成长科学研究开展不足，尚未实现促进校长专业发展的目标等。”①培训作为一个有组织、有计划的外界力量，是促进农村中小学校长专业发展至关重要的外在途径。中小学校长职业是一个随时间发展而不断演化的客观存在，其演化过程表现出明显的阶段性特征。科学有效的培训不仅需要建立在对培训主体需求特征充分认识的基础上，而且需要根据职业发展阶段理论采取相应的培训策略。

第一，临朐县不搞“拿来主义”，县情不同就必然导致阶段理论不能被全然照搬。临朐县结合县情，对基于校长专业发展阶段的理论加以深加工和再造，遵循农村中小学校长生命周期理论，量体裁衣，研制了临朐县中小学校长专业素质梯级发展体系的意见。

第二，临朐县把中小学校长职业发展划分为管理新秀、骨干校长、名校长、特级校长四个梯级。逐级分别建立县（市、区）和乡镇中小学校长专业素质梯级发展体系，引导和激励各层级中小学校长终身学习、不懈追求，营造“人人有目标，个个有追求”的良好的梯级发展态势。

第三，临朐县构建了适合中小学校长梯级发展选拔、培训、管理、使用的培训体系。主要包括：培训项目层次体系、培训对象的层次体系、培训课程层次体系、师资层次体系、培训基地层次体系、培训模式层次体系、培训评价层次体系等，整体提升了我国县域新一代校长培训的科学化、专业化水平。

案例

群体动力：庐阳区学校“捆绑”打破不均衡②

庐阳区将8所乡镇小学与城区最好的8所小学直接“捆绑”发展，有力地促

---

① 李敏：《〈专业标准〉指引下的中小学校长胜任力培训》，载《全球教育展望》，2013（09）。

② 张岳、王展：《庐阳区推行城乡教育共享人力、物力及教学方法等资源——学校“捆绑”打破不均衡》，载《安徽日报》，2009-11-25。

进了乡镇学校的教学管理水平。

（一）一位校长管理两所学校

"现在，郑校长不仅是六安路小学的校长，也是我们幸福小学的第一校长，他把先进的教学理念和科学的学校管理经验带到了我们幸福小学，使幸福小学从内到外都焕然一新。"幸福小学执行校长瞿明胜说。今年年初，郑家凯的身影经常出在幸福小学的校园里。"以前，幸福小学是我们六安路小学的'手拉手'学校，两所学校之间有着深厚的感情，但制度上并没有规定和要求共同发展，偶尔六安路小学会有'松手'的情况。现在两所学校'捆绑'在一起，校际'联姻'变成兄弟姐妹了，幸福小学的发展直接关系到六安路小学的发展。"郑家凯说。"捆绑"发展将城乡小学的教师紧紧联系在一起，两所学校制订了长期、中期、短期的教师互派、交流和学习计划。

（二）两所学校的多级"捆绑"

据了解，六安路小学与幸福小学之间进行"一级捆绑"，在两学校部门之间实行"二级捆绑""三级捆绑"，并建立起"大教研级"和"大备课组"。幸福小学的语文、数学、综合各组都纳入六安路小学的教研组，教师与教师之间帮扶结对子，共同备课、上课、研课，两所学校的课堂始终保持在同一频率同一节拍上。

（三）城区教师"进驻"农村课堂

陈老师告诉记者，她要在幸福小学工作一年，从2009年9月到2010年7月都在幸福小学上自然科学课。刚开始的时候，她还有点不情愿，可是一到这里来上课，就立即喜欢上了这里的学生。自2009年2月，六安路小学与幸福小学"捆绑"后，先后从六安路小学调剂12位老师到幸福小学上课。六安路小学的校长作为幸福小学的第一校长，拥有对两所学校人、财、物的管理权，并针对两所学校的具体情况和农村学校的薄弱环节，对两所学校的教师进行调剂、交流，从而提升农村学校的教学水平，缩小城乡学校的师资差距。

（四）实行联体考核，同奖同惩

据介绍，城区学校与乡镇学校"捆绑"之后，从学校的管理理念，到教研组的教学方法，再到教师的育人心得，实现了城区学校和乡镇学校一对一的帮扶，推进了乡镇学校快速发展。庐阳区教育局对“捆绑”的两所学校，实行联体考核，同奖同惩，实现了更深层意义上的优质教育资源辐射。“捆绑”3年后，再根据乡镇学校的实际发展情况来确定是否“松绑”。

案例评析

第一，多级“捆绑”发展。庐阳区在捆绑式发展的组织形式上，实行了城区学校与乡镇学校一、二、三级“捆绑”，对“捆绑”发展形成了组织领导和制度保障。

第二，提升专业能力。乡镇小学与城区小学不仅在发展理念、办学目标、办学策略上有所沟通，相互促进，而且城区小学的年级组长负责组织乡镇小学的本年级组教师开展教研活动。教师之间要结成“一对一”的帮扶对子，为乡镇小学培养一批教育教学能手。

第三，实现了资源共享。乡镇小学在一定程度上享用了城区小学的现代教育技术设备和资料，城区小学采用捐赠等形式对乡镇小学的办学条件、图书等给予了一定数量的支持，这也是最明显的物质扶持。

第四，“捆绑”工作进入常态化。乡镇小学与城区小学制订了长期、中期、短期的教师互派、交流和学习计划。通过联席会议、部门帮扶、进农村课堂等手段，学校之间的管理、教师交流和教学、科研等工作逐步展开。

但是，城区小学发展的经验如何适应乡镇小学，乡镇小学如何保持文化的主体性，如何通过一对一、一对多、多对一和多对多等形式满足乡镇小学的多样化需要，这也是需要深入探讨的问题。

案例

社会参与：形成多方参与、齐心协力、互相配合的工作格局①

（一）基本情况

肥西县于安徽省中部，合肥市西南部，县境西宽东窄，南北长55km，东西宽64 km，总面积1 961km，总人口91万人。现有法人单位学校55所，校长（园长）55人，其中55岁以上3人，50～54岁23人，45～49岁18人，40～44岁

① 根据肥西县政协科教文卫和文史委员会《关于我县校长队伍建设情况的调研报告》整理。

7人，40岁以下4人；本科44人，大专9人，研究生2人；中学校长中级职称11人，高级职称24人，公务员1人；小学校长中级职称11人，高级职称8人；校长任职5年以上26人，占46.40%；副校长任职5年以上45人，占51.70%。副校长（园长）87人，其中55岁以上6人，50～54岁28人，45～49岁14人，40～44岁10人，40岁以下29人；本科54人，大专28人，中师1人，研究生4人；高级职称43人，中级职称44人。

（二）发展基础

调查问卷显示，教师对学校领导班子总体评价满意度达92.00%，学生对校长的满意度达95.80%。中小学校长公开选拔竞争上岗制度、校长聘任制、绩效考核评价制度、校长任期和交流制度、校长听评课制度等全面推行，农村中小学校长培训和持证上岗制度得到巩固和完善，建立了符合中小学特点的中小学校长管理制度。新任校长普遍接受任职资格培训，持证上岗率保持在100.00%；在职校长提高培训和骨干校长高级研修工作进一步加强，广大农村学校校长的教育观念率先得到转变，学校管理能力不断提高，涌现出一批科研型管理专家。

（三）存在问题

1.校长队伍年龄老化

从数据分析来看，45岁以上校长占比高达80.00%，副校长占55.00%，40岁以下的校长仅占7.00%，40岁以下的副校长占33.00%，年轻干部力量明显不足。

2.校长队伍发展内在动力不足

从调查走访来看，多数校长反映他们是在凭良心工作，甚至有校长明确表示自己真心不愿意再担任校长职务了。农村学校的校长虽然兢兢业业，工作任劳任怨，但管理理念僵化，现代信息技术的运用受限，综合素质跟不上教育教学理念的更新。加之主管部门对二级机构和副校级人员考核和激励机制的缺失，他们往往工作消极被动，进取心不强，使整个班子队伍凝聚力不强，执行力不够。

3.校长队伍抓教学的精力分散

多数校长反映自己的主要工作时间和精力放在协调社会关系，抓学校安全管理和应付政府，教育主管部门各项检查（涉及卫生、交通、公安、食品安全、文明创建、房屋安全等各项检查）和处理突发性事件当中，行政性事务过多。校长成天忙于教育教学管理以外的很多事务，很少有时间静下心来研究教育，思考管理，钻研业务，谋划发展，提升质量。

4.校长队伍专业培训手段单一，针对性不强

校长们普遍反映当前校级干部培训针对性、系统性、实效性不够强，覆盖面不够宽，效果不理想。以某中学一位副校长为例，他已任副校长职位十余年，目前只参加过任职资格培训，在职校长提高培训至今没有参加过。另外，校级干部培训手段单一，多注重理论上的提升，忽视管理能力的实际历练，多注重到高校听名教授的讲座而忽视到不同类型名校挂职锻炼，培训的预期目标达不到。

5.教育管理模式有待完善

实行中心校管理模式后，其弊端也不容忽视。一方面中心校与校本部的关系未能理顺，职能界定不清；另一方面中心校对其他村小和教学点的管理过少，中心校只重视校本部的管理，忽视了村小和教学点的日常指导，未能发挥好中心校的模范引领作用。

（四）原因分析

第一，上升空间不足，校长队伍存在“天花板”效应。当了校长以后也许一辈子就是校长了，再好也好不到哪里去，这是大多数校长的心态，上升空间有限让他们看不到事业上的光明前途，渐渐地失去了工作激情。

第二，校长的办学自主权有限。目前由于人、财、物相关权限的限制，校长在推行学校的管理模式时，管理手段有限，过程艰难。“假如学校的一位中层干部在其位不谋其政，甚至与学校领导班子不团结，不合作，作为一校之长，我真的是一点办法都没有！”座谈会上一位校长这样描述自己的权力。副校长及中层干部的交流不多。校长在同一岗位任职5年以上26人，占46.40%；副校长在同一岗位任职5年以上45人，占51.70%。如某中学的校长在同一个学

校任校长的时间长达20年之久，如此长时间地在一个学校任职，工作激情很难调动起来。校长队伍退出机制未建立，能进不能出，能上不能下。

第三，动态管理机制不健全，校长队伍激励机制欠缺。

（五）几点建议

1.创新校长任用机制

校长是一个专业岗位，要通过校长专业标准的完善与校长准任制度的建立，把符合条件的优秀人员提拔到校长的位置上，把不符合条件的人拒之门外。一是在校长的任用上，学习借鉴庐阳区教体局实行的城乡学校“捆绑”办学机制，乡镇农村中小学均由城区学校派驻执行校长，乡镇农村的原任校长全部到城区学校挂职学习锻炼；二是实行校长岗位竞争上岗制度，采取公开招聘的方法，让年轻的、有能力的、专业性强的同志加入学校教育教学管理的岗位上来；三是引进名校长，组建“名校长工作室”。通过“名校长工作室”，搭建校长素质提升平台，建立校长专业发展团队。

2.探索建立校长职级制

根据校长自身的资格条件和工作业绩评定级别，每个级别对应不同的职级津贴。建立校长职级晋升体系，制定职称职级体系运行的培养培训、考核、评价办法等，形成校长职级晋升的长效机制。校长职级制取消了校长的行政级别，考核和评价的导向发生变化。这种设置一方面有利于校长负责制的充分实现，引导校长专心致志研究办学，激发校长的开拓创新精神；另一方面，校长职级制的实施打破了校长终身制，这给校长带来了压力和动力，有利于促进形成“职务能上能下，待遇能高能低，流动能进能出”的良好氛围，加速校长在学校间的流动。

3.优化校长工作环境

教育是百年大计，县委、县政府要进一步制定优化教育环境的具体措施，切实规范有关部门对学校各种教育教学的评估检查和验收，当好学校的“坚强后盾”。一方面，要减少对学校的“干扰”，一些不必要的检查评估，能少则少，让校长能专心抓教育教学管理；另一方面，要适度的“简政放权”，给校长一定的人事权、财权，提高校长的管理效率，为学校营造优良、和谐、安全的教育教学环境。

4.改革校长培训机制

根据校长不同发展阶段，不同层次水平的需要，积极为校长队伍创造学习和展示的机会，创新培训手段和形式，确立相应的培训模式，形成可持续发展的培训制度和体系。原则上在一个层次培训结束两年后，安排下一层次培训。要充分利用暑期时间，与知名高校合作办学，对校长队伍进行集中培训学习，完善校长学习成果共享机制。

5.完善校长后备人才培养机制

要建立校长队伍后备人才库，加强后备干部的培养、教育和考察工作。一是在规模上，按每需求一个校级岗位应有两位后备人选的规模建立校长队伍后备人才库，逐人确立培养方向，突出实践锻炼，确保在需要的时候有足量人选供组织挑选；二是在锻炼平台上，根据学校规模，可设1～2个“校长助理”职位作为后备干部培养锻炼的平台，该岗位只用于挂职锻炼，无行政级别，不作为常设职务。拓宽后备干部锻炼平台，把后备干部派驻到大城市挂职锻炼，吸收先进的教学管理理念；三是在后备干部的管理上，定期对后备干部队伍进行调整充实，使后备干部队伍始终保持充足的数量、较高的素质和合理的结构。学校后备干部既要保持相对稳定，又要动态管理，择优备用。

案例评析

《荀子·劝学》：“蓬生麻中，不扶而直；白沙在涅，与之俱黑。”影响农村中小学校长专业发展的因素有自身因素与非自身因素。由社会环境、学校环境、家庭环境等组成的非自身因素虽然是影响农村中小学校长专业发展的外因与次因，但是这些非自身因素构成了一个庞大而复杂的物理场，从多方面影响着农村中小学校长的专业发展。在新型城镇化发展的历史进程中，农村教育如何发展、农村中小学校长专业发展如何实现成为重要的现时代课题。

第一，肥西县充分发挥政协民主监督和参政议政职能在中小学校长专业发展中的实效作用。求真务实，深入搞好肥西县校长队伍建设情况的调查研究，把握大局，努力提高教育提案的层次和质量。

第二，肥西县教体局统筹社会人士、专家学者等力量。充分发挥各自优势，明确各支力量在参与监督、研究引领、服务保障等方面的作用。围绕农村中小学校长专业发展协调各支力量，形成工作合力，营造协调一致的良好育人环境。

第三，肥西县政协科教文卫和文史委员会《关于我县校长队伍建设情况的调研报告》有政策、理论、实践高度，基本情况吃得透，存在问题分析深，工作建议落地实。我们通过文献研究和问卷调查后得出：首先，人事制度对农村中小学校长专业发展影响最大；其次，管理激励机制对农村中小学校长专业发展存有显著的影响。这为肥西县今后一个时期农村中小学校长专业发展指明了基本坐标和路线图。

第三节 农村中小学校长专业发展支持服务体系的培训机构实践探索

培训机构是我国教师教育体系的组成部分，是农村中小学校长继续教育的重要载体。设置合理的培训机构，是农村中小学校长专业发展支持服务体系建设的第一步，也是做好培训工作的前提。处在发展的不同时期，置身于不同的时代背景下，培训机构发挥的功能和作用就会有所不同。2009年《浙江省教育厅、浙江省财政厅关于印发〈浙江省教师教育基地建设及专项资金使用管理办法〉的通知》中界定省级教师教育基地为全省或区域性的教师教育信息中心、培训中心、研发中心和学术交流中心。2002年《教育部关于加强县级教师培训机构建设的指导意见》提出县级教师培训机构的主要任务是："实施对本地区义务教育阶段教师、幼儿园教师和小学校长的继续教育；为本地区中小学校开展教师校本培训提供指导和服务；承担本地区基础教育新课程、教材和教法培训等，成为本地区开展中小学教师继续教育工作的培训、研究和服务中心"。

一 农村中小学校长专业发展支持服务体系的国家级培训机构实践探索

案例

横向联合：县级教师进修学校中小学校长专业发展联盟章程[①]

（征求意见稿）

第一条 联盟性质县级教师进修学校中小学校长专业发展联盟（以下简称"联盟"），联盟是群众性教育学术团体，属非营利性社会组织。该组织接受全国中小学校长培训工作研究会指导。

第二条 联盟宗旨全面贯彻党和国家的教育方针，深化课程改革落实立德树人根本任务。在继承教育优秀传统的基础上，以高起点、高层次的交流，探讨各县中小学校长专业发展，实现资源共享，提升校长为国育才的国家情怀、使命担当，推动区域基础教育发展，带动全国基础教育水平的提高。

① 根据国家教育行政学院《县级中小学校长专业发展联盟会议》整理。

第三条　联盟任务开展中小学校长培训服务；搭建联盟内区域间交流平台；组织中小学校长培训研究活动；承担中小学校长培训者培训任务。

第四条　设联盟主席一人负责协调、监督每年各项工作。联盟采用轮值主席制，各市中小学校长培训中心主任轮值，任期为一年。联盟的日常管理机构为国家教育行政学院，负责会议组织、日常联系、资料交流等工作。

案例评析

第一，转变政府职能。县级教师进修学校中小学校长专业发展联盟作为非政府组织，要得到长足的发展，需要政府给予更多的发展空间和自主权。政府要明确自身管理职责，一手抓积极引导发展，一手抓严格依法管理。要为农村中小学校长专业发展组织的发展创造良好的法律和政策环境。

第二，降低准入门槛。对在城乡社区开展为农村中小学校长专业发展服务等活动的社会组织，采取降低准入门槛的办法，支持鼓励发展。对符合登记条件的农村中小学校长专业发展组织，优化服务，加快审核办理程序，并简化登记程序。

第三，扶持差异型。我国拥有世界上最大规模的农村教育，无论是教育发展水平还是教育发展速度，东部、中部和西部的农村都存在着巨大的差异，就是同一区域内在的差异也比较显著。因此，要在整合国内现有的农村中小学校长专业发展组织、完善制度的基础上，扶持差异型农村中小学校长专业发展组织，突出各组织个性，满足具有不同区域、不同发展水平或不同民族地区等方面差异性的农村中小学校长专业发展。

案例

学校优质化：在学校变革实践中造就新型农村中小学校长[①]

（一）基本情况

安徽省W区共有公办中小学校9所，其中初级中学1所，小学3所，九年一贯制学校5所，在校学生7 811人，教师483人。

（二）发展挑战

1.区域教育缺乏统筹规划

教育行政化教育色彩浓厚，体现在忽略了不同层次、不同类型的教育因素

① 根据国家教育行政学院《安徽省W区学校优质化服务项目实施方案》整理。

的个性发展，“千校一面”的同质化问题上。

2.教育理念相对落后

教育内容方法比较陈旧，影响和制约了学生的全面发展。体现在“有些教师虽然了解很多新教学方法，但难以贯彻到实际教学中”。

3.管理队伍组织实施和指导能力有待提高

体现在“部分校长办学理念落后，创新能动性不足”，“中层管理没有轻重缓急意识，不讲章法，缺少系统谋划”，缺少“爱干”态度、“能干”技巧，“会干”方法。

4.正副校长与中层干部配备程序不够规范

队伍僵化老化，而且缺乏交流与有效激励措施。体现在超职数或超编制配备干部，中层不愿兼课，有些学校职员、教学辅助人员和工勤人员队伍过于庞大，且不兼课，教师意见很大。

5.教师队伍结构不合理，总体素质不高

W区144位教师，大多是民转公教师，科学、音乐、体育、美术等科目教师紧缺，第一学历为中专及以下的教师占教师总数的40.75%。

6.有效课堂实施举步维艰

注重学生的主动参与，激发学生学习的兴趣，培养学生的创新精神与实践能力为目标的有效课堂实施举步维艰。这体现在教师教学还是处在“一支笔、一本书、一张嘴”时代。将信息技术整合到学科教学之中，创造出行之有效的整合策略任重道远。

7.教学教研力量薄弱

这体现在没有专职教研员，聘用了16位兼职教研员，时间精力投入不够，指导能力不足。且“推进校本研究常态化，切实提升教师的专业素养和驾驭课堂能力的教研制度形同虚设”。

8.分层、分类、分岗的教师专业化发展制度尚不健全

这体现在从区域到学校鼓励教师终身学习、终身从事教育工作的中小学教师科学有效激励机制还不完善。

（三）理论依据

1.行动改进理论

行动改进是按照科学有效的逻辑方法，有计划、有步骤地针对教学实践中产生的问题，边研究边行动，以解决实际问题为目的，推动教育实践改变。

2.学习科学理论

建构主义强调学习的主动性、社会性和情境性，强调发挥学习者的主观能动性。在这一理论的指导下，我们要逐渐改变传统课堂教学形式，更加注重发挥学生主体作用，建设优质高效课堂。

3.管理科学理论

领导力的相关研究不断证明，校长的领导力对学校建设的成败具有关键作用，因此，项目设计非常重视对校长领导力的培养和提升，以打造一批具有创新意识的新时代校长群体为发展目标。

4.当代治理理论

十八届三中全会提出要提高国家治理能力现代化。管理是从上而下、一元单向的。而治理是多元利益主体围绕共同的目标协调与互动的过程。W区教育发展是离不开学生、教师、家长和社会多向协商参与的现代学校制度建设。

（四）主要举措

1.指导思想

全面贯彻党的教育方针，遵循教育规律和学生成长规律。按照“规范管理、提质增效、内涵特色”三点整体递进的设计思路，以区域、学校规划为载体，以做有“四有教师”楷模为重点，以提高学生综合素质为总目标，针对制约W区教育改革发展的困难与瓶颈，将国内一流专家团队引入合肥W区，通过汇集全国优质资源、引入先进理念与管理方法，实现办学水平与质量的迅速提升。

2.总体目标

3年内将合肥W区办学水平在原来基础上实现大幅度提高，将一些学校提升到合肥市领先行列，并在安徽省有较大影响力的学校，造就一批教育家、教学名师和学科领军人才，基本确立多方参与、齐心协力、互相配合的育人工作格局。形成与W区地位相适应的教育格局与境界、责任与担当、觉悟与品质。

3.服务模式（见图4-2）

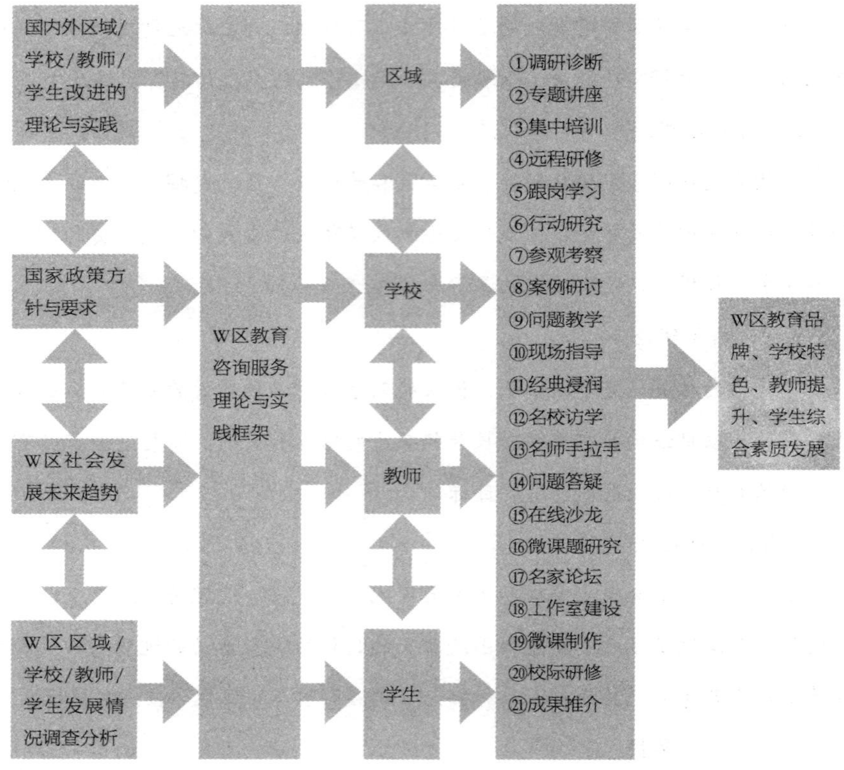

图4-2　安徽省W区学校优质化服务模式

4.服务任务

（1）区教育主管部门服务任务

开展教育行政干部培训。组织规划实施区域教育发展目标措施。打造专业化的教研团队。提升区域教育信息化水平。完善相关制度建设。完善各方参与的教育发展协商机制。

（2）项目学校服务任务

开展管理团队培训。学校发展的诊断与规划。以理想抱负教育为核心的学校德育体系建设。建立基于多元智能的学校课程体系。学科教学的指导与提升。“名师手把手”教师专业发展活动。“名师到课堂”听评课活动。专家定期入课堂指导活动。常态化教学研究活动。学校制度建设与管理规范。学校管理规范与制度建设。教学规范与教学管理制度建设。学校考核与评价。品牌学校建设。建立与东部学校帮扶关系。构建学校、家庭、社会协同教育机制。

（3）教师服务任务

开展分层分岗分类的教师培训。规划教师专业发展。开展教师读书活动。组织京、沪、苏、浙、鲁、徽各个学科优秀教师两次到项目学校著名中学开展听课、讲课与评课活动。组织学校骨干教师到京、沪、江、浙、鲁、徽等地进行课堂观摩，开展教学研讨。开展教学反思与校本研修活动。开展教学微技能的研究与开发活动。开展跨界教学、价值教学、深度教学实验活动。建设“三名”工作室。持续读书沙龙活动。

（4）学生服务任务

组织开展学生人生规划社会实践活动。重视习惯养成教育。以课堂教学为主渠道。制定中小学生综合素质评价标准。开好主题班会。营造良好育人环境。完善学生激励制度。

表4-15　安徽省W区学校优质化项目一览表

“铸师魂”培训	名师带教培训	基础性全员培训	中青年学科骨干教师（班主任）培训	自主发展个性化培训
对学校管理干部和教师进行以做好教师要有“理想信念、道德情操、扎实学识、仁爱之心”为主题的集中轮训和远程网络培训	针对新入校教师，以《教师专业发展标准》为依据，以教学常规和教师应知应会的技能为重点开展集中培训和远程研修。同时，制定教学经验丰富的骨干教师进行传帮带制度，专家组进行指导点评	对全体教师进行普及性的通识齐训，重点加强专任教师的语言表达、文字表达、教材分析与教案编写、现代谈话技术、多媒体教学及网络应用、试卷编制与分析等教育教学技能的远程培训，并组织专家到校指导，定时在线答疑	组织学科骨干教师和班主任进行远程网络培训，提升他们的学科教学、班级管理、课题研究和组织设计教育教学实践活动的能力。培训主要通过专家讲座、名师示范、名校挂职、工作室带动等方式进行	依据新形势新要求和学校与教师的实际需求，由学校与国家教育行政学院商定后，由国家教育行政学院策划本地实施。学历不达标的教师，全部参与高一级的学历进修培训

案例评析

马克思认为，实践是人类能动地改造世界的客观物质性活动，实践是认识的来源也是认识的发展动力，更是检验认识正确与否的唯一标准。人才并不是由学校教育直接培养出来的，学校教育为他们打下成才的基础之后，主要看其在生产劳动、科学实验以及各种社会实践活动中的发展状况。优秀校长也是在实践中锻炼成长起来的。

第一，安徽省W区学校优质化项目是促进农村中小学校长专业发展和学校可持续改进战略的重要措施。它以现代教育发展观为指导；以"'最好'是一时的标志，'更好'是永恒的追求"为基本理念；以价值引领与组织学习为途径，以全面促进学校的持续发展为管理方略。其分为六个阶段：校园精神的提升；诊断分析现状；提出对策；课堂教学技能提升；建设完善制度；总结经验凝练特色，形成品牌。

第二，安徽省W区学校优质化项目关心的是教育内涵的发展。在当前规模扩大、空间较小的情况下，更重要的是学校教育内涵的发展，内涵发展的主要措施是改革人才培养模式，关注教师专业发展，关注学校文化、制度和特色培育、品牌建设，最终提升教育质量。

第三，安徽省W区学校优质化始终是以问题为本，实践为导向，解决新学校发展存在的办学思想无根、教学模式多动、管理制度万能、教育缺少活动等突出问题的。老学校注重解决学校特色短命化、肤浅化、片面化、局部化问题。

第四，安徽省W区学校优质化即为有效、适合。专家要了解项目的要求，更要了解学校自己的要求。首先，优质化的过程首先是专家组和学校双方增进了解的过程。信奉你这个人，才会信奉你的观点。并且有了信奉，才会真诚地讲真诚话。在这个过程中学会等待是非常重要。这个过程也是促进我们自身对教育、对办学的深刻理解的过程。其次，优质化项目也是给校长们提供专业指导的过程。但是不是替他们做，而是积极引导他们去做。要有重要的仪式来表达优质化是非常重要的事情。因为任何文化都是通过仪式来传载的。记录优质化项目的过程是非常重要的。这既能鼓舞士气，也能鼓励学校在项目中做到最好，并能够形成成果。

第五，安徽省W区学校优质化争取社会认同。社会认同是农村中小学校发展到一定程度的标志，也是农村学校能得到进一步发展的重要条件。农村中小学办学特色得到社会广泛的认同，就能在很大程度上提升教师的信心，获得家长对学校的信任，这就为学校发展进入良性循环提供了保障。

案例

“互联网+校长专业发展”：大规模培训模式[①]

（一）育人育神，价值引领

浇树浇根，育人育神。对任何一个培训来说，培训文化的重要性，远远超过技术、资源、组织结构等要素。首先在每一个班级由班长（指导教师）向全班说明本次培训的要求：能体现本次培训价值追求，能反映正确的学生观、教师观、教育观。我们从一个个班级里征集建议稿，经过多次讨论，最终确定核心价值内容：“心灵的家园”。这次陕西省中小学校长任职资格培训的思想和灵魂就始终围绕——“心灵的家园”，用真诚、真情、真心的信念和行为启迪校长、激发校长、感动校长。具体来说应具有以下四个特征：保障校长学习权利；遵循校长学习规律，拓展校长学习经验；实现校长学习价值。

（二）四级四线，创新协同管理

鉴于远程培训规模大且校长相对分散的特点，我们追求管理资源最优化原则，建立了“四级四线”联动管理体制。四级是国家、省、市、县管理服务线。四线的一线是行政管理体系，以确保培训行政管理纵向到底，另一线是业务管理指导体系，实现培训业务指导的低重心操作，再一线是项目服务体系，实现24小时无盲区服务，最后一线是技术服务体系，实现信息的全覆盖、无盲点。各个“级、线”相互联系、相互作用，有效解决了跨区域监管存在的盲点。

（三）主题引领，激发学习兴趣

改变课程过于注重知识传授的倾向，强调形成校长积极主动的学习态度，使获得知识与能力的过程成为终生学习和形成使命担当责任的过程。根据《校长专业发展标准》把课程加工改造为教育改革发展、坚持依法治校、加强师德建设、规划学校发展、营造育人文化、领导课程教学、引领教师成长、优化内部管理、调适外部环境9个研修主题模块。同时，我们还提供专家引领的主题研修活动。学校多样化发展的实践探索、发展性学校质量保障的实施方案、校

① 根据国家教育行政学院《陕西、宁夏、贵州校长校园长培训方案》整理。

长专业发展与领导力的提升、特色课程建设与高效课堂的路径、浅谈如何做好待优生的转化工作、教师的职业倦怠分析及其对策、我的办学治校问题与困惑、我的治校一招等。帮助校长解决实际问题，促进学用结合。

（四）分层次设计作业内容，按需自选

校长不仅是培训对象，更是不可或缺的培训资源。不同校长的认知结构、思维能力、个性风格等诸方面存在差异。分层次设计作业内容，一类是办学思想及其实践；二类是学校发展的自我诊断与规划设计；三类是微教育闪光点工程——办学治校一招。

（五）五个公告，全面监控过程

由于远程培训管理层级较多，为了保证培训有效实施、落到实处，我们针对培训的过程管理，在培训期间会陆续发布不少于五个培训公告，重点包括项目职能组服务联系方式公告，针对抄袭现象的学风管理公告，针对项目组织单位、指导教师、参训校长的评价标准公告，针对各级管理者、指导教师、参训校长的评优公告，针对培训进度与作业督促公告，全面加强过程的监控与督导。

（六）三级简报，嵌入工作

国家专家简报、市县简报、指导教师简报，让学习成为日常工作的一部分。培训过程中，参训校长可选三个案例作业，这些作业都有共同的要求，就是如何把下学期的工作任务作为此次培训的作业；结合区域、班级的培训情况制作课程专家、指导教师团队简报，把培训的情况及时向领导汇报，向地市反馈，纠正培训过程中发现的不足和存在的问题，培训期间做到周周有简报、有汇报、有反思、有总结。

（七）三级培训，提升培训者能力

根据多年远程培训的实践经验，如此大规模远程培训的组织管理关键在基层。为了保证陕西省远程培训取得实效，我们将就指导教师、县级管理员、市级管理员等角色，陆续集中开展面对面指导培训，送培到市，确保各级各类管理人员明确职责、操作流程与有关工作要求，尤其是明确县、市教育局及其培训机构是校长培训第一责任人。

（八）三级考核，确保培训质量

只有培训没有考核，一切质量都无从保障。为了确保培训的有效性和实效性，我们制定了相应的考核与激励办法，对参训县市、指导教师、校长三类对象开展考核评审与评优表彰工作，使他们有明确的工作目标、持久的工作动力，配合我们共同做好陕西省中小学校长任职资格培训工作。

（九）展示培训成果，彰显特色魅力

培训之前，我们将要求校长提交的本人有关办学治校的论文、案例、方案等工作经验与科研成果，上传到“中国教育干部网络学院”，为校长之间的相互分享和交流、启发和借鉴提供了可能。培训期间，我收集齐全了每位专家的课件、讲义等，以及各校长共同探讨教育的话题、深度“撞击”摩擦出“思想火花”的帖子、学习日志、编辑的学习简报。培训尾声，要求校长在已有工作经验和研究成果的基础上，结合培训期间所思所学，形成新的论文、案例、方案等以及培训心得。培训结束后，将上述资料和成果，全部刻录为光盘，分发给各区域，形成了厚实的资源文化积淀。

此外，通过联络《中小学校长》、国家教育行政学院网站等媒体，宣传报道培训工作，进一步扩大陕西省中小学校长任职资格培训的社会影响。培训后全省各地的参训校长结成联谊会，借助网络平台不定期继续交流各地的办学治校经验和各自教育教学成果；我们通过后续的跟踪服务，如开展论文评比、开发课程资源、免费长期开放网络平台等继续提升、追踪校长的专业能力。最后，培训过程中我们也从校长中发掘、培养出有潜力的专家，希望继续指导、促进其成为区域教学名校长和培训专家。

（十）建立重大事项报告制度，及时沟通情况

我们对在远程培训中涌现的生动实践案例、解决陕西省中小学校长任职资格培训远程培训问题的有效举措，以及培训人员在工作中的先进事迹等要及时进行宣传和通报；对各类突发事件和其他重大新闻线索，要第一时间向上级报告。

案例评析

国家教育行政学院所承担的相关省中小学校长任职资格远程研修项目，有效把握了培训管理的十个关键环节，为大规模地培训农村中小学校长提供了现实、经济、有效的

专业发展平台。

现实：解决了工学矛盾。

经济：节约了研修成本。

有效：实现了有教无类与因材施教的结合。

案例

培训者专业化：爱与榜样是培训者一生的课程[1]

表4-16　“国培计划”县级培训机构负责人培训实施方案

<table>
<tr><th colspan="3">时间</th><th>日程安排</th></tr>
<tr><td colspan="3">9月20日星期日</td><td>报到</td></tr>
<tr><td rowspan="7">9月21日
星期一</td><td rowspan="5">上午</td><td>8：00—8：30</td><td>报到</td></tr>
<tr><td>8：30—9：00</td><td>开班式</td></tr>
<tr><td>9：00—11：00</td><td>政策解读：“国培计划”实施工作的政策解读</td></tr>
<tr><td>11：00—11：30</td><td>互动交流</td></tr>
<tr><td>11：30—12：00</td><td>班委会</td></tr>
<tr><td>下午</td><td>14：30—16：30</td><td>素质拓展：学员参与交流培训</td></tr>
<tr><td>晚上</td><td>19：00—21：00</td><td>分组研讨</td></tr>
<tr><td rowspan="9">9月22日
星期二</td><td rowspan="3">上午</td><td>8：30—9：00</td><td>微课推送</td></tr>
<tr><td>9：00—11：00</td><td>专题讲座：中小学校长、教师培训项目设计实践与创新</td></tr>
<tr><td>11：00—11：30</td><td>互动交流</td></tr>
<tr><td rowspan="6">下午</td><td>14：30—17：00</td><td>经验分享：（平行课程，选课走班）
中小学校长、教师培训组织与实施</td></tr>
<tr><td>17：00—17：30</td><td>互动交流</td></tr>
<tr><td>14：30—17：00</td><td>经验分享：（平行课程，选课走班）
工作坊的主持与培训绩效评估</td></tr>
<tr><td>17：00—17：30</td><td>互动交流</td></tr>
<tr><td>14：30—17：00</td><td>经验分享：（平行课程，选课走班）
县域义务教育阶段中小学校长、教师培训模式研究</td></tr>
<tr><td>17：00—17：30</td><td>互动交流</td></tr>
</table>

① 根据国家教育行政学院《“国培计划”县级培训机构负责人培训实施方案》整理。

（续表）

时间			日程安排
9月23日 星期三	上午	8：30—9：00	微课推送
		9：00—11：30	参与式教学：培训者专业素质发展
	下午	13：00—17：30	实践浸润：北京市通州区教师研修中心
9月24日 星期四			网络研修
9月25日 星期五	上午	9：00—11：00	经验分享：（平行课程，选课走班） 区域培训规划与设计
		11：00—11：30	互动交流
		9：00—11：00	经验分享：（平行课程，选课走班） 互联网+校长、教师培训课程设计与开发
		11：00-11：30	互动交流
	下午	13：00—17：30	文化考察（平行路线，选题观文） 路线一：复兴之路·国家博物馆 路线二：中国人民抗战胜利纪念馆·卢沟桥·宛平城 路线三：艺术赏析·798艺术区
9月26日 星期六	上午	8：30—9：00	微课推送
		9：00—11：00	团队研修：基于课程改革的校本研修制度建设
		11：00—11：30	互动交流
	下午	14：30—17：00	分组研讨
9月27日 星期日	上午	8：30—9：00	微课推送
		9：00—11：00	团队研修：引领中小学教师队伍专业成长
		11：00—11：30	互动交流
	下午	14：30—17：00	热点对话
	晚上	19：00—21：00	中秋赏月·文娱晚会
9月28日 星期一	上午	8：30—9：00	微课推送
		9：00—11：00	视野拓展：改进美育教学，提高审美和人文素养
		11：00—11：30	跨界对话
	下午	14：00—16：00	视野拓展：有中国特色的大国外交
		16：00—16：30	跨界对话
		16：45—17：15	结业式
9月29日 星期二	上午		返程

国培感悟——草根之言

引子

昨天同学自主聚会，思想互动，率性而为，本真显露。同学友情如同桃花潭水深千尺。我不太喜欢众人皆醉我独醒，太清醒的人往往是痛苦的，因为这是知行不一的两面人生活，这样的人幸福指数估计是负数。人活一世，思想自由最重要，没有了思想自由的人，你永远不是自己，你为别人活着，你就是别人。做一个率性本真的自己，做一个思想自由的自己，这才是人的最高追求境界。培训者如何角色定位，本人想在上述基础上做如下一些思考。

1.思想者

蔡元培先生任北大校长期间，大力倡导“思想自由，兼容并包”。……显然，每次改革，都是思想解放的结果，反之，禁锢的思想，一定造成落后的教育与落后的培训。只有思想的自由、思想的解放，才能创新教师的培训，才会有培训工作的无限精彩。培训者首先应是思想者，一个自由的思想者。

2.改革者

鲁迅之伟大是因为他的批判性精神……今天，国培打破了铁屋，我们才知道外面的世界如此精彩，才知道我们一直做着井底之蛙;所以要感谢国培，感谢国家教育行政学院，给了我们一个打破铁屋的平台，给了我们未来的希望，也给了我们打破铁屋的无穷力量。我们要扮演一个改革者，一个打破铁屋者，我们的价值也因此而体现，我们的丰碑建立在每一个培训受益的教师身上。

3.导游者

我说教师是导游，我们的任务是引领教师们，到各个平台、各个风景点，去占领各个山头，各领风骚五百年，让他们自己去获得自己想要的风景，让他们自己去建构新的风景、新的理念、新的道路;不要强制他们，不要禁锢他们，他们自己有着无穷的创造力，这才是培训。正像这次国家教育行政学院给我们不同的选课、不同的考察地点，非常符合培训者需求和培训者人性的特点。

昨天，我偶然选择去了798艺术区，收获特别多，特别是看到一个无头的伟人像，意象是什么?让我非常敬佩艺术家们的构思——中国正需要全民的思想者、觉醒者，而不只是一个伟人的大脑、伟人的思想。艺术家们的思想远走在我们的前面，只是有时因为他们的形象特征，我们叫他们疯子。

这次考察的安排应是国培安排的亮点之一。这何尝不是培训!难道我们坐在报告厅看手机听报告才叫培训?再次感谢国家教育行政学院国培团队的所有教师!

4.沟通者

这次培训，9月20日报到，又有9月24日、26日两天的北京考察，3天活动，我感触也不少。所以，我们要避免快餐式培训。有了平台，若无交流等于没有平台，不管是什么样的交流——交谈、喝酒、一起坐车、一起地铁、一起在北海公园游荡。留下记忆、留下电话、留下笑容都是一生的记忆，都是最有效的培训。且行且珍惜，同学友情最纯真。这是培训最大的资源。昨天本班的聚餐，就是一次情义无价的培训。其次是游北海公园，我发现这里各样爱好者云集，有弹琴的、有跳舞的、有唱歌的（我和廖老师免费欣赏了三首）、有书法爱好者、有摄影爱好者;这样一个个平台，能展示一己之长，娱己又乐人。其实在培训中，我们也要满足教师的各类需求，有专业的、有人文的、有养生的、有政治的、有娱乐的，扩大培训视野，应是今后培训要考虑的。

培训的根本是激发教师内在的学习兴趣，唤醒教师的心智，可以通过各种途径，条条大路通罗马。也许你敬教师的一杯酒，会让他从此走上不用扬鞭自奋蹄的境界；也许你的一次关心的问候，会让他用努力工作来回报你。

5.价值者

我不知人的价值为何?虽然年过半百，自己仍然是迷茫之人，作为一名党员，我不隐瞒自己的观点，我入党，就是希望自己能为教师多服务。但内心深处，迷茫依然。我是一位科学教师，从生物学层面上找价值，人的价值就是生命的遗传，结婚生儿育女，传宗接代，是人的本能所为。从精神层面上找价值，人的价值就是精神的遗传，把自己的思想遗传给教师、学生，就能获得人的永生，因为思想不死。我想教师的价值就在其中。

我们的工作是最有价值的工作，这是我工作的动力源泉，也是人生价值之所在。唯教书和培训，乐此不疲。

学员：杨老师

案例评析

课程对培训者、中小学校长和教师的全面发展起着决定性的作用。从课程在培训机构的地位来看，课程建设正在从边缘走向中心；从培训模式的发展来看，课程建设正在从“重教”走向“重学”；从培训课程的变革来看，课程正在从封闭单向走向开放互动。国家教育行政学院承办的县级培训机构负责人培训体现了培训课程的三个法则：需求、鲜活案例和行动研究。实施方案的课程组织既要考虑学科自身的逻辑，也要考虑学习者的认知、动机，让“课程”成为培训者专业发展的跑道。

第一，确立一个信念。通过需求调研保护、维持、发展培训者的兴趣、动机与求知欲。

第二，处理好两个关系。亲其师、信其道。首先，处理好师生关系，培训的有效性首要来自融洽的师生关系。其次，处理好同伴关系。

第三，围绕“三个贴近”。首先，贴近培训者岗位需求。不同历史文化、不同区域、不同发展阶段的培训者需要不同的新知识、新技术、新理念，国家教育行政学院针对不同岗位选课走班进行专题培训，不求大而广，只求精而实。由于紧紧贴近培训者自身岗位，培训起到了学以致用、立竿见影的作用，参培率达99.00%以上，满意率99.00%。其次，贴近教育中长期发展的需要。教育中长期发展也是员工自我发展的需要，如现在的互联网+、微信技术、微信宣传已成为众多培训者必须面对和适应并推崇的新技能等。最后，培训方法贴近培训者个性化认知规律。当今社会是知识创新传播日新月异和多途径多方法认知、求知、获知的时代，国家教育行政学院在培训方法上做到了灵活多样，既有集中培训，也有网络研修；既有邀请政策理论实践高的专家、教授授课，也有边参观、边学习的考察学习与文化之旅。

第四，践行四种教学呈现方式：自学有日志、对学有作业、小组学有简报、班级学有快报，自学以及合作学习的培训方式使培训者的自主能力得以增强，也使培训者对自主学习、小组合作学习与管理方式保持动力。

第五，聚焦五个培训要素。一是聚焦主题与目标。培训围绕“培训者能力提升”主题设计，重点突出。二是聚焦培训内容。课程模块校内与校外、理论与实践、政策与法规“跨界”结构设置，内在逻辑性强；突出理想信念、家国情怀的培育。三是聚焦培训方式多元，采用参与式、模拟式、立体研讨、情境式、体验式等多种方式，体现任务驱动，实效性强；注重基于培训现场的培训环节，走进真实学校课堂，采取现场诊断、听课评课等多种现场培训方式。四是聚焦专家团队。培训经验丰富，政策、理论、实践专家结构合理。五是聚焦训后跟踪指导。训是为了不训。国家教育行政学院利用网络研修平台为训后学习提供有效服务，推动学用结合，确保培训实效。

好的教师不是被培训出来的，管理机构和培训者需要准确定位，把我们的智慧和精力集中到“构建平台，提升引领，促进发展”三大功能上来；构建与专业人士对话、与同行分享经验以及教师自我反思的平台；做好人生引领、精神引领、专业引领；促进乡村教师态度发展、能力发展、知识发展。

｜二｜农村中小学校长专业发展支持服务体系的省级培训机构实践探索

案例

方案适切：提高农村中小学校长培训的计划性、针对性、有效性①

培训主题	提升乡村小学校长“学校文化改进”的行动能力
目标定位	整体目标 聚焦“提升乡村小学校长‘学校文化改进’行动能力”的研修主题，在75天的项目周期内，立足“集中学习（10天）”—“影子培训（15天）”—“返岗实践（50天）”的“一期三段式”推进路径，整体设定“启于知”—“促于思”—“助于行”的逻辑递进式培训目标。 在25天的“集中培训”周期内（“集中学习”+“影子培训”），分4个子阶段交叉，具体设置“集中学习第1阶段（3天）”—学校文化改进的行动价值诉求（为什么）、“影子培训第1阶段（7天）”—学校文化改进的行动体验认知（是什么）、“集中学习第2阶段（7天）”—学校文化改进的行动要素指南（做什么）、“影子培训第2阶段（8天）”—学校文化改进的行动路径审视（怎么做）4个研修模块。在50天的“返岗实践”周期内，依托强调参与、注重变换的多元参与式、体验式研修内容，丰实建构“返岗实践阶段（50天）”—学校文化改进的行动落实助导（如何践行）研修模块。

① 根据教育部中小学校长和幼儿园园长国家级培训项目管理办公室《吉林省教育学院农村校长助力工程项目申报书》整理。

（续表）

培训主题	提升乡村小学校长“学校文化改进”的行动能力
	通过“一期三段五模块”的“链条式”研修路径，切实助推参培学员按照“知—思—行”的研修目标逻辑达成路径，有序生成、有效激发学校文化改进的“行动问题自省”—“行动体验自为”—“行动认知自信”—“行动研究自主”—“行动改进自觉”。在研修结束后，每位参培校长学员，切实修改完成1份科学有效、切实可行的“学校文化改进行动方案”，并将其落实到学校的实际工作中。 具体目标 1.“启于知” 在为期10天的“集中学习”阶段，重点围绕“模块一：学校文化改进的行动价值诉求—为什么”（3天）和“模块三：学校文化改进的行动要素指南—做什么”（7天）两个研修模块，以实践导向鲜明的能力本位实践性课程为平台，帮助参培校长深化学校文化改进的专业立场和取向，达成行动问题自省；强化学校管理改进的专业知识与方法，达成行动认知自信。 每位学员完成1篇“学校文化建设认知反思”（500字左右）；每个“学员研修小组”，完成1篇“学校文化改进的行动要素分析报告”（2 000字左右）。 2.“促于思” 在为期15天的“影子基地研修阶段”，重点围绕“模块二：学校文化改进的行动体验认知—是什么”（7天）和“模块四：学校文化改进的行动路径审视—怎么做”（8天）两个研修模块，以交叉网状编组（“驻校跟岗组”+“案例研究组”）的案例行动研究为载体，帮助参培校长优化学校文化改进的专业体验与认知，达成行动体验自为；内化学校文化改进的专业理解与反思，达成行动研究自主。 每位学员完成1篇“学校文化改进的思行借鉴与启示”（500字左右）；以“驻校跟岗组”为单位，合作完成1份“影子基地校学校文化建设案例综合研究报告”（2 000字左右）。 3.“助于行” 在为期50天的“返岗实践研修阶段”，重点围绕“模块五：学校文化改进的行动落实助导—如何践行”（50天）的研修模块，以校本文化改进行动落实问题诊断、答疑指导为依托，通过专家导师实地赴校指导、专家导师远程视频、网络专题拓展学习、虚拟社区读书沙龙、微信平台问题研讨等多元研修方式，帮助参培校长进一步提升学校文化改进的专业能力与行为，达成行动改进自觉。 每位学员切实立足校本，完成1份适合所在学校的“学校文化改进行动方案”，并将其运用到学校管理实际中

（续表）

培训主题	提升乡村小学校长“学校文化改进”的行动能力
对象分析	“营造育人文化”是《义务教育学校校长专业标准》《义务教育学校管理标准》对校长专业履职提出的客观性、标准化专业职责和素养要求。 作为深化落实学校教育质量和公平、强化丰实学校办学资源和环境、内化提升学校育人责任和使命的学校办学重点、难点问题，“学校文化”改进既是校长专业发展的显著标识和鲜明诉求，更是校长以先进的办学理念，引领扎实办学实践，有效提升学校教育“软实力”，切实助推学生全面成长、教师专业成长、学校内涵改进的核心动力和关键载体。 农村中小学校在我国占有较大比例。通过部门承接“校长国培计划”——2015年边远贫困地区农村校长助力工程、“校长国培计划”——2014年边远贫困地区农村校长助力工程、“教育部农村校长助力工程（2013）”“国培计划（2015、2014、2013、2012）”“吉林省农村校长专业发展援助计划”等多个国家级、省级农村校长培训项目的先行经验，项目组了解到，乡村校长往往具备着更为朴质的教育情怀、更为执着的教育坚守，但是由于受限于“相对贫困”的教育资源、“相对落后”的教育观念、“相对艰难”的教育环境等客观条件制约，乡村校长特别是乡村小学校长，尽管在当前已经进一步加强了对“学校文化建设”的重视程度和认知水平，但是相关学校文化改进的专业性理解与认知、专业性知识与方法、专业性能力与行为，还存在着较为普遍的实践导向理解缺位和实效取向行动困境。面对学校文化建设，许多乡村小学校长经常是“想起来重要，做起来次要，忙起来不要”。 受制于对行动策略和实践路径的困惑，很多乡村小学校长都有学校文化改进的意愿，但是却往往不知应该如何开展，找不到适合自己学校文化的立足点和切入点，最终选择了等待观望、盲目照搬和机械移植，无法有针对性地、具实效地、可持续地开展学校文化改进。聚焦文化建设的研修主题，很多参培校长，相对学校文化“为什么”“是什么”的问题，更为关注的是学校文化“做什么”“怎么做”“如何践行”等问题。 基于教育部“校长国培计划”——2016年边远贫困地区农村校长助力工程组织实施的“应然”诉求，立足农村校长学员参培研修的“实然”需求，项目选择聚焦“提升乡村初中校长‘学校文化改进’行动能力”的研修主题，力争通过为期75天的主题专项研修，有效建构实践导向显著的研修课程体系，切实搭建实效取向鲜明的研修模式平台，充分助推参培校长学员激发“学校文化改进”的行动问题自省、行动体验自为、行动研究自主和行动落实自觉。

（续表）

<table>
<tr><th>培训主题</th><th>提升乡村小学校长“学校文化改进”的行动能力</th></tr>
<tr><td>培训方式</td><td>聚焦“提升乡村小学校长‘学校文化改进’行动能力”的研修主题，围绕“启于知（集中学习阶段）—促于思（影子培训阶段）—助于行（返岗实践阶段）”的“三阶段逻辑递进式研修目标”，对应学校文化改进的行动价值诉求（为什么）—学校文化改进的行动体验认知（是什么）—学校文化改进的行动要素指南（做什么）—学校文化改进的行动路径审视（怎么做）—学校文化改进的行动落实督导（如何践行）的“五模块链条式研修课程”，遵循校长学习的规律和特征，在项目全程，运用强调参与、注重变换的多元参与式、体验式行动学习研修模式。
具体运用“小组合作式团队学习”“全程跟进式导师指导”“阶段递进式任务驱动”“参与激发式信任行走”“需求本位式问题沙龙”“问题自省式价值拍卖”“新闻采访式学员微课”“思维拓展式主题微培”“实践导向式专题授课”“场景体验式案例教学”“世界咖啡式群体会谈”“网状交叉式影子培训”“策略分类式合作研究”“智慧共享式学员论坛”“多元持续式返岗跟踪”15种培训方式。
1.小组合作式团队学习
以6～7名参培校长学员为建制，组8个“学员研修小组”。全程采用以小组研修学习共同体为单位的团队合作学习方式，充分调动学员在组内和组间的联动合作和互动竞争，积极提升学员研修的积极性与主动性，实现思维互动、智慧分享。
2.全程跟进式导师指导
在项目的集中学习阶段、影子培训阶段、返岗实践阶段，全程运行“双导师”（理论导师+实践导师）专家指导制度。邀请吉林省教育学院资深教育研究学者4位担任学员“理论导师”（每位“理论导师”具体负责2个“学员研修小组”），吉林省中学资深、优秀初中校长8名担任“实践导师”（每位“实践导师”，具体负责1个学员研修小组），以“学员研修小组”为单位，切实组建8个由“理论导师1名+实践导师1名”构成的“双专家导师工坊”。每个“双导师专家工坊”全程跟进，具体指导1个“学员研修小组”的6～7名学员。充分依托、有效运用专家导师资源，具体开展“理论导师工坊问题诊断、答疑指导”“实践导师工坊经验分享、改进指导”“双导师工坊学员校本案例研究指导”“专家导师集中赴校实地指导”“专家导师团队集中远程视频指导”等多种类型的导师指导活动。为学员达成预期研修目标，提供适需、求实的专业支持和专业保障。</td></tr>
</table>

（续表）

<table>
<tr><th>培训主题</th><th>提升乡村小学校长“学校文化改进”的行动能力</th></tr>
<tr><td></td><td>3.阶段递进式任务驱动
秉承校长培训助推校长习得实践性知识、获取实践性方法、提升实践性能力、实现学校改进与发展的宗旨，适应学员参培的“实然需求”和校长国培的“应然诉求”，聚焦项目主题，立足项目75天整体目标，针对项目“集中学习阶段（10天）—启于知”“影子培训阶段（15天）—促于思”“返岗实践阶段（50天）—助于行”的具体分阶段、绩效研修目标，在项目的不同阶段，分别聚焦设置实践导向鲜明的阶段行动性研修作业任务，以终为始、以修促行驱动学员自觉开展研修学习。
4.参与激发式体验行走
在“集中学习阶段”，聚焦项目研修主题，根植学员立场，创新拓展、探索践行“体验行走”的参与式、体验式研修活动。为每个“研修小组”提供“眼罩”3个，组织参培校长学员2人一组，进行互换的“蒙眼”肢体、言语交流体验，在生动场景中，有效深化学员的相互信任，切实营造和谐共进的班级研修氛围。合作探讨“有效交流”的重要性，充分激发学员的内生性、主动性研修参与意识和行动自觉。
5.需求本位式问题沙龙
在“集中学习阶段”，聚焦项目研修主题，根植学员立场，创新拓展、探索践行“问题沙龙”的参与式、体验式研修活动。组织参培校长以所在“研修小组”为单位，立足学校文化改进的实践导向理念困惑和实效取向行动困境需求，开展“组内”群体研讨和具体协商，合作填写“问题沙龙调研表”，汇总各组调研表确定相对集中的共性问题，分类形成“理论导师工坊”“实践导师指导工坊”指导学员需求问题，提交项目导师，为导师分类指导提供具针对性、实效性的问题依据。
6.问题自省式价值拍卖
在“集中学习阶段”，聚焦项目研修主题，根植学员立场，创新拓展、探索践行“价值拍卖”的参与式、体验式研修活动。组织参培校长以所在“研修小组”为单位，立足学校文化改进的核心行动要素进行“组内”合作交流、深化分析，切实反思学校文化建设行动问题；在此基础上，以学校文化改进基本维度下的关键行动要素为“拍卖物”，组织参培校长学员进行“组间竞拍”，有效确定每个“研修小组”的主题研究重点，在轻松、愉快的氛围内，取舍、得失的理性选择中，有效激发学员主题专项研修的问题自省。</td></tr>
</table>

（续表）

培训主题	提升乡村小学校长“学校文化改进”的行动能力
	7.新闻采访式学员微课 在“集中学习阶段”，有效运用每天专题讲座的课前时间（上午），开展学员微课程。以参培校长学员为主体，每天邀请1名校长学员，作为“新闻发言人”进行15分钟左右的“学校教育故事”主题新闻发言。其他学员作为“采访记者”，进行问题采访。基于同伴互动交流，彼此分享、启示借鉴学校改进的行动策略。 8.思维拓展式主题微培 在“集中学习阶段”，有效运用每天专题讲座的课前时间（下午），开展微培训。以培训者为主体，开展为时15分钟左右的“感悟教育的思与行”主题微培训。通过案例、故事、视频、游戏等多元培训形式的变换应用，在互动参与的愉快氛围中，切实助推参培学员拓展教育思考和感悟。 9.实践导向式专题授课 在“集中学习阶段”，分期、交叉开展2段“集中学习”。基于校长学习的特征和规律（特别是边远贫困地区的校长学习往往对“有用的、能用的、好用的”知识感兴趣），秉承知行并重、能力本位的实践性课程专题设置原则，适需聘请省内外在学校文化建设研究领域具有较好研究基础、丰富授课经验，受到学员充分认可、好评的资深培训专家、名优杰出校长、高校教育研究学者进行专题讲座，帮助学员夯实理论、开阔视野、提高站位、更新理念、了解学校文化改进的行动价值取向和内涵要素。 10.场景体验式案例教学 在“集中学习阶段”，组织参培学员赴吉林省域内“学校文化建设”方面具备显著优质先行经验和可行借鉴启示的不同类型初中，进行学校实地场景中的案例教学，委托考察学校校长安排学员进行学校考察，并与参培校长学员进行经验分享、案例分析与问题对话。在学校现实的情境体验中，助推学员生成学校文化改进的感性认识和理性反思。 11.世界咖啡式主题会谈 在“集中学习阶段”，秉承“先体验、再理念、后实践”的参与式研修学习基本原则，以实践导向鲜明的行动问题为导向，以实效取向显著的群体交流为载体，开展能够充分激发学员个体参与和集体智慧，有效丰富学员彼此看待和处理相关问题的思路和方法的“世界咖啡式”主题会谈。切实突出学员的学习主体地位，引导学员深入思考研修主题，有效助推学员对培训内容的理解和反思。

（续表）

培训主题	提升乡村小学校长“学校文化改进”的行动能力
	12.网状交叉式影子培训 在“影子培训阶段”，分期、交叉开展2段“影子培训”。针对以往组织相对松散、内容相对随意、指导针对性和任务驱动性不强的现实问题。探索践行“驻校跟岗组+案例研究组”的“网状交叉编组培训方式”。以学员“集中学习阶段”所在的“学员研修小组”为单位，形成8个“驻校跟岗组”，在“影子基地研修”的2个子阶段，交叉赴2所不同的学校进行“驻校跟岗研修”。以学员自主选择的“学校文化改进研究维度”（精神文化、制度文化、行为文化、校园文化）为平台，形成4个“学校文化改进策略研究组”。通过“网状交叉编组”，充分保障每位参培校长学员，对“影子培训基地校”内部管理优质先行经验的涉及广度和汲取校深度。 13.策略分类式合作研究 在“影子培训阶段”，组织学员以4个“策略研究组”为单位，针对不同的“学校文化改进策略”，开展策略分类、重点聚焦的横向拓展交流。在此基础上，再以“驻校跟岗组”为单位，针对所赴的“影子培训基地校”，合作开展“影子校学校文化建设综合案例分析”。“以终为始”有效凝聚群体研究智慧，“各得其所”充分保障个体研究收获。 14.智慧共享式学员论坛 在“影子培训阶段”，组织理论导师代表、实践导师代表、全体参培学员，共同开展“学校文化改进的思与行”学员主题论坛活动。8个“驻校跟岗组”由所负责的实践导师（“影子培训基地校”校长）和参培学员共同推荐1名参培校长学员代表，进行主题论坛发言。专家导师代表分别进行论坛点评指导交流。 15.多元持续式返岗跟踪 在“返岗实践阶段”，持续、有效依托“双导师”专家资源，聚焦学员“返岗实践”阶段的具体实践导向行动改进问题和困惑，有针对、具实效、可持续地开展50天的跟踪指导。依托网络研修社区平台资源和优质专家导师资源，通过组织“专家集中实地赴校指导”“专家集中远程视频指导”“网络平台专题拓展学习”“行动改进问题聚焦会谈”“自主研读心得分享沙龙”等实效、多元的跟踪指导活动，切实帮助学员解惑所在学校文化改进的行动落实问题，破解学校文化建设的实践困境，助导学员所在学校文化改进的行动落实

（续表）

培训主题	提升乡村小学校长“学校文化改进”的行动能力
返岗实践指导	在为期50天的“返岗实践”阶段，聚焦“助于行”的阶段研修目标，以学员在“集中学习阶段”和“影子培训阶段”的研修收获为基础，以学员所在学校文化建设中存在的实际问题为导向，以项目导师团队和网络社区平台为资源依托，以“专家集中实地赴校指导”“专家集中远程视频指导”“网络平台专题拓展学习”“行动改进问题聚焦会谈”“自主研读心得分享沙龙”等实效、多元的培训内容和方式为载体，求实开展实践优化导向鲜明、实效行动取向显著的“跟踪指导”服务。助推参培学员切实内化学校文化改进的专业能力和行为，激发参培学员持续践行学校内部管理优化的行动改进自觉。 1.专家集中实地赴校指导 在参培学员相对集中的省域地区，选定4所学员所在“点校”。组建由项目理论导师代表（4名）、实践导师代表（4名），共同构成的专家导师团队，进行为期3天的“专家集中实地赴校指导”。秉承自愿原则，组织参培对象共同赴选定地区“点校”参与指导活动。通过开展“点校问题诊断指导”“集中座谈交流指导”“域内学员走访指导”等具体指导内容，帮助参培校长，充分结合学校实际，充分诊断学校管理优化行动改进中存在的具体问题和现实困惑，对学员“学校文化改进行动方案”的实效落实和实践优化，提出建设性启示建议和可行性借鉴意见。 2.专家集中远程视频指导 借助吉林省教育学院远程视频会议平台系统，组织项目理论导师代表（4名）、实践导师代表（4名），定期开展“专家集中远程视频指导”。聚焦参培学员“返岗实践”阶段“学校文化改进行动方案”的落实策略和践行问题，通过学员汇报发言、专家点评指导、问题对话交流的多元培训方式，基于学员的阶段性实践总结和问题反思，适需、适时为参培学员提供学校管理行动改进的科学、有效策略和合理、可行方法支持。 3.网络平台专题拓展学习 依托“中国教育干部网络学院”的优质远程中小学校长培训课程资源，在“返岗实践”阶段，聚焦项目研修主题，选定具体的必修课程、选修课程，组织学员自主开展返岗阶段全程的远程专题拓展学习，定期开展问题研讨和心得交流。实效拓展参培学员看待和处理学校文化建设相关问题的横向思考广度和纵向理解深度。 4.行动改进问题聚焦会谈 以项目自建的网络研修学习社区平台为载体，在“返岗实践”期间，定期对学员学校管理优化行动改进中的现实问题和指导需求进行调研汇总。每10天与学员共同商讨确定1个“共识性”阶段问题，进行主题研讨会谈。依托“异质化”的群体智慧分享，集思广益，共同寻求问题解决的有效策略和可行路径。

（续表）

培训主题	提升乡村小学校长“学校文化改进”的行动能力
	5.自主研读心得分享沙龙 由项目理论导师、实践导师为参培学员选定相关学校文化建设的专著、文献等自主研读资料目录。参培学员在“返岗实践”阶段，自主选择系统阅读。项目执行团队组织参培学员，分别在返岗中期和返岗末期，开展2次“自主研读心得分享沙龙”，帮助参培校长学员有效夯实学校管理的专业知识基础，切实汲取学校管理实践的专业智慧养分
考核评价	项目全程采取“过程质性考评”和“结果量化考评”相结合的学员研修绩效综合考核。按照项目“集中学习阶段”（始于知）—“影子培训阶段”（重于思）—“返岗实践阶段”（达于行）的三阶段推进路径，聚焦不同阶段的研修目标和任务，分别设置阶段性研修考评指标。项目考核指标重点关注“3个度”，学员研修任务具体完成“5个一”。学员考核评估成绩将作为是否颁发项目结业证书、推荐项目优秀学员的重要参考依据

考评维度	考评指标	考评内容	考评方式	考评人员	考评比重
过程质性考评	出勤度	全程跟进项目三个阶段的全部研修课程内容。态度端正，遵守纪律	出勤考核	班主任	20%
	参与度	积极参与项目三个阶段的各项研修学习活动，交流充分，主动自觉	行为观察	班主任 双导师	30%
结果量化考评	改进度	“集中学习”阶段（10天）：每位学员，1份“学校文化建设反思”（500字左右）； 每个“研修小组”，1份“学校文化改进行动要素分析报告”（2 000字左右）	作业审阅	班主任 双导师	50%
		“影子培训”阶段（15天）：每位学员，1份“学校文化改进思行启示”（500字左右）； 每个“研修小组”，1份“影子校文化建设案例研究报告”（2 000字左右）			
		“返岗实践”阶段（50天）：每位学员，1份“校本文化改进行动方案”			

（续表）

<table>
<tr><th>培训主题</th><th>提升乡村小学校长“学校文化改进”的行动能力</th></tr>
<tr><td>培训特色与创新</td><td>1.以“适需求实”的助行立场
——诠释项目培训整体设计的“逻辑性”和“驱动性”
基于教育部实施“校长国培计划——2016年边远贫困地区农村校长助力工程”的项目承接“应然诉求”，结合部门承接、实施国家级、省级农村校长培训项目调研分析的学员参培“实然需求”，根据教育部《义务教育学校校长专业标准》，针对乡村初中校长已然切实加强对“学校文化建设”的重视程度和认知水平，但存在较为显著的实践导向行动问题的现实状况，项目选择聚焦“提升乡村小学校长‘学校文化改进’行动能力”的研修主题。秉承“适需、循规、求实、助行”的培训设计原则，整体设置“启于知”（集中学习阶段）—“促于思”（影子培训阶段）”—“助于行”（返岗实践阶段）的逻辑递进式培训目标阶段推进达成路径。围绕阶段研修任务，具体设置了阶段性研修作业行动任务，力争以终为始，以修促行，切实激发、驱动参培学员的行动自觉。
2.以“能力本位”的内容建构
——探寻项目培训课程实施的“实践性”和“渐进性”
对应项目“启于知”（集中学习阶段）—“促于思”（影子培训阶段）”—“助于行”（返岗实践阶段）的三阶段培训目标逻辑推进达成路径，秉承“行知并重、情智共生”的实践性课程建构原则，聚焦“学校文化建设”的五个本质性问题，逻辑建构、交叉设置五个实践导向鲜明、实效渐进的培训课程内容模块，即“学校文化改进的行动价值诉求（为什么）”—“学校文化改进的行动体验认知（是什么）”—“学校文化改进的行动要素指南（做什么）”—“学校文化改进的行动路径审视（怎么做）”—“学校文化改进的行动落助导（如何践行）”。按照“行动问题自省”—“行动体验自为”—“行动认知自信”—“行动研究自主”—“行动改进自觉”的渐进推进路径，切实提升参培校长学员的学校管理优化行动改进能力。
“集中专题研修阶段”——以实践导向专题研修为创新载体
聚焦“始于知”的阶段性研修目标，在为期10天的“集中学习阶段”，分两段交叉具体组织、实施两个研修内容模块。“集中学习阶段1（为期3天）”—“学校文化改进的行动价值选择”（为什么）+“集中学习阶段2（为期7天）”—“学校文化改进的行动要素指南”（做什么），具体设计五场专家专题，七场案例教学，5项特色实践活动。
“影子基地研修阶段”——以网状交叉综合研究为创新平台
聚焦“促于思”的阶段性研修目标，在为期15天的“影子培训阶段”，分两段交叉具体组织、实施两个研修内容模块。“影子培训阶段第一阶段（7天）”—“学校文化改进的行动体验认知”（是什么）+“影子培训阶段第二阶段（8天）”—“学校文化改进的行动路径审视”（怎么做）。</td></tr>
</table>

（续表）

培训主题	提升乡村小学校长“学校文化改进”的行动能力
	针对以往影子培训组织相对松散、内容相对随意，指导针对性、任务驱动性相对薄弱的现实问题，行动借鉴、创新探索“网状交叉编组综合案例研究”的“影子培训阶段”研修学习内容建构策略和设置路径。 “返岗实践研修阶段”——以多元行动问题指导为创新路径 聚焦“助于行”的阶段性研修目标，在为期50天的“返岗实践研修阶段”，具体组织、实施“学校文化改进的行动落实助导”（如何践行）的研修模块，切实立足学员校本文化建设的具体行动改进问题，有效依托优质网络远程研修课程资源、专家导师团队资源，具体设置“专家集中实地赴校指导”“专家集中远程视频交流指导”“网络课程平台拓展研修”“自主研读交流沙龙”“远程主题会谈研讨”五项研修实践活动。 3.以“行动学习”的核心模式 ——拓展项目培训方式运用的“情境性”和“生成性” 遵循校长学习的规律和特征，在项目全程，运用强调参与、注重变换的多元参与式、体验式行动学习研修模式。具体运用“小组合作式团队学习”“全程跟进式导师指导”“目标聚焦式任务驱动”“实践导向式专题授课”“场景体验式案例教学”“头脑风暴式群体会谈”“互动拓展式微培体验”“新闻采访式学员微课”“网状交叉式影子培训”“案例分析式合作研究”“智慧共享式学员论坛”“多元持续式返岗跟踪”12种培训方式。 4.以“合作联动”的资源整合 ——提升项目培训资源运用的“融合性”和“实效性” 以“适需”充分合作、“求实”有效联动为导向，力争提升培训资源运用的融合性和实效性。“系统化”整合专业人力资源—立足本省、放眼全国，以杰出教育研究学者、资深名优中小学校长、优秀专职校长培训师为主要资源依托，有效组建高品质的项目专业师资团队，切实保障项目专题讲座、导师指导的质量和效能。“高标准”整合基地场景资源——有效依托项目实践导师所在学校的优质教育场景和优势特征，具体选定8所吉林省域内优质初中作为项目“影子培训基地校”。“精细化”整合管理工具资源——精细化多元设计“训前筹备分工明细表”“训中实施日行事历”“研修学习任务提示说明”“出勤考核信息表”“专题研修提问卡”“课程满意度调查表”“影子培训网状交叉编组表”影子培训基地校培训工作须知”“影子培训阶段研修满意度调查表”“返岗实践阶段研修行动计划表”等15个项目培训管理系列化工具，保障项目研修的有序开展和有效实施。“多方位”整合信息技术资源——以国家教育行政学院中国教育干部网络学院、吉林省中小学教师研修网、吉林省教育学院远程视频交流平台等多方资源依托，充分发挥信息技术资源整合的精品选学功能、互动交流功能、培训管理功能和持续追踪功能。

（续表）

培训主题	提升乡村小学校长“学校文化改进”的行动能力
	5.以“学员立场”的精细服务 ——保障项目培训管理服务的“人本性”和“规约性” 基于学员立场、倾情服务的培训服务管理理念，立足“做有温度的培训”的培训服务追求，举全院之力，切实建构“项目领导小组+项目执行团队+项目保障团队”的项目管理团队。力求在项目的服务管理过程中，达成规约制度“刚性”管理和人文情怀“柔性”服务的有机结合，把握整体、关注个体，立足阶段、强调细节，提供“高标准、精细化”的培训服务，践行“高效能、精益化”的培训管理，追求“高品位、精致化”的培训品质，保障参培学员对项目研修的认可度和满意度

农村校长的“筑梦车间”——吉林省教育学院创新培训教育模式[①]

“真心地道一句：吉林省教育学院，和你结缘真美。农助工程，和你相遇真值。老师、同学们，与你们同行真好。”这是结束了75天的培训后，云南省牟定县天台中学校长李伟先给吉林省教育学院的临别赠言。

从2013年开始，吉林省教育学院连续3年承担教育部边远地区“农村校长助力工程”，来自全国21个省份、15个民族的297名边远贫困地区农村中小学校长，先后在这里进行了6个不同主题的研修学习。在全国35个项目承接机构中，吉林省教育学院培训教育效果3次获得教育部评估总分第一名，被业界称为农村校长的“筑梦车间”。

把“助力工程”比喻为“筑梦车间”，第一个“产品”就是：情怀。“我今天去班级了吗？”“我今天与老师交流了吗？”“我今天读书丰富自己了吗？”……吉林省图们市长安中学校长李凤娟清楚地记得吉林省教育学院副院长龚玲给学员们上课时讲的“校长八问”。如今，她每天都用这“八问”检查自己。“我学到的是一种必须把工作做到最好的教育情怀！”李凤娟说。在她的带领下，这个边远地区的农村中学，去年获得全市教育工作考核优秀单位。

从走进吉林省教育学院的大门开始，参培学员得到的是无微不至的关怀，“研修情缘班徽”“个性化小组桌签”“微笑出勤板”“体育用品箱”……一个个体贴

① 鲍盛华：《农村校长的“筑梦车间”——吉林省教育学院创新培训教育模式》，载《光明日报》，2016-07-15。

入微的设计，无不充满温情。这形成了“筑梦车间”的第二个“产品”：尊重他人人格。“‘以学员为本’是学院的培训理念。”被选为“助力工程”班主任的夏斌老师说。参培校长也潜移默化地体会到了如何以人为本推进教育工作。

随着培训的深入，“筑梦车间”开始铸造第三个“产品”：新理念。2014年上任的吉林省白山市靖宇县榆树川学校校长刘长江压力巨大，因为学校在前一年全县14个乡镇学校考核中排名第12位。就在刘长江一筹莫展之际，他接到了参加“助力工程”培训的通知。令刘长江惊喜的是，学院充分征求了他的培训需求。接下来的75天是一次全新的教育洗礼：基于“知、思、行”的递进关系，他开始了“始于知、促于思、达于行、做于升”的四阶段培训。带着全新理念回到学校的刘长江一展身手，2015年学校在全县排名第三。

在理论培训之后，“筑梦车间”开始向实践层面延伸，提升校长们的“综合能力”。他们精心挑选吉林省域内优质中小学作为“影子基地校”，并聘请作为“吉林省杰出校长、专家型校长培养对象”的基地校校长担任指导教师。他们的目标是把这些名校的“影子”印到农村中小学“身上”。

完成“影子基地”教学的“助力工程”培训似乎已经可以完结，但吉林省教育学院却不这么认为，他们把培训的终点变成实践的起点，倡导名校和边远贫困校结对子，让“筑梦车间”的最终“产品”定格在教育均衡上。

长春市树勋小学是基地校之一。吉林省白城市镇赉县坦途镇第二中心校校长王国庆参加了“助力工程”培训后，又派了两位副校长到树勋小学学习。目前，坦途镇第二中心校确定了自己的校歌、校徽，提出了新的教育理念，去年还取得了单科成绩全县第一的突破。树勋小学校长任国权介绍，该校已经创建了“树勋+”联盟形式，有20多所农村边远贫困学校和他们结成了对子。“回过头来看，培训后的发展更加重要，我们愿意为此做出努力。”任国权说。

案例评析

培训方案是机构实施教学的依据，是机构培训哲学和教育理念的集中体现，反映了培训机构对教育、对农村校长、对培训模式的整体认识，反映了培训机构内涵建设的核心——专业化。吉林省教育学院按照要求设计的农村校长助力工程项目培训方案，遵循：“整体设计、连续培养、分类实施、学用结合”的思路，围绕大主题、小专题，宏观上呈现了“知、思、行”“依次递进、逻辑自洽”的效果，微观上实施“始于知、促于思、达于行、做于升”的四阶段培训，让培训取得了事半功倍的效果。吉林省教育学院在教育部组织的农村校长助力工程评估中，经过学员匿名评估、专家评估、培训单位自评等程序，连续三年第一。

案例

团队培训：促进农村中小学校长群体成长①

（一）团队培训的内涵

团队培训以现代学校发展观为指导，按照陈玉琨教授提出的“‘最好’是一时的标志，‘更好’是永恒的追求”②为基本理念。以规划引领与团队学习为途径，实现学校可持续发展战略的培训方略。团队培训包括三个含义：一是宏观上开展跨区域校际研修交流活动，形成学校之间的协作体，促进校际的群团发展。二是中观上以学校改进为核心理念设置课程体系，在学校改进的实践中实现高中教学管理团队一体发展。三是微观上校长、教学副校长和教导主任，即思想、思路、流程三位一体进行同一主题、不同侧重点的团队培训，在自我诊断、认同、完善中推动学校改进与自我发展。团队培训也可以概括为“问题引领+理论奠基+实践导向+行动反思”模式。

（二）团队培训主要任务

编制与修订学校发展规划。褚宏启认为：“学校改进是学校组织的全面变革和深度变革。”③信心来源于过去成功的回顾，训前参训管理团队需思考学校的发展思路，梳理发展的优势、不足，在做好归因分析的基础上，认清学校发展的现实基础，草拟规划文本。训中以“在实践中学习、在学习中实践”的体验式培训方式为主，管理团队成员带着“观测表”“任务表”和“学校改进计划表”亲临其境与跟岗学校各个层面人员近距离学习、沟通与交流，在真实

① 于维涛：《管理团队培训：中小学校长培训模式变革的新途径》，载《中小学教师培训》，2013（07）。

② 沈玉顺：《走向优质教育：教育部中学校长培训中心精品讲座》，上海，华东师范大学出版社，2006。

③ 褚宏启：《基于学校改进的学校自我评估》，载《教育发展研究》，2009（24）。

的实践情境中，细致观察跟岗学校的日常教育教学与管理行为。训后在教育专家的建议和指导下制订学校发展改进计划。

（三）管理团队培训人员组成

差异既是资源往往也是实施管理团队培训的障碍，我们采取的是“一减一加”策略。即管理团队之间减少差异，重点关注县域中小学学校；管理团队成员之间加大差异。学校正职校长、校长和中层主任同时参加同一主题的培训。同时，小班额组织。每班不超过15所学校，45人规模。这样横向上管理团队之间经验迁移性强；纵向上，管理团队内对分管工作问题的研讨深入，促进相互理解和认同，能够形成共同战略共识，也为人才储备打下良好的基础。

郑玉莲博士认为：“学校中层在内的学校领导团队学习共同体的整体提升是学校改进的关键。”①因此，管理团队培训重视学习共同体的构建，在组织上根据自愿和学校特征相结合的原则分组，学习活动通过学习小团队展开；在思想上强化分工、合作，树立学习正气，建立良好的学习秩序；在评价上学习成果主要以管理团队智慧展示的方式呈现。

（四）管理团队培训方案设计

管理团队培训方案设计要紧扣学校改进主题。郑玉莲博士认为：“学校发展的主要问题分为两大类，硬件和软件。”②经过调研分析我们认为，将学校硬件视为学校发展问题的为数不多。74.80%的人认为团队建设、评价制度、课程与教学、教师专业发展与学生学习力提升、学校管理与文化等领域是制约县域学校发展的主要因素。

（五）管理团队培训内容

参见一个高中教学管理团队培训课程内容的案例，培训的主题是促进学校的自主变革，制定、修改学校的三年发展规划。模块一：学校发展自我诊断的理念与技术（学校自我诊断与改进个案研究）（12学时）。模块二：学校战略规划与行政领导力（8学时）。模块三：高中教育多样化发展与管理团队使命

① 郑玉莲：《于学校改进的中小学校长培训模式研究》，硕士学位论文，华东师范大学，2009。

② 郑玉莲：《于学校改进的中小学校长培训模式研究》，硕士学位论文，华东师范大学，2009。

（16学时）。模块四：学校德育工作及其改进（8学时）。模块五：学校课程体系建设与教学改革创新（16学时）。模块六：学校人力资源开发、利用与管理（8学时）。模块七：教师专业发展规划与学生学习力提升。模块八：团队发展与校园文化建设规划。模块九：教育科研方法与学校发展（8学时）。模块十：信息技术发展与学校变革（8学时）。模块十一：跟岗实践与教育综合考察（80学时）。模块十二：学校改进行动方案的撰写（32学时）。模块十三：学校改进方案答辩（32学时）。

（六）管理团队培训方法

遵循“问题引领+理论奠基+实践导向+行动反思”的技术路线。问题引领，管理团队人员训前对影响学校发展的主要问题、办学定位、发展策略及保障措施进行自我反省。理论奠基，明晰建设团队学习文化和相应的团队机制理念与方法，形成良好的培训氛围。实践导向，到基地学校现场学习学校发展问题的诊断途径与方法，分享基地学校的经验与典型案例，寻找解决问题的对策方案。行动反思，在学校实践中修改、上交学校改进和发展建议，并形成学校规划。此外，我们还通过陈述、答辩、指导等环节，专家团队提出学校改进和发展建议，形成学校改进的思路。

（七）管理团队培训评价

这主要包括四个层级的评价：一级为反应层面，即管理团队培训参与度与时间、精力投入情况；二级为学习层面，即管理团队在培训中的知识与技能的掌握情况；三级为工作中的行为改进层面，即管理团队是否能够根据所学的内容，在实际工作中加以运用，对自己分管的工作进行诊断，并写出诊断与改进计划；四级为工作改进层面，形成学校整体工作的诊断与发展规划。

案例评析

第一，重视团队成员在培训方案设计中的角色。以往培训方案主要是从基础教育改革与发展形势需要出发，由行政人员或培训机构专家制定。团队培训模式要求各学校提前上报学校发展规划，在体制上保证在培训方案制定上的发言权，培训方案能有效整合学校改进改革和团队发展的需要。

第二，重视团队成员已有知识与经验基础。团队成员有着丰富的教育教学和管理经验，这些通常是工作实践中悟出的隐性知识。这些已有的经验与知识对他们团队培训中学习怎样的知识、借鉴什么样的经验有重大影响。团队培训活动设计建立在团队成员认识发展水平和已有的知识经验基础之上，体现在团队成员在学习研讨中参与、建构与自我生成之上。

第三，重视团队成员的实践学习。团队培训主要扎根于学校实践与组织环境中，以“在实践中学习，在学习中实践”的体验式培训方式为主，内容不再完全是所谓“普适性”知识。团队成员带着“观测表”“任务表”和“学校改进计划表”亲临其境与跟岗学校各个层面的人员近距离学习、沟通与交流，在真实的实践情境中，细致观察跟岗学校的日常教育教学与管理行为。

第四，重视团队成员的背景。团队成员其工作信念、工作方式不可避免地受当地组织、文化以及学校的使命、远景、目标、制度及隐性文化等方面的影响。我们深信差异是资源，尊重并理解学校与团队成员背景的千差万别，不仅满足于在同一团队的接触中理解，还致力于不同学校、不用区域间对其组织背景的了解。

第五，重视学习共同体的构建。组织上强调分组，根据自愿和学校特征相结合的原则，分成5个学习小组，学习活动通过学习小组展开。思想上建立良好的学习伦理，将每一个团队围绕着学校改进主题凝聚起来，通过强化分工、合作，树立学习正气。评价上建立学习型团体，意味着培训评价不以个人为单位，而是以团队为单位，集中培训期间的学习成果（学习简报、大会推荐发言等）都以团队智慧展示呈现出来。

第六，重视与校外专家的合作。希望专家与跟岗学校可以解决学校改进发展的所有问题。跟岗学校与指导专家两者优势互补。跟岗学校更了解学校改革与发展的实际问题，指导专家研究学校改进与发展的新进展和成功的理念和实例。与两者之间加强合作，优势互补增进友谊。同时省域内形成培训学校之间的协作体，定期开展校际研修交流活动。

第七，重视培训者的角色转换。团队培训在实施上要求超越以“大课”为主要形式的任职资格、提高培训班方式。在新模式中，培训者和团队成员是平等对话与合作关系，培训者不但要掌握同团队个人工作的技巧，还要有团队关系协调能力，熟悉学校改进的理论与一般方法，为团队成员提供一个学校改进与发展的初步框架，以免其用原有经验而导致“穿旧鞋、走新路”。

第八，重视激励促进团队成员的发展。经验显示，当团队成员从培训中获得的奖励等于或大于付出时，团队成员更愿意参加团队培训活动。当然，这并非单纯依赖物质奖励，团队成员更在意的是精神奖励。

｜二｜农村中小学校长专业发展支持服务体系的县级培训机构实践探索

案例

异地培训：探索充满活力农村中小学校长培训新模式[①]

（一）目的意义

在“主食+杂粮”和“菜单+学分制”干部培训等区域特色培训的基础上，永吉县教师进修学校开展异地培训，以“校长的使命担当与学校特色建设”为主题，学习外地先进教育经验。“在工作中培训，在培训中工作”，不仅是对本土培训的一种补充，更是开创干训新模式的一次探索。

（二）培训内容

表4-17　2016年吉林省永吉县局管干部、骨干教师异地培训方案

时间		日程安排
7月3日 星期日	全天	报到
7月4日 星期一	8:30—9:00	开班式
	9:00—11:30	开班报告 依法办学，建设现代学校制度
	14:30—17:30	现场教学 ①中学组：潍坊十中（初中） ②小学组：潍坊日向友好小学 ③幼教组：奎文区幼儿园 ④特教组：奎文区特教学校

① 根据永吉教师进修学校《2016年吉林省永吉县局管干部、骨干教师异地培训方案》整理。

（续表）

时间		日程安排
7月5日 星期二	8:30—11:30	现场教学 ①中学组：潍坊育才学校（初中） ②小学组：奎文区潍洲路小学 ③幼教特教组随以上两组考察
	14:30—17:30	现场教学 ①中学组考察潍坊一中（高中） ②小学组考察奎文区幸福街小学 ③幼教特教随以上两组考察
7月6日 星期三	8:30—11:30	专题报告 名师工作室建设与教育科研管理
	14:30—17:30	专题报告 差异化教学与学生个性培养
7月7日 星期四	8:30—11:30	专题报告 校长的专业领导力
	14:30—17:30	专题报告 ①如何制定学校《章程》和《发展规划》 ②在规划中行动，在行动中提升——谈校长领导力
7月8日 星期五	8:30—11:30	现场教学 ①中学组：淄博市临淄区第二中学 ②小学组：淄博市临淄区晏婴小学
	14:30—17:30	分组研讨
7月9日 星期六	全天	培训交流总结，返程

（三）学习任务

外地挂职、交流顶岗者除承担正常教育教学工作外，还要为挂职、顶岗的所在学校至少做一次学术报告；搞一次活动；带若干名干部；开展自己擅长的特色工作等。达到学习外地经验，宣传永吉县教育文化的培训目的。

学习参观者——撰写一篇结合本职工作的参观感悟。

外地挂职、交流顶岗者——撰写一篇异地培训报告和若干个教育教学小故事，做一次大会交流。

（四）培训考核

满分100分，其中，书面材料完成情况15分。完成教育教学工作任务情况40分。学习与工作态度、出勤、学习主动性与效果15分。特色工作10分。对方评价20分。

案例评析

《学记》：“发然后禁，则扞格而不胜；时过然后学，则勤苦而难成；杂施而不孙，则坏乱而不修；独学而无友，则孤陋而寡闻；燕朋逆其师，燕辟废其学，此六者，教之所由废也。”人不同于动物，人类在接受外界信息时不是机械地做出刺激与反映，而是对外界的信息有一个选择。知识学习不是简单地“你教，我听”，而是培训者自主地、能动地、富有创造性地建构知识的过程。永吉县教师进修学校认为农村中小学校长的大脑不是一张白纸，每位农村中小学校长都是以自己的经验为基础来建构自己对外部世界的理解，每位农村中小学校长都需要在自己的头脑里完成新的理解，才会建立起自己的知识结构。正如皮亚杰所言：“新知识产生的必然来自结构的调节和平衡。”农村中小学校长培训应该与现实生活类似的情境发生联系。

第一，永吉县创设情境，帮助农村中小学校长把学习与一定的现实学校情境相联系。学习内容选择在学校中，在观察、模仿、反思中解决农村中小学校长工作中遇到的问题。

第二，永吉县将情境培训内容编排成不同的教学主题，安排不同的教学情境，让农村中小学校长在不断地交流、沟通，即多边互动过程中习得。

第三，异地培训的手段很多，永吉县异地学习情境设计与不同发展阶段、不同需求的农村中小学校长相结合，使农村中小学校长看到、听到那些与自己不同的经验与见解，扩充农村中小学校长的心量。

第四，永吉县异地培训过程中的思维训练是以培育农村中小学校长创新思维、科学思维和健康思维为基本内容的科学思维方式的重要培养手段，让农村中小学校长远离狭窄、片面、自我中心、思维失范、趋利性的倾向。

正如永吉实验中学王校长所言：“这次培训，既让学员学习到了知识，借鉴了经验，开阔了视野，解放了思想，陶冶了情操，又让学员找到了差距，明确了方向，坚定了信心，受益匪浅。”

第四节　农村中小学校长专业发展支持服务体系的社会参与实践

案例

激发活力：教育部——中国移动中小学校长培训项目①

（一）目标任务

①组织1 000位中西部农村义务教育学校正职校长，参加为期12天的集中培训，帮助校长学习借鉴优秀学校办学经验、进一步提高校长办学治校水平和实施素质教育能力，培养一批能够在网络研修中发挥示范引领作用的“种子校长”，带动县域校长队伍素质和能力整体提升。

②组织10 000名中西部农村义务教育学校正副职校长，参加为期3个月的网络研修，帮助校长更新办学理念、掌握应知应会的知识和办学治校的最新知识、提高规范办学水平、促进校长专业发展。

（二）培训对象

集中培训：中西部农村乡中心校校长和具有较高理论修养、较强业务能力和丰富管理经验的义务教育学校正职校长。

网络研修：中西部农村义务教育学校正副职校长及后备干部。

（三）培训内容

①集中培训以学习优秀学校办学理念、办学模式、办学经验和提升办学治校能力为重点，包括学校发展规划、学校文化建设、素质教育典型经验、学校管理案例分析、学校课程与教学改革、乡村教师发展支持策略等，同时，把网络平台工作坊主持能力、网络研修组织和指导能力作为培训内容之一。

②网络研修要围绕农村教育改革发展的重难点问题，设计安排有针对性和实效性的培训内容。要将《义务教育学校校长专业标准》、师德建设作为培训必修内容，提升参训学员的专业素养和解决实际问题的能力。要挖掘典型经验

① 根据国教育部教师司《关于做好教育部——中国移动中小学校长培训项目2016年实施工作的通知》整理。

案例充实培训内容。

（四）培训方式

1.集中培训

以集中面授和影子培训相结合的方式开展培训。其中，集中面授5天，将专家讲授、经验案例分享和学员互动研讨相结合；影子培训7天，参训校长5～6人一组，到影子培训基地学校跟岗学习。

2.网络研修

以“种子校长工作坊”和送教下乡相结合方式开展培训。

中国教育干部网络学院为每个项目县开设4个“种子校长工作坊”，参训学员以50人为单位组成网络研修班，进入“种子校长工作坊”学习。每工作坊设主持人1位，辅导教师4位，由省级承办单位从影子培训学员中遴选和指定。省级承办单位指导“种子校长工作坊”，结合中国教育干部网络学院培训平台的功能和资源特点，制订网络研修计划并组织实施。

在网络研修期间，由省级承办单位选派专家，以项目县为单元送教下乡，时间不少于4天。采用集中讲授、跟进指导、现场诊断等形式，帮助学员进一步掌握应知应会的知识，提高解决问题的能力。注重发挥送教下乡的辐射作用，鼓励项目县教育行政部门组织本地其他校长和学校管理骨干参加送教下乡的学习活动。

案例评析

教育部——中国移动中小学校长培训项目从2006年正式启动以来，共培训中西部地区23省份（含新疆建设兵团）中小学校长8万多人次。

第一，中国移动热情参与，积极配合。中国移动连续10年提供项目所需资金支持3 500万元，是本项目得以顺利实施的重要保障。

第二，教育行政部门高度重视，扎实推进。教育部与各级教育行政部门成立项目办公室，组建专家团队，开发培训手册、编辑简报、出版成果汇编等。

第三，省级承办单位精心筹备，组织得力。做好训前调训工作。向基地学校发出做好培训准备工作的通知。开班前召开干训处、办公室、宣传部、后勤处、财务处等部门负责人参加的培训服务管理专题协调会，对西部校长影子培训的培训组织与管理、宣传报道、住宿饮食、经费使用、车辆安排等相关工作任务进行了分工。

第四，培训内容注重实效，学以致用。一是培训准备多方联动，扎实有序；二是制定科学培训方案，确定培训内容，努力做到使参训校长愿意学、学有用；三是培训专家深入基地，悉心指导；四是培训服务细致入微，体现人文关怀。

第五，基地学校周密安排，悉心指导。一是研修方案切实可行；二是基地校长悉心指导；三是生活保障舒适温馨。

案例

项目带动农村中小学校长团队发展①

（一）实施背景

山东是一个教育大省，也是素质教育改革步伐迈得大、成效显著的大省。但由于山东各地区发展十分不平衡，某些地区应试教育依然“高烤不退”。有些学校依然加班加点，把学生关在教室里死学硬背，让学生拼时间、拼精力，甚至还有学校制作了两张课程表，一张应付检查，另一张平时使用，严重违反了办学规律。

（二）内容目标

山东省普通中小学“1751”改革创新工程（简称“1751”工程）是指在全省选择17个县（含县级市、区，下同）的51所普通中小学，经过3～5年的重点培育，形成一批县域层面的普通中小学改革创新样板学校。

“1751”工程由省内外教育专家和部分齐鲁名校长名师等组成专家团队，深入入选学校进行持续跟进的专业指导，推动学校走“规范办学、尊重规律、依靠科学、改革创新、自主发展”之路。

“1751”工程的基本目标是，在努力推进教育均衡发展的基础上，培育一批教育思想先进、办学行为规范、学校管理科学、课程方案落实、课堂教学高效、师资队伍优良、育人环境优化、教育特色鲜明、学生综合素质高，在省内有较强示范作用和知名度的中小学校，长远目标是培育一批体制机制新、创新意识强、改革动力足、发展可持续、率先基本实现教育现代化的改革创新型学校。

① 根据山东省教育厅《山东省关于实施普通中小学“1751”改革创新工程的通知》整理。

（三）学校遴选

“1751”工程由各市推荐、省里遴选确定，教育厅制定“1751”工程建设管理办法，组织有关专家对申报县及学校进行遴选，每市确定一个县及其所属3所学校，最终确定17个县51所学校。

（四）主要措施

加强对入选学校的指导和管理，并在免费培训、专业指导、教育研修、优质教育资源供给等方面提供优惠政策和大力支持。

案例评析

“1751”工程是由北京师范大学出版集团支持，山东省教育厅基础教育处主管、山东省基础教育课程研究中心推进的一场教育革新工程。“它旨在解决山东省一些中小学在推进素质教育的过程中出现的过分依赖行政推进，自主发展愿望缺失，‘被发展’现象普遍问题；着力解决一些学校虽然有自主发展愿望，但发展思路不清、管理方式单一，存在‘形式化’‘模仿’现象等问题。通过专业引领，激活学校自组织变革的内生力量，释放学校办学活力，推进普通中小学走改革创新、自主发展之路。工程实施5年来，一大批学校走上了自主发展之路，大大改变了原有的教育生态。”①

农村中小学校长专家引领，同伴互助，自我反思是有条件和前提的。迷茫的时候，需要专家引领；倦怠的时候，需要同伴互助；成功或者失败的时候，需要自我反思。

第一，“四个转变”实现理念升华。引导项目学校从战术向战略转变。从事务向决策转变。从经验制度管理向大数据实证管理转变。从权力管理向非权力管理转变。

第二，“四个寻找”实现自我发展。帮助项目学校寻找办学治校的困难；寻找办学治校的特色；寻找办学治校的定位；寻找办学治校的规律。

第三，“四个定位”完成使命担当。成为农村中小学校发展问题会诊所；成为优质农村中小学校策源地；成为基础教育综合改革试验田；成为教师、学生发展的助推器。

临朐县第一实验小学校长刘学芝表示：“县教育主管部门、农村中小学校长一直都有强烈发展的愿望，但缺乏持续、系统的专家引领。‘1751’工程的专家团队，能

① 赵彩侠，李红婷：《协同发展，共筑区域教育发展新格局——记山东省普通中小学“1751”改革创新工程》，载《中国教师》，2015（24）。

够深入学校进行持续跟进的专业指导，这种一以贯之的指导帮助，是基层最急需的帮助。”①

此外，教育部《关于实施“教育部——中国电信中小学校长信息技术应用能力提升项目”的通知》“决定组织实施‘教育部——中国电信中小学校长信息技术应用能力提升项目’。2014—2015年，采取集中培训和远程培训的方式，对全国10.1万位中小学校长进行信息技术应用能力提升培训，提高中小学校长信息化领导力，促进中小学教育信息化水平提升”。

联合国儿童基金会推进“优质教育实践项目”“爱生学校社会情感学习项目”意味着知识和技术及其他相关教育资源的转移。国际教育援助不仅改善了农村的教育条件，还可以开阔农村中小学校长的教育视野，促进世界范围内的教育合作交流及教育研究。

① 魏海政：《山东“1751”工程打造县域样板校——专家团队跟进指导　培育时间为3至5年》，载《中国教育报》，2011-01-26。

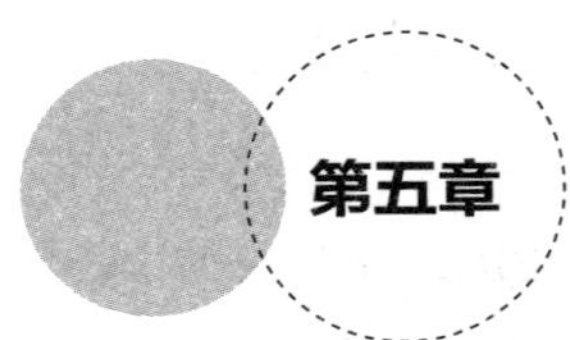

第五章 农村中小学校长专业发展支持服务体系建设的现状调查

讨论农村中小学校长专业发展持服务体系建设，离不开对我国教育行政部门、机构、农村中小学校长、农村中小学教师的调查研究。因为正是这些主体构成了我们研究农村中小学校长专业发展支持服务体系建设的宏观背景。因此，本章试图以东、中、西部县级培训机构为载体对农村中小学校长培训体系、模式、管理及质量保障现状展开调查研究，以东、中、西部省份的农村中小学校长培训、访谈情况为资料开展分析，关注下列问题：农村中小学校长培训体系、模式、管理及质量保障的传承与“重组”；制约农村中小学校长专业发展的因素；农村中小学校长的专业化在不同的区域有什么差异。

第一节　农村中小学校长培训体系、模式、管理及质量保障的现状调查

县级教师培训机构作为承担农村中小学校长培训的基层培训机构，自其建立以来一直为中小学校长专业发展发挥着重要作用。在一段时间内，我国对县级培训机构建设的重视不够、投入不足、地位弱化、工作边缘化、师资老化，以致其在推动农村中小学校长专业发展方面的作用发挥不充分，影响着农村教育教学质量的提升。2002年《教育部关于加强县级教师培训机构建设的指导意见》颁布后，全国各地在加强县级教师培训机构建设方面做了大量工作。2015年6月，国务院办公厅关于印发《乡村教师支持计划（2015—2020年）的通知》要求加强县级教师发展中心建设。基于上述认识，本文运用理论研究和实地研究相结合的研究方法，运用规范化的定性技术分析了我国东、中、西部6个县（市、区）中小学校长培训体系、模式、管理及质量保障的现状，探讨了农村中小学校长培训的影响因素的内在机理及其变化规律，深化了支持服务体系理论架构的内容和实践内涵，为提出政策建议奠定了基础。

｜一｜兴仁县中小学校长培训体系、模式、管理及质量保障的现状调查

（一）概述

2015年7月11日至13日，调研小组一行3人深入贵州省黔西南州兴仁县进行了调查，对兴仁县教育局以及其部分学校进行了访谈调查、问卷调查、实地考察及文献资料的调阅，对教育局主管领导，有关科室，部分学校的校长、教师及乡镇教辅站的代表等50余人进行了访谈。

（二）兴仁县基本情况

兴仁县位于贵州省西南部，行政区域面积1 785km^2，总人口52.8万人，辖14个乡镇4个街道办，162个行政村，县境内居住着汉、布依、苗、彝、回等17个民族。截至2016年，共有中小学、幼儿园226所，其中，幼儿园59所；完全小学122所；普通初级中学38年；普通高中4所；中职学校2所；特殊教育学校1所。

（三）兴仁县中小学校长培训体系、模式、管理现状

1.兴仁县中小学校长培训体系的建设情况

兴仁县没有专门的中小学校长培训机构，兴仁县的中小学校长培训主要由县教育局师训办和政工股联合组织和管理。现行的中小学校长培训体系采取国家、省、州、县逐级培训，以任务培训为主。即县一级从各乡镇、各学校选拔骨干中小学校长参加省、州、县组织的相关培训，回到县后，作为“种子”校长，到乡镇、学校组织开展乡镇一级的培训。中小学校长任职资格、提高培训、全员培训、名校长培训、后备干部培训基本都是按上级下达的培训任务完成培训。

2.兴仁县中小学校长培训的方式

兴仁县中小学校长培训主要采用以下形式。

①集中培训：主要是中小学校长任职资格培训和国家、省、州举办的任务培训。

②远程研修：参与黔西南州教育局与中国教育干部网络学院组织的远程研修（两期，共201人）。

③要求全县中小学校长观看专门配合“义务教育学校校长专业发展标准”“基础教育课程改革”方面的培训节目，如中央电视台讲座以及贵州教育电视台与省教育厅合作录制的节目，一般在假期播放，要求中小学校长收看。

④采用“请进来”的形式对全县中小学校长进行集中培训，但因为经费没有保障，所以，虽然“请进来”这种形式比较受欢迎，但频率不高。（2013年3月邀请中国教育科学研究院胡中华老师对全县学校领导进行集中培训；2016年寒假和暑假委托重庆市三立职业学校对部分学校校长分别进行为期10天的“校长素质、团体能力提升培训”。）

3.兴仁县中小学校长培训的管理

为了更好地实施继续教育工程，县教育局成立了县级中小学教师继续教育工作领导小组，局长任组长，分管局长任副组长，教育局有关各科、室、站负责人为成员，办公室设在师训办，并要求每个乡镇（辅导站长任组长）、学校（校长任组长）成立中小学教师继续教育领导小组。领导小组主要负责中小学校长、教师培训计划的制订、培训指标的选派以及培训过程的汇报、调度、协调、管理等工作。县一级的培训规划由县领导小组下设的办事机构——师训办负责拟订，再交给领导小组成员财务股，基教股、督导室、教研室、远程教育技术服务站等相关负责人讨论，如有关钱的问题由财务股负责，有关教研的任务再由教研组来分摊。县教育局将中小学校长、教师培训工作纳入乡镇辅导站、中小学校的日常工作中去管理。将中小学校长、教师培训写入县每年和乡镇签订的工作目标责任状，通过层层签订责任状，局里每年对乡镇进行检查看是否完成中小学校长、教师培训工作，来对站长和校长进行考核。（见图5-1）

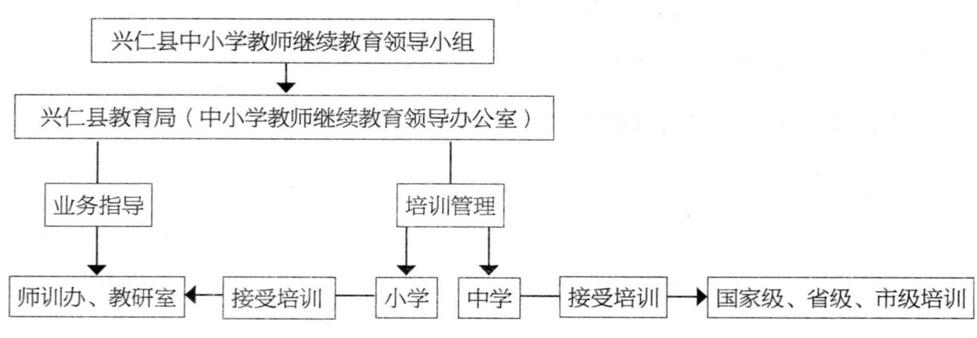

图5-1　兴仁县中小学校长培训管理体系

（四）兴仁县中小学校长培训的质量保障现状

在中小学校长培训效果方面：多数接受访谈、调研的教师和校长认为，国家级、省级、州级培训和外来专家的讲学，一定程度上使中小学校长、教师的思想和教育观念受益匪浅，活跃了中小学校长培训、教师教研的气氛，对中小学校长、教师的管理与教育教学理念的发展起到了一定的促进作用，有一定的帮助。但短短几天或十多天的短期培训，中小学校长、教师的办学治校和教学能力不可能有很大提高。有的校长提出："集中培训有时满堂灌，教师一时难以接受，效果不是很好。"有的校长提出："集中培训的内容多，时间少，比较注重通识知识，农村教育内容涉及得很少，效果不太理想。"有的校长提出："当时我在兴义听课，课没听完，人就走了一半，与教学实际联系不上，效果不好。"在培训经费方面，县教育局在中小学校长、教师培训经费投入上采取的方式是"三个一点"，即政府划拨一点，学校自筹一点，教师承担一点的政策。政府按政策拨付经费；学校承担差旅的花费、开展校本培训的相关开销；资料费、书费和教师继续教育的学费等一般由中小学校长、教师自己承担。但由于经费问题，"请进来，派出去"的成本很高，有时需要学校或个人承担部分，派出去学习培训的人员有限，覆盖面较低。

（五）兴仁县中小学校长培训面临的问题及困难

1.缺乏专门的县级培训机构

兴仁县没有专门的中小学校长、教师培训机构，不能适应新时期中小学校长培训工作的需要，县级中小学校长培训大多临时借用场地。同时，中小学校长培训在"多龙治水"的情况下，部门之间相互扯皮、推诿和救助不力的情况时有发生。

2.培训内容缺乏针对性

培训内容不能适合中小学校长、教师的岗位需要和学校实际，学习形式不太灵活，多数采用的是讲座的形式。培训内容缺乏针对性，是中小学校长、教师反映最突出的问题之一。教师们普遍认为，现行的培训，无论是国家级、省级培训，还是州级培训，在培训内容上，理念较多，解决问题的办法及实际操作较少，特别是不能结合兴仁县农村教育的实际情况。县级培训缺乏针对性，不能结合西部中小学校长、教师的实际需求，理论不具有操作性，中小学校长、教师很难把理论贯穿于学校管理和课堂教学，渗透到实践中去。多数中小学校长、教师不能掌握专家所讲的理论，更不必说在学校管理和课堂教学中运用了。

3.培训的组织形式单一

多数中小学校长、教师反映，组织形式单一。满堂灌、看视频、“二传手”、总结会把中小学校长当作整齐划一的“标准件”产品来加工，普遍不欢迎。“二传手”“三传手”培训效果不好，信息量衰减突出。培训者人员素质不能满足教师的需要，不能结合当地的教育实际，学员听课的效率、质量不高。当然这和听课教师的接受能力也有一定的关系。

4.培训管理的制度不健全，过程管理、责任落实不到位，培训环节较多

兴仁县教师中小学校长、培训在实际运行过程中，国家、省、州、县四级培训模式，环节较多，不便于监测管理；培训成本较高。培训的过程管理、责任落实不到位。有中小学校长、教师反映国家级、省级培训中管理工作责任缺失，存在不负责任的现象。校本培训行为没有规范化，有的学校只是走过场，三级培训没有落到实处。工学矛盾比较突出，这在一定程度上也增加了培训管理的难度。一些乡镇辅导站的中小学校长、教师代表反映：工学矛盾比较突出是中小学校长、教师培训的难点之一。大部分乡镇教师少，教学工作量大；一些乡镇基本一个教师一个班；很多教师是单职工，家庭负担重，校长都兼课，培训时间不能保证。一些培训者也反映培训过程中无法对学员进行严格的考勤管理，因为这些受训者基本上是各校的校长、骨干教师，工学矛盾比较突出，否则会影响当地的教学质量。

5.培训机会配置不均衡，一般农村校长、教师机会少

中小学校长、教师培训机会是按乡镇和学科分配，按教研组，抽骨干教师参加培训，一般教师走出去的机会较少。农村中小学校长、教师与县城的教师相比，在培训机会的获得方面，处于明显的弱势地位。

6.培训没有专项经费，中小学校长、教师培训困难重重

经费问题是兴仁县中小学校长、教师培训工作所面临的重要制约因素，这甚至影响

了中小学校长、教师参与培训的积极性。

7.缺乏培训过程的质量监测和培训效果的跟踪检查，培训效果难以得到认同

兴仁县乡镇中小学校的培训较分散，不便于监测管理；缺乏对培训过程的质量监测和培训效果的跟踪检查；至今仍未形成对培训效果进行评估的机制；仅有少部分学校对校本研修认识到位，认真开展，大多数学校仅流于形式，领导的观念还没有切实转变，教师的积极性不高。

｜二｜红寺堡区中小学校长培训体系、模式、管理及质量保障的现状调查

（一）概述

2016年3月6日至9日，调研组一行7人深入宁夏回族自治区吴忠市红寺堡区进行调研，对红寺堡区第二中学、红寺堡区第三中学、红寺堡区第一幼儿园、柳泉幼儿园、大河十小等学校通过访谈调查、问卷调查、听评课等形式进行调研，涉及城乡各局长、校长、副校长、学科教师等各个层面。

（二）红寺堡区基本情况

红寺堡区位于宁夏回族自治区中部，行政区域面积2 767km^2。辖2镇3乡1区、1个街道、63个行政村，总人口20.9万人，其中回族人口占总人口的61%。截至2016年，其有中小学、幼儿园101所，其中，幼儿园22所，完全小学74所，普通初级中学4所，普通高中1所。

（三）红寺堡区培训体系、模式、管理以及质量保障现状

1.中小学校长培训体系的建设情况

红寺堡区没有专门的中小学校长培训机构，中小学校长培训主要由红寺堡区教育局基础教育办公室和教学研究培训中心协调组织管理，现行中小学校长培训主要以国培校长助力培训和地方培训为主，园长通过资格认定培训取得园长资格证。培训回来后采取汇报交流的形式，对培训成果进行推广。后备干部培训时断时续地开展，缺乏有效衔接。（见图5-2）

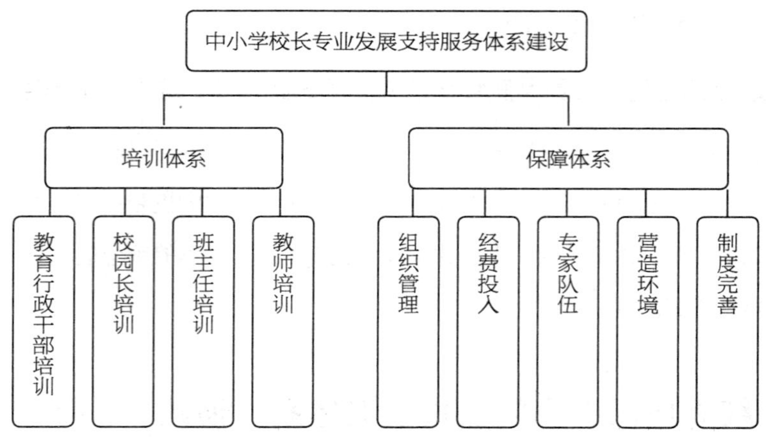

图5-2 红寺堡区中小学校长专业发展支持服务体系

2.中小学校长培训的培训方式

红寺堡区中小学校长培训主要采用以下形式：①借助国培项目，以任务驱动式选派相关校长参加培训，培训回来后组织召开红寺堡区区级汇报交流会，推广培训收获和经验。②远程研修。2000年，该区参加过一次200人的中国教育干部网络学院组织的远程研修。③地方每年组织一期地方培训班，外聘专家前来授课。④园长借助教育厅师资处的培训力量，实行园长资格认定培训。

3.中小学校长培训的管理

2016年红寺堡区被确定为国培培育性示范项目县，在国家教育行政学院的扶持指导下，成立了以红寺堡区教育局局长为组长，分管局长为副组长，教育局相关股室负责人为成员的领导小组。各直属学校、乡镇中心学校成立了以校长为组长，各学校副校长、各村小校长为成员的实施培训小组。领导小组主要负责中小学校园长培训计划的制订，培训指标的选派，培训过程的汇报、协调、管理等工作。红寺堡区区级培训规划由教育局领导小组下设的办事机构——教学研究培训中心负责拟订，财务股、基教股、人事股等相关负责人讨论定稿，之后由教学研究培训中心组织实施，并对过程进行管理考核。（图5-3）

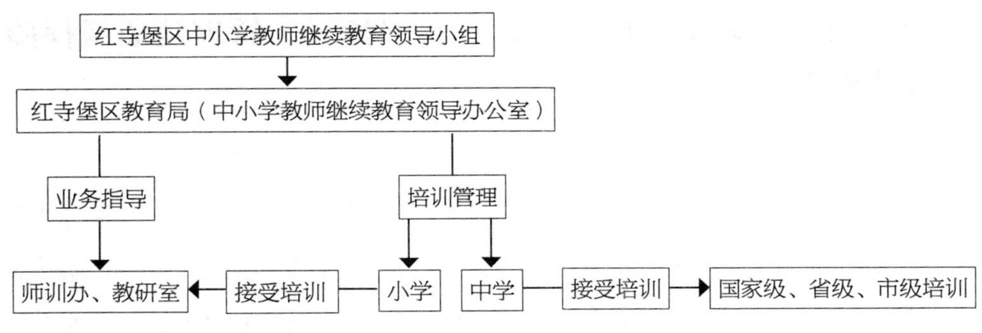

图5-3　红寺堡中小学校长培训管理体系

（四）红寺堡区中小学校园长培训的质量保障

在中小学校园长培训效果方面，由于近几年国培项目选派的校长数量少，但受益高，在很大程度上活跃了中小学校园长培训，对学校管理与教育教学理念的发展起到了一定的促进作用。但通过“短、平、快”的培训，中小学校园长的能力不可能有很大提高。红寺堡区成为国培项目县后，重点工作之一就是加强校园长队伍建设，分3年完成培训项目，已经结束的短期集中培训和正在学习的网络研修项目，反响很好，受益面广，内容充实适用。

在培训经费方面，国培项目培训费由国家财政支出，学员往返交通费由派出单位承担，地方培训经费由地方财政支出。

（五）红寺堡区中小学校长培训面临的问题及困难

第一，缺乏专门的培训机构，不能适应新时期中小学校长培训工作的需要。红寺堡区没有专门的中小学校长培训机构。

第二，培训的组织形式单一，培训内容缺乏针对性。地方组织的培训，形式单一，内容空洞，缺乏系统培训。国培网络培训的内容虽然丰富，但过于庞杂，在规定的时间内达不到学习效果，因此为了完成任务，学员多采取挂课等方式，这使培训效果大打折扣。

第三，培训管理的制度不健全，过程管理、责任落实不到位。网络培训内容太多，培训量大，工学矛盾比较突出。

第四，培训没有专项经费。红寺堡区没有校长专项培训经费。

三 永吉县中小学校长培训体系、模式、管理及质量保障的现状调查

（一）概述

2015年7月11日至13日，调研小组一行3人深入吉林省永吉县进行了调查，对永吉县教育局，永吉县教师进修学校、永吉县第十中学、永吉县实验小学、永吉县实验高中、永吉县实验职业高中进行了访谈调查、问卷调查、实地考察及文献资料的调阅；对教育局主管领导、有关科室，部分学校的校长、教师等20余人进行了访谈。

（二）永吉县基本情况

永吉县地处吉林省中部，行政区域面积2 625km^2，总人口42万人，辖7镇、2乡、2个开发区。截至2016年，共有中小学、幼儿园64所，其中，幼儿园30所，完全小学30所，普通初级中学1所，普通高中2所，职业高中1所。

（三）永吉县中小学校长培训体系、模式、管理以及质量保障现状

1.中小学校长培训体系的建设情况

永吉县设有专门的中小学校长培训机构，永吉县的中小学校长培训主要由县教师进修学校干训部组织和管理。现行中小学校长培训体系采取国家、省、市、县逐级培训。永吉县以培养造就一支高素质专业化的领导干部队伍为目标，以“三型”校长培树工程为核心，科学构建“一二九+X”的培训模式（见图5-4），着力加强分岗培训体系和机制保障建设，通过强化领导、加大投入、规范管理、优化环境等有效机制，提高全县中小学领导干部素质。

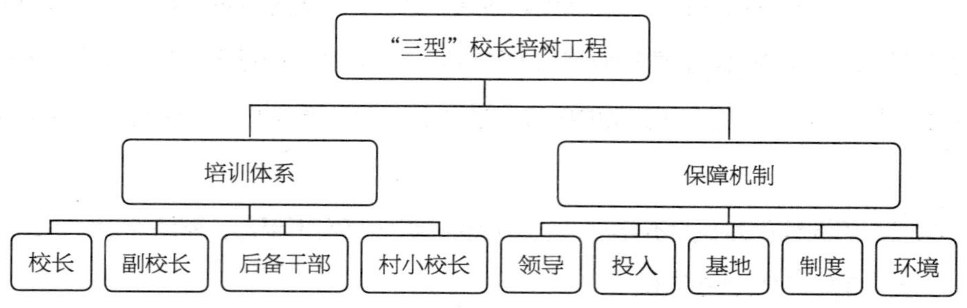

图5-4 永吉县“一二九+X”中小学校长培训保障模式

模式内涵："一"指的是围绕"一个核心"。即"十二五"干训工作以"学习型、研究型、专家型"校长（以下简称"三型"校长）培树工程为核心。"二"指的是围绕一个核心，构建四个"培训体系"和建立五个"保障机制"。"九"指的是"四个培训体系"和"五个保障机制"合为九个要素。"X"指的是根据各培训体系特点，采用的个性化、拓展性培训方式和方法。"+"不是简单的加法，而是促进"一二九"与"X"相辅相成，相得益彰，共同实现"打造专业化校长队伍"的终极目标。

2.中小学校长培训方式

据永吉县教师进修学校的负责人介绍，永吉县中小学校长培训主要采用以下形式。

（1）尝试探索"线上线下"混合式培训

2011年至今，永吉县依托国家教育行政学院的远程学习平台，通过线上看课、话题研讨、提交作业、交流研修成果等在线学习途径，连续5年开展中小学领导干部远程培训。2015年，永吉县深入分析了远程培训的效果和存在的问题，针对这种培训重线上理论、轻线下实践的问题，开展线上线下混合式研修，建立了网络支持下的工作坊研修模式。借助中国教师研修网络平台，永吉县率先在吉林省内成立了教学副校级领导工作坊，结合主题，开展线上活动，线下实践。

（2）持续开展"名校带培"特色培训

"名校带培"就是通过选派名优校长培养对象走进域内外名校，实地感悟名校的办学精髓，学习名校的先进经验，来快速提升校长的专业能力的一种情境式体验培训模式。自2002年开始实施"名校带培"工程至今，这种培训形式已成为永吉县校长培训的常态和特色工作。永吉县总结了"四看、三定、两汇报"的"名校带培"模式，即看名校教师、名校学生、名校管理、名校课堂；定带培目标、定带培学校、定带培对象；向本校教师汇报，向全县教师进行汇报。"十二五"期间，永吉县选派了27位中小学校长先后到北京中关村第三小学和第四小学、黄城根小学、西什库小学、山东淄博实验高中、张店八中、德开小学等名校带培学习。永吉县还以此为突破口，尝试面向部分中青年骨干校长开展多元的"情境体验"培训，5年来，共选派128人次分别赴清华大学、北京师范大学、东北师范大学、吉林省教育学院等高校学习。2015年，其组织50名"三型"校长到国家教育行政学院进行了为期一周的高端培训。永吉县教育局定期开展中小学校长县域内“蹲点研讨”校际交流活动。通过名校带培、体验式培训，永吉县的校长把名校的管理精髓和治校方略有机嵌入学校管理之中，实现了“异地取经，受益全县”的目的。

（3）扎实开展“学区化”校本培训

永吉县依托国家级教育改革“区域协作的教师继续教育新体制”试点实验项目，构建“学区化”校长管理培训模式，利用县域内学校优质的校本培训资源，通过以强带弱，以县带村等区域协作、城乡共同发展途径，实现“学区内”校长专业一体化发展。永吉县以乡镇或城区优质资源校为基地校，以农村学校为成员校，组建了7个学区，实施“学区化”校本培训。一是开展学区内带培活动。利用学区内优秀学校资源对村小校长进行带培。选派成员校校长和村小校长到优质校带培学习，深入基地校实地体验其办学理念、校本培训、学校文化建设，通过问题引领、校际会课、自由对话、实地帮扶等形式，实施对口支援。二是开展学区内共同研讨活动。各学区基地学校引领成员学校定期轮流主办专题活动研讨，每月召开一次校长联席会议，通过课例研习、教学互访、专题研究、联合攻坚等途径，研究解决学区内各学校校本培训中出现的问题，形成强校引领、合同发展的研培新格局。三是开展学区资源共建共享活动。一方面，以“自建”和“借助”的方式，建设交流平台。通过建立学区QQ群，对接“吉林省教育资源公共服务平台”“吉林省基础教育教研信息化平台”，永吉县实现了农村领导干部和教师校本培训工作的常态化。另一方面，建立了学区基地校资源库。自2011年以来，永吉县先后建设了北大湖、永吉十中资源库，主要通过复制“永吉县教育资源网”的资源，利用农村现代远程教育资源网接收、存储全国农村现代远程课程资源，上传到学区网站，供各校校长使用。

（4）深入开展“以读代培”系列培训

永吉县自2011年起，连续4年开展了永吉县中小学领导干部读书活动。2015年，制定了《永吉县领导干部三年读书汇报活动实施方案》，明确了读书范围、要求、主题、交流形式及评价标准。全县副校级以上领导制订了个人读书计划，做到“四个一”，即每天自学不少于1小时，每学期熟读1本书，每年在市级以上刊物发表1篇高质量论文，每年至少记录1万字的教育随笔、心得体会、学习笔记，并及时认真做好年度学习总结。采取“自主、协同”的学习汇报模式，通过演讲、论坛和读书沙龙等不同的形式进行个人和团队读书交流展示。比如，2011年，以协作区为单位开展了读书竞赛活动，获得一等奖的校长在全县进行汇报展示；2012年，以校为单位开展了主题阅读汇报会，各校刻录光碟并编辑成册；2013年，开展了读书竞赛活动，通过校级初选、协作区复赛、决赛展示三个阶段开展读书活动；2014年，以校为单位组建了阅读团队，开展阅读文集展评；2015年，围绕主题开展了网上读书论坛活动。

（5）务实开展“校长论坛”主题培训

永吉县从2011年至今，共举办了5期校长论坛：2011年，开展了以“更新教育理念、提升管理能力、改进学校工作”为主题的“专题研讨式”网上论坛；2012年，开展了以“普及、质量、特色”为主题的“成果汇报式”论坛；2013年，依托省级重点实验课题，开展了以“提升校长教学指导力，促进教师专业发展”为主题的“课题交流式”论坛；2014年，开展了以“如何提高教学质量”为主题的“经验分享式”论坛；2015年，开展了以“影响学校质量提升的因素和解决策略”为主题的“问题分析式”论坛，全县658人次参与了论坛活动。

（四）永吉县中小学校长培训的管理

永吉县以形成“五措”管理机制为保障，确保校长培训工作科学顺利地实施。

第一，强化领导重视。永吉县把中小学校长培训作为队伍建设的重要环节，专门成立了干训工作领导小组，把干训工作纳入局党委工作日程，定期召开党委会和局务会，研究干训工作，为全县干部培训定目标、定方向、定原则、定标准、定内容。

第二，保障经费投入。永吉县建立了干训经费保障机制，将教师培训经费的25%作为干训经费，干训经费较“十一五”期间有大幅度提高并逐年增长。

第三，加大基地建设。永吉县依托县域优秀中小学建立了校长培训实践基地，开展校长培训，确定永吉实验高中等9个单位为“永吉县中小学校长培训基地校”，承担各种校长培训活动。

第四，规范管理制度。永吉县严格执行持《继续教育证书》和《任职资格培训合格证书》的“双证书”上岗制度；实行5年一周期不少于360学时的在任校长全员培训制度；制定了《永吉县中小学领导干部“十二五”培训管理办法》《永吉县学习型、研究型、专家型校长考评办法》《永吉县中小学领导干部培训学分管理制度》《永吉县干训工作考核细则》等相关制度；建立了培训与使用相结合的制度，把完成培训学分（学时）和培训考核情况作为校长考核、任用、晋级的必备条件和重要依据。

第五，优化外部环境。永吉县注重优化外部环境，一是取得了各级教育行政部门对中小学校长培训工作的高度重视；二是博得了各级业务指导部门对永吉中小学校长培训工作的关注、关爱与亲临指导；三是取得了社会各界、群团组织的倾力相助与支持。

在中小学校长培训的质量保障上，永吉县区分不同岗位、不同层次、不同类别的领导干部特点，建立了校长、副校长、后备干部和村小校长“四级”培训体系，采取“三突出，三转变”培训策略提升干部培训的实效，保障培训质量。

第一，突出实效性，转变“大拼盘”为“分岗学”。永吉县按照校长、副校长、后备干部和村小校长等不同层级，根据各层培训对象不同的特点和需求，分别开展校长主题式培训、副校长系列化培训、后备干部提高式培训和村小校长带培式培训等，进一步提升培训实效性。“十二五”期间，永吉县根据干部的不同层级，举办各类培训班13个，培训人数达1 800余人次。

第二，突出针对性，转变“面面到”为“专题学”。永吉县根据每类培训对象，设计具有针对性的课程，分系统、分专业组织学员培训，以提高领导干部培训的实际效果。比如，在校长培训班内，开展办学思想、管理策略、特色办学等不同主题的培训；在副校长培训班内，开展领导听评课技能培训内；在后备干部培训班，开展干部素养主题培训；在村小校长培训班内，开展教学指导力常规培训。

第三，突出规范性，转变“短期培”为“系统学”。永吉县把“分层分类”培训放到领导干部培训工作的大局中去谋划，按岗建立培训系统，规范化、系统性运作“分层分类”培训工作。每一个培训系统的实施周期是3年，培训目标是阶梯式的，一年比一年高；培训内容是螺旋式的，一年比一年深；培训过程是链条式的，一环扣一环。培训系统按照集中培训—岗位研修—研讨反思—考核评价四段式、跨年度、递进式地系统推进。

（五）永吉县中小学校长培训面临的问题及困难

1.存在的问题

永吉县的中小学校长培训工作需要进一步创新，要进一步探索和丰富培训内容，拓宽培训途径，提高培训的针对性和实效性；存在个别领导干部对培训的认识不够，参与力度不足等情况，这在一定程度上影响了学习效果；干训管理者队伍的素质需要进一步提升，其还应注重加强学习与调查研究，做校长培训的引领者与设计者。

2.解决策略

永吉县针对中小学校长培训工作中存在的突出问题，采取“三优化”策略加以解决：一是优化培训策略。一方面充分发挥专家型校长、研究型校长、学习型校长的骨干作用；另一方面向全员实施“学、培、考“三位一体的培训策略，达到以考促学，以培促学的目的。二是优化培训系统。建立永吉县中小学领导专业发展培训系统，永吉县中小学领导干部远程学习培训系统，开展永吉县中小学领导干部读书论坛系列活动，力争使培训活动实现系列化、规范化的目标，提高培训的针对性和实效性。三是优化培训课程。聚焦学校改革发展和校长专业发展的现实需求，针对培训对象的实际和课程需求，永吉县相继开发了“常规管理”“校本研修”“素质提升”“特色建设”等方面的课程，体现了培训课程的科学性、系统性、实用性。

｜四｜连山区中小学校长培训体系、模式、管理及质量保障的现状调查

（一）概述

2015年7月11日至13日，调研小组一行3人深入辽宁省葫芦岛市连山区进行了调查，对连山区教育局以及部分学校进行了访谈调查、问卷调查、实地考察及文献资料的调阅，对教育局主管领导、有关科室，部分学校的校长、教师及乡镇教辅站的代表等20余人进行了访谈。

（二）连山区基本情况

连山区位于渤海湾畔，行政区域面积1 051km^2，总人口为45万人，辖10个农村乡镇，9个城市街道办事处，1个省级开发区，截至2016年，共有中小学、幼儿园75所，其中，幼儿园11所，完全小学54所，普通初级中学7所，普通高中1所，职业高中1所，体育学校1所。

（三）连山区培训体系、模式、管理现状

1.中小学校长培训体系的建设情况

一是认真抓好任职资格培训。连山区坚持中小学校长持证上岗制度。做到不培训不上岗，先培训后上岗。按照国家要求，连山区要求新任校长必须经过任职资格培训，特殊情况任用的必须在任职半年之内接受培训。葫芦岛市负责中学校长任职资格培训，连山区负责小学校长的任职资格培训。后备干部的选拔和培养工作也要求达到国家规定的300个学时，其培训内容严格执行辽宁省规定的课程内容。同时，连山区建立了优秀青年干部个性档案，全程跟踪考核，并实行淘汰法则，边淘汰边充实，优胜劣汰，始终保持青年后备干部群体的高规格、高水准，为区域未来校长队伍后继有人奠定坚实的基础。整个“十二五”期间，分两批对青年后备干部进行培训。

二是重点做好中小学校长的在职提高培训。连山区进修学校戴志强校长谈道：“在职提高培训，是中小学领导干部参加继续教育的一种形式，通过培训不断提高中小学校长的思想水平和管理素养，增强组织实施素质教育的能力。”连山区按国家规定：每5年不少于240个学时，培训内容以省规定的25个专题为主。在课时的使用方面：中小学校长的提高培训，市里以巡回培训的形式统一使用60个学时，重点解决课程改革中的热点、难点问题，区里要进行180个以上学时的培训。

三是做好骨干校长的培训。为推动校长专业化发展，培养一批教育改革的引领者和专家，要加强“领军人物”的培养，连山区举办了一起骨干校长高级研修班，以现有的中青年骨干校长为对象，从中筛选有一定发展潜能、有相对优势资源的校长，作为名校长培养的后备人选：为其每个人自身的发展成长配备“一对一”指导导师，实施个性化培养方案；创设一定条件和平台，为他们提供脱颖而出的机会；加强宣传和推广，促成名校长的快速成熟和发展。

四是适时举办各种短期培训班。按省、市“十二五”干部培训规划要求，为切实提高培训的实效性、针对性，连山区及时举办了多种短期培训班。培训途径多渠道并举，培训内容实用，使中小学领导干部能转变观念，树立细节化、企业化管理理念，具有企业家的头脑、教育家的思想，改善行为，提升素质，抓住有利契机，应对实践及发展挑战。比如，连山区通过对现有校级干部队伍整体状况的调研，分别从校长，副校长、书

记三个系列中，各选拔一批，开展不同类别的高级研修项目，采取课题牵动、任务牵动策略，针对性地提高其综合素养，使其成为校级干部队伍中的佼佼者，实现由一般校级干部向优秀校级干部的飞跃，进而带动所有校级干部的整体提高；从现有中层干部和副校级干部队伍中，分别选拔考核，形成校级正职后备干部和副职后备干部信息资源库，通过不同层次的读书班、专题论坛、基地校挂职观摩、“影子”培训和“走出去、请进来”的专家引领，逐步形成连山区中小幼校级干部的后备梯队。

2.中小学校长培训的模式

连山区中小学校长培训基本还是以短期集中为主。一是派种子校长出去培训，回来做“二传手”；二是由教师进修学校聘请师资，在县内举办培训；三是由一线校长、教研室的教师开办专题讲座，进行短、平、快的培训，或结合检查、创建、评比等工作到学校巡回考察、听课等。“十二五”末，随着中小学校长需求的增加和形势的发展，连山区部分培训项目开始尝试“走出去、请进来”以及课题牵动、任务牵动、读书班、专题论坛、基地校挂职观摩、“影子”培训等多样化培训方式。

3.中小学校长培训的管理

连山区教育局注重从组织保障上加强对中小学校长培训的领导与管理，成立了中小学教师培训工作领导小组，局长任组长，分管局长、教师进修学校校长任副组长，成员由教育局人事股、督学室、教师进修学校负责人等组成。领导小组在连山区教师进修学校研训综合部下设办公室负责日常工作。每年的中小学校长、教师培训计划由中小学教师培训工作领导小组制订，以教育局局文件的形式下发执行，由教育局党委办公室负责考核和管理，由区教师进修学校负责组织业务培训和考核工作。

（四）连山区中小学校长培训的质量保障情况

1.加强对干部培训工作的重视

连山区将干部培训工作纳入教育局、乡镇工作计划，同步考虑，统筹安排。主要领导亲自抓干部队伍建设，经常指导干部培训工作，深入干训课堂，并通过专题讲授宣传教育理念和主张。同时，连山区建立“管、训、用”相结合的干部管理机制，把经过培训作为选用干部的前提，把干部参加培训、学习和运用理论指导实践的情况作为干部提拔使用的重要依据。

2.优化资源，加强培训基地建设

连山区计划“十三五”期间逐步形成布局合理、分工明确、功能完善、特色鲜明的开放型的干部培训基地体系。连山区加大了资源优化和培训基地的设施建设，各类教学活动要适应信息化的趋势，要充分利用局域网及多媒体等手段进行培训，培训机构、干训教师、培训对象，要善于利用网上资源，广泛开展网上交流。

3.加大培训队伍的建设力度

教育局、进修学校的主要领导及基层学校的名校长都要担任干训的兼职教师，并每年承担1～2个培训专题的研究，将其专题研究的成果与培训对象共享。连山区让干训教师走出去，吸收先进的教育思想，接受新的信息，不断更新观念，增长能力；教学及专题讲授的过程坚持以人为本，按需施教；教学过程要遵循，调研—反思—解构—创生—建构—教学，再调研（实践）—反思—重建的原则；突出培训重点，丰富培训内容，针对受训对象的基础和特点，把握好培训内容的基础性与时代性；注重发展性原则，深化基础知识与基本技能的教学，强化过程与方法的研究和探讨，突出对干部从业的态度、情感、价值观的引领，克服职业倦怠的心理。

｜五｜临朐县中小学校长培训体系、模式、管理及质量保障的现状调查

（一）概述

2015年5月13日，调研小组一行3人深入临朐县进行了调查，对临朐县教育局以及部分学校进行了访谈调查、问卷调查、实地考察及文献资料的调阅，对教育局主管领导、有关科室，部分学校的校长、教师及乡镇教辅站的代表等60余人进行了访谈。

（二）临朐县基本情况

临朐地处鲁中，在潍坊市的西南部，总面积1 831km^2，辖13个镇（街、园、区），350个中心村（居），人口89万人。全县现有中小学127所，在职教师7 736人，学生88 849人，其中农村学校107所，是一个典型的山区教育大县。

（三）临朐县中小学校长培训思路、体系、模式、管理现状

1.中小学校长培训的指导思想

临朐县遵循人才成长的规律，按照“整体规划，分类实施，连续培养，协同管理、学以致用”的原则，综合采取理论研修、实践浸润、学术提升、思想凝练、成果展示、示范辐射等方式，开展理论与实践、集中与远程、校内与校外相结合的培养培训，培养和造就一支师德高尚、结构合理、业务精湛、素质优良的干部教师队伍，不断提高临朐县教育人才竞争的优势。

2.中小学校长培训体系

第一，提升全员信息化能力的远程培训。教育信息化是事关教育改革发展全局的战略选择，是2020年基本实现教育现代化的重要保障。通过培训，全县教育管理干部可以进一步了解基础教育信息化的基本趋势，掌握学校管理信息化、信息技术与课程教学整合的理念及策略，提高规划和管理学校信息化建设的能力以及整合信息技术与课堂教学的能力，发挥其在学校信息化与数字校园建设中的引领作用。

第二，提升教育行政干部素质能力的培训。临中朐县采取“集中培训+返岗实践+行动研究”相结合的形式，委托国家教育行政学院、华东师范大学举办教育行政干部素质能力提升培训班，努力培养造就一支勇于创新、求真务实、奋发有为、善于治教理政，推动教育事业科学发展的高素质专业化的教育行政干部队伍。

第三，义务教育学校教学管理团队高级研修培训。临中朐县分学段组织全县初中、规模以上小学的教学管理团队（校长、业务副校长、教导主任）开展高级研修班，通过专题理论学习、问题诊断、经验分享、专题研讨、教育考察等形式进行高端系统的研修培训，指导学校制定学校“十三五”发展规划，用规划引领学校未来5年的发展。

第四，骨干校长影子培训。临朐县充分发挥省内外优秀学校和名校长的示范带动作用，组织部分校长深入先进学校，按照既定的培训目标和研修方案，细致观察优秀校长的日常领导与管理行为，观摩基地学校的先进经验，在现场环境下，与基地学校的校长如影随形，把“听、看、问、议、思、写”等自主学习行为整合成一体，促进参训校长的专业化发展，提高学校管理的水平。

第五，中小学校长后备干部助力培训。临朐县围绕义务教育学校校长专业标准，以

提高学校规划能力、课程建设能力、教师队伍发展与管理能力和实施现代学校制度能力为核心，采用“集中培训+自主学习+撰写论文”等多种形式进行培养，打造服务教育可持续发展、数量充足的后备干部队伍。

第六，幼儿园管理团队专家引领研训。临朐县围绕幼儿园园长专业标准，以提高园所规划能力、课程建设能力、教师队伍发展与管理能力为核心，继续聘请全国知名幼教专家，全年持续性跟踪式指导，引领幼儿园园长专业发展。

（四）临朐县中小学校长培训的管理

为了更好地实施中小学教师继续教育工程，该县教育局早在20世纪90年代就成立了县级中小学教师继续教育工作领导小组，局长任组长，分管局长任副组长，教育局有关各科、室、站负责人为成员，办公室设在成人与职业成人教育科。临朐县要求每个乡镇教办、学校（校长任组长）成立中小学教师继续教育领导小组。领导小组主要负责中小学校长、教师培训计划的制订、培训指标的选派，以及培训过程的汇报、调度、协调、管理等工作。县一级的培训规划由县领导小组下设的办事机构——成人与职业教育科负责拟订，再交给领导小组成员计划财务科、基教股、督导室、教研室、电教站等相关负责人讨论，如有关钱的问题由计划财务科负责，有关教研的任务再由教研组来分摊。县教育局将中小学校长、教师培训工作纳入乡镇教办、中小学校的日常工作中去管理；将中小学校长、教师培训写入县每年和乡镇签订的工作目标责任状，通过层层签订责任状，每年局里对乡镇进行检查看是否完成了中小学校长培训、教师培训工作，以此来对站长和校长进行考核。（见图5-5）

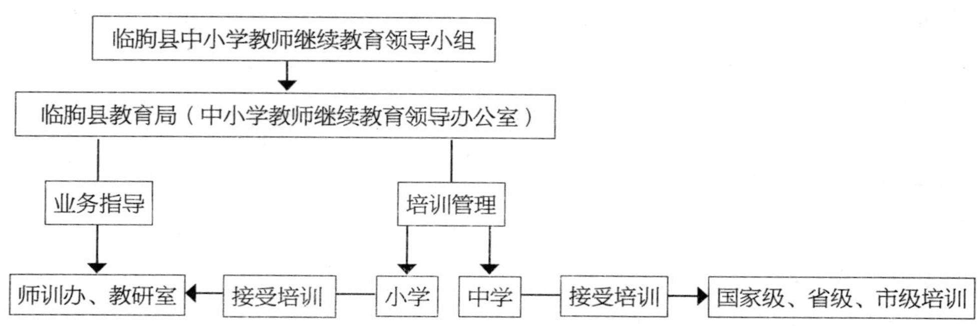

图5-5　临朐县中小学校长培训管理体系

（五）临朐县中小学校长培训的质量保障体系

1.加强组织领导

临朐县要求各单位要加强对干部教师培训工作的科学规划，工作统筹，精心组织，规范管理，将干部教师培训作为促进教育事业科学发展的战略任务来抓；要按照全县统一部署和要求，结合本单位实际，认真做好各培训项目参训人员的选派工作，切实做好校（园）本研训的组织和管理工作。

2.加强培训管理

临朐县加强学风建设，严格纪律和学风管理，强化培训考核，考核内容包括考勤情况、学习表现、作业完成情况、最终研修成果及学习结束承担二次培训任务的完成情况等，考核不合格的不予结业，培训费用由个人承担。

3.落实经费保障

临朐县要求各学校要进一步落实“按照学校年度公用经费预算总额的5%安排干部教师培训经费”的规定，保障本单位教师培训活动的开展。县教育局将进一步落实教师培训经费的统筹使用机制，多渠道筹措经费，确保全年重点培训项目的开展。

4.强化督导考核

临朐县严格落实《临朐县中小学教师培训学时管理办法》，认真开展培训学时的认定工作。各单位的考核结果纳入县教育局对各单位的重点工作绩效考核。干部教师专业知识测试成绩计入年度教职工绩效考核和各级优秀教师、学科带头人、骨干教师、教学能手的评选。干部教师年度完成培训的学时数作为教师资格定期注册的必备条件。

5.加强临朐县教师进修学校的建设

第一，基本情况。临朐县教师进修学校创建于1981年，现在的临朐县教师进修学校为临朐县人民政府领导、临朐县教育局主管，是具有独立事业单位法人资格的教师教育培训基地。学校占地23 000 m^2，建筑面积15 400 m^2，现有专职教师50人，下设培训部、教研部、电教部、电大部、幼儿教育部等多个部门，先后荣获山东省远程研修组织工作先进单位、山东省示范性县级电大、山东省首批“示范性县级教师教育基地”、潍坊市教师继续教育工作先进单位、“国培计划（2011）”——县级教师培训机构培训者远程培训项目优秀项目团队等荣誉称号。

第二，主要措施。一是加强领导，形成统筹发展的强大合力；二是狠抓硬件建设，办学条件明显改善；三是狠抓师资队伍建设，教育教学能力明显增强；四是狠抓资源整合，不断提升培训实效。

（六）临朐县中小学校长培训面临的问题及困难

1.培训保障能力与培训要求还有差距

中小学校长培训保障能力与《“十三五”发展规划》提出的培训要求还有差距。面对大规模、广覆盖的培训任务，财政投入能力有限，人员更多、面更广的科室办班还没有完全纳入财政预算。

2.培训力度有待进一步提高，亟须扩大培训覆盖面

在培训对象覆盖方面，大批中小学校长后备干部也亟须接受系统培训、提高政策理论水平和解决矛盾问题的能力。

3.培训方式有待进一步改进

目前大部分培训项目都是采取集中面授、专家报告、案例教学、实践考察以及交流研讨的方式，但是在实施过程中案例教学、实践考察和交流研讨等培训形式的实际效果并不理想。比如，交流研讨环节，部分学员缺乏深入的理性分析，解决不了实际问题，专家也没有进行合理的引导和精彩独到的点评；而实践考察的活动设计过于简单，走马观花，针对性不强，而且时间短，无法深入了解被考察学校的文化特质，效果也不是很理想。

4.培训内容有待进一步提升针对性

集中面授方面，由于承办机构师资及资源等条件不均衡，部分培训内容不切合基础教育的办学实际，培训中呈现的城区典型教育的教学经验，对于乡村学校（园）教育教学的可借鉴性不强。

六 县级中小学校长培训机构情况的现状调查

（一）概况

课题组成员于2016年9月2日通过网络调研的形式，对59位参加“‘国培计划

（2016）’专职培训团队研修项目高级研修班”的县级培训机构负责人及教育行政部门有关负责人开展了问卷调研。共发放问卷71份，回收59份，其中有效问卷59份，有效回收率83.09%。这可以在一定程度上反映全国县级中小学校长培训机构的配置情况。

（二）样本情况描述

1.性别分布

在性别比例上，男性占比重稍大，女性与男性负责人比例分别为42.37%、57.63%，年龄结构比例关系基本平衡。（见图5-6）

选项	小计	比例
男	34	57.63%
女	25	42.37%
本题有效填写人次	59	

图5-6　县级中小学校长培训机构负责人的性别情况

2.学历分布

本科学历占64.41%，硕士研究生学历达到23.73%，博士达到5.09%，

大专及以下仅占6.77%。可见，近几年县级中小学校长培训机构负责人的学历层次有了较大幅度的提升，研究生学历已经占有近1/3比例。（见图5-7）

选项	小计	比例
中师及以下	1	1.69%
大专	3	5.08%
本科	38	64.41%
硕士	14	23.73%
博士	3	5.09%
本题有效填写人次	59	

图5-7　县级中小学校长培训机构负责人的学历情况

3.职称分布

高级职称所占比例为44.07%，中级职称（中一、小高、幼高）合计为33.90%，另有22.03%的人没有职称，中级以上的县级中小学校长培训机构负责人占多数。（见图5-8）

选项	小计	比例
没有	13	22.03%
讲师	20	33.90%
副教授/副研究员	23	38.98%
教授/研究员	3	5.09%
本题有效填写人次	59	

图5-8　县级中小学校长培训机构负责人的职称情况

4.工作年限

有10年以上工作年限的占89.84%，有5～10年工作年限的占6.78%，有5年以下工作年限的占3.38%，可见，有10年以上工作年限的县级中小学校长培训机构负责人占多数。（见图5-9）

选项	小计	比例
3 年以内	1	1.69%
3～5 年	1	1.69%
5～10 年	4	6.78%
10 年以上	53	89.84%
本题有效填写人次	59	

图5-9　县级中小学校长培训机构负责人的工龄情况

（三）县级中小学校长培训机构情况的现状描述

县级中小学校长培训机构是农村中小学校长发展的重要平台。调查显示，实现实质性整合的县级中小学校长培训机构较少；大部分县级培训机构实现和基本实现了“小实体、多功能、大服务”功能；农村中小学校长培训体系基本健全；等等。具体情况如下。

1.实现实质性整合的县级中小学校长培训机构较少

有独立事业法人的县级培训机构达到61.02%，与教研、科研、电教合并的达到15.25%，与职业学校、电大合并办学的有6.78%，其他类型占16.95%。由此可见，按照教育部要求实现实质性整合的县级培训机构较少，优化整合任务任重道远。（见图5-10）

选项	小计	比例
有独立事业法人	36	61.02%
与教研、科研、电教合并	9	15.25%
与职业学校、电大合并办学	4	6.78%
其他	10	16.95%
本题有效填写人次	59	

图5-10　县级中小学校长培训机构的性质情况

2.大部分县级培训机构实现和基本实现了“小实体、多功能、大服务”功能

实现了“小实体、多功能、大服务”功能的县级中小学校长培训机构占23.73%，基本实现的达到42.37%，一般和没有实现的占33.90%，县级培训机构虽然优化整合的机构不足16.00%，但是实现和基本实现“小实体、多功能、大服务”功能的机构达到66.00%。（见图5-11）

选项	小计	比例
实现	14	23.73%
基本实现	25	42.37%
一般	14	23.73%
没有实现	6	10.17%
本题有效填写人次	59	

图5-11　县级中小学校长培训机构的功能情况

3.农村中小学校长培训体系基本健全

县级中小学校培训机构在建设过程中，借鉴国内外先进培训经验，逐步建立起理念前瞻、资金充足、方案周密、管理科学的有效培训体系尤为重要。在问及县级中小学校培训机构承担的农村中小学校长任职、在职提高等培训内容时，研究发现，超过一半的县级培训机构经常承担中小学校长任职资格、在职提高、全员和名校长培训，其中49.15%的县级培训机构经常承担农村中小学校长任职资格培训，但是也有22.03%的县级培训机构没有承担农村中小学校长任职资格培训任务。（见图5-12）

选项	小计	比例
经常承担	29	49.15%
较少承担	11	18.65%
偶尔承担	6	10.17%
没有承担	13	22.03%
本题有效填写人次	59	

图5-12　县级中小学校长培训机构承担任职资格培训的情况

45.76%的县级培训机构经常承担农村中小学校长在职提高培训任务，但是也有20.34%的县级培训机构没有承担农村中小学校长在职提高培训任务，这与承担农村中小学校长任职资格培训情况相匹配。（见图5-13）

选项	小计	比例
经常承担	27	45.76%
较少承担	10	16.95%
偶尔承担	10	16.95%
没有承担	12	20.34%
本题有效填写人次	59	

图5-13　县级中小学校长培训机构承担在职提高培训的情况

23.73%的县级培训机构经常承担农村中小学名校长培养任务，30.51%的县级培训机

构较少承担农村中小学名校长培养任务，没有承担农村中小学名校长培养任务的县级培训机构达30.51%。（见图5-14）

选项	小计	比例
经常承担	14	23.73%
较少承担	18	30.51%
偶尔承担	9	15.25%
没有承担	18	30.51%
本题有效填写人次	59	

图5-14　县级中小学校长培训机构承担名校长培养的情况

61.02%的县级培训机构经常承担农村中小学校长全员培训任务，16.95%的县级培训机构较少承担农村中小学校长全员培训任务，没有承担农村中小学校长全员培训任务的县级培训机构达15.25%。（见图5-15）

选项	小计	比例
经常承担	36	61.02%
较少承担	10	16.95%
偶尔承担	4	6.78%
没有承担	9	15.25%
本题有效填写人次	59	

图5-15　县级中小学校长培训机构承担全员培训的情况

4.县级中小学校长培训机构经费缺乏、硬件建设不能满足新时期培训的需要

充足的培训经费与必备的硬件设施是县级中小学校长培训机构从事农村中小学校长培训的基础与前提。图5-16、图5-17显示，有超过一半的培训机构认为培训经费缺乏和有些缺乏；超过2/3的培训机构认为培训场地和设施不能满足新时期农村中小学校长的要求。

十分缺乏培训经费的县级培训机构占23.73%，有些缺乏培训经费的县级培训机构达28.81%，合计52.54%。培训经费基本没问题的县级培训机构为47.46%。（见图5-16）

选项	小计	比例
十分缺乏	14	23.73%
有些缺乏	17	28.81%
基本没问题	28	47.46%
本题有效填写人次	59	

图5-16　县级中小学校长培训机构的培训经费情况

十分缺乏和有些缺乏培训场地和设施的县级培训机构所占比例高达67.79%，基本没问题的县级培训机构占32.21%。（见图5-17）

选项	小计	比例
十分缺乏	13	22.03%
有些缺乏	27	45.76%
基本没问题	19	32.21%
本题有效填写人次	59	

图5-17　县级中小学校长培训机构的硬件情况

5.县级中小学校长培训机构师资队伍的发展愿望强烈、提升空间大

加强培训者队伍建设，是做好农村中小学校长培训工作的关键。图5-18、图5-19、图5-20、图5-21、图5-22显示，县级中小学校长培训机构师资队伍境界较高，发展愿望强烈，91.53%的县级中小学校长培训机构的教师最关心的是培训机构的发展和个人发展；接近40%的教师每年读书超过7本；45.76%的教师认为最迫切需要提升的能力是培训规划与设计能力；在跟踪评估和指导过程中存在的最大困难是人手不够和培训教师指导能力欠缺，比值均为28.81%。

县级中小学校长培训机构师资队伍最关注的是机构发展，达到67.80%，其次是个人发展，达到23.73%，最关注工资待遇的占6.78%。（见图5-18）

选项	小计	比例
个人发展	14	23.73%
机构发展	40	67.80%
工资待遇	4	6.78%
其他	1	1.69%
本题有效填写人次	59	

图5-18　县级中小学校长培训机构师资队伍最关注的问题情况

每年读书4～6本的县级中小学校长培训机构的教师占35.59%，读书7～10本的县级中小学校长培训机构的教师占16.95%，读书11本以上的县级中小学校长培训机构的教师占22.04%，没有不读书的教师。（见图5-19）

选项	小计	比例
没有读书	0	0.00%
1～3本	15	25.42%
4～6本	21	35.59%
7～10本	10	16.95%
11本以上	13	22.04%
本题有效填写人次	59	

图5-19　县级中小学校长培训机构师资队伍每年书籍的阅读情况

县级中小学校长培训机构师资队伍迫切提升的能力是培训规划与设计能力、培训课程与教学组织实施能力、培训过程的管理与监控能力、培训文化创建能力和现场诊断与跟踪指导能力，选值比分别是45.77%、16.95%、11.87%、10.17%、8.47%。（见图5-20）

选项	小计	比例
培训规划与设计能力	27	45.77%
培训课程与教学组织实施能力	10	16.95%
培训过程的管理与监控能力	7	11.87%
培训文化创建能力	6	10.17%
沟通与协作能力	1	1.69%
评价质量保障能力	2	3.39%
现场诊断与跟踪指导能力	5	8.47%
后勤服务与保障能力	1	1.69%
其他	0	0.00%
本题有效填写人次	59	

图5-20 县级中小学校长培训机构师资队伍迫切提升的能力情况

县级中小学校长培训机构师资队伍最喜欢的培训方式依次递减的是参观考察学校、同侪即兴交流研讨、学校发展案例分析、专家进校指导，选值比分别是23.73%、20.34%、15.26%、11.87%。（见图5-21）

选项	小计	比例
同侪即兴交流研讨	12	20.34%
同题异构	0	0.00%
学校发展案例分析	9	15.26%
课题研究	3	5.08%
参观考察学校	14	23.73%
阅读教育教学名著	1	1.69%
专家进校指导	7	11.87%
自我反思、撰写教育札记	0	0.00%
办学治校跟进督导	1	1.69%
名校长工作室示范引领	1	1.69%
主题式教育论坛	3	5.08%
半年至一年常规性办学经验交流	4	6.78%
远程研修	0	0.00%
离职进修	4	6.78%
本题有效填写人次	59	

图5-21 县级中小学校长培训机构师资队伍喜欢的培训方式情况

县级中小学校长培训机构培训跟踪评估和指导过程中存在的主要困难是人手不够、

培训教师指导能力欠缺、培训制度不完善和经费不足，比值分别是28.82%、28.82%、16.95%、16.95%。（见图5-22）

选项	小计	比例
人手不够	17	28.82%
培训教师指导能力欠缺	17	28.82%
时间问题	4	6.77%
培训制度不完善	10	16.95%
交通不便	1	1.69%
经费不足	10	16.95%
本题有效填写人次	59	

图5-22　县级中小学校长培训机构跟踪指导的困难情况

6.县级中小学校长培训机构的质量保障

从调查情况看，县级中小学校长培训机构的质量保障体系较为健全。接近1/2的县级中小学校长培训机构有目标明确、任务清晰的规划；能经验熟练驾驭农村中小学校长培训环节的达到45.76%；培训资源丰富的县级中小学校长培训机构超过1/2；几乎所有的县级中小学校长培训机构都会在培训后对农村中小学校长经常和有时进行跟踪指导；大部分县级中小学校长培训机构负责人认为，接近85.00%的农村中小学校长愿意和有些意愿参加培训。

县级中小学校长培训机构规划目标明确、任务清晰的达到49.15%，有一定规划目标、有重点任务的县级中小学校长培训机构占42.37%，缺乏规划与发展战略的占8.48%。（见图5-23）

选项	小计	比例
缺乏规划、没有发展战略	5	8.48%
有一定规划目标、有重点任务	25	42.37%
规划目标明确、任务清晰	29	49.15%
本题有效填写人次	59	

图5-23　县级中小学校长培训机构的规划情况

十分缺乏和有些缺乏培训管理经验的县级中小学校长培训机构达到54.24%，经验熟练驾驭培训环节的占45.76%。（见图5-24）

选项	小计	比例
十分缺乏	4	6.78%
有些缺乏	28	47.46%
经验熟练驾驭培训环节	27	45.76%
本题有效填写人次	59	

图5-24　县级中小学校长培训机构的培训管理经验情况

十分缺乏和有些缺乏培训资源的县级中小学校长培训机构达到45.76%，资源丰富的县级中小学校长培训机构占54.24%。（见图5-25）

选项	小计	比例
十分缺乏	5	8.47%
有些缺乏	22	37.29%
资源丰富	32	54.24%
本题有效填写人次	59	

图5-25　县级中小学校长培训机构的培训资源情况

县级中小学校长培训机构对学员培训后的跟踪评估和指导经常进行的占22.04%，有的进行，有的不进行的达76.27%，不进行的仅占1.69%。（见图5-26）

选项	小计	比例
经常进行	13	22.04%
有的进行，有的不进行	45	76.27%
不进行	1	1.69%
本题有效填写人次	59	

图5-26　县级中小学校长培训机构培训后的跟踪评估和指导情况

县级中小学校长培训机构的负责人认为，中小学校长缺乏参加培训意愿的占15.26%，有些缺乏意愿的占62.71%，积极参加培训的仅占22.03%。（见图5-27）

选项	小计	比例
缺乏意愿	9	15.26%
有些缺乏意愿	37	62.71%
积极参加培训	13	22.03%
本题有效填写人次	59	

图5-27　培训者认为中小学校长参加培训的意愿情况

第二节　农村中小学校长培训情况的现状调查

“常用的培训需求调查的方法有文献调查、问卷法、访谈法、观察法、采访法、参与讨论法、测验法、记录报告、工作样本法等。”①本节综合采用常用的培训需求调查的方法，选取东、中、西部有代表性的省份与县（市、区），广泛地进行问卷调查并对相关调查对象进行访谈，了解不同类型、不同层次、不同地区农村中小学校长专业发展的状况与困境，发现问题并确认农村中小学校长专业发支持服务体系建设的紧迫性和重要性，从而深度探讨我国农村中小学校长专业发支持服务体系建设存在的问题和改进的措施。

一｜河北省、内蒙古自治区农村中小学校长培训比较分析

（一）概况

2015年6月19日至2016年7月20日，课题组成员13人分成若干个小组深入河北省、内蒙古自治区进行了田野调查，对县教育局、教师进修学校以及农村中小学校长进行了访谈调查、问卷调查、实地考察及文献资料的调阅，对教育局主管领导、教师进修学校、部分农村学校的校长、教师及乡镇教辅站的代表等进行了访谈，并发出问卷2 300份。

（二）数据来源

本次调查对象的范围是2015—2016年在中国教育干部网络学院研修的内蒙古自治区、河北省的农村中小学校长。调查选取了东部河北省和西部内蒙古自治区的农村中小学校长作为随机抽样对象，河北省的调研样本涉及20个县（市、区）近700所学校，参与调研的校长共536人，有177人撰写了书面意见建议。内蒙古自治区参与调研的校长共计944人，其中呼伦贝尔423人，包头171人，乌兰察布350人。调研期间共组织召开座谈会5场，部分学校教师、业务指导人员，部分农村中小学校长，教师进修学校、教育局相关人员座谈会各1场，参加座谈的人员有71人。深入学校访谈学生18名，家长8名。听

① 马萌：《面向教师需求的教师及时培训模式研究——以小学教育技术能力校本培训为例》，博士学位论文，东北师范大学，2011。

课评课6节。以上的调研结果和意见应该具有一定的代表性和普适性。

（三）调查内容

本次调查问卷由五部分内容构成：第一部分为农村中小学校长教师的年龄、性别、学历、教龄、职称等基本信息；第二部分为农村中小学校长主要关注的问题和自我认知状况；第三部分为农村中小学校长培训的内容、模式的倾向性；第四部分为农村中小学校长培训的收获、存在的问题及需要改进的方面；第五部分以开放题的形式了解调查对象对农村中小学校长培训的建议。

（四）调查方法

1.调查研究

向被培训的农村中小学校长发放问卷，了解农村中小学校长培训的基本状况。

2.个案访谈

对一些问题进行深入访谈，以得到无法从问卷上反映出来的答案。根据调研需要安排由不同人员参加的座谈会，主要了解农村中小学校长培训后个人行为的变化和学校管理的改进情况。

3.统计分析

问卷回收后，按照不同对象的各类数据的分类进行统计，从而得到培训内容、模式、管理等方面的统计结果。

4.数据比较

比较河北省、内蒙古自治区不同区域农村中小学校长培训的差异，比较不同发展阶段农村中小学校长的差异性需求。在共性与个性的差异性分析中比较不同区域、不同岗位的农村中小学校长的专业发展差异。

5.案例研究

以农村中小学校长典型案例为素材，通过具体分析、解剖，验证农村中小学校长专业发展支持服务体系建设的现实意义。这样一种贴近经验、现实的研究方法，促使我们进入特定的农村情境和培训过程，建立真实的符合农村实际的支持服务体系建设方案。

重点不在于“知”，而在于“行”。

（五）问卷调查结果与数据分析

1.样本情况

（1）河北省被调查者的基本情况

在536位被调查的农村中小学校长中，男校长所占比例为53.90%，女校长所占比例为46.10%，男校长比女校长多7.80%，性别比例比较合理；35岁以下年轻校长仅占7.10%，比重较低。农村中小学校长队伍任职年限梯度较合理，新任校长较多，队伍有活力，管理经验不足，需要加强新任职校长的针对性培训。同时，河北省在选拔任用年轻干部上还需进一步加大力度。（见表5-1）

表5-1　河北省被调查农村中小学校长的基本情况

项目	性别		年龄			任职年限				学历			
	男	女	35岁以下	36～50岁	50岁以上	5年以下	6～10年	11～15年	16年以上	中师以下	大专	本科	研究生
数量	289	247	38	430	68	192	149	77	118	10	178	344	4
百分比(%)	53.90	46.10	7.10	80.20	12.70	35.80	27.80	14.40	22.00	1.87	33.21	64.18	0.74

（2）内蒙古自治区被调查者的基本情况

在944位被调查者中，男校长所占比例为56.70%，女校长所占比例为43.30%，男校长比女校长多7.40%，性别比例也比较合理；35岁以下年轻校长仅占3.90%，比重较低。农村中小学校长队伍任职年限梯度也较合理。任职5年以下的农村中小学校长占30.90%，队伍有活力，但管理经验不足，需要加强新任职校长的针对性培训。（见表5-2）

表5-2　内蒙古被调查农村中小学校长的基本情况

项目	性别		年龄			任职年限				学历			
	男	女	35岁以下	36～50岁	50岁以上	5年以下	6～10年	11～15年	16年以上	中师以下	大专	本科	研究生
数量	535	409	37	740	167	292	257	177	218	25	125	790	4
百分比(%)	56.70	43.30	3.90	78.40	17.70	30.90	27.20	18.80	23.10	2.65	13.24	83.69	0.42

（3）研究结论

河北省、内蒙古自治区农村中小学校长群体，近年来整体素质得到了大幅提高，但是不同地区之间校长素质差异很大，就是同一地区的中小学校长之间也存在很大差异。内蒙古自治区有研究生学历的农村中小学校长仅占0.425%，比河北省低0.32%。内蒙古自治区需要在培养与选拔任用年轻农村中小学校长方面进一步加大力度。

2.农村中小学校长自我能力的认知状况

（1）河北省农村中小学校长自我能力的认知状况

河北省农村中小学校长自我能力的认知：第一位是引领教师成长的能力，很强与较强的选择比例达到77.84%；第二位是营造育人文化的能力，很强与较强的选择比例为75.34%；第三位是领导课程教学的能力，很强与较强的选择比例为73.13%。最后一位是调适外部环境的能力，较弱和很弱的选择比例为4.71%。（见图5-28）

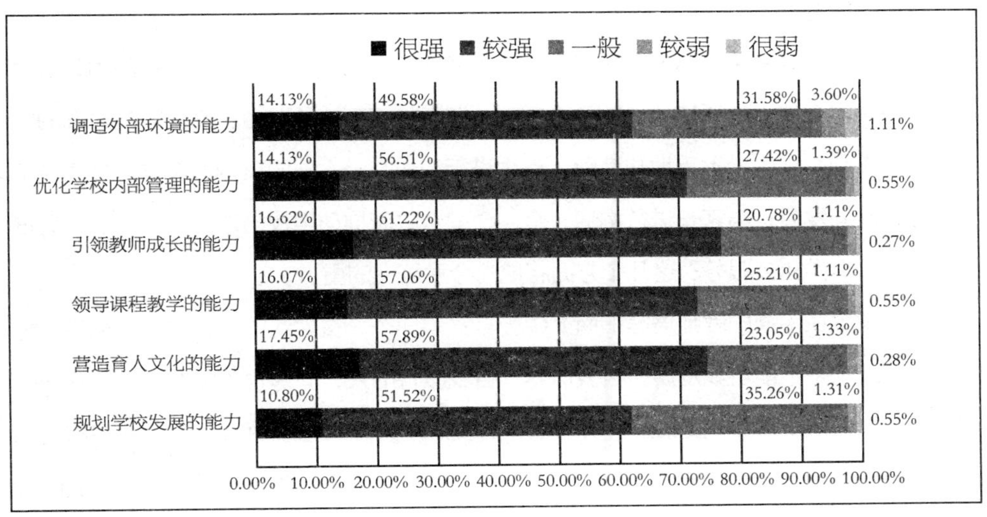

图5-28　河北省农村中小学校长自我能力的认知情况

（2）内蒙古自治区农村中小学校长自我能力的认知状况

内蒙古自治区农村中小学校长自我能力的认知：第一位是营造育人文化的能力，很强与较强的选择比例达到86.10%；第二位是引领教师成长的能力，很强与较强的选择比例达83.44%。第三位是优化学校内部管理的能力，强与较强的选择比例达81.66%；最后位是调适外部环境的能力，较弱和很弱的选择比例为3.55%。（见图5-29）

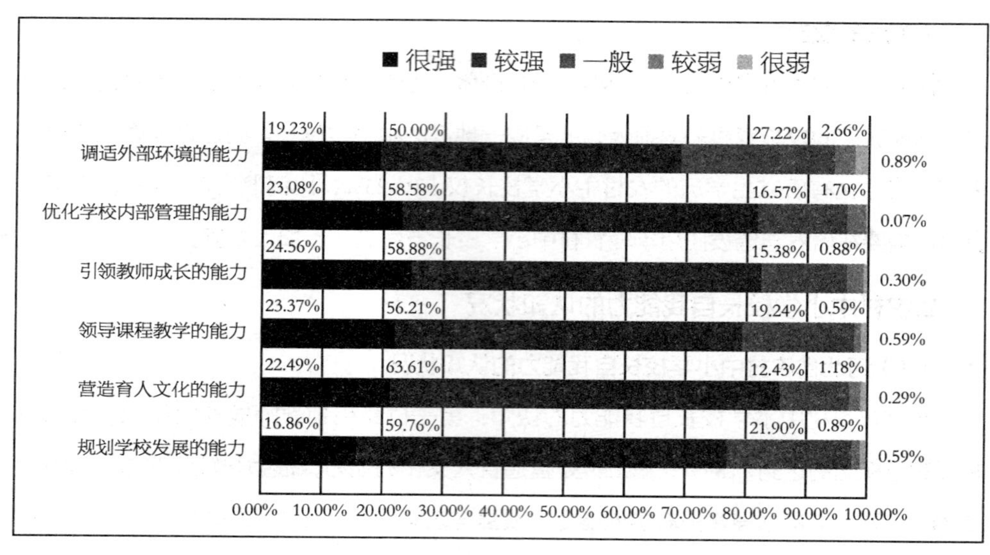

图5-29 内蒙古自治区农村中小学校长自我能力的认知情况

（3）研究结论

对河北省、内蒙古自治区的调研表明，引领教师成长和营造育人文化的能力是农村中小学校长自我能力的认知最强的两个方面。调适外部环境的能力，又同时是最弱的方面。了解教师、学生，平等地与教师、学生进行沟通交流；与同事沟通合作，分享经验和资源，共同发展；与家长进行沟通、合作；配合政府推动学校与地方合作互助，促进校地联动，提供社会服务：这几个方面将成为今后培训的重点。

第斯多惠在《德国教师培养指南》中曾言："一个一贫如洗的人，对别人绝不可能慷慨解囊。凡是不能自我发展、自我培养、自我教育的人，同样也不能发展、培养和教育别人。"[①]农村中小学校长自我认同感、自我效能感是认知成熟、自我发展的重要标志，也是情商高低的重要标尺之一。"教育孩子的王道就是执着的教育自己，能做到的有几何？"湖北省孝感市三汊镇一位农村中学的校长道出了自己的理念。自我认知是个体对自己的行为和心理状态的认知，是自我察觉的发展过程，是工作自信心的表现形式。引导农村中小学校长有效克服不合理认知，培养其正确的认知能力，有利于农村中小学校长的专业发展。

① [德]第斯多惠：《德国教师培养指南》，24页，袁一安译，北京，人民教育出版社，2001。

3.农村中小学校长自主学习情况

（1）河北省农村中小学校长自主学习情况

河北省农村中小学校长自主学习每个月读书的数量：第一位是1～5本书，选值人数77.70%。第二位是6～10本书，选值人数14.51%；第三位是10本书以上，选值人数5.79%。没有读书，选值人数2.00%。（见图5-30）

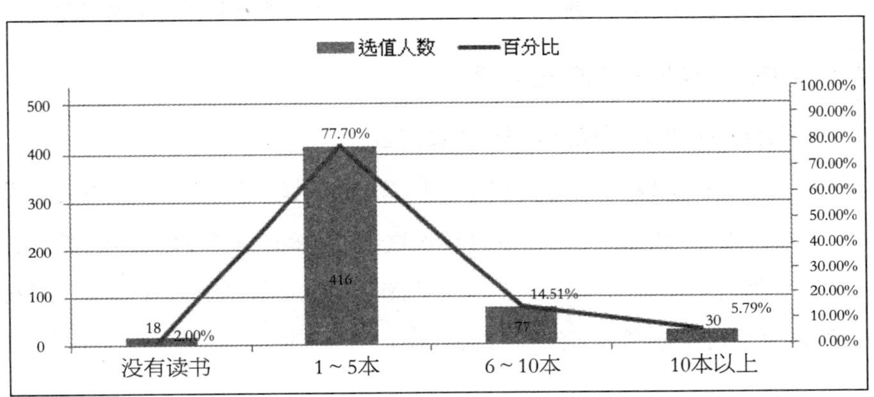

图5-30　河北省农村中小学校长的读书情况

（2）内蒙古自治区农村中小学校长自主学习情况

内蒙古自治区农村中小学校长自主学习每个月读书数量：第一位是1～5本书，选值人数74.00%；第二是6～10本书，选值人数14.30%；10本书以上，选值人数3.60%；没有读书，选值人数1.70%。（见图5-31）

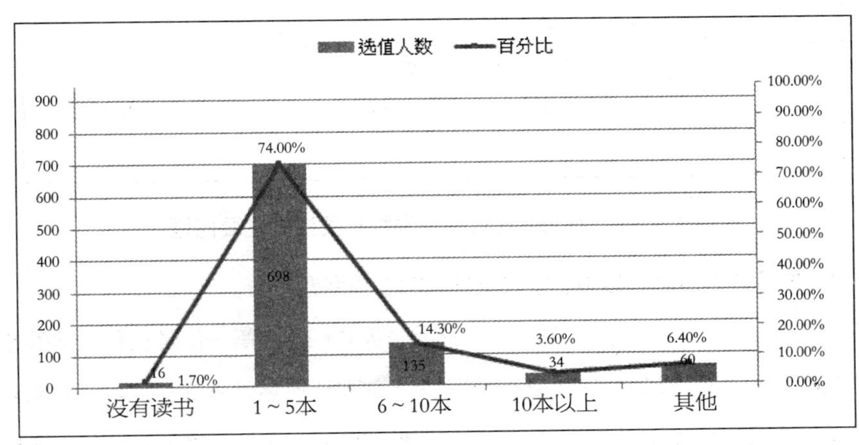

图5-31　内蒙古自治区农村中小学校长的读书情况

（3）研究结论

高尔基曾说："书籍是人类进步的阶梯。"一个人的精神发育史就是他的阅读史。费尔巴哈曾经说过："人是他自己食物的产物。"没有阅读永远不可能有个人的成长，永远不会有精神的发育。从河北省、内蒙古自治区农村中小学校长的读书数据来看，每月读1～5本书的农村中小学校长居多，河北省农村中小学校长读书数量略大于内蒙古自治区。但是，从全国情况看，教书的不读书是一个非常值得思考并关注的问题。

4.农村中小学校长关注的主要问题

（1）河北省农村中小学校长关注的主要问题

河北省农村中小学校长关注的主要问题：第一位是教育教学质量，关注比例达到65.04%；第二位是教师专业化水平，关注比例达到50.90%；第三位是家长对教育的重视程度，关注比例达到44.80%；第四位是教育经费的保障，关注比例为43.80%；第五位是上级的会议、检查、评比等，关注比例为31.00%。（见图5-32）

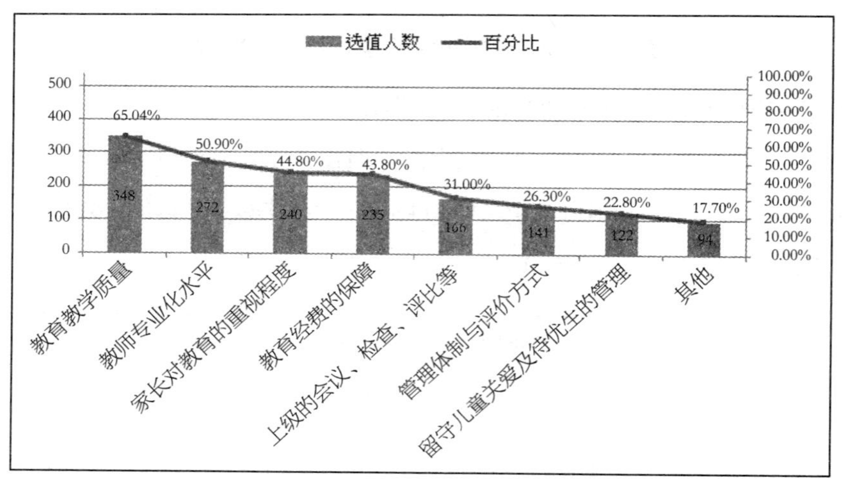

图5-32　河北省农村中小学校长关注的主要问题

（2）内蒙古自治区农村中小学校长关注的主要问题

内蒙古农村中小学校长关注的问题与河北省极其相似。第一位是教育教学质量，关注比例达到73.91%；第二位是教师专业化水平，关注比例达到65.20%；第三位是家长对教育的重视程度达到52.69%；第四位是教育经费的保障，关注比例为43.06%；第五位是上级的会议、检查、评比等，关注比例为41.93%。（见图5-33）

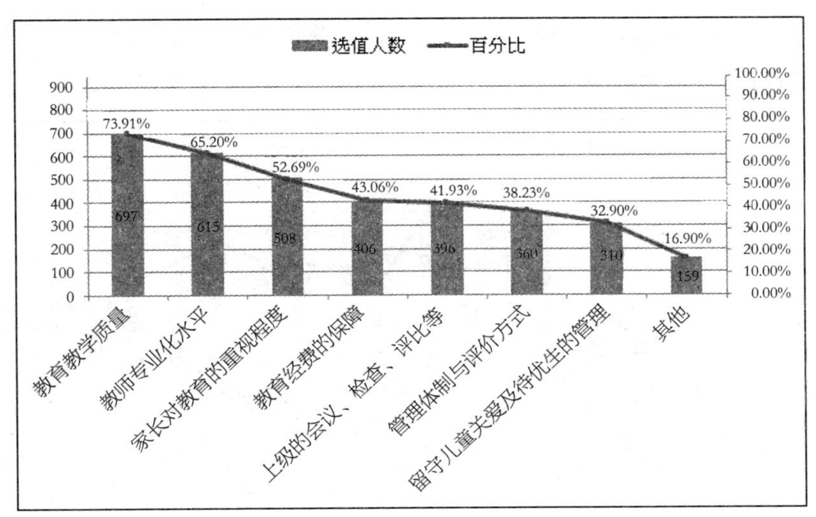

图5-33　内蒙古自治区农村中小学校长关注的主要问题

（3）研究结论

研究显示，虽然不同地区之间农村中小学校长关注的主要问题差异很大，就是同一地区的农村中小学校长关注的主要问题也存在很大差异。但是，河北省、内蒙古自治区农村中小学校长关注的主要问题有着惊人的相同性。教育投入不再是农村中小学校长最关心的问题。据此可以看出，近几年，从国家到地方的各级政府，对教育的投入有所增加，学校硬件设施设备逐步得以改善，农村中小学校长的目光更多地集中到了学校内涵的发展上。教师专业发展、教师队伍管理体制等成为两地农村校长最为关注的普遍问题。值得注意的是家校共育与检查评比由名不见经传上升为农村校长新的关注焦点。两地农村中小学校长对上级的会议、检查、评比等，以及管理体制与评价方式的关注比例说明以人为中心的治理体系建设和治理能力现代化已经成为迫切改革的主题，这也是当前教育发展走向深水区，教育改革成败的关键所在。

5.农村中小学校长迫切需要的培训内容

（1）河北省农村中小学校长迫切需要的培训内容

河北省农村中小学校长迫切需要的培训内容：第一位是发展困惑与专业发展路径，这是农村中小学校长最迫切需要的培训内容，选择率高达72.00%；第二位是学校管理常规与管理智慧，选择率达58.40%；第三位是校本课程的开发，选择率达54.70%；第四位是学校文化环境营造和学校突发事件处理，选择率均为48.50%；国际形势与国情教育、公共管理理论与知识的选择率较低，分别是17.90%、12.30%。（见图5-34）

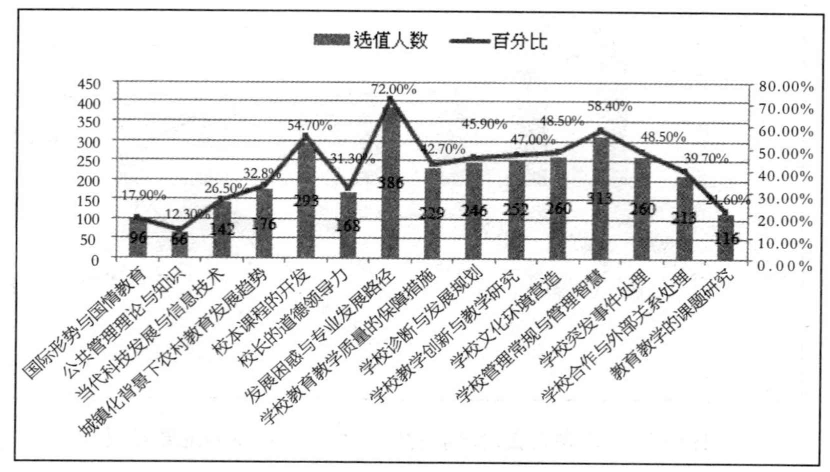

图5-34　河北省农村中小学校长迫切需要的培训内容

（2）内蒙古自治区农村中小学校长迫切需要的培训内容

内蒙古自治区农村中小学校长迫切需要的培训内容：第一位是现代信息技术能力在课堂教学中的应用，选择率高达40.45%；第二位是农村特色校本课程与教学管理能力，选择率达30.70%；第三位是教育教学研究能力选择率达28.60%；第四位是引领农村教师专业发展建设能力，选择率达27.44%；选择率较低的是师德建设能力、攻关能力，分别是10.28%、8.20%。（见图5-35）

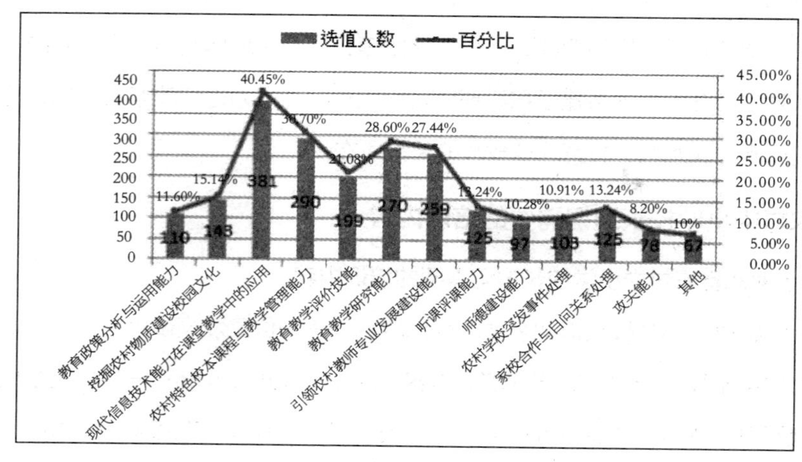

图5-35　内蒙古自治区农村中小学校长迫切需要的培训内容

（3）研究结论

可以看出，河北省、内蒙古自治区农村中小学校长们渴求提升理论水平，改进工作方法，提升领导力，促进学校发展。管理实践是最受欢迎的课程，校长们最希望通过培训获得直接、有效的学校管理策略，渴望在专业发展路径和现代信息技术应用方面汲取经验、拓展思路。河北省农村中小学校长最关注发展困惑与专业发展路径。内蒙古自治区农村中小学校长最关注现代信息技术能力在课堂教学中的应用。

发展源于需求，校长培训的需求是农村中小学校长专业发展以及成长、成熟的原动力，同时农村中小学校长的这种内在需求也推动着农村学校的发展。在访谈中，几乎全部受访者均认为，内容设计是农村中小学校长培训的核心，但是各级培训普遍存在理论性的课程较强，缺乏对农村学校管理实践的指导意义。实践性的课程则可以收获更多操作性强的技术方法，有效地指导校长、副校长改善本校的管理工作。

6.农村中小学校长喜欢的培训形式

（1）河北省农村中小学校长喜欢的培训形式

河北省农村中小学校长最喜欢的培训形式：第一位是农村教育案例分析、经验交流研讨，选择率达80.00%；第二位是国内外参观考察，选择率达63.60%；第三位是异地校跟岗学习，选择率达55.00%；自学与读书交流是校长们最不喜欢的培训形式。（见图5-36）

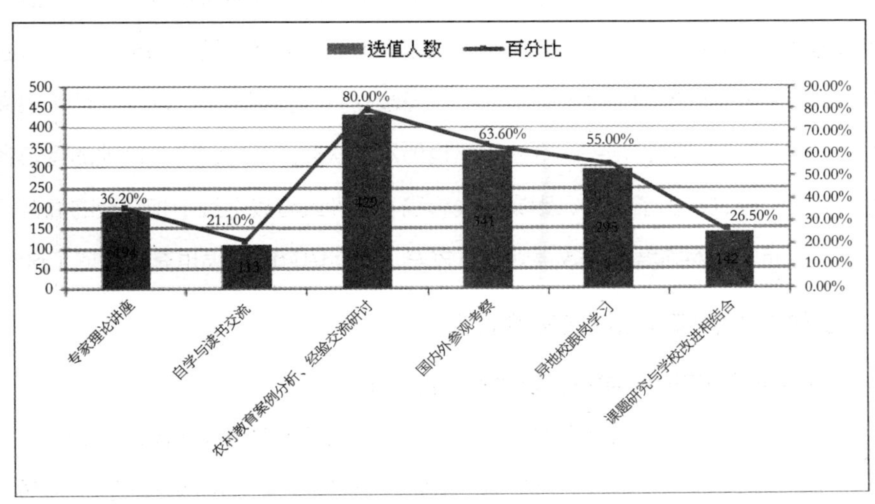

图5-36　河北省农村中小学校长喜欢的培训形式

（2）内蒙古自治区农村中小学校长喜欢的培训形式

内蒙古农村中小学校长喜欢的培训形式：第一位是实地观摩考察与案例研讨，选择率高达92.07%；第二位是到发达地区优秀学校跟岗，占83.85%；网络专题理论学习与研讨是最不受欢迎的培训形式。（见图5-37）

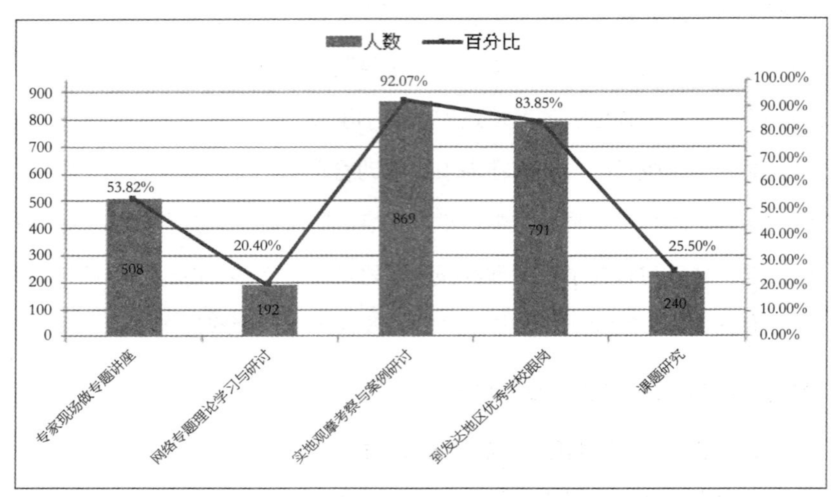

图5-37　内蒙古自治区农村中小学校长喜欢的培训形式

（3）研究结论

可以看出，两地大部分农村中小学校长具有强烈的专业发展愿望，希望多进行问题案例参与学习，偏好模仿借鉴，渴望学以致用，迫切需要将理论知识和实践结合起来，提升实施素质教育的能力。虽然案例分析、经验交流、参观考察、同伴互助、跟岗学习是学员喜爱的培训形式，传统的专家讲座也仍然受欢迎。在访谈中，两地的受访者普遍认为到优秀学校进行影子培训、跟岗实践等线下培训或者线上线下相结合的混合式培训效果最佳，而单纯网络培训的效果则相对较差。网络调查的结果也充分印证了这一点。

7.农村中小学校长培训的主要收获

（1）河北省农村中小学校长培训的主要收获

河北省农村中小学校长培训的主要收获：第一位是考察教改名校，观摩学习、借鉴提高，选择率为79.50%；第二位是与同行交流，向专家咨询，解决实际工作问题，选择率为69.60%；第三位是学习聆听专家、教授或同行的讲座与报告，开阔眼界与思路，选择率为65.70%。（见图5-38）

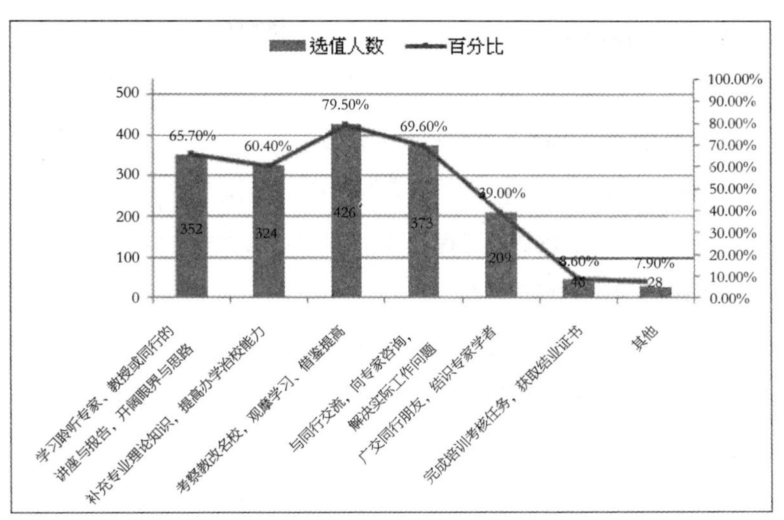

图5-38　河北省农村中小学校长培训的主要收获

（2）内蒙古自治区农村中小学校长培训的主要收获

内蒙古自治区农村中小学校长培训的主要收获：第一位是更新知识或观念，选择率为78.60%；第二位是学会学校改进的新技术、新方法，选择率为61.12%；第三位是解决了农村学校课堂教学中的一些问题，选择率为51.91%。（见图5-39）

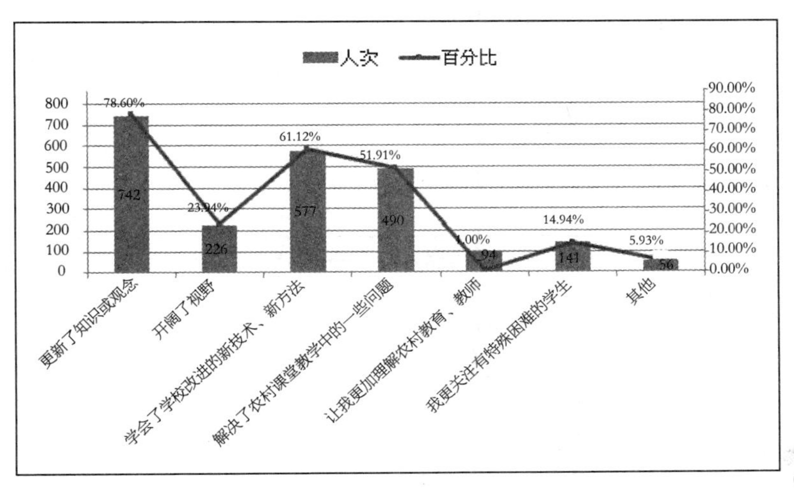

图5-39　内蒙古自治区农村中小学校长培训的主要收获

（3）研究结论

可以看出，两地大部分农村中小学校长对于更新观念、开阔视野具有强烈的愿望，希望通过培训补充专业理论知识，提高办学治校能力。但是，值得注意的是，内蒙古自治区大部分农村中小学校长认为，让其更加理解农村教育、教师方面的培训对他们没有帮助，选择率只有1.00%。这不得不引起培训者的深思。

对于农村中小学校长远程培训一直众说纷纭，但没有数据支撑。在访谈中，有39.20%的农村中小学校长非常认可远程培训，认为快捷方便，可提供更多学习的机会，相信这部分人是网络培训的真正受益人；同时，38.00%的人只是为完成学习任务，远程培训流于形式，这些人应该就是挂软件学习或是找人代学的；还有11.60%的人认为，远程培训可以弥补集中学习资源不足的缺点，说明这部分人是有学习意愿的；另有11.20%的人认为远程培训一般没有优势，对于这些人，可通过挖掘在线培训特色，合理设置培训环节，强化交流互动等方式，使其投入学习。由此得出结论：对于农村中小学校长远程培训，大约50.00%的人会认真学习，对于40.00%的人来说其没有效果，还有10.00%的人处于中间状态。根据对农村中小学校长参训目的的调研结果，大多数农村中小学校长愿意听讲座，开阔眼界和思路，希望补充专业理论知识，提高办学治校能力，远程培训可以较好地满足此需求，远程培训应该是培训的较好选择。

8.农村中小学校长培训面临的问题

（1）河北省农村中小学校长培训面临的问题

河北省农村中小学校长认为培训面临的问题：第一位是培训形式单一，选择率为49.60%；第二位是理论脱离农村教育实际，选择率为47.90%；第三位是缺乏经验分享与深度研讨，选择率为38.60%。（见图5-40）

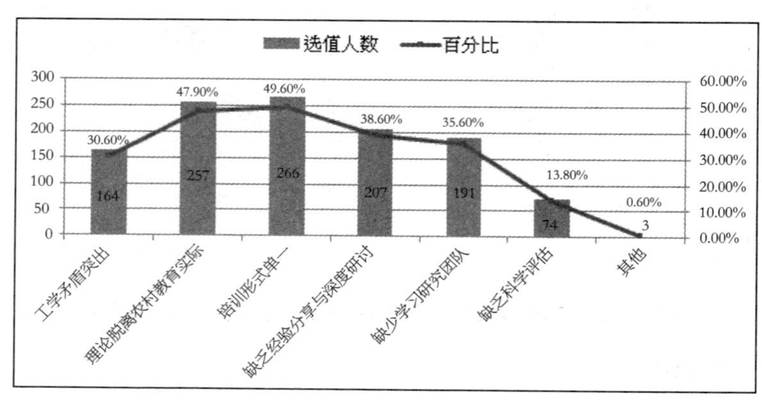

图5-40　河北省农村中小学校长培训面临的问题

（2）内蒙古自治区农村中小学校长培训面临的问题

内蒙古农村中小学校长认为培训面临的问题：第一位是培训形式化，没有实用性，选择率为77.80%；第二位是学习针对性不强，选择率为55.60%；第三位是来自家庭、工作的困难和培训经费不好落实，选择率均是33.30%。（见图5-41）

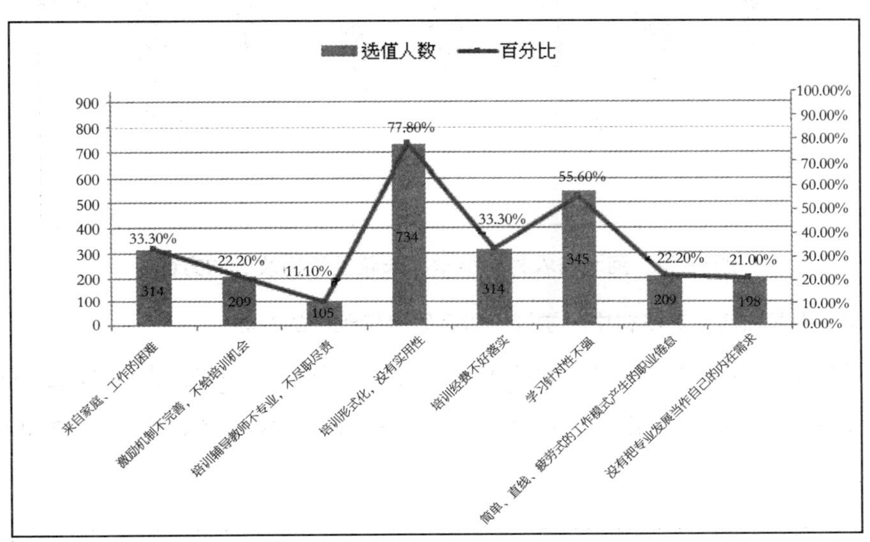

图5-41　内蒙古自治区农村中小学校长培训面临的问题

（3）研究结论

可以看出，培训形式单一，缺乏实用性，脱离农村实际，学习针对性不强，培训经费短缺以及工学矛盾是两地农村中小学校长培训面临的主要问题，内蒙古自治区这方面的问题尤为突出。值得注意的是，培训者的科学研究与指导开始受到农村中小学校长的关注。

9.农村中小学校长培训希望机构改进的方面

（1）河北省农村中小学校长希望机构改进的方面

河北省农村中小学校长希望机构改进的方面：第一位是结合农村实际设置培训课程，选择率为63.10%；第二位是培训多进入农村学校现场，选择率为50.70%；第三位是探索更先进、更符合实际的培训理念，选择率为50.60%；第四位是加强师资力量，选择率为40.90%。（见图5-42）

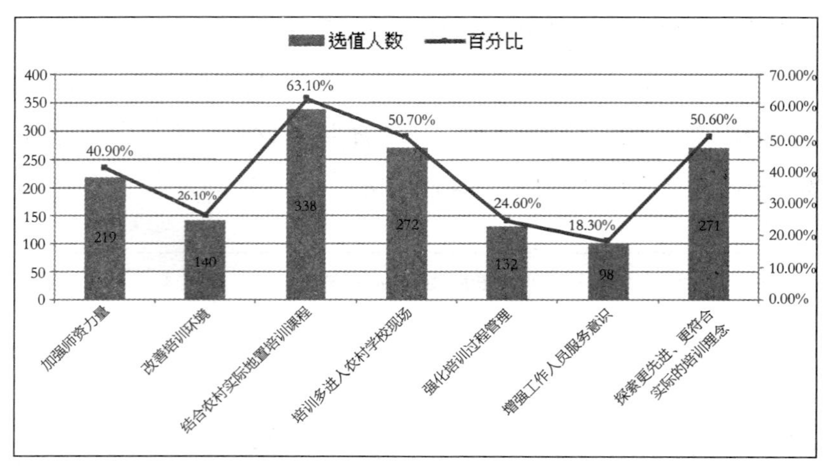

图5-42 河北省农村中小学校长希望机构改进的方面

（2）内蒙古自治区农村中小学校长最希望机构改进的方面

内蒙古自治区农村中小学校长希望机构改进的方面：第一位是交流研讨，选择率为98.00%；第二位是研修成果，选择率为37.50%；第三位是课程学习，选择率为25.00%。（见图5-43）

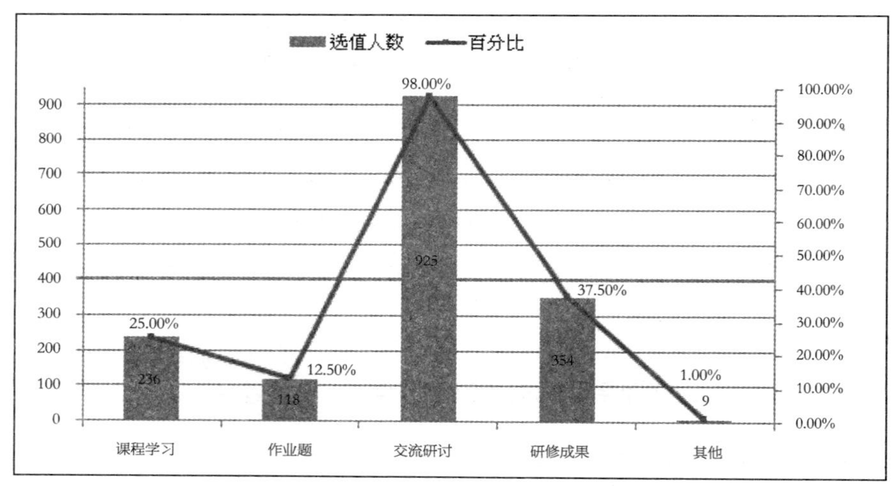

图5-43 内蒙古自治区农村中小学校长希望机构改进的方面

（3）研究结论

从以上结果可以看出，河北省农村中小学校长最希望培训课程能结合实际，能亲临学校现场“望、闻、问、切”。内蒙古农村中小学校长最希望培训环节加大交流研讨的比重。对于培训机构，按照成人培训的理论及规律，把握运用前沿的培训理念，科学合理地设置培训课程和环节是学员最期待培训机构改进的；同时培训环境的改善，过程管理的强化也不容忽视；“增强工作人员的服务意识”选项虽然选择比例不高，但作为培训机构，尚需进一步提高服务意识。

| 二 | 《义务教育学校校长专业发展标准》专题培训的现状调查

（一）概况

本课题组成员组成调研团队于2016年8月3日至9日深入包头市、乌兰察布市和呼伦贝尔市开展了实地访谈调研工作，同时，还通过网络调研的形式，对包头市、乌兰察布市和呼伦贝尔市三地的校长展开了更大范围的调研。

（二）数据来源

本次参加现场访谈的校长/副校长共计22人，其中包头市12人，乌兰察布市10人；截至2016年8月10日下午14：00，回收网络问卷共计965份，其中呼伦贝尔市444份，包头市171份，乌兰察布市350份。网络调研人数及参与率统计情况见表5-3。

表5-3　网络调研人数及参与率统计表

职务＼区域	呼伦贝尔市	包头市	乌兰察布市
校长、副校长总数	500	800	420
参加网络调研人数	444	171	350
调研参与率	88.80%	21.38%	83.33%

1.年龄结构

接受调查的三个地市的义务教育中小学校长/副校长中，中年、青年中小学校长占主体，64.36%的中小学校长分布在41～45岁。40岁以下的中小学校长所占比例为17.83%。51岁以上的中小学校长所占比例为17.82%。（见表5-4）

表5-4　三地市调研对象的年龄分布表

年龄 区域	30岁以下	30～40岁	41～50岁	51岁以上
呼伦贝尔市	0.00%	16.40%	65.85%	17.75%
包头市	0.00%	22.22%	66.08%	11.70%
乌兰察布市	0.00%	14.86%	61.14%	24.00%
平均值	0.00%	17.83%	64.36%	17.82%

2.学历水平

接受调查的三个地市的义务教育中小学校长/副校长中，本科学历的占82.05%；硕士研究生学历的达到4.11%；大专学历的达到13.41%；中师学历的为0.44%。（见表5-5）

表5-5　三地市调研对象的学历层次分布表

学历 区域	中专	大专	本科	研究生
呼伦贝尔	0.45%	13.25%	83.60%	2.70%
包头	0.00%	4.68%	86.55%	8.77%
乌兰察布	0.86%	22.29%	76.00%	0.85%
平均值	0.44%	13.41%	82.05%	4.11%

3.任职时间

接受调查的三个地市的义务教育中小学校长/副校长中，44.97%的中小学校长任职5年以下，任职6～10年的中小学校长达到22.66%，任职11～20年中小学校长达到27.78%，另有4.59%的中小学校长任职20年以上。（见表5-6）

表5-6　三地市调研对象的任职时间分布表

年限 区域	2～5年	6～10年	11～20年	20年以上
呼伦贝尔市	38.20%	27.87%	28.54%	5.39%
包头市	43.86%	29.24%	22.81%	4.09%
乌兰察布市	52.85%	10.86%	32.00%	4.29%
平均值	44.97%	22.66%	27.78%	4.59%

4.区域分布

接受调查的三个地市的义务教育中小学校长/副校长中，8.21%分布在农村，25.38%分布在城市，另有66.41%的中小学校长分布在县城以下学校。（见表5-7）

表5-7　三地市调研对象工作学校所在区域分布表

城乡 区域	农村	县城以下学校	城市
呼伦贝尔市	11.69%	38.2%	50.11%
包头市	3.51%	94.74%	1.75%
乌兰察布市	9.43%	66.28%	24.29%
平均值	8.21%	66.41%	25.38%

可以看出，调研对象涵盖了来自县城以下学校、城市和农村的三个类型的人员，使得调研对象比较有代表性，调查结果也具备较强的综合性和普适性。

（三）调查内容

本次调查问卷由四部分内容构成：第一部分为农村中小学校长教师的年龄、学历、任职时间、区域分布等基本信息；第二部分为《义务教育学校校长专业发展标准》认知情况；第三部分为《义务教育学校校长专业发展标准》应用情况；第四部分以开放题的形式了解调查对象对《义务教育学校校长专业发展标准》专题培训的建议。

（四）调查方法

1.问卷调查

对被培训的农村中小学校长发放问卷，围绕《义务教育学校校长专业发展标准》了解专题培训状况。

2.个案访谈

对一些问题进行深入访谈，以得到无法从问卷上反映出来的答案。根据调研需要安排由不同人员参加的座谈会，主要了解《义务教育学校校长专业发展标准》的理解应用状况。

3.统计分析

问卷回收后，按照呼伦贝尔市、包头市、乌兰察布市的各类数据的分类进行统计，从而得到有价值的统计结果。

4.数据比较

比较呼伦贝尔市、包头市、乌兰察布市三个不同区域《义务教育学校校长专业发展标准》的认知和专题培训差异。在共性与个性差异性分析中比较不同区域、不同岗位的农村中小学校长的专业发展差异。

（五）问卷调查结果与数据分析

总体上，内蒙古自治区中小学《义务教育学校校长专业发展标准》专题培训的状况和特点如下。

1.《义务教育学校校长专业标准》的了解程度

调研结果如表5-8所示，三个地市68.39%的中小学校长有所了解，24.15%的中小学校长非常熟悉，另有7.46%的中小学校长不熟悉。乌兰察布市对《义务教育学校校长专业标准》的熟悉程度明显高于其他两地。

表5-8　三地市校长/副校长《义务教育学校校长专业标准》熟悉程度统计表

程度 区域	不熟悉	有所了解	非常熟悉
呼伦贝尔市	6.97%	69.89%	23.15%
包头市	12.28%	67.84%	19.88%
乌兰察布市	3.14%	67.43%	29.43%
平均值	7.46%	68.39%	24.15%

2.《义务教育学校校长专业标准》六大方面的应用能力

由调查可见，有半数左右的中小学校长认为自己在六大方面的应用能力比较强，选择“很强”的人不到20.00%。在调适外部环境和规划学校发展及领导课程教学的应用能力方面，选择“很弱”的人比较多。三地都需要在加强调适外部环境方面加大培训力度，其中呼伦贝尔市、乌兰察布市在规划学校发展方面，包头市在领导课程与教学方面

需要进一步加大培训力度。（见图5-44、图5-45、图5-46）

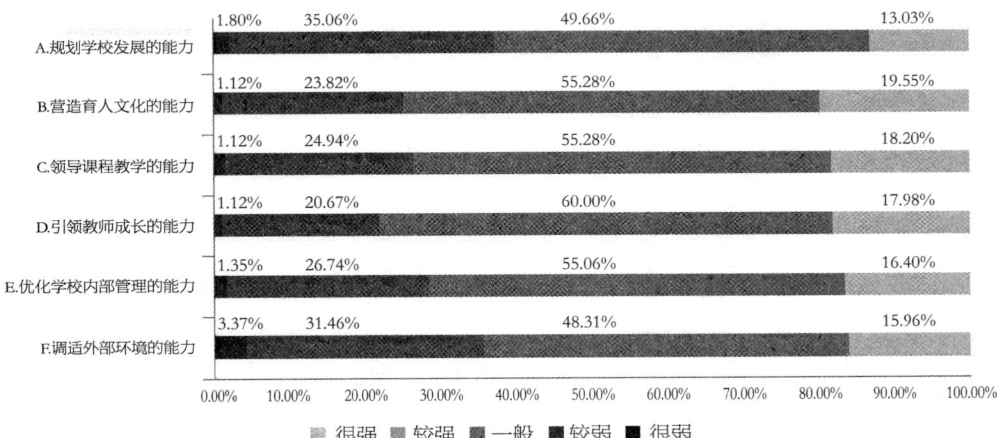

图5-44　呼伦贝尔市中小学校长六大方面的应用能力情况

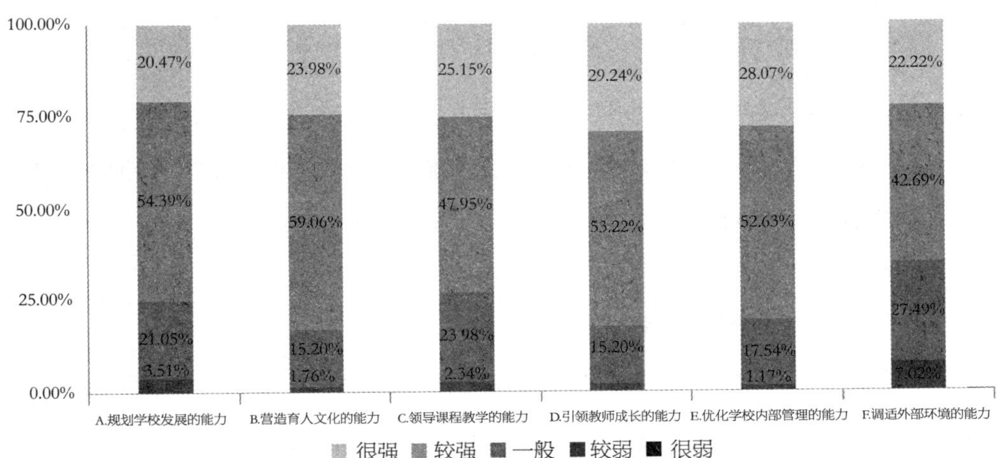

图5-45　包头市中小学校长六大方面的应用能力情况

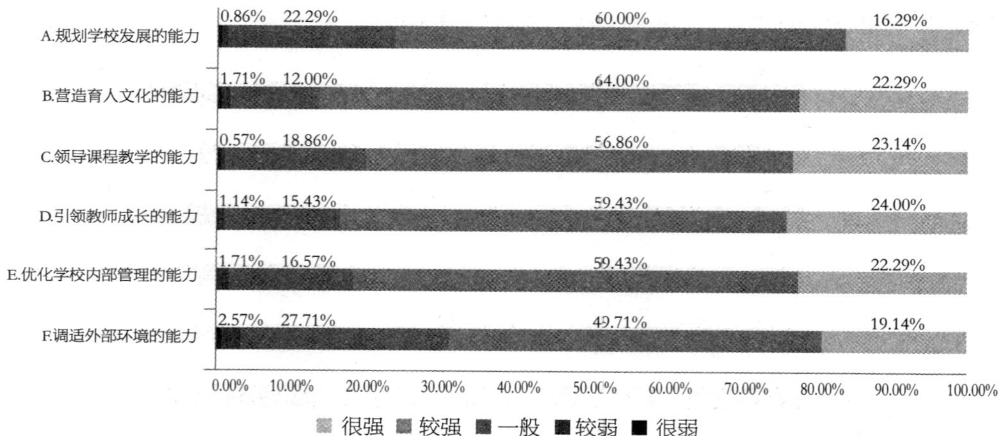

图5-46　乌兰察布市中小学校长六大方面的应用能力情况

3.规划学校发展的能力

调研发现，三地的中小学校长一致认为制定学校发展规划非常重要，但是在制定学校发展规划的具体工作中，也面临诸多困难，其中最主要的困难是缺乏专家指导，选择这一选项的受访者比例三地均在40.00%左右。而不能科学诊断学校发展中存在的问题和尚未有效掌握制定学校发展规划的理论与方法分列第二位或第三位。今后，三地在专家引领方面需要进一步加大工作力度。（见图5-47、图5-48、图5-49）

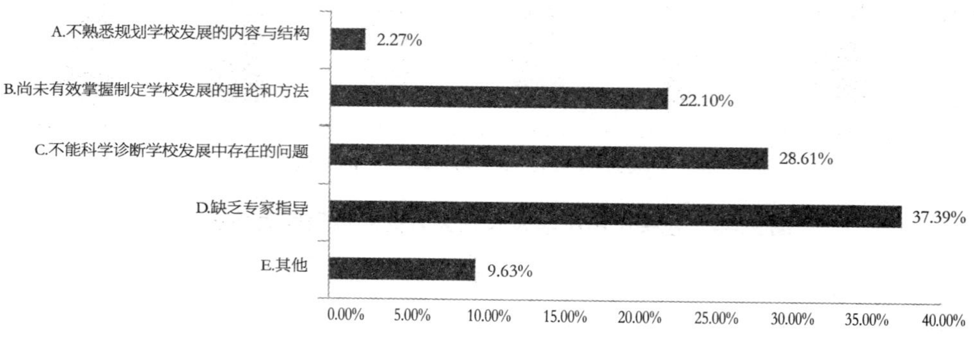

图5-47　呼伦贝尔市中小学校长规划学校发展的能力情况

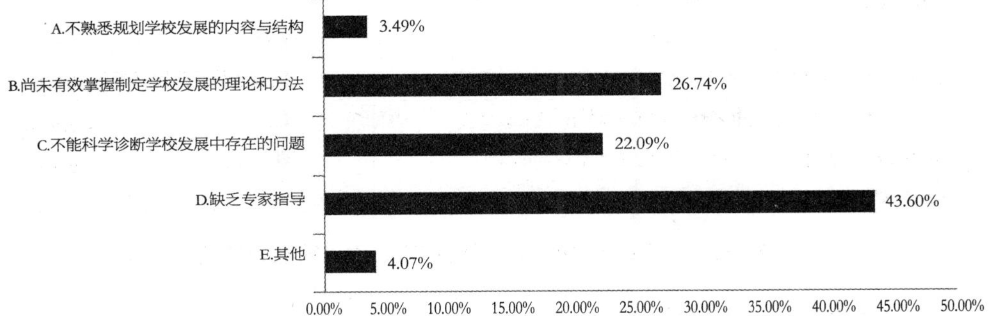

图5-48 包头市中小学校长规划学校发展的能力情况

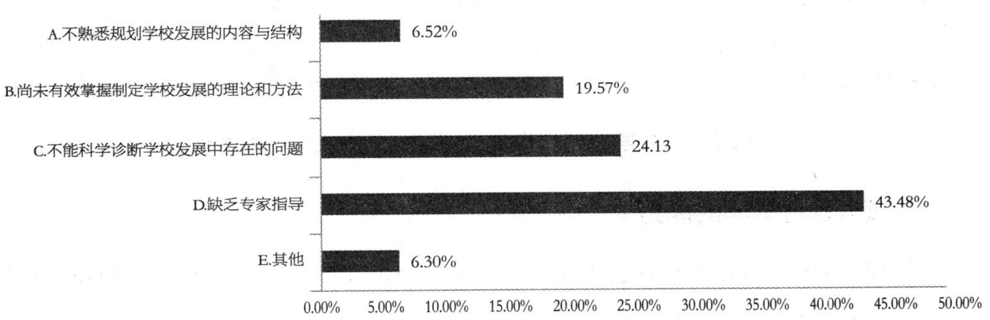

图5-49 乌兰察布市中小学校长规划学校发展的能力情况

4.营造育人文化的能力

调研发现，三地90.00%左右的中小学校长的认为营造学校育人文化对学校发展非常重要或者比较重要。82.00%~91.00%的受访者认为营造学校育人文化最重要的是从教师思想理念入手，建设教师“育人为本”的精神风貌。值得学习借鉴的是三地校长“营造育人文化”的切入点是以师生为本。（见图5-50、图5-51、图5-52）

16.您认为营造学校育人文化，最重要的是（ ）。[单选题]

选项	小计	比例
A.从教师思想理念入手，建设教师“育人为本”的精神风貌	291	82.44%
B.从外部环境建设入手，营造形成育人为本的校园环境氛围	30	8.50%
C.树立榜样，通过榜样带动的方式推动育人文化的形成	32	9.07%
本题有效填写人次	353	

图5-50 呼伦贝尔市中小学校长营造育人文化的能力情况

16.您认为营造学校育人文化，最重要的是（ ）。[单选题]

选项	小计	比例
A.从教师思想理念入手，建设教师“育人为本”的精神风貌	157	91.28%
B.从外部环境建设入手，营造形成育人为本的校园环境氛围	4	2.33%
C.树立榜样，通过榜样带动的方式推动育人文化的形成	11	6.40%
本题有效填写人次	172	

图5-51 包头市中小学校长营造育人文化的能力情况

16.您认为营造学校育人文化，最重要的是（ ）。[单选题]

选项	小计	比例
A.从教师思想理念入手，建设教师“育人为本”的精神风貌	403	87.61%
B.从外部环境建设入手，营造形成育人为本的校园环境氛围	35	7.61%
C.树立榜样，通过榜样带动的方式推动育人文化的形成	22	4.78%
本题有效填写人次	460	

图5-52 乌兰察布市中小学校长营造育人文化的能力情况

5.领导课程教学的能力

以校本课程或校本教材开发情况为例，调研发现，呼伦贝尔市，53.54%的受访者表示本校已经开发了校本课程或校本教材，正在开发或计划开发有的30.31%。包头市和乌兰察布市，有70.00%以上的受访者表示本校已经开发了校本课程或校本教材，15.00%以上的受访者表示正在开发或计划开发；三地只有极少数学校完全未进行开发。可见，三地的学校普遍都具有开发校本课程或校本教材的意识和能力，但呼伦贝尔市应加大校长课程领导力的培训。（见图5-53、图5-54、图5-55）

17.目前，您学校是否开发了校本课程或校本教材？（ ）[单选题]

选项	小计	比例
A.是	189	53.54%
B.否	57	16.15%
C.正在开发	83	23.51%
D.已纳入计划	24	6.80%
本题有效填写人次	353	

图5-53 呼伦贝尔市中小学校长校本课程或校本教材的开发情况

17.目前，您学校是否开发了校本课程或校本教材？（　　）［单选题］

选项	小计	比例
A.是	124	72.09%
B.否	16	9.30%
C.正在开发	30	17.44%
D.已纳入计划	2	1.16%
本题有效填写人次	172	

图5-54　包头市中小学校长校本课程或校本教材的开发情况

17.目前，您学校是否开发了校本课程或校本教材？（　　）［单选题］

选项	小计	比例
A.是	365	79.35%
B.否	23	5.00%
C.正在开发	58	12.61%
D.已纳入计划	14	3.04%
本题有效填写人次	460	

图5-55　乌兰察布市中小学校长校本课程或校本教材的开发情况

在访谈中，有些校长表示，如何将国家课程、地方课程和校本课程很好地结合起来是领导课程教学中的一个工作重点和难点。另外，薄弱学科的建设等也是一个工作难点。

6.学校教育教学常规管理方法

三地的中小学校长较为一致地认为，在学校教育教学管理方面的通常做法排前三位的分别是：听课评课、组织和参加教研活动、组织校本研修活动。其他活动，如抽查巡视课堂情况、组织赛课等活动都比较少，特别是学情的了解方面三地的管理空间都很大。（见图5-56、图5-57、图5-58）

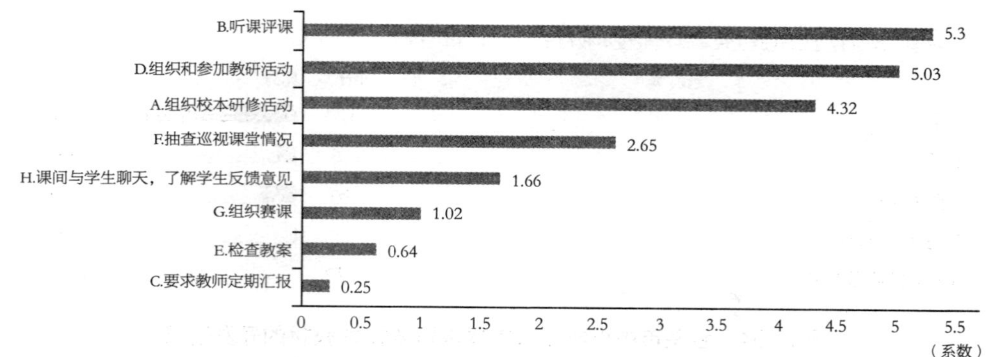

图5-56　呼伦贝尔市中小学校长教学管理方面的通常做法

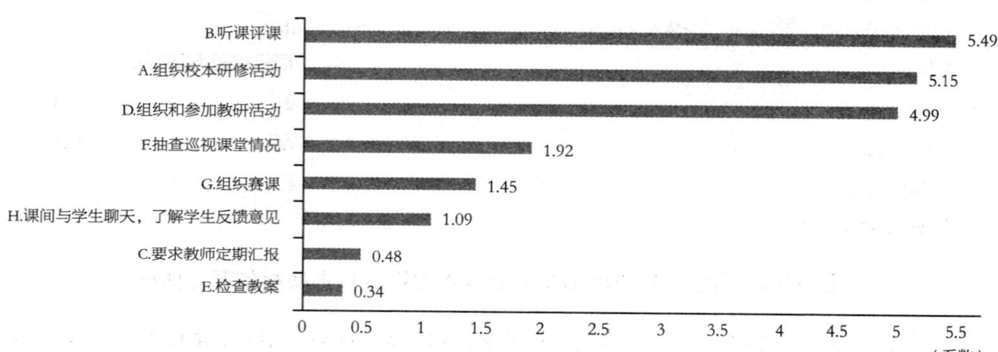

图5-57　包头市中小学校长教学管理方面的通常做法

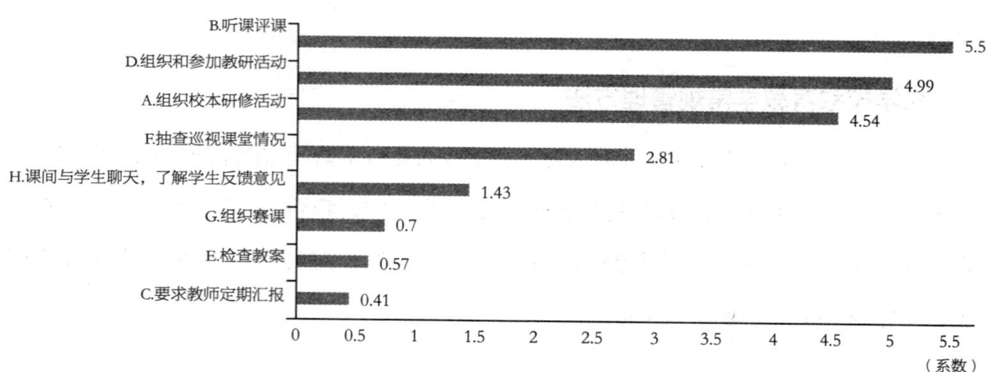

图5-58　乌兰察布市中小学校长教学管理方面的通常做法

7.引领教师成长的能力

调研发现，在被问及在“引领教师成长工作中，感觉最力不从心的问题”时，三地均有70.00%左右的中小学校长表示教师的专业成长意识和积极性不高是他们遇到的最大难题，其次便是认为自身的业务功底比较单薄，不能很好地引领教师。可见，如何疏导教师的心理，引导其树立自我专业成长的意识，提升积极性，是学校管理甚至是教育管理中亟待解决的难题。同时，提升中小学校长引领教师成长的能力也成为各类培训机构迫在眉睫的任务。（见图5-59、图5-60、图5-61）

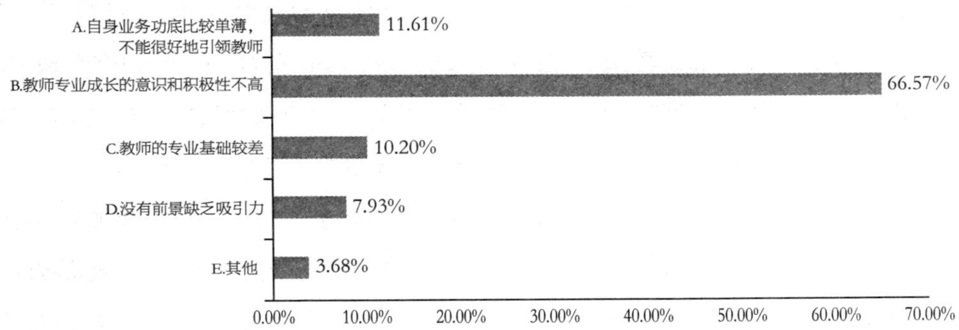

图5-59　呼伦贝尔市中小学校长引领教师成长工作中，感觉最力不从心的问题情况

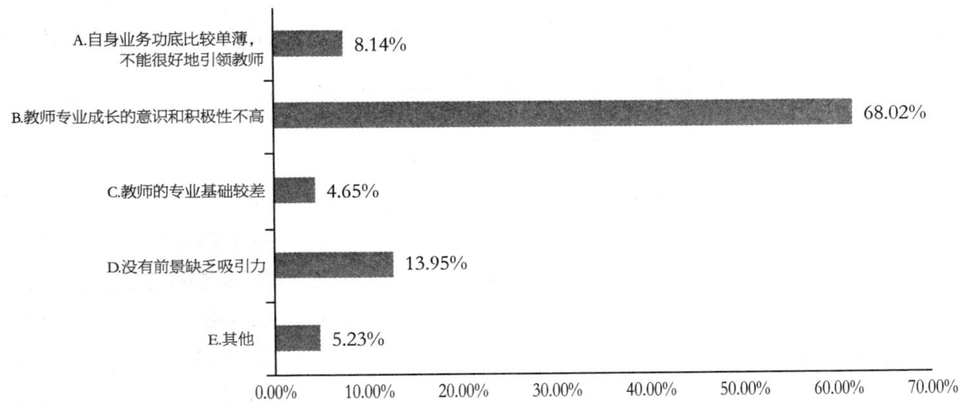

图5-60　包头市中小学校长引领教师成长工作中，感觉最力不从心的问题情况

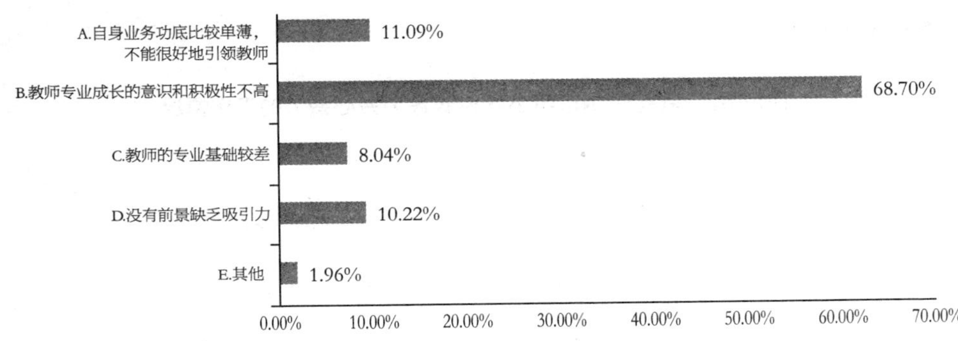

图5-61　乌兰察布市中小学校长引领教师成长工作中，感觉最力不从心的问题情况

8.学校综合管理能力

调研发现，三地校长最为劳心费力的工作集中在教师队伍建设、抓教育教学质量、参加各种会议和落实会议精神、协调学校里的人际关系上。可见，教师队伍建设和教育教学依然是三地中小学校长最为关注的领域，而作为学校管理者必须要做好的一些沟通、协调、会议等行政类工作，也占用了校长的相当多的精力。在包头市的访谈中，青山区的张校长表示，师资管理中，关于职称、绩效、精细化管理的一系列要求在实际执行中存在很多困难。希望培训机构可以开设一些集班主任德育、安全管理、校园文化等各个模块于一体的综合课程。值得各级政府、培训机构、社会关注的是参加各种会议和落实会议精神成为与抓教育教学质量、教师队伍建设同等重要的话题，如果是教育教学有关会议和自不赘言。但访谈中不少校长反映工作面临的压力，不仅来自学校管理及教书育人，有时还要承担与教育教学无关的任务。比如，政府系统的各类达标、评比、检查任务，在一些乡镇也要由学校来完成，类似的要“补”的资料，虽然与教育教学无关，但有时也会安排给学校。（见图5-62、图5-63、图5-64）

25.作为学校领导，一年忙到头，总体上看，最让您费心费力的是（　　）。[多选题]

选项	小计	比例
A.抓教育教学质量	232	65.72%
B.教师队伍建设	261	73.94%
C.学校文化建设	148	41.93%
D.参加各种会议和落实会议精神	186	52.69%
E.协调学校里的人际关系	152	43.06%
F.协调与当地政府、周边群众或家长的关系	135	38.24%
G.其他	22	6.23%
本题有效填写人次	353	

图5-62　呼伦贝尔市中小学校长最为费心费力的工作情况

25.作为学校领导，一年忙到头，总体上看，最让您费心费力的是（　　）。[多选题]

选项	小计	比例
A.抓教育教学质量	106	61.63%
B.教师队伍建设	113	65.7%
C.学校文化建设	62	36.05%
D.参加各种会议和落实会议精神	108	62.79%
E.协调学校里的人际关系	71	41.28%
F.协调与当地政府、周边群众或家长的关系	70	40.7%
G.其他	12	6.98%
本题有效填写人次	172	

图5-63　包头市中小学校长最为费心费力的工作情况

25.作为学校领导，一年忙到头，总体上看，最让您费心费力的是（　　）。[多选题]

选项	小计	比例
A.抓教育教学质量	290	63.04%
B.教师队伍建设	282	61.3%
C.学校文化建设	140	30.43%
D.参加各种会议和落实会议精神	256	55.65%
E.协调学校里的人际关系	133	28.91%
F.协调与当地政府、周边群众或家长的关系	159	34.57%
G.其他	13	2.83%
本题有效填写人次	460	

图5-64　乌兰察布市中小学校长最为费心费力的工作情况

（六）《义务教育学校校长专业发展标准》专题培训问题

1.中小学校长培训经费不足

经费不足是三地的中小学校长培训普遍存在的问题，同时也是《义务教育学校校长专业发展标准》专题培训不能深入的主要原因。特别是线下的培训，经费非常有限，需要“精打细算”，做到对经费的合理调配和有效利用。

2.中小学校长专业发展水平参差不齐

三地的中小学校长专业发展水平千差万别，城市和乡村的中小学校长的差异非常突出，即便同在一个小区域，不同中小学校长的专业发展水平也有显著差异。而具体到每一位中小学校长，更是情况各异。

3.理论与实践脱节

受访者普遍反馈，理论与实践脱节是《义务教育学校校长专业发展标准》专题培训存在的主要问题之一，高端的理论固然具有一定的引领性，但是很多看似很好的理论在工作实际中无法落地。以实践为导向，提高实践课程的占比是大势所趋。

（七）《义务教育学校校长专业发展标准》专题培训的实施建议

1.对教育行政部门的建议

一是精心为本项目遴选学员。调研发现，包头市、乌兰察布市和呼伦贝尔市的教育发展不均衡，中小学校长素质参差不齐的现象普遍存在。如果将层次差异较大的校长组织到一起参加培训，势必会对培训质量及效果产生不利影响。因此，建议教育行政部门在组织《义务教育学校校长专业发展标准》专题培训时，一定要尽量遴选层次较为整齐、水平较为均等的校长作为本次的参训学员，以保证培训的整体效果。

二是政策适当向落后地区倾斜。建议在《义务教育学校校长专业发展标准》专题培训的设计中，教育行政部门适当将培训向落后地区的中小学校倾斜，为更多落后地区的中小学校长/副校长提供更多的培训机会，整体提升乡村地区中小学的整体素质，促进区域内教育均衡发展。在前期，建议可以远程培训作为切入点，充分利用远程培训大规模、低成本的优势，拓宽视野，增加学习机会。

三是推动乡村地区教育信息化建设。针对偏远的农村地区，加大经费支持力度，一方面提升乡村学校的教育信息化水平，另一方面，通过培训帮助农村中小学校长提升信息技术应用能力，以及信息技术与课堂教学整合的能力。

2.对培训承担单位的建议

一是培训重心下移，内容接地气。在分层分类培训的基础上，培训承担单位应将培训重心下移，内容接地气，打造适合乡村地区校长培训的内容，为乡村地区学校校长的专业发展提供切实的帮助。

二是认真做好训前准备，奠定良好基础。做好一系列的训前准备，包括需求调研、具体目标确立、培训内容及培训活动设计、培训基地选择等，为培训的顺利实施，提升培训质量及效果奠定良好的基础。

三是跟踪后效，指导进步。在规定的培训时间结束后，组织专家通过实地指导、电话或其他通信工具等，与学校保持联系，跟踪培训成果在学校管理实践中的应用情况和应用成效，指导校长专业能力持续提升，切实改善学校管理，促进学校发展。

第三节　农村中小学校长专业发展支持服务体系建设的访谈研究

本节主要运用质化访谈的研究方法，以个别访谈和集体访谈相结合的方式进行。访谈对象由25位教育行政干部，18位培训机构负责人、教师，31位农村中小学校长组成。

访谈由一名课题组人员主持，配有一名录音摄像人员。访谈的内容主要涉及：对农村中小学校长专业发展支持服务体系建设的态度;影响农村中小学校长专业发展的关键因素及其内在机理；促进农村中小学校长专业发展的方法与策略；农村中小学校长管理与评价等。旨在从教育行政干部，培训机构校长、教师，农村中小学校长三个向度，系统考察研究农村中小学校长专业发展支持服务体系建设的现状、问题、原因与对策。由此形成了三个相互关联的主题，教育行政干部，培训机构负责人、教师，农村中小学校长三个视角下的农村中小学校长专业发展支持服务体系建设虽有相似之处也有不同之处。但当前，农村中小学校长专业发展支持服务体系建设“理念性、经费性、制度性阻碍”成为亟待解决的问题，深化了理论架构的内容和管理内涵，为第六章提出政策建议奠定基础。

一　个案访谈——来自教育行政部门的声音

（一）农村中小学校长缺乏优质教育资源

一个好校长就是一所好学校。陶行知先生用“校长是一个学校的灵魂”的话语来评价校长的作用和地位。同样，评价一所农村学校，首先要评价农村中小学校长。访谈中我们发现，74人中有近87.00%的访谈者对把办好农村教育主要归结为“校长素质”这一类别。比如，山东省Z副厅长认为：“校舍变化了，人没有太多变化，农村中小学校长队伍是办好农村教育的核心。”山东省W市教育局Z局长也发表同样的观点：“农村教育质量不高的一个重要原因，是缺乏优质教育资源。这不仅包括优质物质资源，更包括优质教师资源和生源。近年来，城乡和学校之间在设备、校舍等方面的差距逐步缩小，但在师资方面，特别是优秀农村中小学校长、教师的比例差距较大。”贵州省Q州教育局L局长谈道：“就农村义务教育发展现状而言，做好存量教育资源的激活工作，提升农村中小学校长的党性修养、专业素养与个人修养是关键。”

（二）农村中小学校长的任职资格、任用、职级等制度要因地制宜，适度创新

教育有效治理来源于人们通过分工和信息交换的形式实现的合作，而人们之间实现合作需要适宜的制度机制。制度机制在农村中小学校长专业发展的教育治理中起着更为长期性、根本性的作用。资格制度、选聘机制、职级制度、培训交流制度、办学自主权等促进了农村人力资源的合理配置和有效利用。陕西省P县教体局D局长认为："农村中小学校长任职资格标准中应有任职经验几年的底线要求，有从事教育教学管理的经历。在任期中，各地应该有科学的管理，有的校长能当20年，还是有问题的，知识更新很快，应该有定期培训交流的制度。"D局长继续强调："我们县校长任命有几大块，4所学校由组织部任命，村小、完小由乡镇任命，其他才能由教育局任命。要归口任命，要归口管理，要严格的要求，多方交叉管理对教育不一定合适。"关于农村中小学校长聘任制，黑龙江省H市教育局Q局长谈道："我任局长正赶上了上一届的校长们任职到期，正在进行第二轮选聘工作。上个聘期中，31所学校，2/3的校长比较优秀，1/3存在一定的问题。能力高的人，有些在笔试中不太优秀。面试时，有的人夸夸其谈，在工作中是真的不行。现在看来，这种聘用方式有长处也有不足。"在校长交流方面青海省W县教育科技局H局长有他自己的观点："取消校长级别有利的一面也有不利的一面，我们县21个县级领导，11个是教育出来的。现在的体制把年轻校长、教师的出路挡住了。医院和学校无级别后，对其他行业也是浪费，因为优秀人才没法到其他行业去了，积极性不好调动。"江西省L县教育局G局长更是直接阐述："我个人认为暂时不能实施校长去行政化。一个制度的出台，应该有激励方面的作用。我是副县级、完中科级，我们可以把教师提到副科级。如果学校办得好，可以把学校提到科级单位，校长积极性很高。"关于办学自主权，浙江省X县教育局L局长谈道："权利，主要指校长办学自主权的落实。一个学校如何办好，学校内部管理教育局基本不去管，乡镇政府也不管，主要让校长自己做。"以上局长的表达体现了被访者的多个诉求，其中，制度机制是农村中小学校长专业发展的动力，也是局长最为关注的问题。

（三）量体裁衣、创造欲望是农村中小学校长培训的新增长点

质量是农村中小学校长培训的生命线，也是培训机构赖以生存和发展的基础。教

育部H处长讲道："针对性源自诊断，希望培训机构做好学员'想学什么'和组织"想教什么"两方面的需求调研，坚持组织调训与校长选学、面授教学与网络培训、校内培训与校外考察、专题研讨与实践锻炼相结合，建立符合农村中小学校长特点，基本满足东、中、西部农村中小学校长需求的质量保障体系，形成国家、省、市、县、乡五级培训体系工作格局。"山东省L县教育局W局长指出："希望教育局有关科室与进修学校通过多种措施强化培训'硬约束'，健全农村中小学校长'必学'机制，营造'愿学'环境，增进'乐学'意愿，不断提高调训完成率、全员参训率、学时达标率、成果转化率，提升培训质量与效果。"新疆维吾尔族自治区D县教育局X局长提出："培训机构应'量体裁衣'，及时把农村中小学校长最希望了解的知识、最渴望掌握的理论、最迫切的需要传递给他们，提升培训对工作的贡献率。"吉林省Y市教育局L局长直白地谈道："校长培训也要抓紧，让他们写点东西，写多少东西也要明确，不能光要求教师。"可以说，适应农村中小学校长专业发展的需求，提高培训质量是一切培训活动的起点和终点，更是培训机构赖以生存的基础。2015年我们对国家教育行政学院38期地市教育局局长培训班90位学员进行的问卷调查结果也佐证了质量是农村中小学校长培训的生命线。（见表5-9）

表5-9　2015年国家教育行政学院地市教育局局长问卷统计表

问题	选项	选择人数	排序	百分比
在贵地开展的中小学校长培训中有哪些培训方式?	A.在当地组织开展专家讲座	61	1	37.65%
	B.组织干部到外地脱产培训或考察参观	55	2	33.95%
	C.通过网络开展远程培训	42	3	25.93%
	D.其他	4	4	2.47%
在制订中小学校长培训计划时，影响您决策的最主要因素是?	C.培训质量	47	1	51.65%
	B.培训内容	26	2	28.57%
	A.培训模式	18	3	19.78%
	D.其他同类地区培训情况	0	4	0.00%

（四）培训机构能力不足制约农村中小学校长培训质量

师资队伍的素质高低，是影响农村中小学校长培训质量的重要因素。青海省Y区教育局X局长谈道："21世纪以来，党委、政府高度重视培训机构的能力建设，建立了一支校外兼职的培训教师队伍，而且还于2014年批准在域外公开招聘专职教师4名，极大地改善了培训机构的专兼职教师队伍结构。但由于近年来，退休、交流、借调等因素，内部专兼职教师人员匮乏。另外，由于缺少培训经费，培训远远达不到有关要求。”贵州省R市教育局L书记认为：“教学手段与授课内容在提高培训质量方面是相辅相成的，教学手段服务授课内容，授课内容决定教学手段，授课内容必须因时、因需设置，才能在教学手段的配合下提高培训质量。”

（五）打造主题、专题、问题递进式农村中小学校长培训项目设计平台

农村中小学校长培训既需要有教无类，也需要因材施教。江苏省Z市教育局G处长认为：“有的培训内容对农村中小学校长其实是一种负担，现在培训太多了，国家级培训和地方培训一定要有差异性，层次要高，只有体现出国家级培训的优越性，才能让他们接受。”山东省T市W局长认为：“培训可以采取专题的形式，要了解农村中小学校长最需要什么，针对他们的一个个小问题，通过一个个小小的案例，帮助他们解决问题，要针对实际问题来进行培训，给实际的指导。此外，培训内容还要有最新的知识、前沿的理念等，这些是地方上所没有的，也是校长觉得物有所值的地方。”总的来说，国家级培训要解决地方培训解决不了的问题，要提供地方培训无法提供的内容。只有各级培训机构的培训内容具有差异性，形成互补，才能真正吸引学员。

（六）精选实用、灵活、可塑性的农村中小学校长培训课程

山东省B市教育局H科长认为：“农村中小学校长培训的课程内容一定要实用。一方面要有相关政策文件解读，但不宜过多；另一方面要多一些经典案例的专家解读点评，多一些地方名校长的经验介绍。”辽宁省教育厅X科长提出：“现在地方上有很多农村中小学校长，他们的经验做法、课程非常具有地方特色，可以请来讲课，把好的经验和做法向全国推广。”山东省Q市教育局L处长谈道：“农村中小学校长培训的内容首先一定要‘高、大、上’，突出全国性培训的优势，多请一些高端的专家来讲一些前沿性的东西，让学员能够开阔眼界，与国际接轨；其次，低端的培训内容也不能少，要有实践性、指导性强的课程为农村中小学校长解决实际问题。”总的来说，就是要打通高端培训和低端培训，让学员觉得既长见识又实用。教学设计方面，他认为要为校长提供一个交流研讨的平台，上下贯通，让校长在交流中成长。

（七）采用混合、选择、个性化的农村中小学校长培训方式

山东省S市教育局W科长说："我以前干培训现在干督导工作。我们期盼的培训应该是这样的：一是培训内容丰富、多元化、实用、接地气，可操作性强一定要作为第一需求；二是要有专题性培训，这更有针对性，更能够解决实际问题；三是培训要分层次，根据不同需求，如岗前培训、岗位培训等的不同需求进行培训课程设置和教学设计；四是培训要跳出学前看学前，培训内容不要仅仅局限于基础教育这一块，而是要多角度进行培训，让学员觉得有深度；五是要有方针政策解读方面的培训内容。"培训方式上，她认为，应该好好思考如何让教师静下心来学习，可以尝试一些减少强制性学习任务，多一些实践性强的设计。归根结底，资源是最重要的，只要你资源好，不怕学员不喜欢。天津市B区教育局L副局长提出："希望培训多一些案例分析，让专家通过案例解读解决实际问题。"陕西省教育厅Y副主任科员认为："培训应该重实践轻理论，理论性的内容可以少一些，但一定要前沿。"

｜二｜个案访谈——来自培训机构培训者的声音

（一）农村中小学校长培训缺乏长远规划

湖北省X县教师进修学校L校长对农村中小学校长培训有着3种不同的认识过程："一是改革开放前为完成补偿培训每年制定的农村中小学校长培训计划，二是1999年12月以后《中小学校长培训规定》颁布后，根据《中小学校长培训规定》要求而制订的培训计划。现在，为了争取政府支持，扩大培训业务，正在学习依据农村中小学校长'十三五规划'进行培训。"然而，县级教师进修学校中像L校长这样的负责人为数并不多。我们对中西部50位县级教师进修学校负责人进行的抽样调查表明，目前能够制定农村中小学校长长期的战略性规划的县（市、区）只占29.10%，其余多半县（市、区）没有制定农村中小学校长培训长远规划。湖北省J县教师进修学校Z校长表示："我们听教育局的，培训规划随着教育局的安排随机应变，没有培训自主权，包括国培、省培、市培的调训权力。"研究认为，采取以教育局为导向的随机应变战略是大部分中西部县级教师进修学校的特点，但发展到一定规模时如果缺乏建立在对需求、现状、发展定位于策略等因素的理性分析上的长期农村中小学校长培训规划，将会制约农村中小学校长专业发展。

（二）培训机构不能适应新时期开展农村中小学校长培训工作的需要

县级教师进修学校的培训者不仅是课程的建设者，更是完成农村中小学校长培训任务的实施者、指导者。培训者的思想与行为影响着进修院校的发展方向。但访谈中，很多县缺乏专门的培训机构，还有部分县的培训机构名存实亡，缺乏资源整合。贵州省黔西南州人事科A科长告诉笔者："黔西南州辖1市、7县、1区，即兴义市、兴仁县、安龙县、贞丰县、普安县、晴隆县、册亨县、望谟县和顶效开发区。只有兴义市有独立法人资格的教师进修学校。安龙县，安龙师范资源整合后，属于黔西南民族师范高等专科学校安龙校区，管理体制是州里管，承担的是州教育局给的项目。"宁夏回族自治区L县教师进修学校培训中心Z主任告诉笔者："教师进修学校、县教育局教研室和电教站之间没有明确的分工，缺乏资源整合。有时候会存在利益上的冲突，有时候又会存在多头培训的情况。"河南省G县教师进修学校C校长说："学校隶属于县教育局，教育局局长任校长，没有专门的办工场所，机构职能发挥不够。进修校的基建经费较为吃紧，虽然一直想与教研室、教仪站合并办公，修建'教师培训中心'，真正实现'三位一体'，实现培训效果最优、培训效率最高，但由于缺少基建经费，难以建成独立的办公地点，这在某种程度上制约了校长、教师培训工作的开展。"据了解，教师进修学校、教研室和电教站之间存在职能交叉、利益牵制，教学、培训、科研分离。这种情况，越来越不适应新课改背景下农村中小学校长培训、教师培训的要求。

（三）培训经费是制约农村中小学校长培训开展的主要因素

访谈中，多数县级培训机构负责人表示："县级财政是吃饭财政，党委政府也理解农村中小学校长建设的重要性，但没钱。"广西壮族自治区G市教师进修学校H校长说："由于县级财政没有经费保障，学校的经费也不充足，因此培训经费就压到学校或农村中小学校长肩头。"云南省Y县教师进修学校L校长说："我们人事部门评职称搞培训，按照统一要求，偏远农村中小学校长、教师要交几百元计算机培训费用。培训流于形式、走过场，对校长、教师技能形成、水平提高效果不大。有些培训费用虽经教育行政部门和物价部门的审核批准，但对于没有多少额外收入的农村中小学校长、教师而言，仍然偏高。"政府投入的少，就会要求农村中小学校长、教师投入的多，中西部地区一个工作20年的农村中小学校长、教师，到手工资3 000元左右，刚刚参加工作的教师就更低，不到2 000元。这也与问卷调查统计结果相匹配。影响农村中小学校长培训开展的主要因素是经费不足（87.60％），其次是培训者队伍（53.70%）。（见表5-10）

表5-10　影响农村中小学校长培训开展的主要因素

内容	百分比
培训者队伍	53.70%
工学矛盾	31.90%
教学设施	7.20%
培训制度不完善	41.30%
农村交通不方便	46.50%
培训经费不足	87.60%

（四）培训者专业能力有待提升

吉林省P县教师进修学校W老师谈道："对于培训者来说，最大的感受是这些年由于国培、省培开展，农村中小学校长、教师的需求越来越多样化，也越来越难以满足。感觉到搞培训工作有了一定的难度，以前的经验做法开始无用。而现在的培训多是案例、参与和互动式的培训，靠自己摸索，也是挺困惑的。"吉林省S县教师进修学校的Y校长说："培训这块工作任务越来越重，每年培训内容不断更新，加上信息技术培训，内容层出不穷，基本没有什么模式可以借鉴，我们学校的教师一般是来养老的，根本干不了。"江苏省S市教师进修学校Z校长认为："现在网络发达，很多农村中小学校长培训首先要有高度，多一些前沿的东西，与国际接轨，对他们提升思想高度很有帮助；其次，把幼儿、小学、中学教育打通，让校长对基础教育多一些了解，让校长在思想上有一定的提高；最后，很多校长不习惯满堂灌的形式，所以课程内容一定要更加生动活泼，让校长能够听得进去。这种培训要求对我们来说实在太高了。"湖北省Z市进修学校Z校长谈道："农村中小学校的食品安全、法律法规、后勤行政、卫生保健、依法治园等方面的培训很短缺。但培训者专业发展制度、激励机制不健全，与中小学合作不常态，培训者缺乏这方面的研究。"由此可见，建立教学、培训、研究一体化机制，促进进修院校培训者团队建设是当务之急。

（五）农村中小学校长参与培训的积极性不高

辽宁省P市教师进修学校D老师告诉笔者：“农村中小学校长培训指标分配是比较平均的。但是很多贫困农村的校长很久没有进过城，来了之后心不在教室，总想出去溜达。”黑龙江省Q市的Z校长提出：“培训存在四多四少现象：理论教学多，实际问题研究少；专题讲得多，系统理论教得少；满堂灌较多，互动教学少；素质教育多，能力培养少。这导致农村中小学校长不愿听课。”宁夏回族自治区H县教研室Z主任告诉笔者：“大部分农村中小学校长是被强制来培训的，任务型学习多，且年龄偏大，学习积极性发挥不出来。”“我们县农村中小学校长缺乏奖惩鲜明的考核机制，导致大部分学员对待培训的积极程度不够。”Z主任补充说。因此，我们应实施“需求配置，按需施教”，满足多元的农村中小学校长培训专业发展的服务需求，使培训更具针对性，并充分发挥教师进修学校的支持者、服务者、指导者的角色。

丨三丨个案访谈——来自农村中小学校长的声音

（一）农村中小学校长人际关系调适困难

在访谈中，山东省W县H乡小学F校长告诉笔者：“‘两眼一睁，忙到熄灯’，这种状态在农村学校属于常态，特别是在上级任务多、迎检、创评以及考试的时候，农村学校检查涉及卫生、交通、食品安全、文明创建、房屋安全等。”河北省T市C镇初级中学Z校长也告知笔者：“校长工作超负荷，工作时间长，会议、检查、创建……无休无止。中央八项规定实施以来，‘削’文山，‘填’会海，‘正’会风，‘严’会纪，但是，‘以培训落实会议，以会议落实文件’等形式主义问题依然存在。”陕西省J县Y镇小学L校长更是直率地说：“现在除了畜牧兽医局不给学校发文件，其他各部门都在向学校发‘红头文件’，所有的会议都要求一把手校长参加。能不能多会合一、长会短开、短会少开或不开。”可见，农村中小学校长工作忙碌压缩了农村中小学校长专业发展的空间，间接生成了农村中小学校长的职业压力与职业倦怠。

（二）农村中小学校管理有盲区

河北省D市H乡初级中学K校长告诉笔者：“说实话吧，由于重要的事情与紧迫的事情分不开，喜欢做的事情与必须做的事情分不开，农村校长经常被急事缠身，忙于事务，事无巨细，疲于应付，急事占据了重要事情的时间，许多需要农村中小学校长思考的工作，如农村教育出路在哪儿，如何挖掘农村教育独特价值，在信息资源短缺情况下农村学校发展如何定位，'老、少、病、弱、流'的教师队伍如何激发积极性，留守儿童习惯如何养成、兴趣如何培养，如何利用本土资源开发本地特色校本课程等存在盲区。"对于管理的依据《义务教育学校校长专业标准》与《义务学校管理标准》，重庆市T区X镇小学F校长告诉笔者："教育部制定的《义务教育学校校长专业标准》与《义务学校管理标准》太笼统，需要从国家层面调研、制定适应城镇化背景下农村校长专业发展与学校管理的内涵标准维度与指标体系，规范有关部门对学校各种教育教学的评估检查和验收，当好农村学校的坚强后盾。"这一方面反映出农村中小学校长管理的复杂性、具体性、难以把握性，很多农村中小学校长摸着石头过河，凭经验者居多，管理有盲区；也从另一个侧面反映了《义务教育学校校长专业标准》与《义务学校管理标准》的落实情况。

（三）农村中小学校长角色多元

孙军认为："校长在中小学校内，兼具领导者、管理者、教师等身份。"[①]现实情况是，与城镇学校相比，农村校长所面临的工作环境更加复杂，也更加艰苦，这也决定了其工作角色更加多元。由于农村中小学地处乡村，按照属地管理的原则，农村中小学校长除了服从县级以上政府及教育行政部门工作安排外，还需要同村委会、乡（镇）政府及其部门、乡（镇）教育办等基层部门处理好关系，特别是在农村学校安全与周边环境的营造方面更是离不开他们的支持。而要处理好这些关系，校长必靠参加会议、应酬喝酒、笑脸相陪等方式，甚至要说一些违心的话，否则会导致学校周边环境差甚至个人升迁困难。湖南省Y市S镇二中L校长告诉笔者："事好干，关系难处理，学校需要与村委会、派出所以及镇党委、政府协调好关系。"贵州省X市W乡L校长告诉笔者："家校沟通难度大，打工的家长多，且他们认为把孩子交给学校就放心了，真是既当老师又当爹妈。"

---

① 孙军:《中小学校长的时间问题——校长调查与个案研究》，博士学位论文，南京师范大学，2014。

（四）办学经费捉襟见肘

在贵州省Q州座谈会上，农村中小学校长反映最多的是农村中小学发展还处于自我挣扎期，办学经费严重不足，主要表现在：①债务自身化解困难；②收费渠道减少；③学生学费标准低（学生查体、保险、学生证书、试卷等费用）；④办公经费基本没有，保障性政府投入多年来基本没有增加。代课教师与免费午餐保障人员工资发放困难。不少地方政府的教育经费投入没有按在校学生人数平均的教育费用逐步增长，没有保证学生人均公用经费逐步增长，没有保障教师工资不低于当地公务员。经费短缺，导致办学条件不足，我们在贵州的调查显示，经费达不到办学条件标准的学校高达22.00%。西藏自治区L市X校长告诉笔者："我们学校的食堂能够容纳500人同时用餐，然而学校学生人数多达2 000人，中午学校只能实行弹性放学制度，目的是为了组织学生分批次就餐。"有的学校甚至默认了部分学生选择校外就餐，卫生、安全无从谈起。新疆维吾尔族自治区D县S校长告诉笔者："学校运动设施建设不完备，运动场已经使用十几年时间了，年久失修，缺少标准的篮球场和排球场。"

（五）农村中小学教师工作激情消退，职业吸引力不足

完备的知识结构是从事管理、教育教学工作的前提，由于受主客观等因素的影响与制约，农村中小学教师结构性缺编，知识更新速度较慢，难以适应课程教学改革的新要求。陕西省W市C镇初级中学W校长告诉笔者："总是培养人，总是留不住人。农村条件差，负担重，待遇普遍偏低留不住人。"他接着说道："我们这样的农村小学，教师在校期间每天工作9小时以上。"至于原因，他继续说："编制是一个方面，主要是学校规模小、教师少，音、体、美学科的教师更是缺乏，所以跨年级、跨学科教学情况多，备课、上课、批改作业、辅导的负担重。"陕西省W市L乡小学J校长告诉笔者："在编的教师中我的年龄最小，老师们的工作积极性不好调动，只有自己亲自干。"湖南省教育科学研究院刘巍调查显示："平江县小学教师中，50岁以上的教师占总数的63.00%，有的乡镇达80.00%以上。衡山县农村小学教师中，50岁以上的教师占41.00%，30岁以下的教师只占15.00%，少数乡镇找不到30岁以下的教师。"[①]湖南省Y市L区M学

---

① 赵雄辉，吴停风：《农村教师队伍建设面临四大问题》，载《中国教育报》，2012-10-01。

校校长告诉笔者："教师人均月收入2 578元，学校中共有（短期）代课教师9人，他们的月均收入900元不到。"农村中小学教师的工资待遇给农村中小学校长工作带来了巨大压力，许多校长面对农村中小学教师的职业倦怠束手无策。

（六）农村中小学校长专业发展迷茫

农村中小学校长的专业发展缺乏引领。"农村中小学校长面临诸多工作困难与挑战，如办学经费不足、师资队伍老、少、病、弱、流、控制辍学，问题午餐，家校合作等问题。思路、策略迷茫的时候，我们需要专家引领；问题纠缠、激情消退、职业倦怠的时候，我们需要同侪互助；获得点滴成功或者失败挫折的时候，我们需要个人自我反思。但是现实是对农村中小学校长外在要求多，内在的支持帮助少，更有甚者是'旁观者效应'，围观的人越多，伸出援手的越少，农村中小学校长往往专业成长错位与迷茫。"江西省X县实验小学K校长道出了他曾经作为乡村校长的迷茫。刚任校长不满一年的广西壮族自治区B县V镇何校长告诉笔者："我参加培训学习的机会很少，对合作学习尝试了一下，效果不好，感觉很差，失去了信心，后来干脆放弃了，学校又回到满堂灌。县里也组织过合作教学的观摩活动，但我只能远距离看人家怎么做，我自己实在无法、无助、无奈。"这也与问卷调查的统计结果相匹配。当问到"除培训外，培训机构应该提供哪些支持服务"时，85.60%的校长认为应该是优质培训资源（如课件、案例），67.90%的校长认为应该是专家送教下乡，55.80%的校长认为应该是专家在线指导和答疑。这也从一个方面反映出培训机构所存在的优质培训资源匮乏的问题。（见表5-11）

表5-11　除培训外，培训机构应该提供哪些支持服务

内容	百分比
优质培训资源（如课件、案例）	85.60%
同侪学习共同体联盟	46.60%
专家送教下乡	67.90%
专家在线指导和答疑	55.80%
什么都不需要	0.70%
其他	0.60%

（七）农村中小学校长培训难接地气

一方面农村中小学校长得到的培训机会相对较少，另一方面他们又难以抽时间“走出来”参加培训。少数“走出来”的校长对各类培训又颇有微辞。重庆市T区L校长告诉笔者：“我们最想听到的是如何评价农村学生；农村学校面临的困境与如何发展；留守儿童的心理教育怎样进行。”F副校长提出：“农村学校校长对课改的思考；农村校长的苦与乐；农村学校的管理与探索：这是我们迫切需要解决的问题，希望培训课程能接地气。”L校长表示：“留守儿童的管理；怎样抓好教学工作；如何缓解教师的职业倦怠：这是我们最想听到的。”访谈中其他校长也提出培训应该就“如何落实乡村教师支持计划”“国家‘十三五’发展规划中涉及的教育问题”“教师绩效工资改革势在必行”“农村学校如何打造特色校园文化”等内容设计。总之，农村中小学校长培训需要从贴近教育教学现场、贴近校长工作岗位、贴近校长生活情感“三贴近”出发，增强培训的针对性和实效性。

案例

我们需要怎样的培训

首先要解决一个问题，我们要培训农村校长什么？从农村校长素质的角度讲，即目前的农村校长们缺什么？

首先，农村校长缺什么？

一是事业心。一个人为什么要当校长，为官职，为名誉，为地位，还是为了干点事业？好多农村校长管不好学校，创不了优质学校，首先缺的是事业心，精力用在了做官上。目前的校长任命制度不能很好地解决这一点。这点单靠培训解决不了，但是可以有所作为。培训中不妨多找一些具有德行的农村校长进行介绍，以起示范榜样作用。

二是缺少道德领导。这一点我很欣赏萨乔万尼的道德领导理论。农村校长的权威不是来自科层制度中能够支配他人的权利，或是绩效主义的管理，校长要求教师“听我的”“追随我”，因为校长的职位使校长有能力和权利奖赏教师“听我的”，也有能力惩罚教师“不听我的”。这是目前农村校长领导中最大的问题，这种领导不可能真正调动教师的积极性。因为这只是一种保健因素，缺少了不行，而有了不一定行。这其中农村校长的人格、德行是至关重要的。校长心中要想着教师，管理制度要人性化、人文化，这是目前农村校长真正缺乏的东西。这个问题解决了，其他问题的解决便有了基础。

其次，农村校长培训什么？

我曾参加过两次培训，也和一些校长聊过这些话题。

一是上大课学理论，教师讲学生听，基本上引不起校长们多大的兴趣，真心要学习理论他们自己完全可能办到，现在的农村校长真正静下心来读书的不多，如上所述若干校长的动机没有解决好。

二是听专家报告，做案例分析这种形式不错，能有所收获，但那是专家的分析，代替不了农村校长自己做。

三是听农村校长的报告，也有作用，但是往往听着很激动，想法很多，而过后要么学点皮毛，要么照搬照抄，有多少学习杜郎口中学、洋思中学、东芦中学的学校，又有多少真正学到了真经？很多激动过后又回到老路。

四是外出考察，基本上是为了观光，参观考察那么多学校，可是回来后自己的学校又真正改变了多少？像杜郎口中学、洋思中学、东芦中学等学校，一开始是从自身的问题开始的，人家并没有跑多少名校参观学习，但是人家做出来了。这需要一种精神。

最后，提三点建议。

一是案例分析评价。第一步，确定一些现实的农村优秀学校案例。第二步，将案例详细情况及有关资料发放给校长，让校长们学习了解。第三步，让校长们分析点评以下问题，并形成文本：学校的成功点在哪里？成功的原因是什么？学校的做法符合什么教育教学理论？学校在技术层面上的经验是什么？校长起了什么样的作用？校长产生了哪些先进的办学理念，增加了哪些素质？学校有哪些创新，形成了怎样的特点？学校的做法是否形成了文化？哪些方面还有待完善？哪些方面还存在不足？等等。我想这样一个分析是不轻松的，要回答这样一些问题起码要掌握一定的教育理论，要查阅资料，要动脑思考，等等。第三步由专家点评修改提升，经过反复，如果在理论上说不出个所以然，那就去读书学习理论，这种学习才真正有动力；如果分析点评不出个原因来，那就虚心请教专家。第四步，分层次交流分享，也可校长之间互相点评。

二是案例研究决策。第一步，确定农村学校案例。案例可以是域外的薄弱农村学校，也可以是参与培训的农村校长的学校。第二步，将校长们分组驻进学校，参与学校活动，了解情况。第三步，对学校进行分析诊断，找出问题，提出解决方案。要回答如下一些问题。比如，问题的界定，问题的原因，问题的解决方案，解决方案的理论依据，技术层面上（措施方法）如何操作，可能会出现的问题，效果预期，等等。第四步，专家点评，反复提升。第五步，交流分享互评。

三是介绍设计农村学校的办学思路。农村学校最高层次的管理是文化管理。具体操作是，第一步，让参训校长介绍自己学校的办学思路，分以下几个层面：一是校长的办学理念，包括办学目标、办学宗旨、一训三风、校徽、校歌等；二是办学理念的落实措施，操作方法，办学效果。第二步，全体校长进行点评，写出点评报告。第三步，专家点评。第四步，分享交流。

这三种方式难度要求都比较高，这样的题目都是来自现实，“以文献为基础，以问题为中心，以案例为载体，理论与实践相结合”，“以自主合作，探究指导为常规方法”。不使参训校长成为主角，参与其中，不真正安下心来学习是不可能做好的。专家真正成为指导者、辅导者和顾问，做好这个角色也是不容易的，没一点真才实学是不会奏效的，这里面体现的是学习共同体的力量。

马先伦

（八）农村中小学校长没有好书读、没时间读书

访谈中大部分校长提出，尽管大家希望学，但从时间和精力来看，往往工学矛盾比较突出。在访谈中，超过半数的农村中小学校长认为，最强和最频繁的压力来自形势发展，繁忙的工作使正常休息得不到保证等方面。2016年我们在内蒙古自治区进行的访谈显示，农村中小学校长平均每天工作达到10小时，寄宿制学校更甚，80.00%以上的农村中小学校长认为自己当前的工作量是超负荷的，这些农村中小学校长没有时间来进行系统的学习。“忙什么”是我们关心的话题，辽宁省P市W校长告诉笔者：“教育局和乡

镇党委政府布置的任务太多，开会、检查、验收，就需要准备材料。占用了大量的时间精力，应该做的事情却没做。”山东省S市Y校长也告诉我们：“行政部门太多，他们之间又缺少沟通与协调，使得学校有很多工作重复劳动。关键是这没有太大价值。”当然，也有农村中小学校长的学习时间不足是因为自己不能科学地管理时间，是内、外因相互作用的结果，内因是主要根源。

（九）农村中小学校的职业通道狭窄

农村中小学校长的办学自主权有限。新疆维吾尔自治区L校长谈道：“现在编办控制编制，人事部门管进人，财政管钱。你说选课走班，特别是高考改革六选三，今年这样选，明年那样选，学科教师今年不够，明年又超了，校长无权超编进人，又无权超预算，还要让校长推进，这是改革？”流水不腐，现实是校级领导岗位交流轮岗的不多。我们统计，25位校长中在同一岗位任职5年以上的12人，占比48.00%；副校长在同一岗位任职5年以上的17人，占比68.00%。轮岗交流过少，交流机制未盘活，如某中学的校长在同一个学校任校长的时间长达20年之久，如此长时间的在一个学校任职，工作激情很难调动起来。农村中小学校长往往上升渠道很窄，几乎没有可能被提拔到教育局机关工作。很多农村中小学校长为了农村深深扎根乡村、任劳任怨、无私奉献，但在谈及今后的发展出路时，湖南省X市W校长告诉笔者：“我已经干了20年校长了，干得再好能平调进离县城近一点的学校就不错了，职务基本已经顶到‘天花板’了，干得再好也没什么用，用良心做点事情，对得起孩子。”说完W校长的脸上写满了迷茫，眼里充盈着泪水。上升空间有限是大多数校长的心态，让农村中小学校长看不到未来与希望，长期付出与回报不成等比关系，他们渐渐地就会失去教育激情。毕竟不能做一辈子校长，他们更向往精神引领、人生引领、专业引领。

第四节　我国农村中小学校长专业发展支持服务体系建设的问题及方向

恩格斯指出，应该把客观世界看成一个统一的、互相关联的系统。本章采用系统的方法来分析，在前面几章理论研究、比较研究、历史研究、实践研究和现状调查的基础上，我们研究认为，一是我国农村中小学校长专业发展的需求和愿望强烈，农村中小学校长专业发展支持服务体系的建设势在必行；二是农村中小学校长专业发展支持服务体系的建设整体上还处于起步阶段，理念、体系、制度、运行等还处于初级阶段，各个要素没有形成合力。

｜一｜我国农村中小学校长专业发展支持服务体系建设的问题

从总体看，我国农村中小学校长专业发展支持服务体系的建设在理念、制度、实施与保障等方面还存在不少问题，主要表现在：农村中小学校长专业发展动力不足；服务于农村中小学校长专业发展的理念需要进一步更新；服务于农村中小学校长专业发展的能力迫切需要进一步增强；农村中小学校长专业发展支持服务体系的建设仍然不全面、不平衡；等等。

（一）理念问题

第一，从教育系统外部来看，强国强教、强教强师。习近平总书记同北京师范大学师生代表座谈时的认为，教育是“提高人民综合素质、促进人的全面发展的重要途径，是民族振兴、社会进步的重要基石，是对中华民族伟大复兴具有决定性意义的事业”。虽然国家把教育发展视为民族振兴、社会进步的基石，教师队伍建设和农村中小学校长专业发展也受到前所未有的空前重视，2015年6月国务院办公厅印发《乡村教师支持计划（2015—2020年）》提出“从根本上采取切实措施加强老少边穷岛等边远贫困地区乡村教师队伍建设”。

但现实中，各级政府没有像抓经济工作一样抓教育，更没有像抓GDP一样抓农村中小学校长专业发展工作，理念上还没有突破思维“瓶颈”。这主要表现为工作部署、资金投入、政策制定等方面没有优先考虑农村中小学校长专业发展的需要；农村中小学校长的工作、学习、生活没有得到进一步关心，尊师重教的良好社会风尚还需努力营造。

第二，从教育系统内部来看，受社会环境影响，分数被寄托了太多的希望，省级教育行政部门的主要精力还在抓“升学率”，君不见昆仑之巅高考、中考状元过天门。每年高考分数揭晓，尽管教育部和部分省级教育行政部门三令五申禁止炒作高考，还是有不少地区加入炒作行列。小学、初中甚至幼儿园也以此为骄傲。部门区域没有像抓“升学率”一样抓好农村中小学校长专业发展工作，“粗放式”教育发展方式没有得到根本扭转。这主要体现为对农村中小学校长管理、评价方式简单，地区教育与学校之间的竞争还没有从比“大楼”到比“大师”、比“大爱”上来。

第三，从农村中小学校长自身来看，发展的动力不足，自我、自主、创新发展意识薄弱。这主要表现为“四无”现象：“无明确目标”“无正确态度”“无先进理念”“无科学方法”。他们基本没有实现由“要我学”到“我要学”、“他主”发展到“自主”发展的转变，更没有把学习视为一种伴随终身的生存方式，甚至部分农村中小学校长“做官”心切，不能静心办学治校，对自己所从事的这份事业的未来充满了迷茫、教育信仰产生了动摇。如何让农村中小学校长不断加深对校长职业价值的认识，树立崇高的职业理想，如何健全农村中小学校长专业发展的外部保障机制，进一步唤醒教师发展激情，增强教师学习动力，成为摆在我们面前现实而又紧迫的任务。

（二）制度问题

第一，农村中小学校长专业发展的政策措施和制度仍然滞后。这主要表现为：法理上没有对农村中小学校长专业发展的主体、权利和义务等方面做出规定；农村中小学校长专业发展的资格准入制度、管理制度、交流制度、竞争制度和激励制度还不完善；农村中小学校长专业发展的督导制度需要尽快得到加强；农村中小学校长专业发展的工资、医疗、养老、保险、住房等保障政策还不健全；农村中小学校长专业发展的理想信仰教育还缺乏针对性、实效性；教育行政部门领导班子各科室站负责人与农村中小学校长专业发展选拔任用交流制度有待进一步改进；农村中小学校长专业发展工作的积极性、主动性和创造性还没有真正得到充分发挥。

第二，制约农村中小学校长专业发展的经费“瓶颈”没有根本改变。几乎所有受访的、培训机构、校长和教师都反映，经费问题是农村中小学校长培训工作所面临的重要制约因素，培训没有专项经费，乡镇也没有投入。地方政府对培训重视不够，地方政府对培训的经费投入与教育部的要求不配套。培训经费普遍缺乏经常性的保障，县财政没给钱，都是学校自己出；有些外出培训，乡镇虽有名额，但受经费限制，乡镇很难派出农村中小学校长。乡镇教办反映，培训经费短缺是当前面临的一个严重问题，基本是学校、教辅站筹措，政府没有经费保证。

第三，培训管理制度不健全，缺乏计划性。教育行政部门对农村中小学校长培训缺乏有力的、可行的政策与要求。大部分农村中小学校长参与培训的基本途径是依靠上级教育行政部门分配培训名额，几乎见不到有哪个中西部县有组织、有计划地将农村中小学校长轮送出去培训学习。而且这些培训大都是指令性的任务，不容农村中小学校长选择，也缺少培训后的考核。因此，有些农村中小学校长根本也不带什么目标去参加培训，反而将此视为负担，产生培训倦怠。另外，由于农村中小学校长缺少培训机会和条件，他们升职、奖励等根本不能与参加培训挂钩，这也造成一些农村中小学校长对培训活动缺乏积极性和动力，调查显示缺乏和有些缺乏培训积极性的农村中小学校长占到77.90%。

第四，预留农村中小学校长职业生涯“发展梯级”不够完善，催生农村中小学校长专业发展的制度不健全。

（三）体制问题

第一，从组织结构看，农村中小学校长的管理体制不顺，多头培训、多头管理问题依然存在。从县域外部看，既有横向组织、人事、编制与教育部门之间的多重管理现象，也有纵向的省、市、县的重复管理现象；从县域内部看，教育、组织、宣传、人事部门以及乡镇党委、政府在农村中小学校长管理方面职能交叉，财政部门供给培训经费方面的权限边界有待进一步理清；从教育内部看，农村中小学校长继续教育的日常工作由教师工作科（组织科、人事科、成人与职业教育科、师资科）管理，新课改培训则由教科研等部门实施，教育信息技术能力由电教部门实施，任职资格与提高培训由县级教师进修学校实施。大部分县没有专项经费，有也是各管一块（尽管相互间也有调剂），增加了运行和协调成本，影响了资源使用的效率。这是一个从省到地方都存在的共性问题。

第二，从职能转变看，政府及其教育行政管理方式还不适应农村中小学校长专业发展和转变政府职能的要求。表现在，地方特别是县级基层组织的积极性还不够；政府、教育行政部门、培训机构和学校关系的还需要进一步理顺；农村中小学校长的发展权尚未很好落实，自我发展、自我约束的机制尚未很好形成；动员行业、企业和社会力量共同参与农村中小学校长专业发展的机制体制有待完善；农村中小学校长对外开放、国际合作与交流项目有待进一步加强。

第三，从发展水平看，由于我国区域之间政治、经济、文化、社会发展不平衡，农村中小学校长专业发展支持服务体系的建设与区域整体发展相互联系，一脉相承。农村中小学校长专业发展支持服务体系的建设也呈现出了区域差别，发展不均衡性。

第四，从农村中小学校长群体看，农村中小学校长队伍结构性矛盾依然突出。一是区域之间、城乡不均衡，城市中小学校长平均年龄小、学历层次高；二是与农村小学校长相比较，农村中学校长学历层次高；三是为应付上级调训计划，往往“培训专业户”“培训常委”被重复送培，而校长总以“工作忙、离不开”为由不参加培训。这加大了全国农村中小学校长培养、培训的需求。

（四）运行问题

第一，在管理体制上，传统的政府管理教育的模式还没有根本转变。即没有“从集权向民主、从全能向有限、从管制向服务型政府转变”[①]，权力过分集中，管得过多，统得过死，没有充分发挥政府职能部门的作用，充分调动县级政府、教育主管部门、教师培训机构、社会各界的积极性和创造性。例如，国家实行分税制后，相当多的县级政府承担中小学教师的工资已勉为其难，农村中小学校长专项培训经费的投入就可想而知了。

第二，在管理方式上，没有从主要依靠“行政指令”向“依法治教”转变。表现在“没有在依法治教的治理框架下，综合应用法律的、经济的、政策的、信息的和必要的行政手段，变人治为法治，变管理为治理”[②]。例如，大部分县教育行政部门对学校、对校长采用的是科层式管理方法，这种管理体制对于提高学校的管理效率曾经发挥过积极的作用，但是，随着社会的发展进步，科层式管理体制在教育与校长管理方面的弊端越来越明

① 刘先江：《“国家与社会”视野中的政府管理社会化研究》，博士学位论文，华中师范大学，2006。

② 谈松华：《以制度建设为重点深化教育改革》，载《中国教育报》，2007-12-01。

显，已不能适应农村中小学校长专业发展的需要，我们有必要对其进行反思和改进。

第三，在管理创新上，体现对农村中小学校长从管理到管心再到关心的“人文关怀”的管理的“瓶颈”有待突破。民主、自主、开放以及现代化管理学校和农村中小学校长的手段还有待进一步提高。例如，激励农村中小学校长，凝聚农村中小学校长的智慧，激发农村中小学校长的潜能，提升农村中小学校长的人生境界，等等。

第四，在培训理念、内容、形式上，借鉴前沿的培训理念，按照不同区域、不同历史文化、不同发展阶段的农村中小学校长的需求设计贴近农村教育实践，贴近农村中小学校长工作、生活、人生实际的内容，改进“教师讲，学员听”，培训形式单一，评价体系不健全、农村中小学校长参训积极性不高等诸多问题。解决跨学段、跨学科、跨领域的大学与县域中小学的实质性合作以及城乡中小学之间合作的问题。

第五，在激励措施上，有农村中小学校长反映培训中管理工作责任缺失，存在不负责任的现象，“表现为激励措施缺失，各种评选仍然讲究资历，各种评选活动论资排辈，致使一些年轻农村中小学校长错过了年轻有为的年龄。同时，对一些专业技能强的优秀农村中小学校长，没有及时关注与激励”①。

（五）资源支持问题

第一，农村中小学校长培训经费普遍缺乏经常性的保障，经费问题是制约农村中小学校长培训的“瓶颈”。县教育行政部门和教师进修学校无力通过经济杠杆建立激励机制，调动农村中小学校长参与培训的积极性。

第二，缺乏专门的培训机构。从全国范围看独立建制的省级教育学院只有黑龙江省、吉林省、新疆维吾尔自治区、福建省、北京市五地，其他省份的教育学院转制、改建、合并为本科院校，开始招收本科生、专科生，原有的中小学校长培训职能归于二级学院。山东省、河北省、云南省、湖北省、贵州省、宁夏回族自治区等地没有县级培训机构，有的功能也基本发挥不出来。湖南省东部、中部市（州）和县级教育行政部门相继成立了市、县级教师发展中心：岳阳市中小学教师发展中心、衡阳市中小学教师发展中心、东安县教师培训发展中心和汉寿县教师培训中心等。再如，内蒙古自治区凉城县

---

① 周春良：《卓越教师的个性特征与成长机制研究——基于163位特级教师的调查》，博士学位论文，华东师范大学，2014。

教育局指定的由教师进修学校承担的培训任务并不足以支撑教师进修学校的日常运营。教师进修学校靠寻求其他项目来维持日常运转，如培训农牧民；贵州省黔西南州和宁夏回族自治区吴忠市的县、市、区基本没有独立建制的县级培训机构，一些县的培训机构职能发挥作用不够，缺乏资源整合。

一些县级培训机构为了生存挂靠职业学校或者是电视大学，“挂着羊头卖狗肉”。这些情况都不能适应新时期开展农村中小学校长培训工作的需要。赵明仁认为，其“地位边缘化，机构老化，职责行政化和功能辅助化”[①]。据统计“县级教师进修学校由2 142所减少至1 703所”[②]。地、县级教师进修学校教研机构肩负着区域教科研工作的组织、协调、指导、管理和服务的工作任务。目前情况，“教师培养培训机构进一步整合，教育学院由229所减少至103所；教师进修学校由2 142所减少至1 703所”[③]。按照国家、省中长期教育改革和发展规划纲要及教育部《关于进一步加强县级教师培训机构建设的指导意见》的要求，“小实体、多功能、大服务”的县级教师进修学校建设还处于起步状态。

第三，培训者能力素质不能满足需要，信息衰减突出，培训资源匮乏。2016年8月30日对中、西部十个省份59家培训机构的问卷调查结果显示，大部分县级进修学校师资不足，优秀教师少，结构不合理，存在不同程度的“老、弱、病、残”现象。县级进修学校优秀教师培养困难，调入更困难，如果培养出来又很难留住，其会想尽办法往优秀中小学校调。部分县级培训机构的培训者自我学习动力不足，读书量偏低，知识储备和实践经验欠缺，不能满足农村中小学校长专业发展的实际需求。在广大农村中小学校长最需要的专业标准、管理标准的培训中，少数培训者拿着培训教材照本宣科，没有真正领会培训教材，没有真正掌握专业标准、管理标准的基本理念与核心内容。有些培训机构请大学教师讲课，但由于许多人并不了解中小学的实际情况，没有考虑听讲者已有的经验，提出的问题不能很好地符合农村中小学校长已有的经验，不能有针对性地解决一线的实际问题，相对削弱了培训的针对性。培训者的低素质会大大地挫伤农村中小学校长参加培训的积极性，

---

① 赵明仁：《西北地区县级教师培训机构建设的问题及对策》，载《中小学教师培训》，2014（11）。

② 李中国：《我国教师教育发展现状、问题与建议》，载《继续教育研究》，2010（08）。

③ 李中国：《我国教师教育发展现状、问题与建议》，载《继续教育研究》，2010（08）。

培训质量不高，使原本就少得可怜的培训经费没有起到应有的作用。

第四，缺乏对培训过程的质量监测和培训效果的跟踪检查。虽然大部分区域通过招投标遴选省级培训机构，但是多数县尚未形成对培训效果进行评估的机制，对培训效果的评估，教育行政部门也还没有出台具体的政策；多数县缺乏对培训过程的质量监测和培训效果的跟踪检查；任职、提高培训在县级、地级层面还没有形成一种强制性组织行为，缺乏对培训效果的跟踪监控。

第五，构建县域终身学习体系和学习型学校的工作滞后。这表现在没有适应时代发展的要求，努力构建学习型社会、学习型机关、学习型学校，营造全社会抓学习、全民学习的良好社会风尚。

（六）保障问题

第一，在时间上，一些乡镇教办反映，工学矛盾比较突出是农村中小学校长培训的难点之一，一些农村中小学校长反映教学任务和培训时间的冲突是不能参加培训的一个重要原因。比如，在苍溪县，许多边远村小是“一校一人”，这一人既是校长，又是教师，还是炊事员，若该教师前去培训，则学校便无一人，因此根本无法前去培训。有一位农村中小学校长已经于村小连续工作18年，其间从未到过县城，更别说参加培训了。这不仅使培训难以实现，教学质量难以提高，甚至基本的教学质量都难以保证。

第二，在效果评估上。大部分县尚未形成对培训效果进行评估的机制。一些县虽然有一些评价的方法和措施，但尚没有较为系统、科学的培训评价体系，因此其对农村中小学校长培训质量的评定存在着极大的随意性和不科学性，只能根据参培的时间数和主题数来确定教师的培训效果。多数县缺乏对农村中小学校长培训过程的质量监测和培训效果的跟踪检查。培训效果不太好，难以得到大部分农村中小学校长的认同。2016年8月30日，我们对中、西部十个省份59家培训机构的问卷调查结果显示，有13家培训机构对受训农村中、小学校长进行了培训后的跟踪评估和指导，占比22.04%，有45家培训机构选择“有的进行，有的不进行”，占比76.27%。培训后跟踪评估和培训中的指导存在的主要困难是人手不够、培训教师的指导能力欠缺、培训制度不完善、经费不足。它们分别占比值的28.82%、28.82%、16.95%、16.95%。（见图5-22）

第三，在督导保障上。一方面，农村中小学校长专业发展的执法检查和监督没有建立常态机制，表现在农村中小学校长专业发展的督导依附于一年一次的教育综合督导活动，而且大部分督导人员是临时抽调的，其非专业性导致只“督”不“导”，只能告诉农村中小学校长不能做什么，没有能力告诉他们应该做什么；另一方面，我国农村中小学校长专业发展体系建设的具体内容、工作环节、构成要素、评价方式等方面，没有明确的定量化、定性化的实施标准，引导和控制农村中小学校长专业发展体系建设的管理目标、行为标向、教学质量、设施效用和服务社会的方式不够健全。

第四，在宣传引导上。促进农村中小学校长专业发展的宣传引导机制不够完善，还没有营造出全社会共同关心、支持农村中小学校长专业发展的浓厚氛围，落实农村中小学校长专业发展优先发展的宣传舆论工作需要进一步加强。

｜二｜我国农村中小学校长专业发展支持服务体系建设的方向

无论是从我国还是从国际校长专业发展支持服务体系建设的历史看，成功的校长专业发展支持服务体系建设无不受益于其正确的发展方向。创新、协调、绿色、开放、共享的发展理念不仅指导经济社会的发展，也是指导农村中小学校长专业发展支持服务体系建设的方向。

（一）以创新发展激发农村中小学校长专业发展和教师队伍活力

创新发展解决的是农村中小学校长专业发展的动力问题。

1.创新观念

“知之愈明，则行之愈笃。”我国农村中小学校长专业发展从表面上看是发展水平的差距，实质上是思想观念和改革开放水平的差距。“致天下之治者在人才”，应在思想上把农村中小学校长专业发展作为支撑农村教育事业发展的第一资源。

2.创新体制机制

农村中小学校长专业发展支持服务体系建设应少一些计划思维，少一些协同治理，多一些实实在在的支持服务。应注重内在动机激发与外在激励相结合的制度选择，从培养、选拔两方面保证农村中小学校长既有畅通的补充管道，同时又有继续上升的通道。注重发挥财政资金的撬动作用，引导社会资源投入农村中小学校长专业发展。积极开展面向社会公开招聘农村中小学校长的探索和尝试。

3.创新育人模式

积极探索政府、高等院校、社会协同培养农村中小学校长的新模式。创新内容模式，使之具有时代特点，更加适应农村教育发展的需要。突出强调家国情怀、使命担当和个人修养。注重启发式、探究式、讨论式、参与式教学，提升农村中小学校长自主发展、合作发展、精神发展和实践创新能力。突出“高、精、尖”导向，开展精准化培训，努力培养和造就一大批献身教育事业、具有先进教育理念和独特办学风格的农村中小学名校长。

（二）以协调优化农村中小学校长队伍结构

以协调优化农村中小学校长队伍结构，注重的解决不平衡问题。

1.与经济、社会协调发展

把农村中小学校长专业发展放置于工业化、城镇化、信息化、农业现代化经济社会发展全局中来谋划，做到经济社会发展到哪个阶段，农村中小学校长就提升到哪个水平。

2.区域、城乡、学段协调发展

统筹东中西、协调南北方、贯通农村中小学校长培养的数量质量。做好紧缺农村中小学校长人才的储备工作。

3.建立健全中央和地方协调机制

完善农村中小学校长队伍“选、育、用、管”一体化监管协调机制。建立健全中央、地方、培训机构、社会之间有效的信息交换、资源共享和联动制度。

（三）以绿色引领农村中小学校长风尚

以绿色引领农村中小学校长风尚，注重的是解决可持续发展问题。

1.重塑校长价值观

“道之所存，师之所存”，一个优秀的农村中小学校长要精于“授业”“解惑”，更要以“传道”为责任和使命。以传承中华优秀传统文化、社会主义核心价值观、理想信念、仁爱之心作为主要内容重塑农村中小学校长价值观。

2.改善校长条件待遇

“治政之要在于安民，安民必先惠民。”当前我国农村中小学校长工作条件、生活待遇，成为影响生活质量、幸福指数的一块短板。要逐步建立完善农村中小学校长生活补助制度、周转房和公租房制度，采取多种形式改善农村中小学校长的工作和生活条件。

3.营造绿色氛围

改变以往片面依据升学率评价学校、片面依据分数评价学校的方式，建立基于办学质量的学校教育质量监测体系，引导干部、校长、教师树立正确的教育观，努力创造经得起实践、历史和人民检验的教育成绩。以高雅、朴实、适用为基本原则，建设区域和跨区域农村中小学校长专业发展共同体，营造浓郁人文环境，积淀深厚文化底蕴，启迪心智，陶冶情操。深入全国教育最基层，寻找和挖掘爱岗敬业、无私奉献的农村中小学校长典型，用鲜活、生动的真实人物弘扬执着坚守、朴实无华的奉献精神。

（四）以开放拓展农村中小学校长专业发展空间

以开放拓展农村中小学校长专业发展空间，注重的是解决内外联动问题。

1.把握国际国内教育发展新理念

既要立足国内，充分发挥我国资源、制度等优势，又要更好地借鉴国际先进教育理念、模式、经验，使农村中小学校长更新教育理念，提升教育能力。

2.汇聚优质资源

扩大教育系统内外优质资源的开放共享，校校协同、城乡一体、科教结合、大中小学有机衔接，融通全国教育优质资源数据库。

3.促进国内外的交流

深化高校与地方、区域之间、城乡之间的教师交流合作，开展国际交流和理解教育，讲述中国农村中小学校长故事、传播中国声音。

（五）以共享促进农村中小学校长公平发展

以共享促进农村中小学校长公平发展，注重的是解决公平问题。

1.加强薄弱环节工作力度

以农村中小学校长为重点大力开展中小学校长全员培训，提升农村中小学校长专业化水平。

2.确保发展机会公平

农村中小学校交通不便、经济不发达、信息闭塞，资源短缺，外出“充电”机会少，专业发展空间不足。要为农村中小学校长提供方便、灵活、自主、个性化的精准培训服务。要分类扶持薄弱区域与学校，探索对薄弱区域学校的学习帮扶机制，解决区域性学校整体学习机会偏少问题。

3.在各方参与中推进农村中小学校长专业发展

“大鹏之动，非一羽之轻也；骐骥之速，非一足之力也。”农村中小学校长专业发展支持服务体系建设是一个复杂的系统工程，涉及编制、组织、人事劳动、财政等部门以及社会各界，需要多种环节共同关注。

马克思主义认为，人类社会是一个由各种相互联系、相互制约、相互转化的因素和领域构成的“有机体”。要充分发挥一线优秀校长、管理干部、教研人员、专家学者、社会人士等各自优势，明确各支力量在农村中小学校长的服务保障、教学指导、研究引领、参与监督等方面的作用。

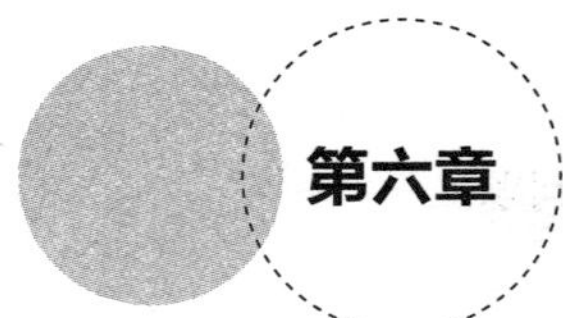

第六章 农村中小学校长专业发展支持服务体系建设的对策和建议

本章以默顿（Merton）的结构功能论为视角，引入治理与善治分析方法，围绕农村中小学校长专业发展支持服务体系建设的总体要求、结构、功能和运行四个方面进行分析。在完善与整合现有农村中小学校长专业发展支持服务体系建设的结构功能及模型的基础上，提出我国农村中小学校长专业发展支持服务体系建设的对策和建议。政府主导、培训机构联动和社会参与的农村中小学校长专业发展支持服务主体各自的权限不一样，对农村中小学校长专业发展所起的作用也不一样，在这个支持链条中如何形成完整的无缝链接，达到结构、功能及运行层面的统一是本章论述的重点。

第一节 农村中小学校长专业发展支持服务体系建设的总体要求

一 建设思想

以农村中小学校长专业发展为中心，以改革创新为动力，以农村教育为重点，着力保障农村中小学校长专业发展的基本需求，增强服务供给能力，创新体制机制，构建体现时代发展趋势，适应社会主义初级阶段基本国情和教育发展要求，符合农村中小学校长专业发展规律，具有中国特色的农村中小学校长专业发展支持服务体系。

二 建设原则

1.政府主导

进一步明确各级政府的功能定位，从基本国情出发，认真研究农村中小学校长专业发展的需求，因地制宜，科学规划，分类指导，按照农村教育的实际，推动实现农村中小学校长专业发展。

2.机构联动

进一步明确各层级培训机构的功能定位，理顺国家、省、市、县四级培训机构的培训目标，使其依次递进、有序过渡。积极探索政府、高等院校、教师进修学校协同培养农村中小学校长的新模式，提升农村中小学校长的培养层次。

3.社会参与

简政放权，引入市场机制，激发各类社会主体参与农村中小学校长专业发展支持服务的积极性，提供多样化的资源和服务，增强发展活力。

4.系统设计

整体规划农村中小学校长专业发展支持服务体系的各个环节，整合利用各种资源，统筹协调各方力量，实现全科育人、全程育人、全员育人。精准扶弱、重点突破、继承创新。

5.制度创新

加快转变政府职能，完善农村中小学校长管理体制机制，创新农村中小学校长专业发展支持服务的内容和形式，促进选聘、培养、管理、使用交流的深度融合，推动内在动机和外部支持服务协调发展。

三 | 建设目标

第一，完善中央政府领导，省级统筹、属地管理、以县为主的农村中小学校长专业发展管理体制。

第二，构建培训机构联动，幼儿园、小学、初中、高中学段上下贯通，任职、提高、骨干培训有机衔接、相互协调、科学合理的农村中小学校长培训体系。

第三，形成政府主导、培训机构联动、社会参与等主要支持服务环节相互配套、协同推进的农村中小学校长专业发展的工作格局。

第四，营造多方搭建平台、齐心协力、尊重关爱、导督并进的农村中小学校长专业发展的良好外部环境。

第二节　农村中小学校长专业发展支持服务体系建设的结构

一　农村中小学校长专业发展支持服务体系建设的生态属性

自然生态系统需要山清水秀，社会生态系统需要公平和谐，政治生态系统需要风清气正，经济生态系统需要财富涌流。农村中小学校长专业发展支持服务体系建设生态是有结构、有功能、有流程的系统，政府、培训机构、社会三个支持服务主体之间有着密切的联系，这种联系是不断进行能量、物质、信息的交换。同时，它们和国内、外环境之间也存在着相互依存，互为因果的关系。可以说，农村中小学校长专业发展支持服务体系建设生态系统的原理也就是全面、联系、发展、共生的哲学原理。

农村中小学校长专业发展支持服务体系建设的生态属性，是农村中小学校长专业发展支持服务体系建设的动力源，高于现实又存在于现实之间，属于战略层面。具体体现为：在农村中小学校长专业发展支持服务体系建设中，农村中小学校长专业发展、农村中小学教师专业发展、农村中小学生发展和农村扶志、扶智、扶贫是一个有机整体，它们形成互惠共生的稳定结构，是农村中小学校长专业发展支持服务体系建设的必然结果和国家经济政治社会发展到一定阶段的必然要求。它要求将农村中小学校长专业发展支持服务体系建设作为一个完整的生态系统，与社会有机结合在一起；既研究制约农村中小学校长专业发展的各种因素，遵循教育规律和农村中小学校长专业发展规律，又研究支持体系的各个要素之间的分工协作定位与关系，按社会规律办事；结合农村中小学校长专业发展规律、教育规律和社会发展规律，从全局和长远利益出发，把农村中小学校长专业发展支持服务体系和政治、经济、社会生态系统有机地结合在一起，实现农村中小学校长专业发展与农村政治、经济、文化、社会的可持续协调发展的目标。（见图6-1）

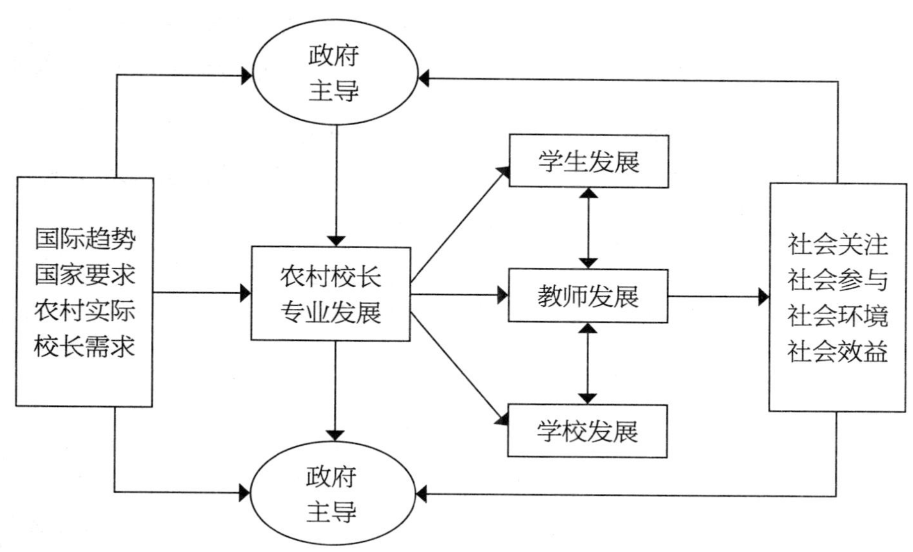

图6-1　农村中小学校长专业发展支持服务体系建设的生态属性

二　农村中小学校长专业发展支持服务体系的结构

通过第二章理论研究、第三章比较研究、第四章实践研究和第五章现状调查，我们发现，一国农村中小学校长专业发展支持服务体系结构的选择不仅受国际发展趋势、国内政治制度生态、宏观经济状况和教育发展的影响，同时也受农村社会习俗和区域历史文化的显著影响。从宏观来看，农村中小学校长专业发展支持服务体系结构的动态变化主要与经济发展的速度相关，而经济发展的程度则主要影响农村中小学校长专业发展支持服务体系的建设的深度、广度与进度；从微观看，规模、速度、质量、效益和开放程度是农村中小学校长专业发展支持服务体系建设结构的动力。农村中小学校长专业发展支持服务体系的结构是一个集政府、培训机构、社会三位统一于体的大系统，具有复杂性。这种复杂性一是体现在三个子系统之间的关联互动，即支持体系中的农村中小学校长专业发展影响因素不是单一的；二是支持体系这三个子系统本身也都是一个复杂的体系。三个相互关联的系统所掌控的社会资源不同、所处的历史与社会地位不同、具有的功能与作用不同，决定了各自的作用与功能各有侧重。（见图6-2）

从政治体制看，崇尚规则权威和治国安民的政治制度更容易确立“政府主导型”农村中小学校长专业发展支持服务体系。从历史文化看，“建国君民，教学为先”和“尊师重傅”的历史文化，更容易形成以大学为主要载体的“培训机构联动”促进农村中小学校长专业发展的使命责任。从社会心理看，“有学上”到“上好学”，从“安身立命”到“治国齐家”和“修桥铺路盖学校”“惠民生、积善德”的社会心理，更容易孕育社会各方参与、齐心协力、互相配合的良好氛围。

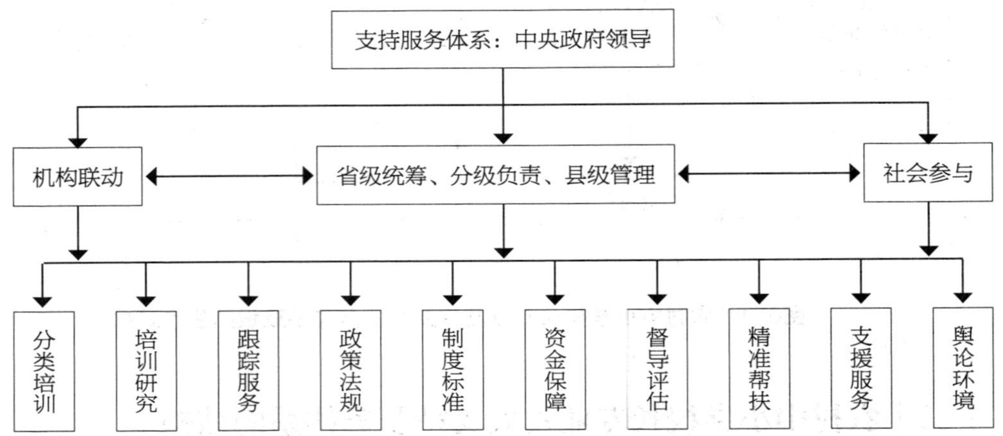

图6-2　农村中小学校长专业发展支持服务体系的结构

第三节　农村中小学校长专业发展支持服务体系建设的功能

国家现代化，“需要中国政府职能的转变要与国家治理现代化的改革逻辑相一致”。[①]推进教育治理体系和治理能力现代化是我国教育领域进一步深化改革的方向。从改革趋向上来讲，教育职能转变的逻辑与发达国家是基本一致的。考虑到教育的历史文化、发展阶段和现实状况，在农村中小学校长专业发展支持服务体系建设的实践中，中央与地方各级政府应该在理念、结构、功能、流程的认识和选择方面秉持一定的问题意识：一是不同区域的农村中小学校长专业发展状况有差异，农村中小学校长专业发展支持服务体系的功能要在政府、机构、社会三者能量的权衡中动态调整职能边界；二是要准确理解“小政府、大服务”职能的内涵，将政府职能转变与农村中小学校长专业发展的治理方法、治理流程有机统一起来；三是推动治理方法、治理流程的应用创新是提高农村中小学校长专业发展支持服务体系效能的重要路径，在选择实现既定治理目标的工具时，应主要考虑这种工具在实现既定目标上的效益最大化。

｜一｜农村中小学校长专业发展支持服务体系的功能概况

农村中小学校长专业发展支持服务体系的功能是由政府主导提供的，与国家经济社会发展水平和阶段相适应，旨在保障农村中小学校长专业发展基本需求的支持服务体系。一般包括农村中小学校长专业发展不同阶段的基本需求，如组织培养、岗位锻炼、资源供给、激励机制等领域的支持服务。其主要思路是：供给有效扩大；专业发展较为均衡；支持服务方便可及；农村中小学校长满意度不断提高。（见图6-3）

① 薛澜，李宇环：《走向国家治理现代化的政府职能转变：系统思维与改革取向》，载《政治学研究》，2014（05）。

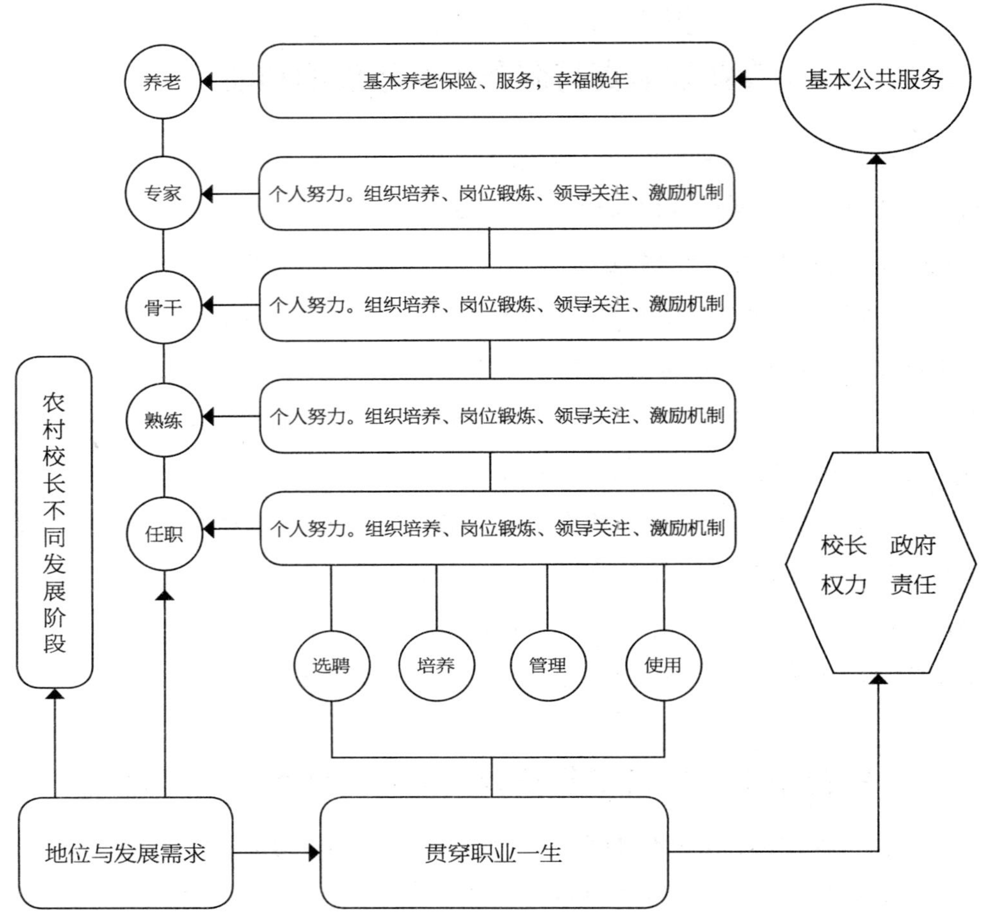

图6-3　农村中小学校长专业发展支持服务体系的功能概况

｜二｜农村中小学校长专业发展支持服务体系中政府的功能

党的十八届三中全会明确提出，全面深化改革的总目标是完善和发展中国特色社会主义制度，推进国家治理体系和治理能力现代化。徐艳国认为："提升教育治理能力，才能把良好的教育政策设计转化为推动教育现代化的切实行动。"[①]农村中小学校长专业发展支持服务体系的政府功能就是要求政策制度逐渐完善，进而形成能够促进和保障农村中小学校长专业发展各方面政策制度的系统。

① 徐艳国：《关于教育治理体系和治理能力现代化建设的分析》，载《中国高等教育》，2014（17）。

（一）以综合政策统揽农村中小学校长专业发展全局

从历史进程看，农村中小学校长专业发展支持服务体系的建设已开展和推进多年，已经到了统筹兼顾、系统设计和攻坚克难的阶段；从教育治理思路看，党的十八届三中全会明确提出“要深化教育领域综合改革”，近年来教育政策的实践历史一直是重视综合设计，重视国际视野、全局眼光和战略思维。1992年《关于加强全国中小学校长队伍建设的意见（试行）》的通知对于建设一支政治坚定、德才兼备、相对稳定的农村中小学校长队伍起到了重要作用。涌现出一大批素质高、业务精、办学成绩突出、具有广泛社会影响力的农村中小学优秀校长，为农村基础教育改革发展提供了坚强有力的人才支持和组织保障。政策的综合设计不仅针对中小学校长队伍整体，也针对农村中小学校长专业发展的方方面面。（见图6-4）

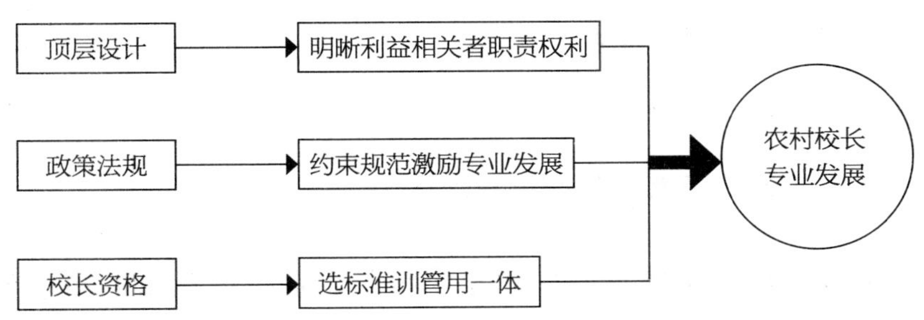

图6-4　农村中小学校长专业发展支持服务体系中的综合政策

新时期、新形势、新任务，在《中共中央　国务院关于全面深化新时代教师队伍建设改革的意见》的基础上，中共中央组织部、教育部等部门联合设计了《关于加强农村中小学校长管理办法》，统揽农村中小学校长专业发展全局。具体设计包括：提升农村中小学校长任职基本条件；坚持“持证上岗”制度，大规模培养培训农村校长；围绕现代学校制度建设，依法落实和完善农村校长负责制；拓展农村中小学校长职业发展通道。坚持公开、民主、竞争、择优的原则，推行农村中小学校长聘任制。完善农村中小学校长考核评价制度，建立健全激励约束机制。建立农村中小学校长交流制度，促进资源优化配置。努力营造有利于农村教育家型校长成长的体制机制和政策环境。加强对校长队伍建设的组织领导。遵循教育规律，理顺上下贯通的归口管理体制，形成校长管理人权、事权的统一，逐步使校长队伍建设工作科学化、制度化、规范化。

案例

农村中小学校长任职基本条件

①具有良好的思想政治素质和品德修养，言行堪为师生表率。

②热爱教育事业，具有改革创新精神。

③遵纪守法，廉洁自律，团结协作，作风民主。

④具备相应的学历要求。

⑤具有相应教师资格和中级（含）以上教师职务任职经历。

⑥一般应从事教育教学工作5年以上，原则上具有学校中层以上管理工作经历。

⑦取得校长任职资格培训证书。

⑧身心健康，能胜任工作。

⑨具备符合岗位需要的其他具体条件。

（二）以专项政策实现农村中小学校长专业发展领域的重点突破

影响农村中小学校长专业发展的关键因素很多，其中，必有一种因素起着领导与决定作用，规定和影响着其他影响因素的存在和发展。专项政策是：“抓住教育现代化中的某一项难题，系统深入地做出政策设计，以期求得重大突破和进展，已成为目前中国制定教育政策的重要路径。”发展规划是一个熟悉而又新鲜的概念，伴随着中小学校长专业发展成为国际教育改革发展的趋势，成为我国当前中小学校长专业发展队伍建设的主流，对农村中小学校长专业发展的研究应运而生。[①]农村中小学校长专业发展规划是顶层设计、行动纲领，既是农村中小学校长专业发展的愿景，也是政府、社会的使命与期望。科学适切的农村中小学校长专业发展规划，能起到强化认同、感染校长、凝聚民心、达成共识形成共同价值取向的作用。农村中小学校长专业发展规划具有区域特殊性也具有国家普遍性的特点。

① 徐艳国：《关于教育治理体系和治理能力现代化建设的分析》，载《中国高等教育》，2014（17）。

分区、分层、分岗、分类制定农村中小学校长专业发展规划。地方各级政府按照《中华人民共和国教师法》《中华人民共和国教育法》《中华人民共和国义务教育法》等法律法规规定，围绕对农村中小学校长专业发展有重大影响的人事管理制度、校长资格制度、培训体系、基地建设、课程标准、教学指南等方面，统筹规划，分类推进农村中小学校长专业发展。当前及今后一个时期，要将农村中小学校长的培训作为重点，整体规划、连续培养、分类指导、分步实施、学用结合，推动农村中小学校长的培训体系加快建设。各地结合实际制定实施农村中小学校长专业发展规划，确定本区域农村中小学校长专业发展的重要举措，明确建设目标、工作任务和政策措施。（见表6-1）

表6-1　地方政府在农村中小学校长专业发展支持服务体系中的专项政策

一级指标	二级指标	主要作用
地方政府	对农村中小学校长专业发展的重视程度	地方政府是否将农村中小学校长专业发展纳入区域教育社会发展规划，是否给予专项经费等政策支持，是否建有完善的管理机构与运行机制，给农村中小学校长专业发展带来关怀
	中央有关农村中小学校长专业发展法律法规和政策的贯彻落实	中央政府出台的政策法规是否在地方得到因地制宜的细化并有效执行，给农村中小学校长专业发展带来影响
	地方农村中小学校长专业发展的规划与实施	将农村中小学校长专业发展纳入地方城镇化、信息化、工业化、精准扶贫发展规划和结构调整，带动各个部门战略决策和培训机构建设模式创新，给农村中小学校长专业发展带来影响

（三）以研制、细化标准作为农村中小学校长专业发展准则

1.研制农村中小学校长核心素养等标准

袁振国教授认为：“制定教育质量国家标准，建立健全教育质量保障体系，是世界多国教育发展到较高水平的重要特征。”[①]教育质量标准可分为理念维度、内容标准、评价标准和实施建议四个维度。教育质量标准实施和评价的基本模式有“行政主导、专业主导

① 袁振国，苏红：《教育质量国家标准及其制定》，载《教育研究》，2013（06）。

和专设机构主导”[①]三种模式。研究制定农村中小学校长核心素养体系和培养质量标准，不仅要注重农村中小学校长自主发展、合作发展、精神发展和实践创新，更要注重“培养干一行爱一行，干一行转一行的执着追求的精神”[②]。同时，研究制定各学段、各发展阶段培训课程标准，根据核心素养体系，明确农村中小学校长培训完成不同学段、不同阶段学习内容后应该达到的程度要求，培训机构应准确地把握培养的深度和广度，使农村中小学校长培训更加准确地反映未来社会对人才培养的要求。在以下几个方面加大农村中小学校长培训实践类课程的比例。一是巩固集中培训所学的知识，加深对所学理论的理解，能够用有关理论指导农村学校实践，做到理论与实践相统一；二是全面了解农村学校的工作、运行情况及管理情况，并在教师指导下，把任务转化为可实施的具体环节；三是培养农村校长运用所学理论知识分析、解决生产实际问题的能力；四是培养农村校长良好的专业品质和职业道德及合作精神；五是进一步加强专业技能的训练，提高实际工作能力，为“零距离”过渡奠定良好的基础。同时，研制省、市、县级教师发展中心建设标准，农村中小学校长培训质量标准，农村中小学校长培训实施指南等。（见图6-5）

总则	定位、基本理念
课程目标	总体目标、具体目标
内容标准	模块、专题、学时、内容、要求等
实施建议	教学与评价、教材、课程资源

图6-5　农村中小学校长培训课程标准框架

2.细化新时期《义务教育校长专业发展基本标准》

“天下大事必作于细，古今事业必成于实”，2014年教育部印发《义务教育学校校长专业标准》的通知中要求：“《义务教育学校校长专业标准》作为校长和教师培训的重要内容。”各地结合实际情况，开展有针对性的培训，同时，提出“鉴于全国各地区的差异，各省、自治区、直辖市教育行政部门可以依据本标准和本地实际提出实施意见，细化标准要求”。有条件的省、市、县和培训机构可先行试点，制定符合本地区农村中小学校长专业发展实际的《义务教育学校管理标准（试行）》指导意见。

① 袁振国，苏红：《教育质量国家标准及其制定》，载《教育研究》，2013（06）。

② 陈永明等：《中小学校长专业标准解读》，187页，北京，北京大学出版社，2011。

国家颁布的《义务教育学校校长专业标准》只是在各义务教育学校校长子系统的原则性、概括性内容方面进行“骨架立法”。依据《义务教育学校校长专业标准》所确定的基本原则进行细化标准的建立和可操作性下实施方案的制定是《义务教育学校校长专业标准》“骨肉丰满”的重要环节。（见表6-2）

表6-2 《农村义务教育学校校长专业标准》实施细则

课程模块	主题
规划学校发展	①如何定位农村学校办学方向；
	②农村学校如何制定发展规划；
	③如何提炼农村学校的办学理念；
	④农村学校章程建设经验；
	⑤乡村学校如何办出特色；
	⑥农村学校如何进行自我诊断
营造育人文化	①农村学校优秀传统文化的教育价值如何与地域文化融合；
	②如何设计体现农村学校特点的校训、校歌、校歌、校标；
	③农村学校的校园文化建设；
	④农村学校如何提升学生艺术素养；
	⑤农村学校如何应对不良流行文化、网络文化和学校周边环境对学生的影响；
	⑥农村学生习惯养成的教育经验；
	⑦农村寄宿制学校管理经验；
	⑧农村留守儿童心理健康教育经验；
	⑨农村学校德育工作创新经验
领导课程教学	①如何挖掘农村教育资源开发乡村校本课程；
	②农村学校教材、教辅使用的方法；
	③防止农村学校教研活动流于形式的经验；
	④大班额背景下信息技术在农村学校的应用；
	⑤如何有效提升农村学校的教育教学质量；
	⑥农村学校课程教学改革的创新经验；
	⑦农村学校如何落实听课评课制度

（续表）

课程模块	主题
引领教师成长	①农村教师如何克服职业倦怠，提升敬业精神；
	②如何调动农村“老、少、病、弱、流”教师的积极性；
	③如何在农村学校建立教师专业发展支持体系；
	④如何解决农村教师不读书问题；
	⑤如何在农村学校加强教师管理和职业道德建设；
	⑥有效保障农村教师权益的经验
优化内部管理	①农村留守学生的日常管理经验；
	②农村学校营养改善计划经验；
	③农村学校如何发挥办学自主权；
	④如何解决农村中学师生严重流失问题；
	⑤如何解决农村教师职称评聘难问题；
	⑥农村学校打造平安校园的经验；
	⑦农村学校的财务与资产管理经验
调适外部环境	①农村留守儿童家庭教育管理的误区；
	②如何缓解农村学校的安全责任和压力；
	③如何缓解校外学生的安全问题；
	④农村学校如何筹措办学经费；
	⑤农村学校如何获取外部办学资源

（四）以完善管理制度推动农村中小学校长专业发展

“没有规矩不成方圆，教育现代化首先要实现教育改革发展规范化，形成科学规范的制度体系，使教育制度逐步成熟和定型。”[①]建立健全中央政府领导，省级统筹、属地管理、以县为主的农村中小学校长专业发展管理体制。县级政府要通过校长专业标准的完善与校长资格准任制度的建立，把符合条件的优秀人员提拔到校长的位置上，把不符合条件的人拒之门外。修改完善中小学校长培训规定，将选聘、培养、管理、使用、交流有机捆绑在一起。（见图6-6）积极探索校长职级制。根据农村中小学校长自身的资格条件和工作业绩评定级别，每个级别对应不同的职级津贴。建立农村中小学校长职级晋升体系，制定职称职级体系运行的培养培训、考核、评价办法等，形成农村中小学

① 徐艳国：《关于教育治理体系和治理能力现代化建设的分析》，载《中国高等教育》，2014（17）。

校长职级晋升的长效机制。完善农村中小学校长队伍的动态管理机制、激励机制和退出机制，形成“职务能上能下，待遇能高能低，流动能进能出”的良好氛围，加速农村中小学校长的流动。

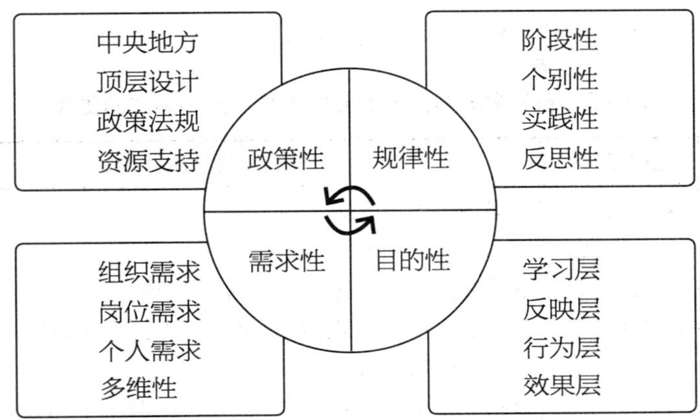

图6-6　农村中小学校长培训规定的研制思路框架

积极推进农村中小学校长工作管理信息化、现代化，优化管理流程、提高管理效率，建设分级管理、属地运行的农村中小学校长管理信息系统，具备农村中小学校长信息管理和专业发展管理两项基本功能。

（五）以改进培训机制促进农村中小学校长专业发展

“校长的终身发展呈现为不同的阶段性，每一个阶段都有不同的需要。认识校长成长的规律，构建一个包含培训目标、培训模式、培训课程和培训网络的中小学校长培训体系。”[①]不同地区之间农村中小学校长素质差异很大，就是同一地区的农村中小学校长之间也存在很大差异。建议，根据农村中小学校长不同地区、不同发展阶段、不同层次水平的需要，确立农村中小学校长专业发展支持服务的手段和形式。（见表6-3）

确立“国培”“省培”“市培”“县培”相应的培训模式，形成国家抓示范、省级抓骨干、市县抓全员的可持续发展的培训制度和体系，积极为农村中小学校长创造学习和展示的机会。（见图6-7）原则上在、层次培训结束两年左右，必须安排提高层次培

① 李更生：《认识校长成长规律，构建促进校长终身发展培训体系》，载《浙江教育学院学报》，2007（06）。

训，依次类推。要充分利用暑期时间，与知名企业、高校合作，对农村中小学校长进行集中培训学习，完善校长学习成果共享机制。中央财政资金支持开展培训项目的机构和地区，率先创新培训模式，加快建立农村中小学校长培训质量保障体系。依法推行农村中小学校长培训学分制度，继续把农村中小学校长培训学分情况作为职称评聘、岗位聘任（用）、晋升交流、资格注册、考核评先的必备条件。

表6-3　农村中小学校长专业发展阶段支持帮助的重点

阶段	重点任务	培训与发展主要内容
入职前教育期（后备）	建立入职前培训制度，形成入职心理准备	①教育政策与法规； ②农村校长的角色与定位； ③学校的历史、发展、教育教学特点； ④最新学校管理与教育教学改革理论实践研究； ⑤请农村校长谈成长经历； ⑥听评课策略，撰写写听课笔记和课后小结技术； ⑦指导教师心理调适的课程； ⑧任前每一周一天的“学校见习”，了解农村学校、教师和学生
新入职教育期（1~3年）	完善新农村入职校长培训制度，熟悉岗位职责和农村学校管理的内容、方法、程序	①新农村校长拜师，由资深农村校长传授职业基本规范； ②双月谈心，由一线校长、管理干部、教研人员、专家学者、社会人士和带教农村校长负责定期倾听沟通； ③完成一年的试用期“见习汇报课”（半年一次，每年两次）； ④专题研讨学习提供的《给新农村校长的建议》； ⑤到本校、外校、名校跟岗学习交流
专业巩固期（4~6年）	建立专业行为框架，熟练驾驭农村学校管理的内容、方法、流程	①实行一年一度的农村校长“才能展示”活动，充分展示其管理和教育教学能力和才华； ②由一线校长、管理干部、教研人员、专家学者、社会人士和带教农村校长总结分析归纳专业巩固期农村校长每一年能力建构、能力增长的轨迹，各级教育行政部门组织周密的颁奖活动，让每一位农村校长年年有所得； ③吸收农村校长进入核心科研课题研究，培养其学者型农村校长的基本素养； ④根据农村校长的特点，分别推送外出进修学习，使其进入系统性的在职学习； ⑤拓宽上升渠道，选拔优秀农村校长充实到各级行政部门管理层，激励其工作激情与积极性

（续表）

阶段	重点任务	培训与发展主要内容
专业成熟期（7~9年）	明晰农村教育的特殊地位，利用农村特有资源育人，形成农村学校办学治校特色风格	①由一线校长、管理干部、教研人员、专家学者、社会人士和带教农村校长进入农村学校帮助其分析专业发展困难的原因，根据不同原因制定不同方案，特别是展业发展的缺憾、特长、定位目标与发展路径； ②提升农村校长的社会地位，帮助他们解决实际生活和工作中的问题； ③根据农村校长的特点，分别推送外出进修学习，使其进入深度、跨界的在职学习； ④帮助农村校长建立新的发展点，重新定位其适合的发展目标； ⑤农村校长在同伴间开设“办学治校特色课”
高原平台期（10~15年）	把握农村师生成长规律、系统总结办学治校经验、凝练办学治校思想	①资深农村校长、特色农村校长开设“办学治校思想与实践课”，促使农村校长每年能拿出新的东西，不至于故步自封，与新任农村校长的“才能展示课”互相促进，这既是给新任农村校长学习的机会，也是展示资深农村校长办学治校风采，突破“高原稳定期”的有效措施； ②提供“传、帮、带”任务，一方面，把自己多年积累的办学治校经验奉献出来，另一方面，在“传、帮、带”中也要不断学习，以巩固其在新任农村校长中的专业地位； ③领衔“学校发展年”，以教科研来促进农村学校观念更新、专业水平持续增长； ④向国家、省、市、县各级推荐特色农村校长、资深农村校长，让他们在更大的舞台上展示才华
消退离岗期（退休前后3年）	著书立说，在“传、帮、带”中继续学习，用好退休农村校长这笔宝贵的教育资源	①鼓励总结数十年的办学治校和教育教学经验，奖励著书立说，由相关教科研人员协助其把隐性的专业知识显性化，让退休离岗前的农村校长有成就感； ②提供“传、帮、带”任务，一方面，把自己多年积累的办学治校和教育教学经验奉献出来，另一方面，在“传、帮、带”中继续学习，以巩固其在农村校长心中的专业地位； ③营造“尊老爱业、学校永远是我家”的人文氛围，用好退休农村校长这笔宝贵的教育资源； ④帮助资深农村校长总结个人的实践知识，形成学校组织的理论实践知识

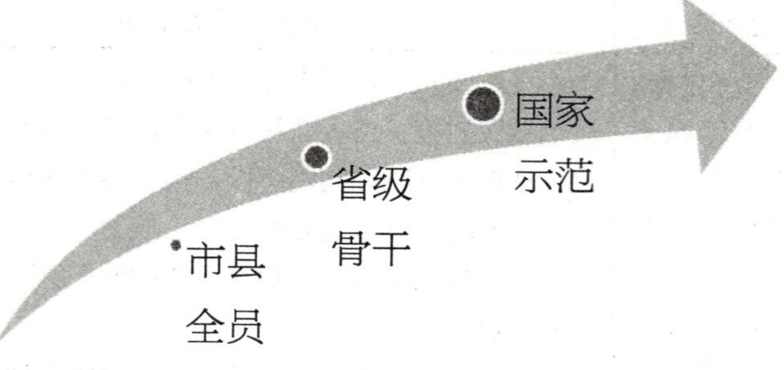

图6-7　农村中小学校长培训体系的完善思路

（六）以培养造就高端人才引领农村中小学校长专业发展

“教育高端人才顾名思义就是指在教育人才群体中具有较高人力资本水平的那部分人才。”[①]而高端人才的培养，“不单纯是业务素质、文化素质的培养，更重要的是政治思想素质和身心素质的教育和培养，是全面的素质教育，是造就全方位的人才”[②]。农村中小学名校长培养是造就农村中小学高端人才的主要举措。著名画家冯骥才说过：“在画画的人中，有画匠、画师和画家的区别。”画匠只是以画画为职业，是有娴熟画技的群体，但是要成为画师和画家，就必须胸怀理想、担当使命、肩负责任。同样，对于一位农村名校长，就要真正认识到其与普通校长的区别，真正认识到自己肩负的使命与担当，真正认识到“名”的深刻含义。因此，我们建议，一是对接国际教师教育趋势，提升农村中小学校长的培养层次，加大教育博士、硕士从农村中小学校长中招生的数量；二是借鉴山东省第三期齐鲁名师和第二期齐鲁名校长建设工程人选遴选名单分配的经验（见表6-4），改进“‘校长国培计划’——2014年卓越校长领航工程”学员遴选方式，中小学骨干校长高级研修班、优秀校长高级研究班、中小学名校长领航班学员中农村中小学校长应占有相应比例；三是支持农村中小学青年赴海外进修深造，积极参加国际学术交流和合作研究。

① 郭洪林、甄峰、王帆：《我国高等教育人才流动及其影响因素研究》，载《清华大学教育研究》，2016（01）。

② 张立德：《培养高端人才，重在进行全面素质教育》，载《中国科技奖励》，2007（02）。

表6-4　山东省第三期齐鲁名师、第二期齐鲁名校长建设工程人选遴选名单分配表

市地	幼儿园	小学		初中		高中	总计
		推荐数	其中：乡村学校推荐数	推荐数	其中：乡村学校推荐数		
济南市	2	5	2	4	1	2	13
青岛市	3	6	2	5	1	2	16
淄博市	1	3	1	3	0	2	9
枣庄市	1	4	1	2	0	1	8
东营市	1	1	1	2		1	5
烟台市	2	3	1	4	1	2	11
潍坊市	2	7	2	5	1	3	17
济宁市	3	7	2	5	1	2	17
泰安市	2	4	1	4	1	2	12
威海市	1	1	1	2		1	5
日照市	1	2	1	2	0	1	6
莱芜市	0	1	1	1		1	3
临沂市	4	10	3	6	1	3	23
德州市	2	5	2	4	1	2	13
聊城市	2	6	2	4	1	2	14
滨州市	1	3	1	2	0	1	7
菏泽市	3	11	4	6	1	3	23
全计	31	79	28	61	10	31	202

加强中小学名校长领航班学员评选和管理工作，更好地发挥中小学名校长领航班学员的示范带动作用。倡导各省、市、县实施名校长培育工程，构建四级中小学名校长梯队建设体系。《关于深化教师教育改革的意见》指出，“实施农村中小学青年骨干校长资助计划，培养一批创新思维活跃、视野宽阔、发展潜力大的农村中小学青年骨干校长。支持鼓励农村中小学青年校长在实践中大胆探索，创新教育思想、教育模式和教育方法，形成办学特色和办学风格，造就一批农村教育家”。

（七）建立以政府投入为主的经费保障机制助推农村中小学校长培训常态化

教育培训经费保障机制是政府主导、机构联动、社会参与的农村中小学校长专业发展支持服务体系建设目标实现的关键。第四章的研究表明在农村中小学校长培训经费保障方面，东、中、西部区域各级财政投入存在差异，一般分为四种类型：经费充足型、经费满足型、国家申请型、经费欠缺型。中西部省份经费欠缺型比例明显高于东部省份。建立培训经费保障的长效机制，落实《国家中长期教育改革和发展规划纲要（2010—2020年）》提出的“将中小学教师培训经费列入各级政府预算”的规定，确保农村中小学校长培训计划的实施。落实财政部、教育部《农村中小学公用经费支出管理暂行办法》中“按照学校年度公用经费预算总额的5%安排教师培训经费”的规定。建立健全财政投入为主体、社会投入和个人出资相结合的农村中小学校长培训经费投入机制。鼓励和支持企业、社会组织和个人通过多种方式和途径捐资支持农村中小学校长专业发展。凡各级政府和各级部门举办的农村中小学校长培训，按照“谁举办、谁培训、谁负担”的原则，不向农村中小学校长个人收取任何费用。逐步完善公办职业院校生均财政拨款预算制度，探索将教职工待遇与培养学生的数量和质量相挂钩的预算管理办法。切实加强经费监管，确保专款专用，提高经费使用效益。

（八）以基地建设服务农村中小学校长专业发展

“基地建设是一项复杂的系统工程，需要社会系统中的多元主体给予大力支持。”[①]培训机构建设既要讲究系统性，也要立足于农村教育的特殊性，更要根植于时代和教育发展的需要。教育部要重点建设国家高级教育行政学院、教育部中学校长培训中心和教育部小学校长培训中心。各省（市、区）要根据农村中小学校长培训规划确定的任务，建立布局合理、上下联通、分工明确、优势互补的培训机构的网络体系，确保各级培训机构具备培训所必需的教学基本设施和培训手段，以及能够适应农村中小学校长培训教学与科研需要的专兼结合的师资队伍。

充分发挥现有国家、省、市、县级培训机构的作用，倡导联合办学、携手发展。鼓

① 高江海：《对教师培训基地建设的思考》，载《中小学教师培训》，2012（10）。

励有条件的高水平大学和优质社会机构参与农村中小学校长培训。同时，充分利用国内外优质教育资源，选择确定一批教育质量高、管理经验丰富、办学成效显著的国内外学校作为农村中小学校长培训的考察基地。

县级教师进修学校是农村中小学校长专业发展的主阵地，它对农村中小学校长专业发展有着不可替代的作用。《关于加强县级教师培训机构建设的指导意见》指出“积极推进区县级教师培训机构改革建设，促进县级教师进修学校与相关机构的整合和联合，加强县级教师培训机构基础能力建设，促进资源整合，形成上联高校、下联中小学的区域性农村中小学校长学习与资源中心”，在集中培训、远程培训和校本研修的组织协调、服务支持等方面发挥重要作用。

培训机构建设既要“大楼”，更要“大师”“大爱”，培训机构要建立专兼职教师互补的师资模式；采用多维立体的培训形式和培训内容来培训师资队伍。构建一个农村教育、农村学校、农村校长三位一体的研究方阵，引领全体教师去思考、去研究，使教师成为一个研究型群体。实施“农村中小学校长专业发展网络联盟计划”，加快计算机远程教育平台和农村中小学校长专业发展门户网站建设，努力为农村中小学校长培训提供信息和技术支持。

（九）以督导为抓手落实农村中小学校长专业发展责任

督导是强化政府责任与提升培训质量的重要保障。借鉴发展性教育督导评估理论和运行机制，建立适应我国农村中小学校长专业发展范式的教育督导评估范式，从理念上建构“一切为了农村中小学校长专业发展”的价值观；在功能上体现各方参与、民主协商、有效激励和可持续成长；在职能上实现由“督”到“导”的转型，突出引领性、指导性、服务性；在体制上超越部门利益，建立政府教育督导机构评估、院校评估、专业认证、国际评估、基本状态数据常态监测相结合制度；在评估结果使用上，完善考核机制和问责制度，建立公开、公正、开放、监督的督导评估结果反馈制度。

由国家制定培训质量标准，定期开展培训质量评估，发布年度监测报告。地方要采取专家评估、网络匿名评估和第三方评估等方式，监测培训质量，公布评估结果，并作为培训资质认定、项目承办、经费奖补的重要依据。培训机构要做好培训绩效评价，跟踪教师参训后的实践应用效果，不断改进培训工作。（见图6-8）

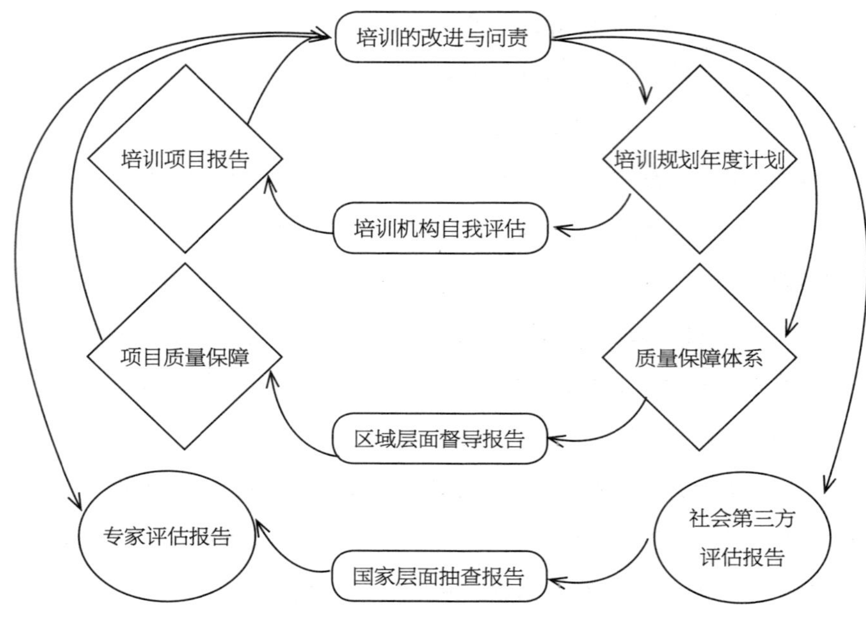

图6-8　农村中小学校长培训评估流程

| 三 | 农村中小学校长专业发展支持服务体系中培训机构的功能

（一）以诊断共性、大数据差异性分析助推农村中小学校长培训的针对性

美国认知教育心理学家奥苏贝尔认为："有意义学习必须以学习者原有的认知结构为基础。也就是说，新知识的学习必须以学习者头脑中原有的知识为基础，没有一定知识基础的意义学习是不存在的。"[①]有针对性、实效性的培训需要培训者知道被培训者的所知、所想、所信。培训需求分析主要包括组织需求、岗位需求和个人需求三方面的内容和城乡需求调研对比情况。（见图6-9、图6-10）这就需要培训机构深入地方教育局、农村中小学学校，听取一线农村中小学校长、教育行政部门的意见建议，找准项目实施中存在的主要问题，明确工作重点；对农村中小学办学治校行为进行诊断分析，准确把握寻找农村中小学校办学治校的缺憾，农村中小学校办学治校的特长，农村中小学

① 陈丽娟：《奥苏贝尔有意义学习条件的实现》，载《新课程研究（中旬刊）》，2010（04）。

校办学治校的定位目标，农村中小学校办学治校的规律。诺尔斯认为：“成熟的成人学习者在多数情况下有能力自己选择学习内容，自己制订学习计划。”因此，应实行培训需求调研分析制度，建立与农村中小学校长共同确定培训项目的新机制。

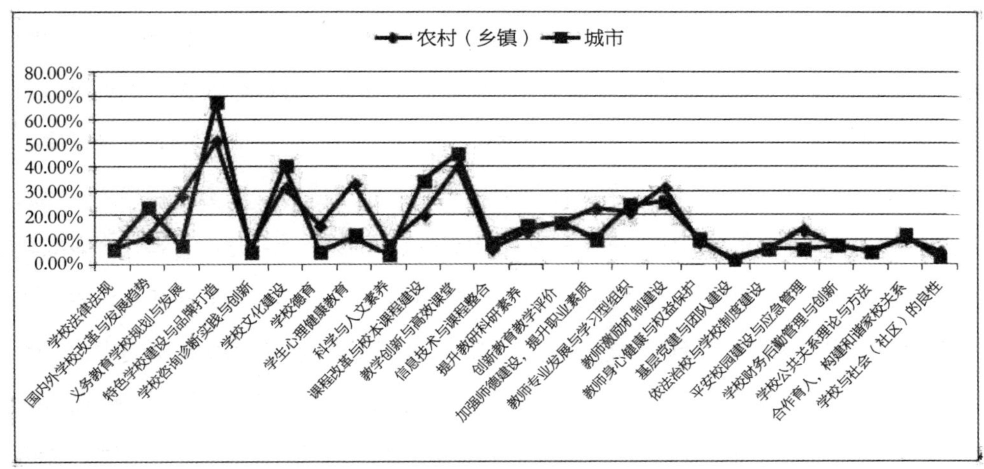

图6-9　同一区域城乡中小学校长的需求差异[①]

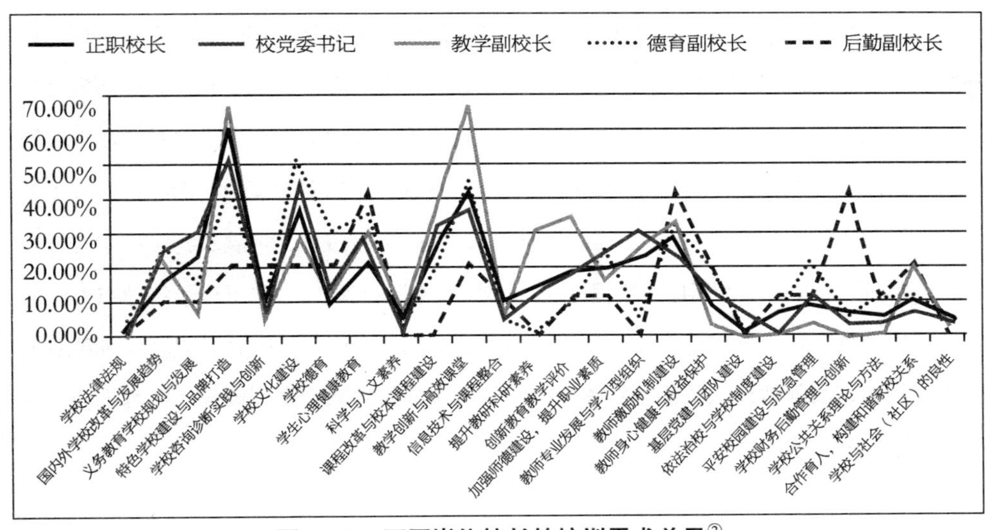

图6-10　不同岗位校长的培训需求差异[②]

① 华娜：《中小学校长远程培训需求探究——基于第十一期全国基础教育改革动态研修班调查数据分析》，载《中小学教师培训》，2016（10）。

② 华娜：《中小学校长远程培训需求探究——基于第十一期全国基础教育改革动态研修班调查数据分析》，载《中小学教师培训》，2016（10）。

（二）以一体化分层递进的方式设计农村中小学校长培训目标体系

不同区域农村中小学校长的兴趣、爱好、个人禀赋不同，就是同一区域，不同发展阶段的农村中小学校长的兴趣、爱好、个人禀赋也不相同。建立分层、分岗、分类的一体化分层递进目标体系成为培训机构的主要研究品质之一。杨志成教授认为：“构建适合第四代校长专业发展的培训体系，主要包括：培训对象的层次体系、培训项目体系……整体提升我国新一代校长培训的科学化、专业化水平。”①科学的教学目标体系的建立是实现教学目标和深化教学的前提条件。李保强教授提出，“教学目标体系包括内容的空间序列、过程的时间序列、项目的领域序列和结果的水平序列，是一个多维共生的复杂立体结构模型”②。农村中小学校长培训需要细分目标，根据新任农村中小学校长在职提高培训和骨干培训、高级研修、高级研究等不同发展阶段的实际需求，一体化分层递进培训目标，形成“国培、省培、市培、县培”有效衔接，任职、提高、研修、研究分层递进的目标体系。（见图6-11）比如，①新任职校长班。通过培训，使新任农村中小学校长系统地了解校长专业职责，掌握履行岗位职责所需要的知识、技能及态度，成为称职的领导者。②高级研修班。通过研修，使参加学习的农村中小学校长在理解、掌握学校领导管理核心知识和技能的基础上，进一步开阔教育视野，更新教育理念，分享国内外中小学教育教学和学校管理经验，系统深化对中小学教育教学和学校管理重大问题的认识，提高运用专业知识解决学校教育实际问题的能力，形成通过改革促进学校发展的思路和行动方案。③高级研究班。通过高级研究，扩展农村中小学校长专业知识基础，优化知识结构，提高教育理论素养，提高宏观思维水平；系统总结办学经验，反思教育实践，形成符合教育规律、特色鲜明的教育思想；研究基础教育改革发展的重大问题，增强教育改革和创新能力，使其尽快成长为教育家型校长，在基础教育发展中发挥示范引领作用。

---

① 杨志成：《构建适合新中国第四代中小学校长发展的培训体系》，载《北京教育学院学报》，2015（02）。

② 李保强：《教学目标体系建构的理论反思》，载《教育研究》，2007（11）。

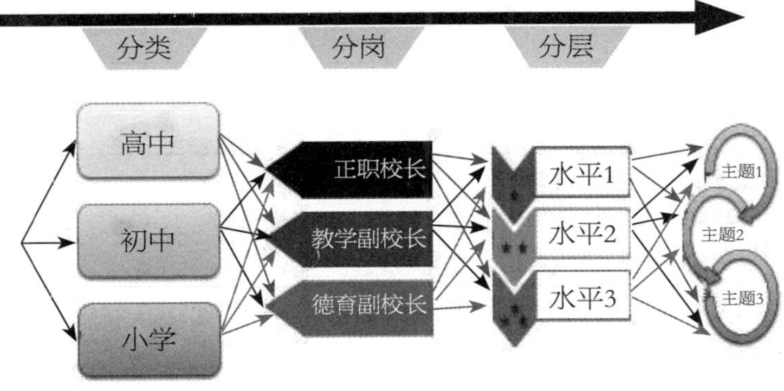

图6-11　一体化分层递进的农村中小学校长培训目标体系

（三）贴近农村教育教学实际，与工作档期同步设置培训内容

杜威认为“教育就是经验的改造或改组”①，农村中小学校长培训过程并不是简单地“你教，我听，你做、我学”被动地接受过程。从一定意义上讲，一切培训是对经验的积淀、改组、改造。培训的作用是扩展有益的经验，改造有害的经验，从而促进被培训者的生长。施良方教授认为：“教育思想、技能和知识的生成在于经验和经历积累。”农村中小学校长的教育思想、能力和知识的生成也在于经验和经历积累。农村中小学校长培训须在校长已有的经验、知识基础之上，创设经验、案例情境，并与农村中小学校长学期、学年的工作时间节点、主要内容、实施步骤、工作流程相联系。（见表6-5、表6-6、表6-7、表6-8）

表6-5　与东部农村初中校长工作同步的培训内容配档表

月份	重点工作
8月	①农村教师招聘、培训、业务学习的内容及有效性 ②农村学校学年发展规划编制 ③挖掘农村资源开发校本课程
9月	①以开学典礼、养成教育为主要载体的农村学校德育工作的组织实施 ②学年工作起步，如何在农村学校推进教育教学改革
10月	①怎样整合资源强化农村学校体育、艺术教育 ②立足农村实际、开展校本教研、指向质量提升方法

① [美]约翰·杜威：《民主主义与教育》，87页，王承绪译，北京，人民教育出版社，2001。

（续表）

月份	重点工作
11月	①农村学校课堂展示、评价的技术 ②期中考试命题技术与考查考核测试
12月	①迎接上级督导与评价策略 ②如何组织农村学校家委会换届，进行家校沟通合作 ③农村学校安全健康教育的内容与模式
1月	①如何发挥期末考试诊断、考查、激励功能 ②农村学校德育评价体系建设
2月	①农村教师业务培训的内容与方法 ②有效编制落实下半年农村学校发展计划的方法
3月	①农村学校文明礼仪教育的开展与评价 ②农村学校课堂展示、教学达标活动的组织实施
4月	①构建以读书节为载体的农村学校长效机制 ②深化农村学校教学改革，提升教育质量
5月	①农村学校优等生、中等生、待优生的教学策略 ②留守儿童的关爱与心理调适 ③开好艺术节与家委会全体会议
6月	①中考组织实施 ②农村教师专业成长档案袋、学生成长档案袋整理
7月	①如何迎接期末考试、考查评价 ②农村学校控辍保学、稳生、分流的方法 ③农村学校排查和防范工作策略 ④营养午餐的计划与实施

表6-6　与西部农村初中校长工作同步的培训内容配档表

月份	重点工作
8月	①了解国家、地方教育历史，剖析农村学校办学现状，找准问题成因拟定学校发展规划 ②学校人事安排与班级学科教师搭配策略
9月	①学校智慧管理 ②学校转型升级的社会、教师、学生、家长问卷编制 ③营造学校良好的文化氛围，激发教职员工积极参与学校第二次创业和转型升级的热情

（续表）

月份	重点工作
10月	①九年级质量保障体系建设活动的有效开展与方案制定 ②校本、社团课程研发和师生幸福大课间活动策略 ③小、初学段衔接教育
11月	①“教研节——专业发展我快乐”暨家长开放日活动的组织实施 ②学生综合社会实践活动计划的实施方案
12月	①举行首届“社团节”活动，社团课程、特色课程成果汇报 ②辞旧迎新、团队成长汇报活动
1月	①期末学科考核评价与快乐寒假之旅课程设计 ②初步形成西蜀学生核心素养体系，组织开展各学科核心素养展示
2月	①教师学生寒假活动研发实施与评价 ②学校工作计划撰写的策略
3月	①“礼仪节”暨“我是文明西蜀人”系列活动设计 ②“国际文化节——英国文化节”暨精彩英语月活动设计
4月	①首届“中华文化节——清明节”暨“经典国学月”活动设计 ②寻找最美西蜀教师活动
5月	①“快乐劳动节”暨劳动技能大比拼系列活动 ②快乐语文、英语、数学等学科月活动
6月	①举行首届“西蜀学生节——寻找最美西蜀学生”暨“我的童年我来秀”活动 ②举行“难忘西蜀情，我爱我母校”暨九年级毕业典礼
7月	①反思总结梳理一年得与失，撰写下一学年工作计划 ②教师学生暑假“看天下”活动

表6-7　与东部农村小学校长工作同步的培训内容配档表

时间节点	培训主要内容
8月	①学年工作计划——如何根据教育局部署更有针对性地制订校本计划 ②乡村教师的教学岗位如何实施更适切地交流
9月	①如何更好地实现幼儿园、小学的衔接，让儿童的养成教育过渡更自然 ②学校的教学常规、德育常规怎样来自教师的智慧，使师生没有过重的约束感
10月	①乡村小学的教研活动，学科多而人数少，怎样让草根教研有深度、有温度 ②乡村小学德育怎样更有效地实现系列化、儿童化

（续表）

时间节点	培训主要内容
11月	①乡村学校与乡村家长之间，如何突破低层次交流，怎样实现更有价值地互动与对话合作 ②学校的体育节、艺术节、读书节、科技节如何自然而然地、真正地成为校园里的大众节日，让孩子们悦纳与喜爱
12月	①如何让农村学校的民主管理走向成熟，能否进行教代会的流程再造 ②校园安全的通识怎样深刻地影响教育者的育人细节
1月	①作为一个教育共同体，怎样优化教育教学评价体系 ②怎样实现共同但有区别的评价策略
2月	寒假
3月	①怎样让集体备课备到教师的心里去，怎样激发共赢的动机、实现教师之间的智慧共生，而避免流于俗套与形式 ②同样的学雷锋活动等实践活动，怎样做到创新与传承，让实践活动温暖心灵
4月	①班主任能否作为一种教学角色出现，如班集体育人能手、特级教师，能否定义教育大改革背景下的班主任育人新内涵 ②乡村学校的研训，除了请进来和走出去，能否有更便捷与务实的研训模式
5月	乡村学校更着眼于全员育人，所谓的前勤与后勤界限并不特别明显，小学段的专业发展，能否对乡村教师有更独特的兼顾，如兼顾多种后勤服务工作的学科教师，他们学科之外的工作，怎样被尊重与评价
6月	①乡村学校的美育、乡村儿童的艺术如何强化 ②基于乡村儿童的全面成长，乡村教师的艺术通识培训如何组织实施
7月	①组织期末学科测试技术 ②完成学期教职工考核评价方法

表6-8　与西部农村小学校长工作同步的培训内容配档表

月份	重点工作
9月	①新生入学教育，农村小学生行为习惯培养，爱国主义教育培养 ②新教师培训，主要通研教材，骨干教师展示课，年轻教师观摩课
10月	①农村学校控辍保学、稳生、分流的方法 ②农村学校排查和防范工作策略 ③营养午餐的计划与实施

（续表）

月份	重点工作
11月	①年轻农村教师展示课案例研究 ②青蓝教师结对实施有效课堂研究 ③期中考试命题技术分析
12月	①校际外合作交流的形式、内容 ②迎接督导评估的有效对策 ③艺术节组织与实施
1月	①期末考试准备要点 ②农村小学德育评价体系建设
2月	农村小学生踏进自然、社会，践旅等综合实践活动的实施策略
3月	①农村小学生寒假假期学习情况分析 ②农村小学生行为习惯培养成果交流
4月	①优质课评选标准 ②如何开好春季运动会
5月	①留守儿童的关爱与心理调适 ②开好艺术节与家委会全体会议方法
6月	①校际交流、外出学习，高效课堂研究 ②农村教师专业成长档案袋、学生成长档案袋整理
7月	①期末考试试题分析 ②暑假有效组织各种培训策略

农村中小学校长的培训内容根据专业发展标准，归类细化以问题为中心，案例为载体，创设真实培训环境，紧密结合农村学校教育教学一线实际，开展主题鲜明的技能培训。在任职培训阶段，以典型学校案例为载体，实践性课程原则上控制在50%以上，因为他们处于模仿学习阶段，随着任职时间的增加，以及对岗位工作的熟悉和经验的积淀，比例可灵活掌握，一般逐渐降低。（见表6-9）

表6-9　不同发展阶段农村中小学校长的培训内容百分比

序号	项目内容	农村新校长	农村经验校长	农村骨干校长	农村名校长	农村专家校长
1	熟悉岗位把握农村学校常规管理	50.90%	24.70%	4.30%	2.60%	0.00%
2	系统深入了解农村师生特点	5.30%	20.30%	10.30%	9.10%	0.00%

（续表）

序号	项目内容	农村新校长	农村经验校长	农村骨干校长	农村名校长	农村专家校长
3	熟练驾驭农村学校管理，掌握学校情况	5.40%	27.10%	16.40%	4.70%	5.20%
4	具有较高管理智慧和指导农村学校工作	34.70%	8.50%	0.00%	1.40%	0.00%
5	利用农村资源诊断发展学校	2.90%	10.10%	26.40%	11.10%	7.20%
6	深刻理解农村教育本质与把握农村教育规律	0.00%	2.10%	16.40%	30.40%	22.30%
7	能与师、生、家长进行有效沟通引领	0.80%	3.60%	5.70%	0.00%	0.00%
8	开展农村教育发展研究或改革实验	0.00%	0.00%	3.20%	14.80%	37.30%
9	转变教育观念和提升精神境界	0.00%	2.30%	13.20%	13.30%	13.10%
10	总结和反思自己的经验	0.00%	1.30%	4.10%	12.60%	14.90%

未来将为农村中小学校长提供多元化、有层次、可选择的课程体系，并根据时代要求和农村中小学校长不同发展阶段的需要建立公共与必修课程结构，通过科学的课程管理，以现代信息技术、移动终端或其他方式推送。实现农村中小学校长“配餐”与“点菜”相结合，使每一位农村中小学校长拥有一份个性化的课表，从而满足不同农村中小学校长专业发展的需要。（见图6-12、图6-13）

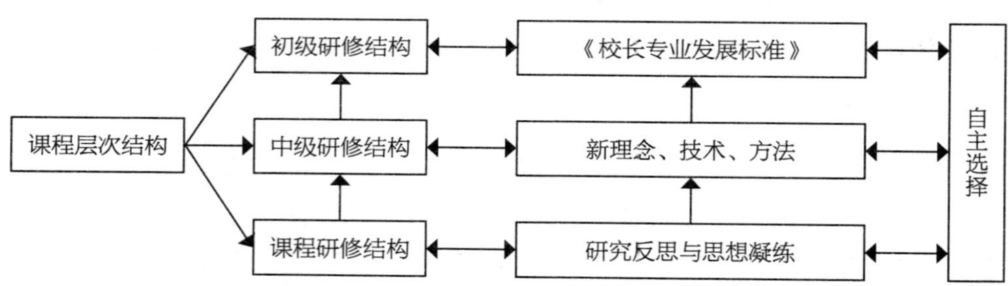

图6-12　农村中小学校长课程标准体系的建设的结构[①]

① 于维涛：《县域教师发展支持体系建设研究》，博士学位论文，华东师范大学，2009。

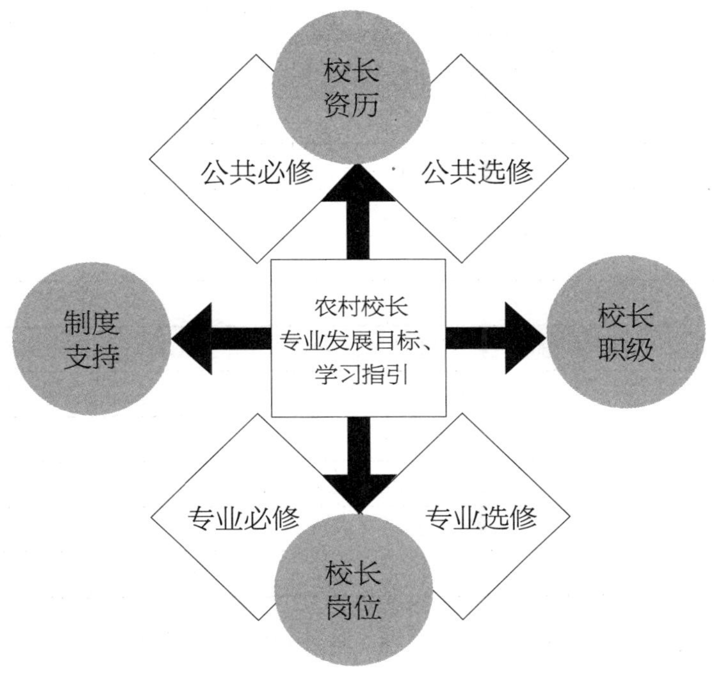

图6-13　农村中小学校长课程体系建设的结构

（四）以营造欲望多元化培训方式激发农村中小学校长的学习兴趣

程介明与闫温乐认为："学习是人类认识世界的过程。"[①]农村中小学校长培训是对外部世界赋予意义的过程，也是构建农村中小学校长对外部世界认知的过程。不同的校长会有不同的学习方式。"柴也愚，参也鲁，师也辟"，世界上没有两片完全相同的树叶。我们对上万名农村中小学校长进行的大样本调查结果表明，同样的经历，不同的农村中小学校长会有不同的学习方式。（见表6-10）

表6-10　多样化农村中小学校长培训模式调查

培训方式	百分比
农村校长即兴交流研讨	33.26%
同题异析	31.25%

① 程介明，闫温乐：《PISA之后再谈教育改革——香港大学教育学院程介明教授专访》，载《外国中小学教育》，2014（11）。

（续表）

培训方式	百分比
农村学校发展案例分析	43.33%
小课题研究	36.45%
参观考察农村学校	20.92%
阅读教育教学名著	32.83%
专家进校指导	21.72%
自我反思、撰写教育札记	47.67%
办学治校跟进督导	14.12%
名校长工作室示范引领	19.44%
主题式教育论坛	21.49%
教育局半年、一年常规性办学经验交流	20.35%
远程研修	11.35%
离职进修	11.44%

任职培训：通过集中培训、影子培训、返岗实践、总结提升等混合学习方式进行。提高培训：通过集中培训、案例教学、合作分享、交流展示、学校诊断、行动研究等多种学习方式进行。骨干研修：通过理论提升与实践探索相结合、课题研究与经验提炼相结合、自主研修和专家指导相结合、境内外实地考察与思想展示相结合的方式进行。总之，要倡导启发式、探究式、讨论式、参与式混合培训方式，帮助农村中小学校长掌握终身学习方法。同时，建设"菜单式、自主性、开放式"的选学服务平台，为农村中小学校长创造自主选择培训资源、内容、时间、途径和机构的机会，满足农村中小学校长的个性化需求。（见表6-11）

表6-11　不同发展阶段农村中小学校长的不同培训模式

建议对象	培训模式
初级研修（任1～3年）	①"挂职见习、集中培训、远程研修"相结合模式[①] ②"个人职业生涯规划与学校临床诊断规划"相结合培训模式 ③"师徒式与课题引领"相结合培训模式

① 李更生，鲁林岳：《走进教育现场：基于教育现象学的校长培训范式的转型》，载《教育研究》，2012（12）。

（续表）

建议对象	培训模式
中级培训 （任4～6年）	①“课程领导力的跟进与行动研究”相结合培训模式 ②“送培到校与跟进服务”相结合培训模式[①] ③“问题—诊断—解决”相结合培训模式
高级研修 （任职6年以上）	①“培训、评选、奖励、研训、升位”相结合培训模式[②] ②“专家指导、校校对口、工作室研修”相结合培训模式 ③带课、带研、带学、带资与团队驻校研修相结合培训模式[③] ④国内与国外联合培养相结合模式[④]

根据第五章研究结果及表6-10调研情况，下面列举4项适合农村中小学校长的培训形式。

1.问题中心模式

问题中心模式最初出现在美国的医学教学中，旨在纠正医学毕业生拥有大量信息却几乎没有运用信息的能力这种现象。[⑤]20世纪90年代初期，这种模式被引入校长培训领域。问题中心模式的基本信条是“先问题，后学习”，强调以问题为导向，以农村中小学校长已有知识为基础，设计问题情境，培养学员运用综合知识解决复杂问题的能力。（见表6-12）流程：“观察、提出假设、界定问题、收集数据、通过批判性思维评价前期的假设、形成合适的解决方法、论证解决方法的合理性[⑥]”。

表6-12　问题中心导向的培训模式设计表

<table>
<tr><th colspan="4">问题培养设计</th></tr>
<tr><th>姓名</th><td></td><th>学校</th><td></td></tr>
<tr><td>面临的困难和问题</td><td colspan="3"></td></tr>
</table>

① 陈玉琨：《中学校长培训的新理念与新策略》，载《人民教育》，2009（20）。

② 何泳忠：《改革教师培训模式促进教师专业化发展》，载《教育研究》，2014（01）。

③ 汪文华：《带课、带研、带学、带资，促进“影子教师”培训有效实施—以2010年“国培计划”安徽省置换脱产研修项目为例》，载《中小学教师培训》，2011（03）。

④ 陈玉琨：《中学校长培训的新理念与新策略》，载《人民教育》，2009（20）。

⑤ 马海永：《美国“基于问题”的校长培训模式探究》，载《当代教育论坛（校长教育研究）》，2008（07）。

⑥ 王斌华：《专业英语教程（教育类）》，16页，上海，上海教育出版社，2001。

（续表）

对问题的初步分析	一、分析原因 二、对原因进行归类： ①哪些是自己可以解决的？哪些是需要与教育局、地方政府、校长、家长、学生一起努力的？哪些是自己无法解决的？ ②哪些是技术问题？哪些是思维方式问题？ ③哪些是主要问题，哪些是次要问题？
确定需要并能够研究的问题	①研究问题 ②定义重要概念 ③确定研究的具体内容（子问题）
研究的目的和意义	
撰写研究报告的要求	

2.“用中学”培养模式

“好教师不是天生的，而是在教学管理实践中、在教育改革发展中锻炼成长起来的”。“用中学”是最有意义的学习方式。“用中学”岗位反思培养就是把别人的知识、经验，改组再造成为自己重要的经历通过现场诊断和案例教学解决实际问题，采取情境体验改进学校管理和教育教学行为，利用行动研究和反思实践提升教育经验。

3.案例分析培养

高质量高水平的农村学校管理案例，能够恰到好处地解释现实问题和概念，既环环相扣，又易于理解，使成熟的管理理论与现实问题之间能够很好地契合。案例分析培养第一步，选取农村优秀学校案例；第二步将案例详细情况及有关资料发放给校长；第三步让校长们分析点评案例学校的成功点与原因，校长起了什么样的作用，等等；第四步，分层次交流分享，也可校长之间互相点评，每个人都只能理解到事物的某些方面，要使农村中小学校长看到那些与自己不同的理解。

4.团队异地培养模式

群体性模仿是学习的重要起步。“人类的学习，是群体性心理与精神活动模仿。”团队异地培养包括三个含义：一是宏观上开展跨领域、跨区域校际研修交流活动，形成学校之间的协作体，促进校际的群团发展，如“校长+家长+学生”整体连贯培训模式；二是中观上以学校改进为核心理念设置课程体系，在学校改进的实践中实现农村学校管理团队一体发展，如“校长+副校长+主任”培训模式；三是微观上校长、教学副校长和教导主任，即思想、思路、流程三位一体进行同一主题、不同侧重点的团队培训，在自我诊断、认同、完善中推动学校改进与自我发展，如同题异析、异题同析等。（见表6-13）团队培训也可以概括为“问题引领+理论奠基+实践导向+行动反思”模式。

表6-13　团队“同题异析、异题同析”培养模型

大专题	小专题	观察方法	是何	若何	为何	如何
学校常规管理与制度创新	如何解决农村中学教师与学生严重流失问题	听				
		看				
		问				
		议				
		思				
		写				

5.区域学校捆绑培养模式

区域学校捆绑培养模式是指区域行政部门之间和区域内将城乡不同层次的两所或两所以上学校联合成一个资源共享、优势互补的发展共同体。它具有“资源捆绑、理念捆绑、制度捆绑、教师培训捆绑、考核捆绑的五大特点，主要有一对一捆绑模式、一对多捆绑模式、跨地域捆绑模式、跨学段捆绑模式等具体形式和做法”[①]。内涵在“帮、引、动、共”的捆绑发展机制上：帮——政策支持、资金帮助。引——理念引领、经验引入、业务引导；动——校际联动、教师流动、教研互动；共——思路共谋、队伍共建、资源共享、班级共创。（见图6-14）

① 杜复平：《论义务教育捆绑式均衡发展模式》，载《开封教育学院学报》，2013（03）。

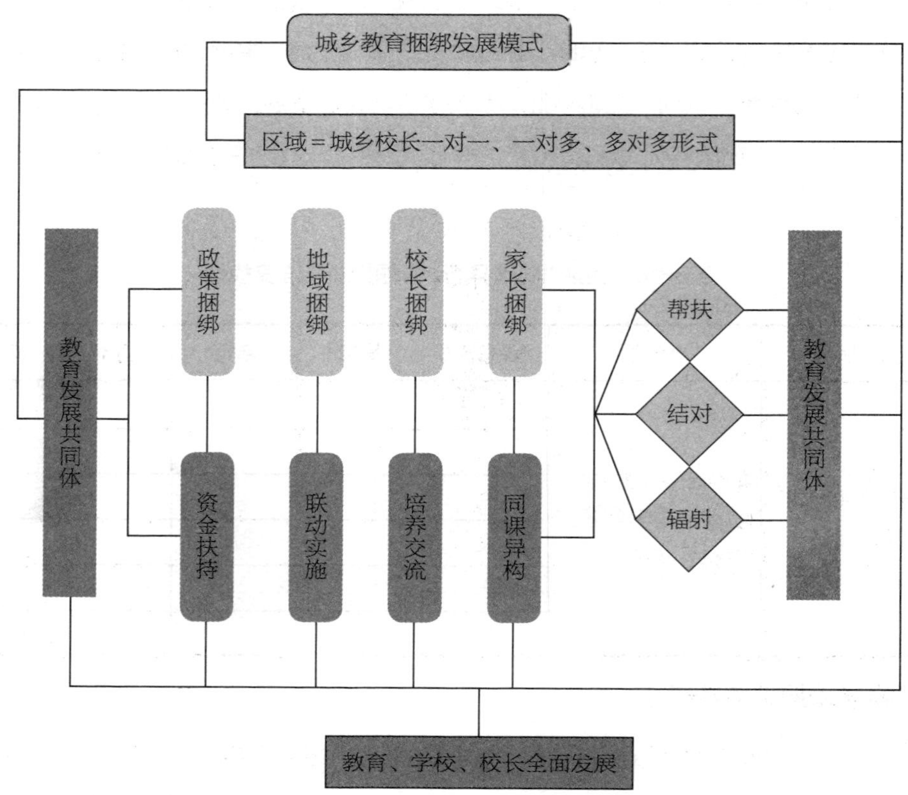

图6-14　城乡、农村区域学校捆绑培养模式

（五）以培训者队伍的良好素质为农村中小学校长优质培训提供服务

“没有教师的积极参与，任何改革都会事倍功半。”[①]培训机构的教师队伍决定着培训的实际方向。正如学者尤妤冠所言：“进修学院的教师不仅是院校课程的培训者，更是完成教师进修任务的指导者和协调者，教师专业能力的建设与教育事业的基础建设息息相关，教师的行为影响着进修院校的发展方向。”[②]但是，学界对培训者队伍素质有着不同的观点，万恒认为培训者应具备四种能力：“培训者的案例研究能力、情境创设能力、对校长的专业发展设计能力、研究成人学习并开发成人有效学习方式的能

① 联合国教科文组织：《教育——财富蕴藏其中》，15页，北京，教育科学出版社，1996。

② 尤妤冠：《提升进修院校培训者专业能力的探讨》，载《福建教育学院学报》，2016（01）。

为等。”[①]刘晓英从细节坚持的角度认为培训者应该具备“培训活动设计能力、过程调控能力和过程反思能力”[②]。培训者的角色定位应该是农村中小学校长培训科学的研究者、资源的开发者、精神的引领者、专业的指导者。农村中小学校长培训者队伍基本素质要求包含专业信念、专业知识、专业技能。（见表6-14）其核心在于构建属于中小学校长培训的学科体系、学术体系、话语体系。

表6-14　农村中小学校长培训者队伍基本素质要求

维度	基本内容
专业信念	①贯彻党和国家教育方针政策； ②理解农村教育的特殊价值，认同农村中小学校长的专业性和独特性； ③学而不厌，诲人不倦
专业知识	①掌握农村中小学校长专业发展的一般过程、规律与特点； ②正确运用农村中小学校长培训的基本原理和主要方法； ③掌握所教学科内容的基本知识、原理与技能
专业技能	①农村中小学校长培训的设计、实施、评价与跟踪指导； ②营造良好的培训文化氛围，通过多样化方法激发农村中小学校长的学习兴趣； ③与学员、同事合作交流，自我反思，教学相长

（六）运用大数据开展农村中小学校长培训工作的绩效评估

张雷认为：“任何政策都是在若干并非完美的政策方案中选择最优方案的结果，加之客观条件不断变化和新的政策问题不断产生，需要加强政策评估研究。”[③]绩效评估是一种促进培训机构办学水平和提高培训质量的有效措施，也是政府监管培训机构和项目的重要手段，是世界各国教育改革发展和质量保障的普遍规律。《国家中长期教育改革和发展规划纲要（2010—2020年）》37次使用“评估”或“评价”两个关键词。随着治理体系和治理能力现代化的推进，绩效评估理论发展迅速，从国家级培训机构到县级培训机构的绩效评估理论与实践呈现出多样化的特征，创造了许多具有中国特色的绩效评估范例。因此，农村中小学校长培训绩效评估不仅要注重技术理性、社会理性，更要

① 万恒：《从培训者能力视角看中小学校长的培养》，载《教育发展研究》，2010（Z2）。

② 刘晓英：《校长培训者的细节坚持与能力提升》，载《中小学教师培训》，2011（10）。

③ 张雷：《教育政策绩效评估的理论探讨》，博士学位论文，华东师范大学，2014。

注重政治理性。

培训机构在评估过程中，对照农村中小学校长培训项目实施工作的绩效目标，遵循多元参与、地位平等、过程透明、程序正义、诊断改进的原则。一方面，通过加工改造唐纳德·柯克帕特里克反应层、学习层、行为层和结果层“四级评价模式”，农村中小学校长培训与中小学校长的工作时间流程、管理过程步骤相匹配。（见表6-15）

表6-15　基于柯氏评价模型的中小学校长培训评价重点

评价层次	评价重点
反应层	①农村中小学校长满意度； ②内容是否适合实用； ③方法是否科学恰当，氛围是否温馨
学习层	①农村中小学校长知识理解应用； ②技能的掌握； ③献身农村教育境界的提升
行为层	①教师、学生、家长、教育部门对农村中小学校长培训前后思想、行为变化的对比； ②办学治校的自信心得到增强； ③挖掘农村特有的自然、社会、文化资源形成学生发展课程； ④对于激发农村教师的积极性有了新的对策； ⑤与师生、家长有效沟通能力加强； ⑥更加熟练的驾驭学校管理
结果层	①办学声誉得到提升，控辍保学有了改观； ②教师积极性得到提高； ③学生进步发展； ④学校获得了相应的荣誉称号

另一方面，动员多元评估主体，设置科学的绩效评估标准，采用适合绩效评估的方法，建立绩效评估信息公开机制，及时开展农村中小学校长培训项目自我评估和第三方评估，保证农村中小学校长培训项目的执行进度和实施质量。有条件的培训机构可采取大数据评估、学员网络匿名评估、专家抽查评估和第三方评估等方式对农村中小学校长培训实施过程及成效进行监管评估。（见图6-15）

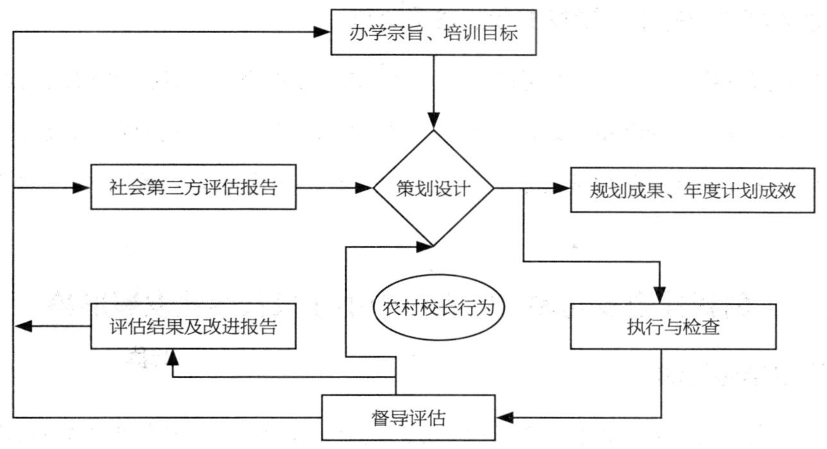

图6-15　农村中小学校长培训绩效评估过程

四　农村中小学校长专业发展支持服务体系中社会的功能

（一）培育社会参与的农村中小学校长专业发展主体

1.大力倡导社会组织参与的农村中小学校长专业发展

支持社会团体、基金会、民办非企业单位等各类组织积极参与农村中小学校长专业发展事业。各级政府和有关部门对社会组织开展、参与农村中小学校长专业发展活动提供信息服务、业务指导。

2.广泛动员个人参与农村中小学校长专业发展

开展丰富多样的到农村中小学校、留守儿童家庭体验走访的活动。引导社会成员和海内外人士，通过爱心捐赠、志愿服务、结对帮扶等多种形式参与农村中小学校长专业发展行动。

3.深化定点帮扶农村中小学校长专业发展工作

承担定点扶贫任务的地区和单位发挥各自优势，帮助协调解决定点扶贫地区农村中小学校长专业发展的突出问题。定期选派优秀中青年干部挂职农村中小学校，驻校帮扶。

4.强化区域农村中小学校长专业发展协作

继续坚持开展城乡、农村校际联盟等活动。注重发挥各级培训机构作用，按照优势互补、互利共赢、长期合作、共同发展的原则，通过政府引导、企业协作、社会帮扶、人才交流、职业培训等多种形式深化全方位参与农村中小学校发展和农村中小学校长专业发展。

（二）创新社会多元参与的农村中小学校长专业发展形势

1.开展志愿行动

鼓励和支持大学生、离退休人员和社会人士参与农村中小学校长专业发展志愿者行动，构建农村中小学校长专业发展志愿者服务网络。组织和支持青年学生等各类志愿者参加送教下乡、田野调研、创业引领、资源扶持等活动。

2.打造公益品牌

继续发挥“携手联合国儿童基金会海尔集团全力关注留守儿童教育项目”“中国移动中小学校长培训项目”“中国电信中小学校长信息技术应用能力提升项目”等公益品牌效应，积极引导社会各方面资源向农村中小学校长专业发展聚集。不断打造针对农村中小学校长专业发展的一对一结对、手拉手帮扶等公益新品牌。

3.构建信息服务平台

按照科学、精准的要求，建设农村中小学校长专业发展信息网络服务平台。以农村中小学校长专业发展建档立卡信息为基础，结合连片特困地区区域发展与扶贫攻坚规划，制定不同层次、不同类别农村中小学校长专业发展项目规划，推进资源供给、需求等信息互联共享，建立精准化的农村中小学校长专业发展资源配置机制。

4.推进政府购买服务

加快推进财政资金面向社会购买服务，支持参与农村中小学校长培训的各类机构通过竞争的方式，举办农村中小学校长培训班。

（三）营造农村中小学校长专业发展良好的舆论氛围

叶澜、白益民等人认为：“教师的专业成长总是处于一定的环境之中的，离开教师生活的环境，则难以理解教师专业发展，教师正是在与周围环境的相互作用的活动中获得专业发展的。”①进一步在全社会大力弘扬尊师重教的良好风气，切实保障农村中小学校长专业发展的合法权益，努力提高农村中小学校长的社会地位和政治待遇。充分尊重和积极鼓励广大农村中小学校长的劳动创造，把广大农村中小学校长的积极性、主动性、创造性发挥出来。定期表彰奖励农村中小学校长专业发展支持服务体系建设先进单位，大力宣传优秀农村中小学校长无私奉献、服务社会的先进事迹，鼓励和引导社会各界为广大农村中小学校长办实事。

① 叶澜、白益民等：《教师角色与教师发展新探》，265页，北京，教育科学出版社，2002。

第四节　农村中小学校长专业发展支持服务体系建设的运行

农村中小学校长专业发展支持服务体系的运行机制如何构建，是农村中小学校长专业发展支持服务体系建设亟待解决的现实问题。对此，各方面在认识上还存在一定分歧，而分歧的背后则隐藏着对我国农村中小学校长专业发展支持服务体系建设工作现实状态的不同判断以及对我国基础教育改革的不同主张和期待。

当前农村中小学校长专业发展支持服务体系的运行过程中存在着“行政化、虚拟化、碎片化、概念化”的问题，但是，影响和制约农村中小学校长专业发展支持服务体系建设运行工作的主要问题并不完全是“行政化、虚拟化、碎片化、概念化”，中小学校长专业发展支持服务体系运行的紊乱是各项工作难以达到预想效果的主要原因。“政府主导”的权力、分工与范围；“培训机构联动”的实施、评价与边界；“社会参与”的使命、责任与担当需要进一步完善，但总体作用不应减弱。

｜一｜农村中小学校长专业发展支持服务体系的运行设计

政府、机构、社会这三个要素之间存在着一种内在的必然联系——运行机制，才能构成一个有机的整体，这个整体的发展运动与变化就要靠一种机制去维持、推动和保护——这就是“三位一体”农村中小学校长专业发展支持服务体系的运行机制，是一种决策权、执行权、监督权既相互制约又相互协调的权力结构和运行机制，是“三位一体”农村中小学校长专业发展支持服务体系建设的实施操作层面。基于以上认识，设想我国可以形成“三位一体”的农村中小学校长专业发展支持服务体系的运行机制新格局——政府主导、培训机构联动、社会参与，分级负责，共同实施。（见图6-16）

｜二｜以分工协作推进农村中小学校长专业发展

《国家中长期教育改革和发展规划纲要（2010—2020年）》中明确指出建立问责制度的重要性。但是，在现今的农村中小学校长专业发展中其应该承担哪些责任，在这些责任中哪些可以实施问责，哪些不可以问责，在现今的研究中仍是模糊不清的。如

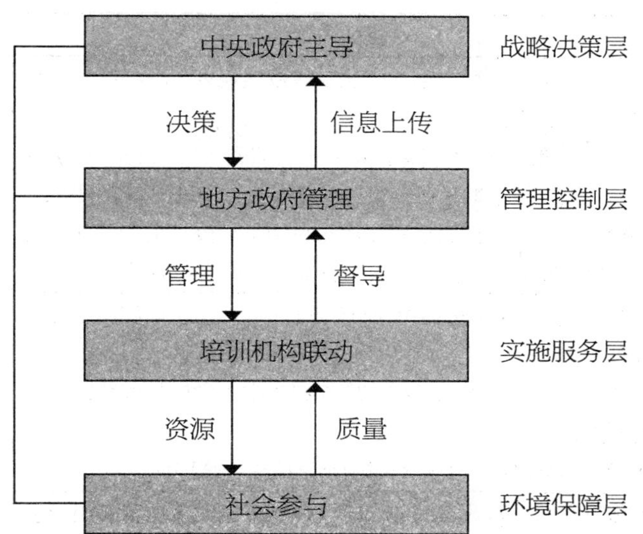

图6-16　农村中小学校长专业发展支持体系的运行机制

何建立一个合理、公正、公平和有效的农村中小学校长专业发展责任体系是一个十分必要和紧迫解决的问题。本文基于2002年国务院办公厅印发的《关于完善义务教育管理体制的通知》提出的农村义务教育实行“在国务院领导下，由地方政府负责、分级管理、以县为主”的体制，基于学理与法理两个基点，来分析政府、机构和社会的责任，厘清政府、机构和社会三个支持服务主体的责任边界，分工协作推进农村中小学校长专业发展，这也是农村中小学校长专业发展支持服务体系运行的前提与重要基础。（见表6-16）

表6-16　政府、机构和社会三个支持服务主体的责任边界

责任主体		责任内容	评估监督
各级政府	中央政府	①农村中小学校长专业发展政策法规； ②农村中小学校长准入资格制度标准； ③农村中小学校长专业发展经费支持	①前瞻性 ②系统性 ③可操作性 ④执行性
	省级政府	①拟订实施省域农村中小学校长专业发展规划； ②指导全省农村中小学校长培训基地建设与人事管理工作； ③对下级政府的农村中小学校长专业发展督导检查	

（续表）

<table>
<tr><th colspan="2">责任主体</th><th>责任内容</th><th>评估监督</th></tr>
<tr><td rowspan="3"></td><td>市级政府</td><td>①制定本地区农村中小学校长专业发展规划，组织协调农村中小学校长工作；
②根据国家中小学教职工编制标准和省人民政府的实施办法，审核上报本地区各县农村中小学校领导班子职数配置；
③检查督促各县按时足额发放农村中小学校长工资，并对财力不足、发放财政供养人员工资确有困难的县给予转移支付</td><td rowspan="3"></td></tr>
<tr><td>县级政府</td><td>①全面负责农村中小学校长的选聘、培养、管理使用、交流等工作；
②调整本级财政支出结构，增加农村中小学校长继续教育经费预算；
③指导县级培训机构和农村中小学校进行督导评估</td></tr>
<tr><td>乡（镇）人民政府</td><td>①负责组织适龄儿童少年入学，严格控制义务教育阶段学生辍学；
②维护学校的治安、安全和正常教学秩序，治理校园周边环境；
③积极筹措经费，改善农村中小学办学条件，支持农村中小学校教育发展</td></tr>
<tr><td rowspan="3">培训机构</td><td>国家级机构</td><td>①组织开展农村中小学校长高级研修、研究，名校长和管理者培训；
②开展农村中小学校长培训研究，开发培训课程资源；
③指导专家、相关机构积极支持农村中小学校长专业发展</td><td rowspan="3">①培训重视程度
②统筹整合培训资源
③方案的科学与实施
④质量保障体系</td></tr>
<tr><td>省级机构</td><td>省级教育行政部门要做好农村中小学校长培训的规划，落实培训计划和专项培训经费，加强培训体系能力建设，指导检查督促本地区农村中小学校长培训工作</td></tr>
<tr><td>市县级机构</td><td>市县级教育行政部门要制订农村中小学校长培训实施计划，落实培训经费，加强组织协调管理，确保农村中小学校长培训计划落到实处</td></tr>
<tr><td colspan="2">社会各界</td><td>①舆论支持；
②志愿者活动；
③社会捐助；
④三方评估</td><td>①参与度
②满意度
③发展度</td></tr>
</table>

三 | 供给适合各方需求的农村中小学校长学习流程

《国家中长期教育改革和发展规划纲要（2010—2020年）》提出到2020年，基本实现教育现代化，基本形成学习型社会，进入人力资源强国行列。城镇化、农业现代化、工业化、信息化致使农村中小学校长的个性化需求也在发生变化，对教学管理和支持服务提出了更高的要求。培训者有必要为农村中小学校长分析设计更符合时代需求的开放性、交互性学习流程，搭建开放灵活的个性化学习支撑平台系统，激发农村中小学校长的潜能，促进农村中小学校长个性、全面、和谐发展，使其在建设“人人皆学、处处可学、时时能学”的学习型社会中发挥重要作用。（见图6-17）

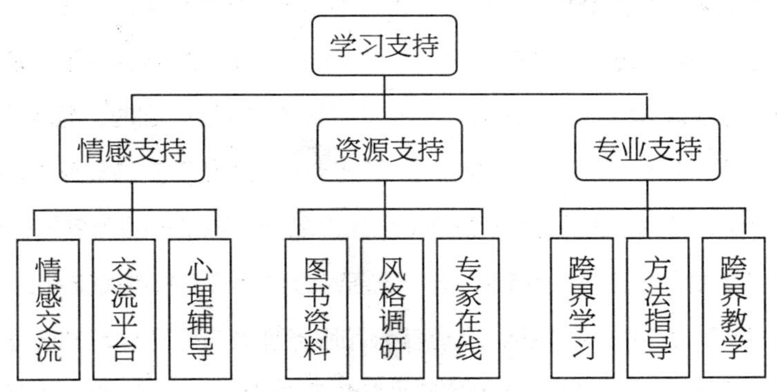

图6-17　农村中小学校长学习支持服务的运行流程

四 | 建立健全农村中小学校长专业发展联席会议制度

建立政府、培训机构、社会各方参与的农村中小学校长专业发展联席会议制度，会议议定事项是在各级政府领导下，研究拟订完善农村中小学校长专业发展的制度、政策、体制和机制，向政府提出建议；统筹做好农村中小学校长专业发展生活保障与医疗、住房等其他政策的协调发展和有效衔接；督导推进农村中小学校长专业发展支持服务体系建设等事项。联席会议根据农村教育工作特点原则上每年召开两次例会，根据工作需要，可以临时召集会议。涉及农村中小学校长专业发展的重大问题需经联席会议讨论后，由联席会议牵头单位报政府决定。

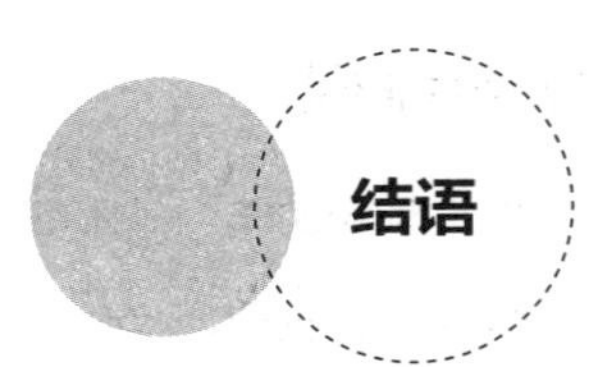

结语

任何事物都是矛盾的统一体，都是在矛盾的运动中发展前进的。农村中小学校长专业发展支持服务体系的建设是一个不断发现矛盾和解决矛盾的过程。只有充分借鉴人类文明成果和国内历史经验，坚持发挥中国特色政治制度优势，才能将问题解决统一于农村中小学校长专业发展支持服务体系建设的实践中。可以假设，今后一个时期内农村中小学校长专业发展政策支持与制度创新，农村中小学校长各个学段的核心素养及其有序衔接培养，培训课程质量标准体系，开放、包容的培训资源的整合利用，职前职后培训机构之间的学分互认，培训机构建设与专业发展联盟的完善，国内、国际开放合作培训格局，情感共鸣，引为自豪的远程培训文化等将会长期贯穿于支持服务体系建设中。

农村中小学校长专业发展支持服务体系建设是一个惠及千百万农村儿童的伟大工程，是国计，更是民生工程。随着2015年国务院办公厅《乡村教师支持计划（2015—2020年）》的印发和中央精准扶贫战略实施和服务型政府观念意识的增强，越来越多的政策研究、理论研究和一线工作者将目光聚焦到农村中小学校长专业发展支持服务体系的建设上。可以预见的是，关于农村中小学校长专业发展支持服务体系建设的理论研究和实践经验会越来越丰富，一个面向农村，提供适合农村中小学校长工作、生活、学习的专业发展支持服务体系必将完善与发展。

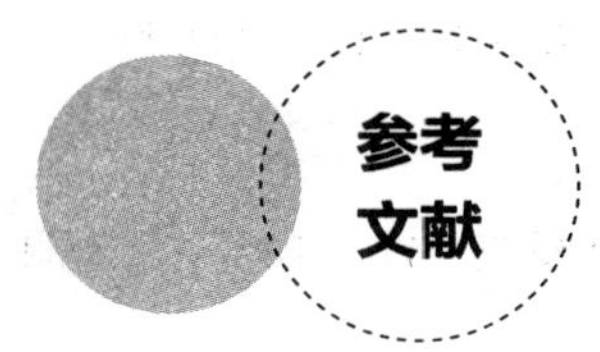

一、著作

[1][德]第斯多惠．德国教师培养指南[M]．袁一安，译．北京：人民教育出版社，2001.

[2][德]伊曼努尔·康德．论教育学[M]．赵鹏，何兆武，译．上海：上海人民出版社，2005.

[3][法]保罗·郎格让．终身教育导论[M]．滕星，等，译．北京：华夏出版社，1988.

[4][加拿大]迈克·富兰．变革的力量——透视教育改革[M]．加拿大多伦多国际学院，中央教育科学研究所，译．北京：教育科学出版社，2000.

[5][捷]夸美纽斯．大教学论[M]．傅任敢，译．北京：人民教育出版社，1984.

[6][美]D·赫尔雷格尔，等．组织行为学[M]．俞文钊，丁彪，等，译．上海：华东师范大学出版社，2001.

[7][美]詹姆斯·E．安德森．公共决策[M]．唐亮，译．北京：华夏出版社，1990.

[8][美]保罗·克拉克．学习型学校与学习型系统[M]．铁俊，李航敏，等，译．北京：中国轻工业出版社，2004.

[9][美]戴维·波普诺．社会学（第十版）[M]．李强，等，译．北京：中国人民大学出版社，1999.

[10][美]费奥斯坦，费尔普斯．教师新概念——教师教育理论与实践[M]．王建平，等，译．北京：中国轻工业出版社，2002.

[11][美]戴维·格伦斯基．社会分层（第2版）[M]．王俊，等，译．北京：华夏出版社，2006.

[12][美]杰拉尔德·C．厄本恩，拉里·W．休斯，辛西娅·J．诺里斯．校长论：有效学校的创新型领导（第4版）[M]．黄崴，龙君伟，等，译．重庆：重庆大学出版社，2004.

[13][美]哈罗德·孔茨，西里尔·奥唐奈，海因茨·韦里奇．管理学[M]．黄洁纲，范煦，等，译．上海：上海人民出版社，1990.
[14][美]马里斯·特雷莎·西尼斯卡尔科．世界教师队伍统计概览[M]．丰继平，郝丽平，译．上海：华东师范大学出版社，2007.
[15][美]罗纳德·W．瑞布．教育人力资源管理——种管理的趋向（第6版）[M]．褚宏启，李铁，林天伦，等，译．重庆：重庆大学出版社，2003.
[16][美]约翰·S．布鲁贝克．高等教育哲学[M]．王承绪，郑继伟，张维平，等，译．杭州：浙江教育出版社，1998.
[17][美]约翰·杜威．民主主义与教育[M]．王承绪，译．北京：人民教育出版社，2001.
[18][瑞典]T.胡森，[德]T.N.波斯尔斯韦特．教育大百科全书（教育经济学）[M]．张斌贤，等，译．重庆：西南师范大学出版社，2006.
[19][瑞典]T.胡森，[德]T.N.波斯尔斯韦特．教育大百科全书（教育管理）[M]．重庆：西南师范大学出版社，2011.
[20][美]罗伯特·G．欧文斯．教育组织行为学（第7版）[M]．窦卫霖，温建平，王越，译．上海：华东师范大学出版社，2001.
[21]北京教育学院校长培训学学科组．校长培训学：结构体系与基础研究[M]．北京：首都师范大学出版社，2012.
[22]陈大伟．有效研修[M]．大连：辽宁师范大学出版社，2006.
[23]陈永明．国际师范教育改革比较研究[M]．北京：人民教育出版社，1999.
[24]陈永明等．中小学校长专业标准解读[M]．北京：北京大学出版社，2011.
[25]陈玉琨．教育评价学[M]．北京：人民教育出版社，1999.
[26]褚宏启，杨海燕，等．走向校长专业化[M]．上海：上海教育出版社，2009.
[27]邓金．培格曼最新国际教师百科全书[M]．北京：学苑出版社，1989.
[28]丁兴富．远程教育学[M]．北京：北京师范大学出版社，2001.
[29]费孝通．江村经济——中国农民的生活[M]．北京：商务印书馆，2004.
[30]冯增俊．当代国际教育发展[M]．上海：华东师范大学出版社，2002.
[31]胡艳，蔡永红．发达国家中小学教师教育[M]．海口：海南出版社，2000.

[32]黄甫全．课程与教学论[M]．北京：高等教育出版社，2002.
[33]教师教育指导全书课题组．教师教育指导全书[M]．北京：人民日报出版社，2004.
[34]教育部师范教育司组．教师专业化的理论与实践（修订版）[M]．北京：人民教育出版社，2003.
[35]金忠明．教师教育的历史、理论与实践[M]．上海：上海教育出版社，2008.
[36]联合国教科文组织．全球教育发展的历史轨迹——国际教育大会60年建议书[M]．赵中建，译．北京：教育科学出版社，1999.
[37]联合国教科文组织．教育的使命：面向二十一世纪的教育宣言和行动纲领[M]．赵中建，译．北京：教育科学社，1996.
[38]梁忠义，罗正华．教师教育[M]．吉林：吉林教育出版社，1998.
[39]刘捷．专业化：挑战21世纪的教师[M]．北京：教育科学出版社，2002.
[40]卢晓中．比较教育学[M]．北京：人民教育出版社，2005.
[41]鲁洁．教育社会学[M]．北京：人民教育出版社，2001.
[42]马凤岐．教育政治学[M]．北京：人民教育出版社，2002.
[43]瞿葆奎．日本教育改革[M]．北京：人民教育出版社，1991.
[44]沈玉顺．走向优质教育：教育部中学校长培训中心精品讲座[M]．上海：华东师范大学出版社，2006.
[45]施良方．学习论副标题有两种（两本书）：①学习心理学的理论与原理②全国中小学继续教育教材[M]．北京：人民教育出版社，2000.
[46]王斌华．专业英语教程（教育类）[M]．上海：上海教育出版社，2001.
[47]王策三，裴娣娜，丛立新．教学认识论（修订本）[M]．北京：北京师范大学出版社，2002.
[48]王承绪，顾明远．比较教育学史（第三版）[M]．北京：人民教育出版社，1999.
[49]吴志宏，冯大鸣，周嘉方．新编教育管理学[M]．上海：华东师范大学出版社，2000.
[50]熊焰．校本培训：教师专业发展[M]．广州：广东高等教育出版社，2006.
[51]叶澜，白益民，王枬，陶志琼．教师角色与教师发展新探[M]．北京：教育科学出

版社，2001.
[52]翟天山．教育评价学[M]．北京：高等教育出版社，2003.
[53]毕田增，赵敬春．走进校本学习与培训[M]．北京：开明出版社，2003.
[54]周南照，赵丽，任友群．教师教育改革与教师专业发展：国际视野与本土实践[M]．上海：华东师范大学出版社，2007.
[55]Dye，T.Understanding Public Policy[M].Boston：Houghton Miffin Co.，2.，1998.
[56]Campbell etc..The Organization and Control of American Schools[M].Columbus，Ohio：Charles E.Merrill Publishing Co.，1990.
[57]DfES.Guidance on the mandatory requirement to hold the National Professional Qualification for Headship（NPQH）[M].England：Crown Press，2004.
[58]Drago-Severson，E.Helping Teachers Learn：Principal Leadership for Adult Growth and Development[M].Thousand Oaks，CA：Corwin Press，2004.
[59]Dreyfus，H.L.&Dreyfus，S.E.Mind over machine：The power of human intuition and expertise in the ear of the computer[M].New York：Free Press，1986.
[60]Huber，S.G.Preparing School Leaders for the 21st Century[M].London and NewYork：Routledge Falmer，2004.
[61]Joseph Murphy.Approaches To Administrative Training In Educa-tion[M].Albany：State University of New York，1987.
[62]National Council for Accreditation of Teacher Education.Professional Standards for the Accreditation of Schools，Colleges，and Departments of Education[M].Washington，DC：NCATE，2001.
[63]Paul Clark.Learning Schools，Learning Systems[M].Contin-uum：London and New York，2000.
[64]Paul Morris John Williamson.Teacher Education in The Asia-Pacific Region[M].England：Routledge，2000.
[65]Robin Mark，Mireille Pouget，Edward Thomas.Adult in Higher Education：Learing from Experience in the New Europe[M].Germany：Die Deutsche Biblionthek，2000.
[66]S.Piggott. The Dawn of Civilization[M].New York：McGraw-Hill Book Co.，1961.

[67]W.A.Jekins.Changing Patterns of Teacher Education[M].Chicago：University of Chicago Press，1977.

[68]Knowles，M.S.The Adult Education Movement in the United States[M].Malabar，FL: Krieger，1977.

二、报纸、期刊文章

[1]朱志龙，彭晓霞．英国国家校长专业培训计划（NPQH）评介[J]．外国教育研究，2007，34（07）．

[2]朱旭东．试论教师教育的公益性——政府在教师教育中的作用[J]．教育理论与实践，2002，22（01）．

[3]周玉龙．美国中小学校长联盟认定优秀校长的六条标准[J]．北京教育（普教），2010（06）．

[4]终身学习的进展、发展趋势和制度建设——上海国际终身学习论坛综述[J]．教育研究，2010，31（10）．

[5]袁振国，苏红．教育质量国家标准及其制定[J]．教育研究，2013，34（06）．

[6]郑玉莲，陈霜叶．促进教育均衡发展的校长培训机构改革：现状与政策评估[J]．教育研究与实验，2014（06）．

[7]赵明仁．西北地区县级教师培训机构建设的问题及对策[J]．中小学教师培训，2014（11）．

[8]赵静，武学超．英国教师教育政策的演变及评析[J]．教育发展研究，2006（04）．

[9]赵彩侠，李红婷．协同发展，共筑区域教育发展新格局——记山东省普通中小学“1751”改革创新工程[J]．中国教师，2015（24）．

[10]张立德．培养高端人才，重在进行全面素质教育[J]．中国科技奖励，2007（02）．

[11]张佳伟．中小学校长专业发展阶段的理论进展与批判性分析——与国际间校长专业发展标准的制定取向相结合[J]．外国中小学教育，2015（11）．

[12]张洪华．建国后中小学领导体制演变的特点及趋势[J]．教学与管理，2010（19）．

[13]张宏群．做智慧型校长引领学校特色发展[J]．中国教育学刊，2012（S2）．

[14]于维涛．管理团队培训：中小学校长培训模式变革的新途径[J]．中小学教师培

训，2013（07）.
[15]尤妤冠. 提升进修院校培训者专业能力的探讨[J]. 福建教育学院学报，2016（01）.
[16]姚静. 国外中小学校长培训管理机构的发展趋势研究——以美、德、英三国为例[J]. 天津师范大学学报（基础教育版），2014（02）.
[17]杨志明，孙河川. 奥巴马政府对美国基础教育的改革[J]. 世界教育信息，2015（18）.
[18]杨志成. 构建适合新中国第四代中小学校长发展的培训体系[J]. 北京教育学院学报，2015（02）.
[19]杨启光. 美国中小学校长领导素质的研究分析[J]. 无锡教育学院学报，2005（01）.
[20]杨锦兴. 从教育行政的角度看“以县为主”的农村教育管理体制面临的问题——广西贵港市实施农村义务教育管理新体制的调查[J]. 现代教育管理，2009（01）.
[21]杨海燕. 中小学校长专业发展的影响因素[J]. 教育理论与实践，2003，23（03）.
[22]薛澜，李宇环. 走向国家治理现代化的政府职能转变：系统思维与改革取向[J]. 政治学研究，2014，（05）.
[23]宣兆凯，张江，谢文. 职业评价的调查与研究[J]. 社会，1984（04）.
[24]许苏. 美国校长培训及其政策分析[J]. 全球教育展望，2009（07）.
[25]徐艳国. 关于教育治理体系和治理能力现代化建设的分析[J]. 中国高等教育，2014（17）.
[26]肖正德. 农村教师队伍结构的失衡问题与优化策略[J]. 课程·教材·教法，2012（04）.
[27]肖北方. 关于中小学校长培训评估专业化发展的系统探析——近20年中小学校长培训评估研究文献综述[J]. 北京教育学院学报，2011，25（05）.
[28]王柱国. 美国教育管理的法律基础[J]. 中国社会科学院研究生院学报，2004（04）.
[29]王玥，赵慧臣. 美国校长信息化领导力培养项目的发展变革及其启示——以教育信息化领导力前沿研究中心为例[J]. 电化教育研究，2016（06）.

[30]王静，洪明．美国中小学教师工资的当前状况——美国教师联合会（AFT）2007年教师工资调查报告简介[J]．外国中小学教育，2007（10）．
[31]汪文华．带课、带研、带学、带资，促进“影子教师”培训有效实施——以2010年“国培计划”安徽省置换脱产研修项目为例[J]．中小学教师培训，2011（03）．
[32]万恒．从培训者能力视角看中小学校长的培养[J]．教育发展研究，2010（Z2）．
[33]涂元玲．英国《国家校长标准》：背景、内容与特征[J]．比较教育研究，2011（05）．
[34]孙绵涛，邓纯考．错位与复归——当代中国教育政策价值分析[J]．教育理论与实践，2002，22（10）．
[35]眭依凡．大学校长的教育理念及其与治校的关系[J]．教育研究，2000（07）．
[36]饶从满，徐庚．日本中小学校长研修概观[J]．现代中小学教育，1993（04）．
[37]曲铁华，王莹莹，于喆．美国中小学校长在职培训制度及启示[J]．外国教育研究，2011，38（05）．
[38]曲可佳，邹泓．职业生涯探索的结构、方法及影响因素[J]．心理科学进展，2009，17（02）．
[39]戚万学．论教师的哲学[J]．教育研究，2014，35（12）．
[40]彭新实．日本的教师培训和教师定期流动[J]．外国教育研究，2000，27（05）．
[41]马海永．美国“基于问题”的校长培训模式探究[J]．当代教育论坛（校长教育研究），2008，（07）．
[42]吕型伟．要学点教育史——关于教育创新的一次谈话[J]．教育发展研究，2003，23（07）．
[43]吕蕾．中外中小学校长培训机构政策比较研究[J]．中小学教师培训，2011（07）．
[44]卢乃桂，陈霜叶，郑玉莲．中国校长培训政策的延续与变革（1989—2009）[J]．清华大学教育研究，2010（05）．
[45]刘晓英．校长培训者的细节坚持与能力提升[J]．中小学教师培训，2011（10）．
[46]刘小蕊，庞丽娟，沙莉．美国联邦学前教育投入的特点及其对我国的启示[J]．学前教育研究，2007（03）．
[47]刘金锭．从维果茨基的“最近发展区”理论到学习者自我超越的实现[J]．学理

论，2010（29）.
[48]刘复兴．教育政策价值分析的三维模式[J]．教育研究，2002，23（04）.
[49]梁亦华．文本背后的价值取向——香港校长专业发展的延续与变革（1982—2013）[J]．清华大学教育研究，2014（02）.
[50]李中亮．教师培训机构国家标准建设研究[J]．中国教育学刊，2014（06）.
[51]李中国．政府、高校、中小学校合作培养教师的新模式探索[J]．临沂大学学报，2015（02）.
[52]李中国．我国教师教育发展现状、问题与建议[J]．继续教育研究，2010（08）.
[53]李同胜．关于农村中小学校长专业发展的对策思考[J]．继续教育研究，2009（08）.
[54]李敏谊，张晨晖．从布莱尔到布朗——英格兰幼儿教育和保育政策的发展历程与新进展[J]．外国教育研究，2010，37（09）.
[55]李敏．《专业标准》指引下的中小学校长胜任力培训[J]．全球教育展望，2013（09）.
[56]李孔珍．英国中小学校长培训的管理制度分析[J]．中国教育学刊，2009（12）.
[57]李江桦，刘振疆．美国、英国、新西兰三国校长专业标准比较及其启示[J]．外国教育研究，2007，34（12）.
[58]李红，谭丽娟．专家团队“实地跟踪指导”提升农村中小学校长培训的有效性[J]．中小学教师培训，2010（05）.
[59]李更生．认识校长成长规律，构建促进校长终身发展培训体系[J]．浙江教育学院学报，2007（06）.
[60]李更生，鲁林岳．走进教育现场：基于教育现象学的校长培训范式的转型[J]．教育研究，2012，33（12）.
[61]李春生．日本中小学校长的选拔培养制度[J]．世界教育信息，2001（10）.
[62]李保强．教学目标体系建构的理论反思[J]．教育研究，2007，28（11）.
[63]李・S．舒尔曼，王幼真，刘捷．理论、实践与教育的专业化[J]．比较教育研究，1999（03）.
[64]孔令帅，吕杰昕．美国中小学校长专业发展机制探析[J]．外国中小学教育，2012（10）.

[65]阚维. 范式的变革、手段的更新与效能的提高：国际视野下的校长培训工作[J]. 基础教育参考，2007（07）.
[66]教育部教育发展研究中心专题组. 近年来世界各国教育政策的趋势及特点[J]. 教育研究，2011（01）.
[67]黄晓平，吴杰，张世永. 网络教育管理系统架构设计[J]. 计算机工程与应用，2003，39（12）.
[68]黄文浩. 论教师培训权及其保障[J]. 温州大学学报（社会科学版），2008，21（02）.
[69]胡锷. 日本对中小学校长素质的要求[J]. 山西教育（综合版），2007（03）.
[70]胡东成，彭瑞霞. 我国教育培训机构标准建设的研究[J]. 继续教育，2011，25（07）.
[71]洪明. 英语教师教育的变革趋势[J]. 比较教育研究，2003（04）.
[72]何玉海，王传金. 论课程标准及其体系建设[J]. 教育研究，2015，36（12）.
[73]何泳忠. 改革教师培训模式促进教师专业化发展[J]. 教育研究，2014，35（01）.
[74]韩伏彬，董建梅. 国外中小学校长培训特点述评[J]. 中小学教师培训，2014（04）.
[75]郭洪林，甄峰，王帆. 我国高等教育人才流动及其影响因素研究[J]. 清华大学教育研究，2016（01）.
[76]管培俊. 关于新时期高校人事制度改革的思考[J]. 教育研究，2014，35（12）.
[77]辜胜阻，易善策，李华. 城镇化进程中农村留守儿童问题及对策[J]. 教育研究，2011，32（09）.
[78]龚玲. 把握培训政策 确定培训目标 完善培训内容 突出培训重点——对吉林省中小学校长培训工作的思考[J]. 吉林省教育学院学报（上旬），2012，28（10）.
[79]高益民. 从工资制度看日本的教师优遇政策[J]. 比较教育研究，2012（08）.
[80]高顺文. 我国职业声望研究二十年述评[J]. 华中科技大学学报（社会科学版），2005，19（04）.
[81]高葵芬. 中美两国中小学校长培训的发展趋势[J]. 湖北大学成人教育学院学报，2007（05）.

[82]高江海. 对教师培训基地建设的思考[J]. 中小学教师培训，2012（10）.
[83]冯大鸣. 英国校长培训模式评介[J]. 教育科学研究，2003（10）.
[84]冯大鸣，托姆林森. 21世纪对校长的新要求——与英国利兹都市大学托姆林森教授的对话[J]. 教学与管理，2001（19）.
[85]方中雄，陈丽，汤丰林，吕蕾. 中小学校长培训质量评价体系的政策研究[J]. 中小学管理，2011（08）.
[86]范冰. 教师在职培训：英国的经验与启发[J]. 比较教育研究，2004（01）.
[87]樊香兰，孟旭. 论专业化进程中的教师专业组织——基于文化学的省视[J]. 教师教育研究，2008（04）.
[88]杜复平. 论义务教育捆绑式均衡发展模式[J]. 开封教育学院学报，2013，33（03）.
[89]董新良. 中小学教师职业声望调查研究[J]. 教师教育研究，2011（06）.
[90]丁小浩，鲍劲翔. 安徽省教师培训体制与经费保障情况研究[J]. 教育发展研究，2006，26（08）.
[91]邓正容. 新西兰中小学校长培训框架与内容[J]. 基础教育，2011（03）.
[92]代蕊华. 论教育家型校长培训的策略选择[J]. 教师教育研究，2009（05）.
[93]褚宏启. 中小学校长培训课程的改革路径[J]. 教师教育研究，2009（06）.
[94]褚宏启. 校长专业化的知识基础[J]. 教育理论与实践，2003，23（12）.
[95]褚宏启. 校长专业标准与校长核心素养[J]. 中小学管理，2015（03）.
[96]褚宏启. 基于学校改进的学校自我评估[J]. 教育发展研究，2009（24）.
[97]褚宏启，杨海燕. 校长专业化及其制度保障[J]. 教育理论与实践，2002，22（11）.
[98]褚宏启，吕蕾，刘景. 中小学校长培训机构建设与培训制度改革[J]. 中国教育学刊，2009（12）.
[99]程介明，闫温乐. PISA之后再谈教育改革——香港大学教育学院程介明教授专访[J]. 外国中小学教育，2014（11）.
[100]程宏. 新加坡中小学校长培训的实践及启示[J]. 现代教育论丛，2011（02）.
[101]陈玉琨. 中学校长培训的新理念与新策略[J]. 人民教育，2009（20）.

[102]陈禹. 他山之石可以攻玉——美国中小学校长培训的认知和启示[J]. 中小学教师培训，2012（07）.

[103]陈丽娟. 奥苏贝尔有意义学习条件的实现[J]. 新课程研究（中旬刊），2010（04）.

[104]陈忱，夏现伟. 中英中小学校长任职资格培训课程设置比较分析与启示[J]. 中小学教师培训，2016（06）.

[105]曾晓东. 20世纪90年代以来世界教育规划理论和实践的进展[J]. 辽宁教育研究，2007（10）.

[106]曾晓东，周惠. 英美中小学教师工资制度地区差异实现机制的比较研究[J]. 比较教育研究，2014（12）.

[107]曹梦. 英国教师培训政策的变革历程及对我国的启示[J]. 当代继续教育，2014（02）.

[108]蔡奇杰. 美国公立中小学校长评价制度的法律保障与效果分析[J]. 教育发展研究，2010（08）.

[109]本刊编辑部. 校长专业化与校长培训——陈玉琨教授访谈实录[J]. 教育发展研究，2005（17）.

[110]全国中小学校长培训管理干部培训团. 澳大利亚中小学校长管理和校长培训考察报告（二）[J]. 中小学校长，2010（03）.

[111]齐书宇，邢立娜. 美国中小学校长领导标准及其启示[J]. 教育探索，2013（07）.

[112]徐吉洪，满建宇. 忙、盲、茫，农村校长向何方？[N]. 中国教育报，2015-04-30.

[113]魏海政. 山东“1751”工程打造县域样板校——专家团队跟进指导—培育时间为3至5年[N]. 中国教育报，2011-01-26.

[114]杨雪梅. 谁“偷走”了校长的时间[N]. 中国教育报，2008-08-26.

[115]张力. 推动教育事业科学发展的指针——深入学习贯彻习近平总书记关于教育的重要论述[N]. 中国教育报，2013-10-09.

[116]姚明伟. 庐阳区推行城乡教育共享人力、物力及教学方法等资源——学校“捆

绑”打破不均衡[N]．安徽日报，2009-11-26.

[117]谈松华．以制度建设为重点深化教育改革[N]．中国教育报，2007-12-01.

[118]赵雄辉，吴停风．农村教师队伍建设面临四大问题[N]．中国教育报，2012-10-01.

[119]鲍盛华．农村校长的“筑梦车间”吉林省教育学院创新培训教育模式[N]．光明日报，2016-07-15.

[120]Oplatka, Izhar.The principal’s career stage：an absent element in leadership perspectives[J].International Journal of Leadership in Education，2004，7（1）.

三、学位论文

[1]于维涛．县域教师发展支持体系建设研究[D]．上海：华东师范大学，2009.

[2]杨荣昌．教师继续教育课程体系研究[D]．上海：华东师范大学，2006.

[3]秦炜炜．大学教学支持服务体系发展研究[D]．南京：南京大学，2011.

[4]李涛．试析美国成人教育的分权制管理[D]．成都：四川师范大学，2007.

[5]周春良．卓越教师的个性特征与成长机制研究——基于163位特级教师的调查[D]．上海：华东师范大学，2014.

[6]郑玉莲．基于学校改进的中小学校长培训模式研究[D]．上海：华东师范大学，2009.

[7]赵同祥．中小学校长职级制研究[D]．长春：东北师范大学，2013.

[8]张雷．教育政策绩效评估的理论探讨[D]．上海：华东师范大学，2014.

[9]谢建罗．美国中小学教师继续教育制度研究[D]．成都：四川师范大学，2006.

[10]王延芳．我国中小学校长专业化的现状与发展对策研究[D]．济南：山东师范大学，2007.

[11]王徐波．我国教育干部培训机构评估研究[D]．上海：华东师范大学，2008.

[12]王富军．农村公共文化服务体系建设研究[D]．福州：福建师范大学，2012.

[13]孙军．中小学校长的时间问题——校长调查与个案研究[D]．南京：南京师范大学，2014.

[14]时伟. 专业化视野下教师继续教育的理论与实践[D]. 上海：华东师范大学，2003.
[15]邵燕. 论美国中小学教师教育资源的整合与分化[D]. 成都：四川师范大学，2006.
[16]任学印. 教师入职教育理论与实践比较研究[D]. 长春：东北师范大学，2004.
[17]权京超. 中美两国中小学校长培训比较研究[D]. 石家庄：河北师范大学，2008.
[18]马萌. 面向教师需求的教师及时培训模式研究——以小学教育技术能力校本培训为例[D]. 长春：东北师范大学，2011.
[19]刘先江. “国家与社会”视野中的政府管理社会化研究[D]. 武汉：华中师范大学，2006.
[20]焦阳. 美国中小学校长在职培训研究—以加利福尼亚州为例[D]. 长春：东北师范大学，2013.
[21]焦广兰. 对远程教育学习支持服务系统的研究[D]. 济南：山东师范大学，2004.
[22]黄宇琛. 英国中小学校长培养制度研究[D]. 宁波：宁波大学，2012.
[23]黄珺. 英国中小学校长培训制度研究[D]. 成都：四川师范大学，2013.
[24]胡惠闵. 指向教师专业发展的学校管理改革：上海市打虎山路第一小学个案研究[D]. 上海：华东师范大学，2003.
[25]郭丰. 美国中小学校长资格证书制度的历史演变及现状研究[D]. 长沙：湖南大学，2012.
[26]高璐. 美国中小学校长专业化政策研究[D]. 福州：福建师范大学，2010.
[27]甘宜涛. 鲁南农村中小学校长专业化问题研究—基于一个县的调查[D]. 哈尔滨：黑龙江大学，2015.
[28]程宏. 中小学党组织书记专业化发展研究—基于上海市J区中小学书记专业化发展的调查[D]. 上海：华东师范大学，2012.
[29]陈彤. 基于绩效的中小学教师远程培训支持服务体系研究——以“国培计划”江西省农村骨干教师远程培训项目为个案[D]. 南昌：江西师范大学，2012.

四、课题研究论文

[1]时晓玲，于维涛．中小学课堂教学模式改革的省思与多元创新——基于洋思、杜郎口、东庐等校课堂教学实践的思考[J]．教育研究．2013（05）．

[2]于维涛．管理团队培训：中小学校长培训模式变革的新途径[J]．中小学教师培训．2013（07）．

[3]时晓玲，于维涛．中小学教师的学术权力简论[J]．当代教育科学．2013（06）．

[4]于维涛．以相对性评价手段促进普通高中教学质量的提高[J]．当代教育科学．2013（14）．

[5]于维涛．校长教育哲学的反思与重构[J]．国家教育行政学院学报，2016（07）．

[6]华娜．中小学校长远程培训需求探究——基于第十一期全国基础教育改革动态研修班调查数据分析[J]．中小学教师培训，2016（10）．

[7]于维涛．学校应如何面对高考状元炒作[N]．中国教育报，2015-07-02.

[8]于维涛．泛游书海涵养人格铸建校格[N]．中国教育报，2015-08-20.

[9]于维涛．建议优化“国培计划”[N]．人民政协报，2014-09-10.

[10]于维涛．教师教育呼唤政策支持与制度创新[N]．人民政协报，2015-11-18.

[11]岳在田，于维涛．超越高考回归育人[N]．人民政协报，2013-07-31.

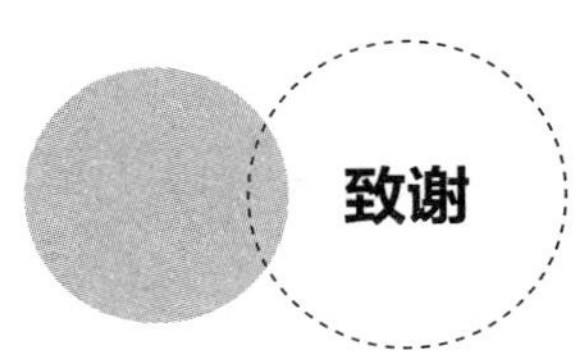

致谢

课题的完稿，离不开领导、同事、老师、同学、亲友的鼎力帮助与支持。

首先，诚挚的感谢我的导师戚业国教授。课题的设计、撰写、研究以及定稿过程，始终倾注着他的心血，导师深邃的学术思想、严谨的治学态度、睿智的学者风范、宽广的胸怀以及对教育科学的执着追求与热爱深深地感染着我，使我终身受益。

其次，要感谢课题组的各位成员毕诗文、杨乐英、王辉、王凯、陈雨婷、华娜、刘慎浩、孙镜峰、边玉霞。与他们共同完成科研项目的过程中，我从他们身上学到了很多新的知识和管理工作实践经验，为我顺利完成这篇论文积累了素材。

感谢齐鲁师范学院、国家教育行政学院（中国教育干部网络学院）、教育部教师司、山东省教育厅、教育部中学校长培训中心、教育部小学校长培训中心的各位领导、同事给予我的指导和帮助，以及对我工作和学习的关心、支持、鼓励。感谢文中受访的各位领导、校长、教师、朋友以及参考文献的作者们，是他们给了我充分思考和探索的空间。感谢所有给我情感、信心与力量的人。

感谢我的妻女，默默地在精神上支持着我，使我能够全身心地投入艰苦的学习和研究工作。

最后，感谢为本书付出大量心血的编辑老师们，没有你们背后的付出，就没有本书与读者见面的机会。

农村中小学校长专业发展支持服务体系的建设是一个新的研究领域，正处在不断发展变化之中，在内容上还有巨大的研究空间等待探索。“吾生也有涯，而知也无涯”，完成本课题意味着新的挑战的开始，我将在今后的学术道路上，“博学而笃志，切问而近思”，继续挖掘事实真相以及隐藏在背后的逻辑与规律，不断前行。